The
Reactionary Mind

보수주의자들은
왜?

옮긴이 **천태화**
고려대학교 독어독문학과를 졸업하고 프리랜서 번역가로 활동하고 있다.
『데스스토커』(전2권), 『데스스토커: 혁명』(전2권)을 번역했다.

The Reactionary Mind: Conservatism from Edmund Burke to Sarah Palin
by Corey Robin

Copyright © 2011 by Oxford University Press, Inc.
"THE REACTIONARY MIND: Conservatism from Edmund Burke to Sarah Palin, First Edition" was originally published in English in 2011. This translation is published by arrangement with Oxford University Press.

Korean translation copyright © 2012 by Mojosa Publishing Co.
Korean translation rights arranged with Oxford University Press through EYA(Eric Yang Agency).

이 책의 한국어판 저작권은 EYA(Eric Yang Agency)를 통해 Oxford University Press와
독점 계약한 모요사에 있습니다. 저작권법에 의해 한국 내에서 보호를 받는 저작물이므로
무단 전재와 무단 복제를 금합니다.

보수주의자들은 왜?

초판 1쇄 발행 2012년 11월 27일

지은이 코리 로빈
옮긴이 천태화
펴낸이 김철식
펴낸곳 모요사
출판등록 2009년 3월 11일(제410-2008-000077호)

주소 411-762 경기도 고양시 일산서구 가좌३로 45 203동 1801호
전화 031-915-6777
팩스 031-915-6775
이메일 mojosa7@gmail.com

ISBN 978-89-97066-15-5 03300

* 책값은 뒤표지에 표시되어 있습니다.
* 잘못 만들어진 책은 구입처에서 바꿔드립니다.

보수주의자들은 왜?

코리 로빈 지음 | 천태화 옮김

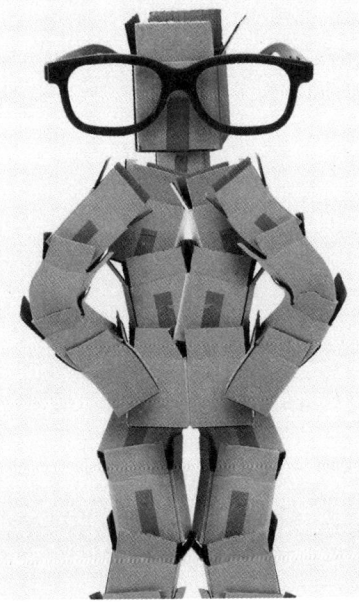

모요사

일러두기

1. 단행본, 잡지 및 신문은 『 』로, 시와 논문은 「 」로, 음악작품, 영화, 텔레비전 프로그램 등은 〈 〉로 묶어 표기했다.
2. 각주는 옮긴이의 주이며, 저자의 주일 경우 내용 끝에 (저자 주)라고 별도로 표기했다.

로라에게
이 책을 바친다.

한국어판에 부쳐 / 008
서론 / 014

1부 보수주의와 반동의 정신

1. 보수주의와 반혁명 / 061
2. 최초의 반혁명 / 086
3. 쓰레기와 위엄 / 105
4. 적반하장 / 132
5. 전향자들 / 147
6. 소수자 우대 정책의 응석받이 / 175

2부 보수주의는 왜 폭력에 의존하는가?

7. 색상별 학살작전 / 201
8. 제국의 추억 / 214
9. 사내답기 / 243
10. 포토맥 피버 / 265
11. 강경하기는 쉽다 / 285

결론 / 319

주석 / 323
옮긴이의 말 / 362
찾아보기 / 366

| 한국어판에 부쳐 |

이 책 『보수주의자들은 왜?』는 2011년 가을 미국에서 출간되자마자 격렬한 논쟁을 불러일으켰다. 논쟁은 『뉴욕 서평』이나 『더 뉴 리퍼블릭』 같은 학술지뿐만 아니라 학술 블로그, 정치토론 게시판 등의 인터넷 공간에서 학자와 저널리스트들, 이데올로그와 중도파들 사이에서도 이어졌다. 논쟁이 워낙 치열했기 때문에 『뉴욕 타임스』에 기사로 실릴 정도였다.◆

  학술 논문들을 수록한 한 권의 책이 어떻게 그토록 치열한 논쟁을 촉발시킬 수 있었는지는 아직 이유가 분명치 않다. 다만 글에 대한 비판 중 네 가지 정도가 눈에 띈다. 첫째, 좌파와 우파를 구분하면서 내

◆ http://www.nytimes.com/2012/01/19/books/corey-robins-reactionary-mind-stirs-internet-debate.html?_r=0.

가 정치적 세상을 착한 사람(좌파)과 악당(우파)으로 구분하는 마니교적 구분법에 의존했다는 것이다. 둘째, 내가 우익의 이념을 진지하게 보지 않았다는 것이다. 그 대신 그 이념들을 권력과 이기적 이익의 합리화 정도로 치부해버렸다는 것이다. 셋째, 내가 엘리트들의 우익 사상에만 치중했기 때문에 우파에 대한 대중적 지지를 허위의식의 일종으로 볼 수밖에 없었다는 것이다. 그리고 마지막으로, 내가 우파의 다양성을 간과하고, 다양한 조류를 하나의 고정된 신념으로 균질화시켜버렸다는 것이다.

이 책에 내가 그렇게 긴 서문을 썼던 이유 중 하나는 바로 이런 비판을 사전에 차단하기 위해서였다. 그렇지만 그것이 별로 성과를 거두지 못했음이 명백해졌기 때문에 나는 그런 비판에 대해 여기서 더 직접적으로 대응할 필요가 있다고 생각한다.

내가 좌파와 우파 간의 경계선을 보았고, 그런 구분이 프랑스혁명부터 오늘날까지 이어져오고 있다고 강조한 것은 사실이지만, 그런 구분의 증거로 내가 제시했던 대부분의 것들은 바로 우파로부터 나왔다는 것 또한 지적할 필요가 있겠다. 그것도 단순히 극단적이고 급진적인 우파뿐만 아니라 미국의 러셀 커크와 같은 주류 지식인들이나, 실질적으로 영국 보수당을 창당했던 솔즈베리 경이나 로버트 필 같은 온건한 정치인들로부터도 나온다. 더욱 중요한 것은, 비판자들이 나를 마니교적이라고 비난한다면, 그들은 좌파와 우파 간의 구분에 대한 내 주장의 중요한 부분을 간과하고 있는 셈이라는 점이다. 이를테면 우파가 좌파에 반대하면서도 그 과정에서 좌파로부터 배우고 그들의 것을 차용한다는 점 같은 것이다. 내가 1장에서 설명했듯이 그것은 결코 단순한 전략 차원의 문제가 아니다. 종종 우파는 부지불식간에도 좌파로부터 영향을 받고 있다. 나는 정치적 스펙트럼의 한가운데에 굵은 선을 긋기는커녕 오히려 우파와 좌파 간에 어떻게 상호작용이 일어나며 그것이 어떻게 서로의 이념을 풍부하게 하는지 보여주었다. 내가 설명했듯이 좌파로부터의 차용은 정말로 우파의 힘의 거대한 원천 중 하나이다.

내가 우파의 이념을 진지하게 보지 않는다는 주장은 터무니없는 것이다. 이 책의 제목(원제)은 '반동의 정신(Reactionary Mind)'이지 '정신 나간 반동(Mindless Reactionary)'이 아니다. 서문에서도 명백히 밝혔듯이, 나는 좌파에서 우파까지, 토머스 페인부터 라이오넬 트릴링까지, 이념의 힘, "정신의 카탈로그"를 보기를 거부하는 다수의 사람들과 논쟁을 벌이고 있다. 내가 보수주의 이념이 반동적이라고 주장하는 것은 절대로 이런 이념의 자주성이나 힘을 경시하고자 함이 아니다. 내가 하고자 하는 것은 그런 이념들의 정치적 함의를 복원시키는 것, 즉 그것들이 치열한 전장에서 어떻게 부상하고 작동하는지를 보여주고자 함이다. 만약 내가 그런 정치적 전투와 함의를 언급하지 않는다면 그것은 보수주의 이념에 대한 커다란 실례가 될 것이다. 왜냐하면 우파에게는 그들의 이념이 — 좌파들과는 달리 — 즉각적인 사회적 배경에서 출현했다는 것이 커다란 자부심의 원천 중 하나이기 때문이다. 보수주의자들은 좌파가 유토피아적이고 영감에서 논리와 철학을 찾는 반면, 우파는 상황적이고 실용적이라고 말한다. 그렇게 상황적이고 실용적인 이론이 만약 정쟁과 시류에 민감하지 않다면 그것이 오히려 이상한 일이 될 것이다.

우파의 대중주의적 요소를 경시하거나 무시하기는커녕 나는 오히려 그것이 보수주의 전통에서 얼마나 중심적인 역할을 수행했는지 보여주려고 노력했다. 나는 이런 대중주의를 프랑스혁명에 대한 조제프 드 메스트르의 반응으로까지 추적해갔으며, 미국 남부의 옛 노예제에 대한 방어를 예로 들며 그것이 얼마나 중요한지 보여주었다. 우익 대중주의를 허위의식의 일종으로 치부하기는커녕 일반 대중이 엘리트들의 보수주의 운동을 지지함으로써 상징적, 물질적으로 얻을 것이 많음을 밝혔다. 노예제의 경우, 가난한 백인은 주인, 감독관, 노예사냥꾼이 될 수 있으며, 단순히 백인이라는 것만으로도 사회에서 권력, 지위, 잠재적 부 등 모든 특권을 누릴 수 있었다. 나를 비판하는 사람들이 혼란을 겪는 이유는 엘리트주의와 대중주의는 정치적으로 완전히 상이한 것이라는 그들의 믿음 때문이다. 하지만 내가 이 책에서 보여주었듯이, 보수주의는 엘리트주의와 대중주의를 융합시키는 정치 형태를 개척해왔다. 대중주의는 엘리트주의로부터 탈선이기는커녕 오히려 보수주의자들이 특권을 대중화하는 데 기여하는 방법이다.

내가 모든 우익과 보수주의자들의 신념을 하나의 체계로 뭉뚱그리려 했다는 것은 사실이다. 우파의 차이점—예를 들면 문화적 전통주의자들과 자유방임론자들, 또는 19세기 버크주의자들과 21세기 네오콘들—을 강조하는 현재의 학문 및 저널리즘의 경향과는 반대로, 나는 그런 모든 배치들이 어떻게 동일한 스펙트럼 내에 공존하며, 어떻게 그런 공존으로부터 힘을 얻고 있는지를 보여주었다. 물론 나는 우파의 다양성에 대해 잘 알고 있다. 그렇지만 내가 하고자 한 것은 그런 다양성에도 불구하고 어떻게 그런 집단들이 스펙트럼의 한쪽에 몰려 있는지, 그들의 공통점은 무엇인지, 왜 그들은 줄곧 동맹자로 남아 있는지를 규명하는 것이었다. 그리고 내가 발견한 것은 모든 보수주정치인들이—자유방임론자이건, 파시스트이건, 종교적이건, 전통주의자이건 관계없이—가슴속에 반동적 충동을 품고 있다는 점이었다. 그것이 바로 그런 세력들을 단합시켜주는 힘이다.

그렇지만 그것이 이야기의 끝은 아니다. 당신도 이제 알다시피 그것은 단지 시작일 뿐이다.

"안 돼"라는 말이
우리가 언어에 기댈 수 있는 것 중
가장 난폭한 표현이라는 사실을
당신은 모른단 말입니까?

— 에밀리 디킨슨

서론

정당은 불변의 신조에 대한 합의, 또는 그런 것이 존재함을 완전히 인식하기 전에도 이미 나름의 역사를 지니고 있을 수 있다. 당의 실제 형성은 일련의 적응 과정과 변화를 통해 이루어졌을 것이며, 그 기간 중 어떤 이슈는 역사의 뒤안길로 퇴장하고 새로운 이슈들이 등장하기도 했을 것이다. 정당의 기본적 신조가 무엇인지는 아마 역사 속에서 그들이 한 행위들을 통해, 그리고 더 신중하고 철학적인 사고를 지닌 인물들이 당을 대표해 한 발언들을 면밀히 관찰해봄으로써만 알 수 있을 것이다. 항구적인 것과 잠정적인 것, 즉 언제 어떤 상황 하에서도 당이 항시 견지해야 할 신조 및 원칙들과, 특정 상황 속에서만 이해될 수 있고 정당화될 수 있는 상황적으로 특수한 방편들 사이의 차이를 분간해내기 위해서는 정확한 역사적 지식과 면밀한 추론이 필요할 것이다.
― T. S. 엘리엇, 「정치의 문학」 중에서

현대로 접어들면서 예속적인 지위에 있던 사람들이 국가, 교회, 작업장 등의 계급적 제도 속에서 상급자들에게 대항해 행진하기 시작했다. 그들은 제각각의 기치―노동운동, 여성해방, 노예해방, 사회주의―아래 단결했고, 각기 다른 구호들을 외쳤다. 자유, 평등, 인권, 민주주의, 혁명 등등. 거의 모든 경우에서 상급자들은 폭력적이든 비폭력적이든, 합법적이든 불법적이든, 공개적이든 비공개적이든 그들에게 대응했다. 민주주의에서 그런 행진과 대응이 현대 정치의 이야기 또는 최소한 그 이야기 중 일부를 장식하고 있다.

이 책은 그 이야기의 후자, 즉 대응에 대해, 그리고 그 속에서 성장했고 그것을 뒷받침해주었던 정치이념―보수주의, 반동주의, 보복정책, 반혁명 등 여러 가지로 불린다―에 관한 것이다. 정치 스펙트럼의 우측을 차지하고 있는 그런 이념들은 싸움터에서 형성된 것이다. 그리고 그것은 늘, 최소한 프랑스혁명 내 정식 이데올로기로 출현한 이후로는 국가 간보다는 사회 세력들 간, 즉 대체로 권력을 가진 자들과 그렇지 못한 자들 간의 전쟁에서 만들어졌다. 이런 이념들을 이해하기 위해서는 먼저 그 이야기를 알아야 한다. 왜냐하면 권력을 소유했고, 그것이 위협당하는 것을 보았으며, 권력을 다시 회복하려는 시도까지 아우르는 일련의 체험들에 대한 진지한 성찰―이론적 표현―이 바로 보수주의이기 때문이다.

공장의 노동자들은 현실에서 많은 차이가 있음에도 불구하고 사무실의 비서, 영지의 농노, 플랜테이션의 노예―심지어 결혼관계에 있는 여성들까지―와 불평등한 권력 조건하에서 생활하고 일하고 있다는 면에서 서로 다르지 않았다. 그들은 관리자, 주인, 남편, 영주에게 복종하고 그 사람들의 요구에 주의를 기울인다. 규율을 지켜야 하고 잘못하면 처벌을 받는다. 일은 많지만 보상은 적다. 그들의 운명이 자유롭게 선택된 것일 수도 있다. 노동자는 자의로 고용계약을 맺고, 여성도 스스로의 선택에 따라 결혼한다. 그렇지만 그에 수반되는 조건들에 대해서는 그렇지 못하다. 어떤 계약도 직무나 결혼의 모든 세부 사항들을 일목요연하게 정의하고 일상적인 고통과 고달픔까지 명시해줄 수는 없다. 미국 역사를 통틀어 보면 사실 계약은 종종 예측하지 못한 강압과 구속으로 이끄는 매개체 역할을 해왔다. 특히 남자와 여자들이 일생의 대부분을 보내게 되는 직장과 가정이라는 제도에서는 더욱 그랬다. 고용과 결혼계약은 노동자나 아내가 명기되어 있지도 않고, 원치도 않았던 온갖 예속 조항에 묵시적으로 합의한 것으로 법관들에 의해 해석되었다. 그런 조항이 있는지도 몰랐으며 만약 알았다면 달리 규정하고자 했을 것들에 대해서도 말이다.[1]

예를 들면 1980년까지는 미국의 모든 주에서 남편이 부인을 강간하는 것은 합법이었다.[2] 이런 정당화는 1736년 영국의 법조인 매튜 헤일이 작성한 논문으로까지 거슬러 올라간다. 그는 여성은 결혼할 때 "이런 종류의 일[성적인 것]에서 자신을 남편에게 맡기는 것"에 묵시적으로 동의한 것이라고 주장했다. 아내의 그런 묵시적 동의는 결혼관계가 유지되는 동안은 "철회될 수 없는 것"이다. 일단 "네"라고 말한 다음에는 절대로 "아니오"라고 할 수 없다. 1957년—얼 워런◆ 대법원장 시절—전까지 표준적인 법률서들은 "남편은 아내의 뜻에 반해 강제적으로 성관계를 맺어도 강간죄를 저지르는 것이 아니다"라고 기술할 수 있었다. 만약 여성(또는 남성)이 성관계를 갖기 위해서는 상대방의 동의가 필요하다는 것을 표시하는 조항을 결혼계약에 삽입하려고 해도, 판사들은 민법에 의거해 그것을 무시하거나 무효화시켰다. 묵시적 동의는 계약의 구성적 요소이며 계약 쌍방 중 누구도 변경할 수 없는 것이었다. 그리고 20세기 후반에 이르기 전까지는 탈출구로서 이혼이라는 선택도 현실적으로 쉽지 않았기 때문에, 결혼계약은 여성을 남편의 성노예가 되도록 만들었다.[3] 고용계약에서도 비슷한 역학이 작동한다. 노동자들은 고용주들에게 고용되는 것에 동의한다. 그렇지만 20세기 전까지는 그런 동의가 묵시적이고 철회 불가능한 예

◆ 대법원장 임기(1953~1969) 동안 얼 워런은 뚜렷한 진보 성향의 판결을 많이 내놓았다. 당시만 해도 당연시되던 인종차별 금지를 명령하고, 흑인이나 공산주의자들에게까지 헌법이 보장하는 권리를 누릴 수 있게 했다. 공립학교에서의 기도를 금지시키기도 했다. 그가 보수주의자인 줄 알고 지명했던 아이젠하워 대통령이 나중에 "일생일대의 실수였다"고 술회한 일화는 유명하다.

속 규정도 포함하고 있는 것으로 법관들에 의해 해석되었다. 한편 많은 사람들이 생각하는 것처럼 일을 그만두는 것으로 그런 예속을 벗어나는 것도 법적, 현실적으로 그렇게 쉽지만은 않았다.[4]

그렇지만 이따금씩 그런 예속자들이 자신의 운명에 저항했다. 그들은 조건에 항의하고, 편지와 청원서를 썼으며, 운동에 가담하고, 요구조건을 내걸었다. 그들의 목표는 사소하고 지엽적인 것—공장기계에 더 나은 안전장치를 부착하라든가, 부부 사이의 강간을 금하라는 것—이었을 테지만, 그런 행위들은 권력관계에 근본적인 변화가 초래될 수도 있다는 두려움을 불러일으켰다. 예속자들이 하인이나 보조자로 남지 않고 주체로서 스스로의 목소리를 내며 행동하기 시작한 것이다. 상급자들을 자극한 것은 개혁 그 자체보다도 예속자들이 주체가 되겠다고 선언하는 것, 즉 독자적인 목소리를 내고 요구조건을 내걸며 고집스런 태도를 보이는 것이었다. 과테말라는 1952년에 농업개혁으로 150만 에이커의 토지를 10만 농가에 재분배한 일이 있었다. 과테말라의 지배계급 입장에서는 그 법안으로 인해 촉발된 불온한 정치적 담화에 비하면 빼앗긴 토지는 그다지 중요하지 않았다. 과테말라의 대주교는 진보적 개혁가들이 "말재간이 능한" 시골농부들을 수도로 상경시켜서 "공개적으로 연설할" 기회를 주었다고 분통을 터뜨렸다. 그것이 바로 농업개혁법의 최대 악덕이었던 것이다.[5]

미국의 제7대 부통령을 역임했고, 남부의 대의를 대변하던 상원의원 존 C. 캘훈은 자신의 마지막 중요 연설에서, 1830년대 중반 하원이 노예제 철폐론자들의 청원을 받아들였을 때를 미국이 노예제를 둘러싸고 돌이킬 수 없는 대립의 길로 들어선 순간이라고 지적했다. 40년의 정치 역정 속에서 "혐오스러운 관세", "연방법 거부 파동", 그리고

"강제법안"◆ 등 일련의 정치적 사건들에서 노예소유주들이 패배하는 모습을 지켜봐왔던 노회한 캘훈은, 단지 국가의 수도에서 노예제에 대한 연설이 나오는 것만을 보고도 이미 혁명이 시작되었음을 감지했다.[6] 그리고 반세기가 지난 후, 캘훈의 후계자들이 노예제 철폐론의 망령을 다시 병 속에 가두려고 했을 때도, 표적으로 삼은 것은 이 같은 흑인들의 주체성에 대한 주장이었다. 1890년대와 1900년대의 남부에서 널리 유행했던 참정권 제한을 위한 헌법대회의 의의를 설명하는 자리에서, 한 의원은 "이 대회의 근간을 이루는 위대한 원칙은…… 이 나라의 정치에서 검둥이들을 제거하는 것입니다"라고 밝혔다.[7]

미국 노동운동사도 고용주 계급과 정부 내 그들의 동맹자들이 쏟아낸 비슷한 불평들로 가득 차 있다. 노조에 가입된 노동자들이 골칫거리가 되는 것은 그들이 폭력적이고 파괴적이거나 생산성이 떨어지는 것이 아니라, 독립적이고 자기조직적이라는 점이었다. 실로 그들의 자기조직력은 너무나 강력해서 고용주와 정부를 불필요한 존재로 보이게 만들 정도였다. 1877년 대파업 기간 중 세인트루이스의 파업 철도노동자들은 자체적으로 열차를 운행했다. 처음에 공포에 질렸던 대중은 노동자들이 철로를 운영할 능력이 있다는 결론에 이르게 되었을 것이다. 그렇지만 소유주들은 오히려 열차를 멈추려고 애썼다. 열

◆ 1828년 미국은 북부의 공업을 보호 육성하기 위해 모든 수입 공산품에 대해 고율의 관세를 부과하는 법률안을 통과시켰다. 그런데 남부는 영국에 면화 수출로 낮은 관세 혜택을 누리고 있었기 때문에, 새로운 관세를 '혐오스러운 관세'라고 불렀다. 남부 출신의 부통령이었던 캘훈은 '주내 연방법 실시 거부' 운동을 전개했으며, 이에 맞서 잭슨 대통령은 연방법 실행을 방해하는 주에 대해서는 그 권리를 부정하고 관세 징수를 위해 군대까지 동원할 수 있는 '강제법'을 통과시켰다. 나중에 관세율 절충 등으로 타협했지만, 미국이 남과 북으로 나뉘어 대치한 사건으로, 훗날 남북전쟁의 예고편이었다고 할 수 있다.

차가 제 시각에 운행되게 할 수 있는 사람은 오직 소유주인 자신들밖에 없다는 사실을 증명하기 위해 실제로 그들은 자신들이 파업을 해버렸던 것이다. 1919년 시애틀 총파업 기간 중 노동자들은 법과 질서 유지를 포함한 기초적인 공공서비스를 제공했다. 그것이 너무나 성공적이었기 때문에 시애틀 시장은 폭력과 무정부 상태를 억제할 수 있는 노동자들의 독립적 능력이야말로 진정 크나큰 위협이라는 결론에 이르렀다.

소위 시애틀의 동정파업은 일종의 혁명 기도였다. 폭력이 없었다는 점도 이 사실을 바꾸지는 못한다…… 사실이다. 아무런 총성도, 폭발도, 살인도 없었다. 재차 강조하건대 혁명이 꼭 폭력을 필요로 하는 것은 아니다. 시애틀에서 행해진 총파업은 그 자체로서 혁명의 무기였고, 더욱 심각한 것은 그것이 조용했다는…… 즉 정부를 필요 없게 만들었다는 점이다. 그래서 어떤 식으로 성취되었건 관계없이 그것은 바로 반란이었다고 할 수밖에 없다.[8]

20세기로 접어들면서 판사들은 조합노동자들이 권리에 대한 자체 규정을 만들고 작업장 규율을 제멋대로 바꾼 것에 대해 번번이 유죄를 선고해왔다. 한 연방법원은 이런 노동자들은 스스로를 "법원이 시행하는 것보다…… 어떤 더 높은 차원의 법의 수호자"로 착각하고 있다고 비난했다. 대법원은 그들이 "오직 정부에게만 속하는 권한"을 행사하려 했고, 법과 질서의 "자발적인 시행기관"이 되고자 기도했다고 주장했다.[9]

예속계급의 자주성에 대한 이런 혐오감을 이론적인 목소리로 표현한 것이 바로 보수주의다. 보수주의는 왜 하층민들이 독립 의지를 행사하도록 두어서는 안 되는가, 왜 그들이 자치체를 가져서는 안 되는가에 관한 가장 일관되고 심오한 논리를 제공한다. 복종이 그들의 제1의 의무이며, 자주성은 지배계급의 전유물이다.

좌파는 평등, 우파는 자유를 중시한다고 쉽게 거론되지만, 그런 논리는 좌파와 우파 간의 진정한 차이를 호도하는 것이다. 역사적으로 볼 때 보수주의자들은 상층계급에 대해서는 자유를, 하층계급에 대해서는 구속을 선호해왔다. 다시 말하자면 보수주의자들이 평등 속에서 발견하고 혐오하게 되는 것은 자유의 위협이 아니라 역으로 자유의 확장이다. 그런 확장 속에서 그들은 자신의 자유가 손상되는 걸 보는 것이다. 새뮤얼 존슨은 다음과 같이 말한다. "우리는 우리 사신의 자유에 대해 모두 동의한다. 그렇지만 다른 사람들의 자유에 대해서는 동의하지 않는다. 왜냐하면 우리가 얻는 만큼 다른 사람들이 잃어야 하기 때문이다. 군중이 우리를 다스릴 자유를 갖기를 우리가 원하지는 않으리라고 나는 믿는다."[10] 18세기 영국의 보수주의 정치가 에드먼드 버크가 프랑스혁명에서 본 위협도 바로 이런 것이었다. 그것은 재산의 탈취나 폭력의 확산 같은 것이 아니라 명령과 복종의 의무 관계가 역전되는 것이었다. 그는 "평등파들은 사물의 자연적 질서를 어지럽힌다"고 주장했다.

미용사나 수지 양초 제조인이라는 직업은 어떤 사람에게도 존경받을 만한 일이 될 수 없다. 더 굽실거려야 하는 다른 많은 직업 종사자들은 더욱 말할 필요조차 없다. 그런 직업을 가지고 있다고 해서 국가로부터 압박에 시달릴 이유는 없다. 그렇지만 만약 그들이 개인적이건, 집단적이건 통치

하도록 허락된다면 국가는 압박에 시달리게 될 것이다.[11]

한 정체(政體)의 일원이 됨으로써 개인은 노동의 대가, 상속, 교육 등에 대한 많은 권리를 누리게 된다고 버크는 인정했다. 그렇지만 그가 대중에게 절대로 양보할 수 없었던 단 한 가지는 "권력, 권위, 지도력을 나누는 일"이었다. 그렇게 되면 대중은 "국가를 관리하는 일"에 참여해야 한다는 생각을 품을 수도 있기 때문이다.[12]

좌파의 요구가 경제 영역으로 향하고 있을 때조차도 자유의 확장으로 야기되는 위협은 심각한 것이었다. 만약 여성과 노동자들이 독립적인 선택을 할 수 있는 경제적 원천을 제공받게 된다면, 그들은 남편이나 고용주에게 복종하지 않아도 될 자유를 얻게 될 것이기 때문이다. 1980년대와 1990년대에 복지국가에 반대했던 지도적인 지식인 중 한 사람인 로렌스 미드가 "복지 수혜자는 어떤 의미에서 덜 자유로워야 한다"고 주장했던 것도 바로 이런 이유 때문이었다.[13] 보수주의자들에게는 평등이란 단순히 자원, 기회, 결실의 재분배만을 의미하는 것이 아니다—물론 그런 것도 싫어한다.[14] 평등이 궁극적으로 의미하는 바는 바로 권력배치의 변경이다.

보수주의자들이 이런 면에서 좌파의 위협을 감지한 것은 정확한 것이었다. 현대 마르크스주의의 가장 열성적인 대변자였던 G. A. 코헨은 생전에 경제적 재분배와 관련된 좌파의 강령 대부분은 평등을 위해 자유를 희생시키는 것이 아니라, 자유를 소수에서 다수로 확장하는 것을 의미한다고 천명한 바 있다.[15] 실로 현대의 위대한 해방운동들—노예해방에서부터 여성해방, 그리고 노동자들의 권리와 시민권을 위한 투쟁까지—은 항상 자유와 평등 간의 연관성이라는 문제를 제기해왔다. 그들은 속박과 불평등이 동전의 양면을 이루고 있던 가정, 공장, 현장에서 뛰쳐나와 행진하면서, 자유와 평등을 더 이상 축소할 수 없는 상호보족적인 단일한 전체로 변모시켜놓았다. 자유와 평등이 결합되면서 재분배에 관한 주장은 우파들에게는 더욱 수용하기 어려운 것이 되어버렸다. 한 보수주의 논객은 미국의 철학자 존 듀이의 사회민주주의에 관한 비전에 대해 불평하면서 "자유와 평등의 정의가 워낙 뒤죽박죽이 되어버렸기 때문에 양자는 거의 동일한 상태에 대해 언급하고 있다"고 말했다.[16] 그렇지만 이런 자유와 평등의 융합은 진보주의자들의 교묘한 술책에 의한 것이 아니다. 그것은 원래 해방의 정치에서 핵심적인 전제였다. 물론 정치가 그 전제에 순응하는가는 별개의 문제일 수 있다. 그렇지만 보수주의자들은 그런 전제를 충족시키는 것은 고사하고 그것이 노출되는 것조차 꺼린다.

예속자들이 자주성을 발휘하는 것이 보수주의자들의 상상력을 그렇게 자극했던 이유는, 그것이 바로 주변에서 일상적으로 일어나고 있는 일들과 관련된 것들이었기 때문이다. 모든 위대한 정치적 격변—바스티유 감옥 습격, 볼셰비키의 상트페테르부르크 겨울궁전 점령, 워싱턴 행진—은 모두 사적인 뇌관으로 격발되었다. 그것은 가정, 공장, 그리고 현장에서의 권리와 지위에 대한 다툼이었다. 정치인들과 정당들은 헌법과 개헌, 자연권과 상속된 특권을 둘러싸고 설전을 벌인다. 그렇지만 해방의 진정한 주제는 사적 영역에서의 권력의 향배이다. 미국의 여성운동가 엘리자베스 캐디 스탠턴은 "국가가 여권에 반대하는 이유가 바로 여기에 있다"고 썼다. "남자들이 가정에서 그것을 인정할 준비가 되지 않은 것이다."[17] 거리에서의 폭동과 의회에서의 설전 이면에는 하녀가 안주인에게 대들고, 노동자들이 사장에게 불복하는 사대가 있는 것이다. 우리의 정치적 논쟁들—가정에 대한 것뿐만 아니라 복지국가, 시민권, 기타 등등—이 그렇게 폭발적일 수 있는 것은 바로 이 때문이다. 이 논쟁들은 가장 사적인 권력관계를 건드린다. 우리에게 정치에 대해 설명해주는 역할이 종종 소설가의 몫이 되는 것 또한 바로 이런 연유이다. 흑인인권 운동이 절정에 이르렀을 무렵, 할렘 가 출신의 미국 흑인작가 제임스 볼드윈은 플로리다 주의 탤러해시를 여행했다. 그는 그곳에서 상상 속의 악수를 통해 헌법적 위기의 은밀한 표현을 발견했다.[18]

나는 혼잡한 탤러해시 공항에서 유일한 흑인 여행자였다. 후텁지근한 날씨였다. 흑인 운전기사가 강아지를 끌고 백인 고용주를 마중하고 있었다. 그는 개를 돌보면서도 은연중에 나를 의식하며, 안주인의 시중을 들기 위해 정중하게 대기하고 있었다. 화사하게 화장한 중년의 여인은 자신의 삶을 유쾌하게 만들어주는 두 존재를 바라보며 기쁜 표정을 지었다. 그녀는 그 두 존재가 모두 그녀에 대해 평가할 수 있고, 그것도 가혹하게 평가할 수도 있다는 사실에 대해 단 한 번도 생각해보지 못했을 것이라고 나는 확신한다. 그녀는 운전기사에게 다가가면서 마치 친구에게 인사하듯 했다. 그 어떤 친구도 그녀의 얼굴을 더욱 밝게 만들어주지는 못했을 것이다. 만약 그녀가 나를 보고 그렇게 미소를 보냈다면 나는 아마도 그녀와 악수라도 하리라 기대했을 것이다. 그렇지만 만약 내가 손을 내민다면, 그 순간 그녀의 얼굴은 당혹감과 충격, 그리고 공포로 얼룩질 것이며, 분위기는 삽시간에 음산하고 위험스럽고, 자칫 살기등등해질지도 모른다.

이런 작은 상징과 기호들에 남부의 밀교는 의존하고 있는 것이다.[19]

미국의 노예제를 둘러싼 갈등—볼드윈의 상상 속의 상황을 훨씬 앞서는 전례—은 한 가지 시사적인 예를 제공해준다. 카리브 해 지역의 노예제나 러시아의 농노제와는 달리 미국 노예제의 특징적인 요소 중 하나는 남부의 노예들이 소규모 농장에서 주인과 함께 살았다는 점이다. 주인은 노예들의 이름을 일일이 다 알았다. 그들의 출생, 결혼, 죽음을 추적할 수 있었고, 그런 날들을 기리며 파티를 열기도 했다. 이런 주인과 노예 간의 직접적인 상호교류는 유례가 없는 것이었다. 그곳을 방문한 조경가 프레더릭 로 옴스테드는 버지니아의 "흑인과 백인의 동거와 긴밀한 관계"에 대해 "북부의 회사들에서는 불쾌감까지는 아니더라도 거의 예외 없이 놀라움으로 바라볼 수밖에 없는 친밀성"이라고 평했다.[20] 노예제 옹호자인 토머스 듀는 "오직 남편과 아내, 부모와 자식, 형제와 자매 간의 관계"만이 주인과 노예 간의 관계보다 "더 가까울" 수 있다고 적었다.[21] 반대로 노예제가 철폐된 이후, 많은 백인들은 인종 간의 관계에 냉기류가 흐르게 된 것을 두고 탄식했다. "나는 검둥이를 좋아한다." 1918년 미시시피 주의 한 주민이 말했다. "그렇지만 우리 사이의 유대관계는 내 아버지와 그분의 노예들만큼 긴밀하지는 못하다."[22]

이런 이야기들의 대부분은 물론 선전이거나 자기망상에 불과하겠지만 일부 진실인 면도 있다. 주인과 노예 간의 가까움이 유난히 사적이었던 지배방식을 보완해주었던 것이다. 주인은 "비상하게 세밀한" 규정들을 고안해냈고 노예들에게 적용했다. 그 규정들은 그들이 언제 일어나고, 먹고, 일하고, 자고, 정원 일을 하고, 서로 방문하고, 기도할지 일일이 지시해준다. 노예들의 결혼도 주인이 결정했다. 노예의 자식에게 이름을 지어주고, 시장 상황에 따라 아이들을 부모로부터 떼어놓기도 했다. 그리고 주인들은—그의 아들들과 감독관들도—원할 때마다 여성 노예의 몸을 탐했다. 또한 노예들을 감시하며 노예들 간의 어떤 성관계도 처벌하는 것을 당연하게 여겼다.[23] 노예들과 같이 생활했기 때문에 주인은 노예의 모든 행위를 통제할 수 있었고, 그들의 행동을 통제하는 데 필요한 상세한 지침들도 가지고 있었다.

이런 근접생활의 영향은 노예 측에서뿐만 아니라 주인 쪽에서도 느껴졌다. 항상 주인으로서 생활했기 때문에 그것이 바로 그를 규정하는 정체성이 되었다. 그런 정체성이 너무 완벽했기 때문에 노예의 사소한 불복종—해방은 말할 나위도 없고—도 자신의 인격에 대한 참을 수 없는 모독으로 느꼈다. 캘훈이 노예제는 "우리 사회 및 제도와 함께 성장하며 그것과 불가분의 관계를 형성해왔기 때문에 노예제를 파괴하는 것은 바로 국민으로서의 우리 자신을 파괴하는 것이 될 것이다"라고 말했을 때, 그는 집합적인 또는 추상적인 사회만을 말한 것이 아니었다.[24] 매일 다른 남자와 여자들을 통치하는 경험에 젖어 있던 개인들을 염두에 둔 것이었다. 그런 경험을 앗아가는 것은 주인의 지위를 박탈하는 것뿐만이 아니라 바로 사람 그 자체—그리고 주인이 되려는 많은 사람들과 이미 주인과 비슷해졌다고 생각하는 사람들—를 파괴하는 행위가 되는 것이다.

주인은 자기 자신과 주인이라는 역할 사이에서 거의 아무런 차이점을 발견할 수 없기 때문에 그것을 고수하기 위해 필사적인 태도를 보일 수밖에 없는 것이다. 미국 전역에서 노예주들은 자신들의 특권을 지키기 위해 애썼다. 그렇지만 남부의 노예주들만큼 치열하고 폭력적이었던 곳은 없었다. 역사가 C. 밴 우드워드는 남부 이외의 지방에서 노예제의 종말이 "투자의 손실"을 의미한 반면, 남부에서는 "사회의 죽음"이었다고 기록했다.[25] 그리고 남북전쟁이 끝난 후에도 노예주 계급이 자신의 특권과 권력을 되찾기 위해 변함없는 열정으로 투쟁했을 때, 그들의 마음속에 최우선으로 자리 잡고 있었던 것은 노예를 가까이 두고 명령하고 다스리고 싶은 욕구였다. 조지아 주의 흑인 공화당원이었던 헨리 맥닐 터너는 1871년 다음과 같이 말했다. "그들은 하원이 검둥이를 받아들이건 말건 신경 쓰지 않았다⋯⋯ 그렇지만 집에서는 검둥이가 그들 위에 서는 것을 바라지 않았다." 백 년이 경과한 후에도 여전히 미시시피의 흑인 소작농은 흑인과 백인의 관계를 설명할 때 가장 가정적인 표현에 의존하곤 한다. "아이들이 우리를 섬기듯 우리는 그들을 섬겨야 한다."[26]

보수주의자들이 아래로부터의 민주주의 운동을 지켜볼 때, 그것(자주성의 발현)은 사적인 삶에서의 끔찍한 권력의 혼란일 것이다. 1800년 토머스 제퍼슨이 대통령으로 당선되는 것을 지켜보면서 시어도어 세지위크는 한탄했다. "귀족제의 미덕은 파괴되었다. 개인적 영향력은 종말을 고했다."[27] 보수주의자들이 그런 삶에 휘말릴 수도 있고 그렇지 않을 수도 있다. 그렇지만 그의 이론에 실체적인 기발함과 윤리적인 잔혹성을 더해주는 것은 바로 공적 혼란의 기저에 깔린 사적 불만에 대한 공포이다. 버크는 1790년 국회에서 다음과 같이 발언했다. "프랑스혁명의 진정한 목적은 복종의 사슬로 공동체를 한데 묶어주고 규제하던 모든 자연적, 시민적 연결들을 파괴하는 것이다. 병사가 장교에게 대들고, 하인이 주인에게 대들고, 상인이 고객에게 대들고, 직인이 고용주에게 대들고, 임차인이 집주인에게 대들고, 보좌신부가 주교에게 대들고, 아이들이 부모에게 대들도록 만드는 것이다."[28] 사적인 불복종이란 말은 버크가 프랑스에서 전개된 일련의 사건들을 언급할 때 지속적이고 일관되게 등장하는 주제가 된다. 일 년 후 그는 한 편지에서 혁명 때문에 "어떤 집도 하인들로부터 안전하지 못하며, 어떤 장교도 병사들로부터 안전하지 못하고, 어떤 국가나 헌법도 음모와 반란으로부터 안전하지 못하다"고 썼다.[29] 1791년 국회에서 행한 또 다른 연설에서 그는 "소위 인권이라는 것 위에 세워진 헌법"은 아이티까지 포함해 전 세계에 "판도라 상자"를 열어놓았다고 선언했다. "흑인이 백인에게 저항하고 백인이 흑인에게 대항하면서 서로 살기등등하게 싸운다. 복종관계는 파괴되었다."[30] 말년에 그는 자코뱅에게 "공적 선이라는 이름에 값할 만한 것은 사적 영역에서의 폭력을 가리키는 것 외에는 아무것도 없다"고 말했다.[31]

그런 사적인 분출이 보여주는 전망이 너무나 가공스러웠던 나머지 개혁주의자였던 사람이 반동주의자로 돌아서버리는 경우도 있었다. 계몽주의자였던 존 애덤스는 "인민의 동의"가 "정부의 유일한 도덕적 기반"이라고 믿었다.[32] 그렇지만 아내가 그런 원칙을 집 안에까지 확대 적용하라고 제안하자 심기가 불편해졌다. 아내 애비게일은 그에게 편지로 다음과 같이 말했다. "그런데 제 추측으로는 당신이 만들어야 할 것으로 보이는 새로운 법에서는, 제발 당신이 여성들을 기억하고 당신의 조상들보다는 여성들에게 더 관대하고 우호적으로 되어주기를 바랍니다. 남편들의 손에 그런 무제한적인 권한을 쥐어주지는 마세요. 모든 남자들은 가능할 때는 누구나 독재자가 될 수 있다는 사실을 잊지 마세요."[33] 그녀의 남편은 다음과 같이 답장했다.

우리의 투쟁이 모든 곳에서 정부의 결속을 느슨하게 만들고 있다는 소리를 들었소. 아이들과 도제들이 불손해지고, 학교와 대학들이 소란스러워

지며, 인디언들이 보호자들을 경시하고, 검둥이들이 주인들에게 무례해졌다는 것이오. 그렇지만 당신의 편지는 다른 것들보다 훨씬 다수이고 강력한 또 다른 종족이 불만을 품고 있다는 사실을 알리는 첫 번째 통고였소.

비록 가벼운 농담으로 부드럽게 답하기는 했지만—그는 조지 워싱턴이 "치맛바람의 독재"로부터 자신을 보호해주기를 기도했다[34]—애덤스는 사적 영역에서 민주주의가 출현한 것에 분명 당황한 눈치였다. 그는 제임스 설리번에게 보낸 편지에서 혁명이 "모든 구분을 뒤섞고 파괴해" 사회 전반에 걸쳐 강력한 불복종의 정신을 조장하고 모든 질서를 허물어뜨리는 것이 아닌지 우려했다. "그것은 끝이 없을 것입니다."[35] 국가가 아무리 민주화되더라도 사회는 사적 영역들의 연합으로 남아야 하고, 그 사적 영역에서는 남편이 아내를 거느리고, 장인이 도제를 다스리며, 모두들 "각자의 자리를 알고 그곳을 지켜야 한다"는 것이 그의 생각이었다.[36]

역사적으로 보수주의자는 공적 영역과 사적 영역 모두에서 민주주의의 진보를 가로막으려 했다. 어느 한쪽에서의 진보는 필연적으로 다른 쪽의 진보를 촉발시킬 수밖에 없다는 인식 때문이었다. 프랑스의 군주제주의자 루이 드 보날드는 "국가가 인민들의 손아귀에 떨어지지 않도록 지키기 위해서는, 가정이 여성과 아이들의 손에 떨어지지 않도록 지킬 필요가 있다"고 썼다.[37] 심지어 미국에서도 이런 노력이 주기적으로 성과를 거뒀다. 역사는 민주주의를 지속적으로 확장시키는 쪽으로 발전한다는 우리의 낙관적인 인식에도 불구하고, 역사학자 알렉산더 키사는 미국에서 투표권을 둘러싼 투쟁이 상당 부분 후퇴와 위축으로 점철된 역사임을 보여준다. 정치적, 경제적 지배계급은

"계급 간 긴장과 공포"로 인해 "18세기 말부터 1960년대까지⋯⋯ 보통선거권에 가장 중요한 장애물"을 설치했다.[38]

하지만 우파의 더욱 의미심장하고 예지적인 태도는 애덤스의 것이었다. 부득이할 경우 공적 영역을 양보하라. 그렇지만 사적 영역에서는 강고한 입장을 견지하라. 남자와 여자들이 국가에서는 민주적인 시민이 되도록 허용하라. 그러나 가정, 공장, 현장에서는 그들이 봉건적 예속자로 확실히 남도록 하라. 여태까지 보수주의자의 정치적 주장에서 최우선적 과제는 사적 영역에서 권력을 유지하는 것이었다. 그것이 설령 국가의 힘과 통합을 희생하는 것이 될지라도 말이다. 우리는 이런 정치적 계산이 작동하고 있는 모습을 매사추세츠 연방법원의 판결에서 확인할 수 있다. 독립전쟁 당시 영국 편을 들었던 한 여인에게 그녀는 남편의 뜻을 따른 것이며, 그렇기 때문에 책임을 물을 수 없고, 국가가 그녀의 재산을 몰수할 수도 없다고 판결한 것이다. 그리고 남부 노예소유주들이 남부연합의 대의에 따라 노예를 풀어주기를 거부했던 것도 마찬가지 예이다. 그리고 더 최근의 예로는 여성은 "여전히 가정과 가족생활의 중심으로 여겨지며" "자신만의 특별한 책임"이 있기 때문에 법적으로 배심원이 될 의무를 지지 않는다는 대법원의 주장도 있다.[39]

따라서 보수주의는 작은 정부와 자유에 대한 신념, 또는 변화에 대한 신중함, 점진적 개혁이나 덕의 정치에 대한 믿음 등과 같은 것이 아니다. 그런 것들은 단지 보수주의의 부산물이며, 역사적으로 특수한 상황 속에서 만들어졌고, 또 수시로 변할 수 있는 여러 가지 표현 양태들 중 하나일 뿐이다. 그리고 그런 것들이 보수주의에 활력을 부여하는 목표도 아니다. 자본주의자, 기독교인, 호전주의자들의 임의적 조합도 보수주의를 설명해주지 못한다. 왜냐하면 그런 조합은 더 근본적인 힘에 의해 추동되는 것이기 때문이다. 보수주의는 바로 사람들이 상급자들의 속박에서 해방되는 것, 특히 사적 영역에서 자유를 얻는 것에 대한 반대이다. 이런 관점은 자유시장을 옹호하는 자유방임론자들에게 들이대기에는 터무니없는 것으로 보일 수도 있다. 그들은 원자화된 자율적 개인들을 찬양하고 있기 때문이다. 그렇지만 자유방임론자들도 사회를 내다볼 때는 고립된 개인을 보는 것이 아니다. 사적인, 그리고 종종 계급적인 집단을 본다. 그곳에서는 아버지가 가족을 거느리고 사장이 피고용인들을 다스린다.[40]

보수주의자는 단순히 자신의 지위와 특권을 지키려고 하는 것이 아니다. 이미 말했듯이 보수주의자는 자신이 지키고자 하는 규율의 실행에 직접적으로 관련될 수도 있고 그렇지 않을 수도 있으며, 그것으로부터 이익을 얻을 수도 있고 그렇지 않을 수도 있다. 그리고 앞으로 살펴보겠지만 많은 경우는 그렇지 않은 경우이다. 보수주의적 입장은 그렇게 해방된 세상은 추악하고 야만적이고 저열하고 바보스러울 것이라는 진지한 확신에서 유래하는 것이다. 우수한 사람이 열등한 지위를 갖는 세상은 탁월함을 잃게 될 것이다. 위에서 인용한 편지에서 버크가 혁명의 "거대한 목적"은 "'귀족적인 것', 고상한 사람, 신사라고 불리는 것들을 제거하는 것"이라고 덧붙였을 때, 그는 단지 귀족정의 권력만을 말했던 것이 아니다. 그런 권력이 세상에 가져다줄 탁월함도 동시에 언급하고 있었던 것이다.[41] 권력이 사라지면 탁월함도 함께 사라진다. 탁월함과 지배를 조화시키려는 비전이 전후 미국을 단결시켰다. 그것이 작업장에서 고용주의 제한 없는 권력을 지지하는 자유방임론자, 가정에서 아버지의 지배를 지지하는 전통주의자, 그리고 영웅적 지도자가 지상의 모든 일을 관장해야 한다고 믿는 국가주의자들 간의 어색한 연합을 이끌어냈다. 19세기부터 보수주의자들의 신조가 된 다음의 전형적인 문구에 그들은 각자 나름의 방식으로 지지를 표명한다. "진정한 상급자에게 복종하는 것은…… 모든 미덕 중 최고이다. [그것은] 무엇인가 위대하고 지속적인 성과를 얻기 위해서는 절대적으로 필요한 미덕이다."[42]

반혁명적 행위들의 한 양태가 보수주의 이념이라고 주장한다면 눈썹을 치켜세우는 사람이 있을 것이고, 어떤 사람은 화를 낼지도 모르겠다. 권력과 특권을 지키려는 행위는 이념이 결여된 일종의 사업일 뿐이라는 것이 좌파에게는 오랫동안 하나의 금언으로 여겨졌기 때문이다. 최근 미국의 보수주의에 대한 한 연구는 "지적인 역사는 환영받지 못했던 적이 없다. 하지만 그것이 미국에서 보수주의의 힘을 설명하는 가장 직접적인 접근법은 아니다"라고 말했다.[43] 자유주의적 작가들은 줄곧 우익 정치를 사려 깊은 견해를 개진하는 운동이라기보다는 일종의 정서적 늪으로 묘사해왔다. 토머스 페인은 반혁명은 "지식의 소거"를 수반한다고 주장했다. 라이오넬 트릴링은 미국의 보수주의를 "이념과 흡사해지려고 애쓰는 짜증스러운 정신적 제스처들"의 뒤범벅으로 폄하했다. 로버트 팩스턴은 파시즘을 "두뇌의 활동"이 아니라 "뱃심의 작용"이라고 불렀다.[44] 보수주의자들도 일견 동의하는 듯 보인다.[45] 보수당에 처음으로 "멍청이"라는 별명을 붙인 사람은 어쨌든 자기도 여전히 토리당에 있던 팔머스톤 경이었다. 멍청한 시골 대지주처럼 행동하며 보수주의자들은 "실용적인 목적이라면 보수주의자들은 아무 말도 하지 않고 조용히 앉아서 생각만 하는 것, 아니 그냥 앉아 있기만 하는 것으로도 충분하다"는 F. J. C. 헌쇼의 말을 묵묵히 감수했다.[46] 귀족적이라는 담론의 함축이 더 이상 반향을 얻지 못하는 반면, 보수주의자들은 여전히 못 배우고 무식하다는 딱지를 달고 있는 것이다. 이는 부분적으로 그들이 대중적인 인기를 얻고 통속적인 호소력을 지니는 이유이기도 하다. 보수주의 신문인 『워싱턴 타임스』는 공화당원들이 "종종 스스로를 '멍청한 당'이라고 부른다"고 지적했다.[47] 하지만 앞으로 살펴보겠지만 그것은 전혀 사실이 아니다. 보수주의는 이념에 기반을 둔 관행이며, 우파가 아무리 우쭐거리고 좌파가 아무리 공박한다 하더라도 그것에서 발견되는 이념적 내용들을 줄이거나 지워버릴 수는 없다.

보수주의자들은 다양한 이유들로 인해 이런 논의를 주저할 수도 있다. 그렇지만 그런 태도는 보수주의 이념의 순수성과 깊이를 훼손할 뿐이다. 많은 사람들에게 "반동"이라는 단어는 저열하고 생각 없이 권력에만 집착하는 모습으로 해석될 수 있다.[48] 그렇지만 반동은 반사적인 것과는 다르다. 그것은 원칙적 입장—즉 일부 사람들이 우월하고 그래서 다른 자들을 지배해야 한다는 생각—에서 비롯된 것이고, 밑으로부터의 민주주의적 도전에 대응해 자신의 원칙을 재조정하는 것을 말하는 것이다. 이런 재조정은 결코 호락호락한 과제가 아니다. 왜냐하면 그런 도전은 바로 그 원칙 자체를 부정하는 성향이 있기 때문이다. 사실, 지배계급이 정말로 우월하기 때문에 지배해야 한다면, 애초에 어떻게, 그리고 왜 권력에 대해 그렇게 도전하도록 방치했단 말인가? 새로운 자들의 부상이 기존 지배계급의 우월성에 대해 말하고 있는 것은 무엇인가?[49] 보수주의는 또 다른 장애물과 맞닥뜨리게 된다. 견고한 것이라고는 아무것도 없고 모든 것이 유동적인 세상에서 지배의 원칙을 어떻게 지킬 수 있는가? 보수주의는 등장하던 그 시점부터 고대와 중세의 질서정연한 우주라는 이념이 사라져가는 상황과 맞서야 했다. 그들의 이념 속에서 권력의 영속적인 계급구조는 우주의 영원한 구조를 반영한 것이었다. 그런데 구체제를 전복한 사건은 그 지도자들의 무능력과 허약함을 폭로한 것일 뿐만 아니라, 세상의 설계자는 없다는 더 커다란 진실을 알려준 것이기도 하다.(보수주의가 세상에는 자연적 계급질서가 없다는 깨달음을 반영한다는 생각은 '지적 창조론'의 시대에 사는 우리에게는 이상하게 보일 수도 있다. 그렇지만 케빈 맷슨과 기타 사람들이 지적했듯이 지적 창조론은 우주에 항구적이고 단단한 구조가 있다는 중세의 가정과는 다른 것에 기반을 둔 것이고, 그 주장에는 상대주의와 회의론도 만만치 않다. 실로 지적 창조론의 지도적 주창자 중 한 사람은 자신은 비록 "포스트모더니스트가 아니지만" 포스트모더니즘에서 "많은 것을 배웠다"고 말했다.)[50] 영구적인 계급구조에 대한 신념이 사그라지는 가운데 구체제를 재건축하는 것은 매우 어려운 작업임이 드러났다. 그렇기 때문에 그 과정에서 현대 사상에서 가장 주목할 만한 작품이 탄생했다는 것은 전혀 놀랄 일이 아니다.

  보수주의를 단순히 반동적이라고 치부해버리려는 시도에 대해 우리가 경계해야 하는 데는 또 다른 이유가 있다. 그것은 바로 전통 그 자체가 증언해주는 바이다. 버크 이후로 보수주의자들은 자신들의 사고가 유연하다는 것을 자랑으로 여겨왔다. 그들은 상대편인 좌파와는 달리 미리 청사진을 펼쳐놓지 않는다. 그들은 환경과 상황을 읽지, 경전의 글귀에 얽매이지 않는다. 그들이 선호하는 방식은 모방과 적응이지 단정과 선언이 아니다. 앞으로 살펴보겠지만 이런 주장에는 어느 정도 진실이 담겨 있다. 보수주의자의 사고는 매우 유연하며, 다른 사람들은 전혀 감지하지 못할 때에도 다가오는 미래와 미묘한 상황 변화에 민감하다. 시간의 흐름을 깊이 이해함으로써 그들은 거의 상대할 자가 없을 정도의 전술적 재능을 소유하게 되었다. 보수주의는 위에 기술한 권력을 둘러싼 작용과 반작용에 밀접히 관련되어 있기 때문에 보수주의의 안테나는 항상 그 운동에 민감하게 반응한다고 말하는 건 지극히 당연하다. 이런 것들이 내가 항상 말해왔던 현대 정치에 관한 이야기들이다. 그리고 자기 주변에서 일어나는 만일의 사태에 그토록 민감하게 대응하는 정신이 그 이야기들에 정통하지 못하다면 오히려 이상할 것이다. 아니, 단순히 정통할 뿐만 아니라 다른 어떤 이야기도 아니고 그 이야기에 의해서만 깨어 있을 수 있고 활동할 수 있는 것이 바로 그 정신일 것이다.

정말로 버크는 자신과 동료들은 프랑스혁명에 "깜짝 놀라서 깊은 생각을 하게 됐다"고 말했으며, 미국의 정치이론가 러셀 커크는 보수주의가 "프랑스혁명의 초기부터 급진적 이론과 사회변혁에 사람들이 저항하도록 유지시켜주는…… 이념의 체계"라고 인정했던 점에 비추어보면, 보수주의자들은 자신들의 사상이 좌파에 대한 반발 과정에서 생성된 것이라는 점을 일관되게 인정해왔다고 말할 수 있다.[51] (버크는 심지어 프랑스혁명보다 더 사악한 것은 "존재했던 적이 없다"는 생각을 자기 사고의 "기초"로 삼기까지 했다.)[52] 이런 고백은 가끔씩 매우 솔직한 태도로 나타나기도 한다. 세 번이나 영국 수상을 역임한 솔즈베리는 1859년에 "급진주의에 대한 적개심, 끊임없고 누그러뜨릴 길 없는 적개심이 보수주의의 기본 정의이다. 급진주의자들이 승리할지도 모른다는 두려움이 보수당의 존재를 합리화시키는 궁극의 이유이다"라고 썼다.[53] 반세기 이상이 지난 후 그의 아들 휴 세실―윈스턴 처칠의 결혼식 들러리를 섰고, 이튼 대학의 학장이 되었다—은 아버지의 태도를 재확인해주었다. "나는 혁명가늘의 전술을 패퇴시킬 유일한 길은 혁명적이지 않은 조직적 사고체계를 제시하는 것뿐이라는 사실을 정부가 결국 깨닫게 되리라고 본다. 나는 그런 사고체계를 보수주의라고 부른다."[54] 로버트 필♦과 같은 사람들은 더 우회적인 길을 택하지만 도달하는 곳은 같다.

지난 몇 년간 내가 심혈을 기울여 성취하고자 했던 목표는, 하원에 현존하고 대중적인 의지에서 힘을 얻고 있는 한 거대한 정당에 이론적 토대를 제공하는 것이었다. 그 정당은 입법부 내에서 심의권을 가진 두 분파 간의 충돌 위험을 줄이고 그 충격을 완화해야 한다. 그 정당은 우리에게 선의를 가진 사람들이 열정이 지나쳐서 국가의 헌법과 법률에 성급하고 돌발적인 변화를 가하려 하는 것을 제지할 수 있게 해줄 것이며, 그런 혁명적인 변화를 원하는 경솔한 사람들에게 우리가 당당히 권위 있는 목소리로 "여기까지가 당신들의 한계다. 여기서 동요를 멈추라"고 말할 수 있게 해줄 것이다.[55]

이런 정서—그리고 에둘러 말하기—가 단순히 영국적인 것만은 아니라는 사실을 확인하기 위해서, 우리는 미국 우파의 역사학자가 1976년에 그 문제에 어떻게 접근했는지 살펴볼 필요가 있다. 조지 내시는 이제 고전이 된 자신의 저서 『1945년 이래 미국에서의 보수주의적 지식인 운동』에서 "보수주의란 무엇인가?"라는 물음을 던진다.

♦ 1788~1850, 토리당을 보수당이라는 근대 정당으로 탈바꿈시키는 데 크게 공헌한 영국의 보수주의 정치가.

한 페이지에 걸쳐 우물쭈물하다가—보수주의는 정의 내리기 어렵다. 그것은 "시대와 장소에 따라 엄청나게 변한다".(그렇지 않은 정치이념이 어디 있겠는가?) 그것은 "극우주의와 혼동"되어서는 안 된다—그는 필, 솔즈베리와 그의 아들, 커크 등 대부분 극우파 사상가들이 제시할 법한(실제로 제시했다) 대답에 만족하고 만다. 보수주의는 "좌파적, 혁명적이라고 인식될 만한 세력, 그리고 당시 보수주의자들이 목숨을 걸고 지키고 보전할 가치가 있다고 여기는 것들에 중대한 위협을 가하는 세력들에 대한 저항"으로 정의할 수 있다는 것이다.[56)]

이런 것들이 반혁명주의적 신조의 솔직한 고백이다. 하지만 더 흥미로운 것은 주장 속에 급진주의와 개혁에 대한 반감이 녹아들어 있는 간접적 진술들이다. 영국의 철학자이자 정치이론가인 마이클 오크쇼트가 「보수주의자가 되는 것에 대하여」라는 논문에서 풀어놓은 유명한 정의를 살펴보자. "그러므로 보수주의자가 된다는 것은, 미지의 것보다는 익숙한 것을, 시도되지 않은 것보다는 시도된 것을, 신비로운 것보다는 사실을, 가능성보다는 현실을, 무한한 것보다는 제한된 것을, 멀리 있는 것보다는 가까이 있는 것을, 유토피아적 축복보다는 현재의 웃음을 선호한다는 것이다." 이 말에 따르면 사실과 신비로운 것, 가까이 있는 것과 멀리 있는 것, 웃음과 축복은 동시에 누릴 수 없는 것으로 보인다. 반드시 둘 중 하나를 선택해야 하는 것이다. 오크쇼트는 선호하는 것이 차등적일 수도 있다는 간단한 사실을 인정하기는커녕, 선택이 어떤 것과 그 상대물 사이에서 하는 것이 아니라 어떤 것 아니면 그것의 완전한 부정, 둘 중 하나를 골라야 하는 실존주의적 처지로 우리를 몰아세우고 있다. 오크쇼트는 보수주의자들은 그런 익숙한 것을 파괴하려는 세력이 없는 가운데서 그것을 즐기고 싶어 한다고 인정한다. 그렇지만 "그것을 잃게 될지도 모르는 위험이 눈앞에 닥치면" 그런 것들이 "더욱 소중하게 여겨지게 된다"고 보았다. 보수주의자는 "자신이 소중히 여기게 된 것을 잃게 되는 상황을 절감한 사람"이다. 그리고 오크쇼트가 암시하듯 그런 상실은 여러 세력들에 의해 만들어질 수 있는데, 그 세력들은 예외 없이 좌파에서 활동하는 것으로 보였다.(그는 다른 글에서 마르크스와 엥겔스는 "정치적 합리주의에서 가장 방대한 저술을 남긴 저자들"이라고 썼다. "그 어떤 것도 그들의 추상적인 유토피아주의에는…… 비교될 수 없다.") 그런 이유 때문에 "보수주의자들이 정부에 관해서는 보수적이면서도 그 밖의 다른 모든 활동에서는 과격해지는 것은 전혀 모순적이지 않다".[57] 전혀 모순적이지 않다—또는 전적으로 필요하다? 급진주의는 보수주의의 존재이유다. 급진주의가 없으면 보수주의도 없다.[58] 보수주의자들이 이런 좌파들과의 담론에서 벗어나려고 할지라도, 그것은 불가능한 일이다. 왜냐하면 보수주의자들이 온갖 미사여구로 꾸며낸 동기들—유기적 변화, 무언의 지혜, 질서정연한 자유, 현명함, 관습—도 좌파의 외침과 대응이 없다면 거의 들리지 않을 것이기 때문이다. 디즈레일리가 『영국 헌법의 변명』(1835)에서 발견했듯이, 고대의 무언의 지혜를 불러내는 것이 현대인들에게 어떤 식으로든 호소력을 가질 수 있는 경우는 그것이 소위 혁명적 합리주의와 비교될 때뿐이다.

거대한 규모로 자유 정부를 형성한다는 것은 말할 것도 없이 인류의 가장 흥미로운 과제로서, 인류 지혜의 위대한 성취임이 분명하다. 나는 그것을 초인적인 성취라는 말로 표현하고 싶다. 왜냐하면 그것은 지고의 현명함, 광대한 지식, 명철한 지혜, 그리고 단일한 마음으로 합쳐지기를 기대하는 것이 오히려 부질없어 보일 정도로 무수한 힘들이 조화롭게 통일되는 것을 전제로 하기 때문이다. 당연한 얘기겠지만, 이런 지고의 선은 혁명적 바리케이드의 뒷전에 웅크린 채 발견되거나, 선동적인 대도시의 끔찍한 하수구에 흘러 다니지 않는다. 그것—이 위대한 발명—은 어느 날 아침 법률을 만드는 군주의 편지봉투 위에 휘갈겨지거나, 공리주의 대가의 잘난 체하는 진부한 책에 우스꽝스러운 솜씨로 스케치되는 것도 아니다.[59]

이 주장의 대립구조 속에는 단순히 선거에서 이기기 위해 반대파보다 우위를 점하려는 분파정치의 자가당착 이상의 것들이 있다. 사회학자 카를 만하임이 주장했듯이 보수주의를 전통주의—사물을 있는 그대로 받아들이려는 일반적인 "수동적" 경향, 예를 들면 기존의 바지가 수선 불가능할 정도로 완전히 헤지기 전까지는 새로운 바지를 사지 않으려 하는 것처럼 비정치적 행위에서 나타나는 태도—와 구분 짓는 점은, 보수주의는 "더 이상 정통적인 방법으로는 가질 수 없는 경험 형태들"을 유지하고 상기시키려는 고의적이고 의식적인 노력이라는 점이다. 보수주의는 "자신이 이념적 투쟁을 개시할 수밖에 없는 다른 생활방식과 사고방식이 출현했을 때, 그에 반발해 의식적으로 변한다".[60] 전통주의자들이 욕망의 대상을 당연히 받아들일 때—그들은 그것을 원래 있었던 것처럼 즐긴다. 왜냐하면 그것은 이미 존재하는 것이기 때문이다—보수주의자들은 그럴 수 없다. 보수주의자들은 사라졌거나 사라지고 있는 것을 원래 있었던 상태 그대로 즐기려고 애쓴다. 그들이 그것을 다시 즐기기 위해서는 그것을 박탈하려는 시도에 대해 공적인 장에서 투쟁해야 한다. 그들은 그것에 대해 정치적으로 효과적이고 지적인 말로 표현해야 한다. 그렇지만 그런 목표들이 정치연설이라는 매체를 취하는 순간, 그것은 살아 있는 경험이 아닌 이데올로기적 사건으로 바뀌어버린다. 그것은 상실의 담화로 포장되고—이 과정에서 혁명가나 개혁가가 필요한 역할을 수행한다—회복의 정강으로 제시된다. 암묵적이었던 것이 명시적으로 표현되고, 유동적이었던 것이 공식화되며, 관습이었던 것이 쟁점이 된다.[61] 그 이론이 관습에 대한 찬가라 할지라도—보수주의는 종종 그렇다—쟁론이 되는 것을 피할 수 없다. 이제 거리로 뛰쳐나가는 것도 마다하지 않을 열성적 보수주의자들은 좌파들 때문에 보도블록을 깨뜨려서 바리케이드에 던지게 되는 것이다. 영국의 보수 정치인 퀸틴 호그는 1947년 『보수주의 사례』에서 다음과 같이 썼다.

> 보수주의자들은 정치투쟁이 인생에서 가장 중요한 일이라고 생각하지 않는다. 이런 점에서 그들은 공산주의자, 사회주의자, 나치, 파시스트, 사회신용론자, 그리고 대부분의 영국 노동당원들과 다르다. 그들 중 가장 단순한 사람들은 여우사냥—가장 현명한 종교—을 선호한다. 대다수의 보수주의자들에게는 종교, 예술, 학문, 가족, 조국, 친구, 음악, 유흥, 의무, 그리고 부자들만큼이나 가난한 자들도 당연히 누릴 수밖에 없는 존재의 모든 기쁨과 풍요들이 그것의 시녀에 불과한 정치투쟁보다 훨씬 더 고상한 것이다. 그렇기 때문에 그들은 패배하기 쉽다—처음에는 그렇다. 그렇지만 일단 패배하고 나면, 그들은 십자군의 광기와 영국인의 끈기로 이런 믿음을 고수하게 된다.[62]

좌파에 대한 보수주의의 반대에 관해서는 너무나도 많은 혼란이 있기 때문에 보수주의가 좌파에 대해 반대하는 것은 무엇이고 반대하지 않는 것은 또 무엇인지 먼저 명확히 할 필요가 있다. 보수주의가 반대하는 것은 추상적인 변화 자체가 아니다. 어떤 보수주의자도 그런 식으로 변화에 반대하거나 질서를 옹호하지는 않는다. 보수주의자들은 특정한 질서―계급구조, 종종 사적 영역에서의 지배―를 방어한다. 이는 부분적으로 계급구조가 바로 질서라는 가정에 기초한 것이다. 존슨은 "질서는 예속자들에 의해 얻어질 수 없다"고 선언했다.[63] 버크에게는 "다수가 현명하고, 더 전문적이고 부유한 사람의 지휘 하에 있지 않을 때 그들은 문명사회에 살고 있다고 말하기 힘들다"는 말이 마치 금언 같은 것이었다.[64] 그런 질서를 수호하기 위해 보수주의자들은 예외 없이 반동과 반혁명에 투신했으며, 종종 자신이 지키고자 하는 체제 그 자체에 재정비를 촉구하기도 했다. "우리가 사물이 있는 그대로 머물기를 원한다면, 사물이 변해야 할 것이다"라는 시실리의 귀족 작가 람페두사의 고전적인 말이 있다.[65] 나는 1부에서 보수주의자들이 체제를 재건축해야 함을 보일 것이다. 이 작업에는 "혁신을 통한 보존"이라는 상투적 표현이 지시하는 것보다 훨씬 많은 과제들이 수반된다. 종종 보수주의자들이 체제를 위해 가장 급진적인 수단을 채용해야 할 경우도 있다.

우파 중에 일부 완고한 질서 옹호자들은 자신들의 목적에 부합할 경우 혼란과 광기를 방치하며 즐기기도 했다. 자칭 버크주의자인 커크는 "급진주의자의 열정으로 보수주의를 옹호"하고 싶어 했다. "사실 사려 깊은 보수주의자는 오늘날 급진주의자들의 외향적 성격 중 일부를 받아들여야 한다. 현대에 들어 열정의 부족으로 시들어가고 있는 고목과 같은 사회에 활력을 불어넣기 위해서라도 그는 사회의 뿌리를 들쑤셔놓아야 한다." 이때가 1954년이었다. 15년 후, 학생운동이 절정에 달했을 때 커크는 다음과 같이 썼다. "지난 20년간 소위 미국의 식자층이라고 바보스럽게 불리는 자들에 대해 신랄한 독설을 퍼부어왔는데, 이제 나는 내 예견이 맞아떨어진 것과 교육론자들이 빠진 현재의 곤경을 은연중에 즐기고 있음을 고백해야겠다. 심지어 나는 대학의 혁명가들에게 어느 정도 은밀하게 동조하기까지 하고 있다." 윌리엄 F. 버클리는 『예일의 신과 인간』에서 보수주의자들을 "새로운 급진주의자들"이라고 규정했다. 드와이트 맥도널드는 『내셔널 리뷰』 초기 몇 부를 읽고 그의 말에 동의했다. "[버클리가] 한 세대만 일찍 태어났어도, 그는 14번가의 카페를 마르크스주의 변증법의 무대로 만들었을 것이다."[66] 버크조차도 "현자의 광기"가 "바보의 침착함보다 낫다"고 썼다.[67]

우파가 급진주의를 수용한 데는 그럴 만한 이유가 있다. 그것은 보수주의의 핵심 교의에 자리 잡은 반동적 충동과 관련이 있다. 보수주의자들은 좌파에 반대할 뿐만 아니라 사람에 따라 시점의 차이는 있겠지만, 프랑스혁명 또는 종교개혁 때부터 줄곧 좌파가 운전석을 독차지해왔다고 믿고 있다.[68] 보수주의자는 자신이 소중히 여기는 것을 보전하기 위해서는 문화 그 자체에 대해서도 전쟁을 선포해야 한다. 비록 보수주의적 담론 전체에도 그런 호전성이 넘쳐나기는 하지만, 인도 출신의 정치평론가인 디네시 디수자는 그것을 가장 간명하게 보여주고 있다.

보통 보수주의자들은 현존 사회의 가치들을 유지하고 지키려 애쓴다. 그렇지만…… 현존 사회가 본질적으로 보수주의적 신념에 위배되는 것이라면 어떻게 하겠는가? 보수주의자들이 그런 문화를 지키려고 애쓰는 것은 멍청한 짓이다. 오히려 그들은 그것을 약화시키고, 방해하고, 뿌리부터 파괴해야 한다. 이것이 의미하는 바는 보수주의자들은…… 철학적으로는 보수주의자여야 하지만 잠정적으로 급진주의자가 될 필요가 있다는 것이다.[69]

이제 보수주의자들이 반대하는 것은 변화의 속도나 방식이 아니라는 것이 분명해졌다. 보수주의 이론가들은 진화적 개혁과 급진적 변혁 사이에 "분명한 경계선"을 긋고 싶어 한다.[70] 전자는 느리고, 점진적이며, 적응적이다. 후자는 빠르고, 총체적이며, 설계에 의한 것이다. 그렇지만 버크나 그 추종자들에게는 분명했던 그런 구분이 현실에서는 이론가들의 생각만큼 분명하지 않은 경우가 많다.[71] 정치이론은 추상적일 수밖에 없다. 그렇지만 급진주의보다는 개혁을, 혁명보다는 진화와 같은 정반대의 정강을 추구하도록 만드는 그 추상성은 과연 무엇일까? 점진적이고, 유기적이며, 적응적 변화라는 명분하에 보수주의자를 자처하던 사람들 중 일부는 뉴딜 정책에 반대하고(로버트 니스벳, 커크, 휘태커 체임버스), 또 다른 사람들은 뉴딜 정책을 지지하기도 했다(피터 비렉, 클린턴 로시터).[72] 진화적 개혁이라는 신념이 어떤 사람에게는 하이에크의 자유시장 옹호론을 수용하게 만들고, 또 다른 사람에게는 에두아르트 베른슈타인의 사회민주주의를 지지하게 만들기도 했다. 내시는 "심지어 발전은 점진적일 수밖에 없다고 믿었던 페이비언 사회주의자들도 보수주의자로 분류할 수 있겠다"고 냉소적으로 말했다.[73] 역으로 에이브러햄 링컨이 지적하는 것처럼, 좌파가 체제의 수호자를 자처하고 나서는 것도 우파에 못지않게 쉬운 일이다. 링컨은 노예소유주들에게 "당신들은 당신들이 보수주의자라고 말한다"라고 했다.

아주 보수주의적이다. 반면 우리는 혁명적이고 파괴적이고 그 비슷한 부류일 것이다. 그런데 보수주의란 무엇인가? 그것은 새로운 미지의 것에 대항해 기존에 해오던 것을 고수하는 것이 아닌가? 우리는 "우리가 살고 있는 나라의 기틀을 잡은 선조들"에 의해 채택된 것과 동일한 과거의 정책을 고수하며 논란 속에서도 그것을 지지하고 있다. 반면 당신들은 똘똘 뭉쳐 과거의 정책을 반대하고 침을 뱉으며 새로운 것으로 대체해야 한다고 고집을 피운다…… 우리나라가 기틀을 다졌던 지난 백 년간의 역사 속에서 당신들의 여러 가지 계획들은 그중 단 하나도 선례나 지지 근거를 찾아볼 수 없다. 그러므로 당신들은 스스로를 보수주의라고 주장한 것과 우리들에 대한 파괴적 공세가 정말로 확고부동한 토대에 기반을 둔 것인지 성찰해보기 바란다.[74]

그렇지만 그런 구분의 불명확성으로 인해 보수주의자들은 종종 개혁이 혁명으로 나아갈 것이라든가, 또는 개혁이 이미 혁명이라는 이유로 반대할 수 있었다.(실로, 필과 볼드윈을 제외하고는 토리당의 어떤 지도자도 개혁을 통한 보전이라는 정책을 일관되게 추구한 적이 없으며, 필조차도 당이 자신을 따르도록 설득하지 못했다.)[75] 버크 자신도 개혁이 혁명으로 나아갈 것이라는 두려움을 완전히 떨치지는 못했다. 미국독립혁명이 발발하기 전 십 년간을 대부분 그런 주장과 싸우면서 보냈던 그도 여전히 헌법에 대해 "의심을 허용한다면, 그런 의심은 어디서 멈춰야 하나?"라며 의문을 품었다.[76] 여기서 의심이란 점진적인 개혁에 대한 정의로 볼 수 있을 것이다. 다른 보수주의자들은 하층민으로부터 또는 그들을 대표해 나온 모든 요구들에 대해, 그것이 아무리 온건하고 보잘것없는 것일지라도 너무 과격하고, 너무 과도하고, 너무 급진적이라고 주장해왔다. 개혁은 혁명이고, 개선은 반역이다. 카나번 경은 1867년 2차 개혁법—영국의 투표권자를 20년간 세 배로 늘리는 법—에 대해 침울하게 "좋을 수도 나쁠 수도 있다", "그렇지만 그것은 혁명이다"라고 썼다. 서두의 단서만 빼면 이 말은 1차 개혁법에 대해 웰링턴이 했던 말의 판박이였다.[77] 대서양 건너편에서는 웰링턴과 동시대 인물인 니콜라스 비들이 제2은행을 거부한 앤드류 잭슨을 (가장 헌법적인 방법으로 헌법적 권력을 사용한 데 대해) 비슷한 말로 비난하고 있었다. "쇠사슬에 묶인 퓨마가 우리의 창살을 물어뜯는 것과 같은 분노였다. 그것은 정말 마라나 로베스피에르가 대중에게 선동했을 법한 무정부 상태가 나타난 것이었다."[78]

오늘날의 보수주의자들은 과거의 해방과는 다협했을지도 모른다.(노동조합이나 끊임없이 재생산되는 자유와 같은 그 밖의 문제들에서 그들은 여전히 싸우고 있다.) 그렇다고 해서 그것이 해방의 문제가 혁명의 맥락에서건 개혁의 맥락에서건 일단 관심사로 떠올랐을 때, 그들의 선배들이 한결같이 반발했었다는 사실을 바꿔주지는 못한다. 조지 W. 부시의 연설문 작성자였던 마이클 거슨◆은 보수주의자들이 해방에 반대했었다는 역사적 사실을 인정하는 몇 안 되는 현대 보수주의자들 중 한 사람이다. 다른 보수주의자들은 그들이 노예해방론자였다거나 시민권 옹호론자였다고 우기는 데 반해, 거슨은 "많은 보수주의자들이 지난 시기에는 종교적 동기로 촉발된 개혁에 적대적이었으며, 보수주의자들은 그 성향상 대부분의 변화에 반대해왔다는 사실을 솔직히 인정할 필요가 있다"고 시인했다.[79] 실로 반세기 전 새뮤얼 헌팅

◆ '악의 축' 연설문으로 유명하다.

턴이 지적했듯이, 항상 어떤 운동이 벌어질 당시에 그것에 대해 반대의 목소리를 내는 것이 바로 그 사람을 보수주의자이게끔 하는 것이기 때문이다.[80]

보수주의는 아래로부터의 도전에 대응해 급조된 것이기 때문에 지속적인 권력 상속에 봉사할 만한 침착성이나 냉정성이 결여되어 있다. 우파의 근본원리를 아무리 훑어보아도 '거대한 존재의 사슬'◆과 같은 확고한 단언은 발견되지 않는다. 보수주의자들이 말하는 유기적 통일성이란 그 자체로도 대수로울 게 없지만, 실상은 그것에 대한 조용한―그렇게 조용하지는 않다―절망감이 묻어 있거나, 또는 커크의 경우처럼 오랜 세월 권력을 지켜보아온 목격자에게 당연히 있어야 할 질감이나 친밀성이 결여된 것일 뿐이다. 메스트르의 신의 섭리에 대한 고백도 그것의 원인이 된 민주주의의 격동을 감추거나 억제하지는 못한다. 해방의 외침에 대항해 날조, 동원된 이런 주장들은 존중받을 만한 치밀한 생태환경을 보여주지 못한다. 대신에 급속히 황폐화되어가는 숲을 폭로해줄 뿐이다. 보수주의는 사면초가에 처해 보호가 필요한 권력에 관한 것이다. 그것은 실천이 필요한 시기에 동원된 행동주의자들의 교의이다. 하이에크를 비롯한 보수주의자들이 인정한 바와 같이 그것은 아래로부터의 운동에 대응해 차오르고, 운동의 퇴조에 따라 기운다.[81]

행동주의적 충동은 상부로부터 도입된 탁월성이라는 비전―이 속에서 지배의 특권은 황량하고 무질서했을 세상에 위대함의 요소를 도

◆ 플라톤과 아리스토텔레스의 세계관에서 파생된 개념으로 신의 모든 피조물은 각기 필요한 위치에 적절히 배치된 존재로서 서로 완벽한 통합을 이룬다는 사상이다.

입하는 것으로 간주된다—을 양보하기는커녕 오히려 강화시킨다. 영국의 시인 매튜 아널드는 "빛과 완벽성은 휴식과 존재 속에 있는 것이 아니라, 성장과 변화 속에 있고, 미와 지혜의 영속적 진보 속에 있다"라고 썼다.[82] 보수주의자들에게 휴지기의 권력은 곧 사멸하는 권력이다. 조지프 슘페터는 산업계 지배자들에 대해 "단순히 기존의 자원을 아껴 쓰는 것은, 아무리 수고스러운 일일지라도 항상 사멸하는 지위의 특징일 뿐이다"라고 썼다.[83] 권력이 보수주의자들이 기대하는 탁월성을 성취하기 위한 것이라면, 그것은 행사되어야만 한다.[84] 그리고 권력을 행사하는 가장 훌륭한 방법은 아래로부터의 적에 대항해 그것을 지키는 것이다. 다시 말하자면 반혁명은 보수주의자들이 봉건주의도 참신하게 보이고 중세적 신앙도 현대적인 것으로 보이게 만들 수 있는 방법 중 하나이다.

그렇지만 그것만이 유일한 방법은 아니다. 보수주의는 반혁명적 책무와는 무관하게 질서의 수호자가 되기도 한다. 보수주의의 반혁명적 충동은 원래 호전적이고, 역동적이며, 전통주의의 근엄함과 과거 계급질서의 조화로운 영역을 불필요한 것으로 만들어버리는 것이다. 여기서 우리는 보수주의자들이 언젠가 현실화될 것으로 기대하는 반동적인 유토피아, 즉 훌륭한 삶에 대한 보수주의자들의 궁극적인 상에 대한 암시와 맞닥뜨리게 된다. 보수주의자들은 권력이 당연시되었고 특권이 세습되었던 과거의 봉건제와는 달리, 권력은 논증되어야 하고 특권은 성취되어야 하는 미래상을 제시한다. 그것은 누구나 쉽게 들어갈 수 있는 무미건조하고 고통 없는 단순한 실력주의의 전당이 아니라, 지배권을 위해 치열한 투쟁이 벌어지는 각축장을 의미한다—"불확실한 조건으로부터 권력과 명예에 이르는 길은 너무 쉬워서도 안 되고 너무 당연한 것이어도 안 된다."[85] 그 투쟁에는 아무런 장애도 없어야 한다. 상속이나 사회적 연줄, 또는 경제적 부가 개입되어서는 안 되고, 오직 개인의 천부적인 지력과 강인함만으로 결판 지어져야 한다. 진정한 탁월성은 드러나고 보상받게 되며, 참된 고귀함은 안전하게 보호된다. 버크는 "온실 속에서 자라나서 의원이 된" 한 귀족 정치인을 비난한 후 "나 같은 사람에게는 '역경을 이겨냈다'가 모토이다"라고 공언했다.[86] 심지어 생물학적 결정론으로 가장 경도된 인종주의자들조차도 우월한 인종은 열등한 인종의 복속과 제거를 통해 스스로의 힘으로 지배권을 획득해야 한다고 믿었다.

그렇지만 인종이 모든 문명의 토대라는 사실을 인정하는 것이 곧 누군가는 우월한 인종의 구성원이라는 이유만으로 소파에 편안히 누워 잠잘 수 있다는 것을 의미해서는 안 된다…… 정신의 생물학적 유산은 육체의 생물학적 유산이 불멸이 아닌 것처럼 역시 불멸이 아니다. 우리가 지난 수십 년간 해왔던 것처럼 이런 생물학적 정신 유산을 계속 낭비하게 된다면, 몇 세대 지나지 않아 우리는 몽고인들에 대한 우월성을 잃게 될 것이다. 민족학 연구는 우리를 자만으로 이끄는 것이 아니라 행동으로 인도하는 것이 되어야 한다.[87]

2부에서 살펴보겠지만 전쟁터는 자연적인 우월성의 검증 장소이다. 그 세상에서 자신의 지위를 결정하는 이는 오로지 재능과 무기를 지닌 병사들뿐이다. 그렇지만 시간이 흐름에 따라 보수주의자들은 시장에서 또 다른 검증 장소를 발견한다. 초기 보수주의자들은 대부분 자본주의에 대해 애매한 태도를 보였지만,[88] 그 후예들은 서로 다른 종류의 전사들이 제조업과 상업에서 자신의 패기를 입증할 수 있다고 믿었다. 그런 사람들은 그곳에서 지구의 자원들을 두고 다투며 스스로 원하는 것을 얻고, 그 과정에서 다른 사람들에 대한 자신의 우위를 다져나간다. 돈의 거장들은 특권을 타고난 것이 아니다. 그들은 타인의 배려나 허락 없이 스스로 그것을 획득한다.[89] "자유는 정복이다"라고 윌리엄 그레이엄 섬너는 썼다.[90] 원죄—대담성, 비전, 그리고 폭력과 범죄를 꺼리지 않는 태도가 요구된다[91]—는 자본주의자를 전사로 만든다. 그것은 그에게 막대한 부를 가져다줄 뿐만 아니라 궁극적으로는 지배권을 가져다준다. 왜냐하면 그것이 바로 자본주의자이기 때문이다. 그는 부자들의 마이다스가 아니라 인간들의 지배자이다. 재산에 대한 소유권은 그것의 처분권이며, 만약 한 사람이 다른 사람의 노동력에 대한 소유권을 가졌다면, 그는 그것—즉 활동 중인 육체—을 마음대로 처분할 권리를 지닌 것이다.

그런 사람들은 "산업의 대장(captains of industry)"으로 불려왔다. 그들을 군 지휘관에 빗댄 이유는 명확하다. 산업조직이 발전함에 따라 위대한 지도자들은 경영과 관리에서 과거에는 군대를 제외한 다른 곳에서는 별로 필요치 않았던 통솔력, 용기, 의지력과 같은 힘과 기술이 필요해진다. 군대 전체가 장군에게 의지하듯, 산업의 군대도 그들의 대장에게 의지하게 된다…… 이런 상황에서 사람들에게는 그런 기능에 적합한 능력을 갖춰야 한다는 엄청난 요구가 잇따랐고…… 필요한 능력을 보유하는 것은 자연적 독점이 된다.[92]

전사와 사업가는 버크가 예견한 한 시대의 두 우상이 된다. 그 시대에 지배계급의 성원이 되려면 극도의 고통스럽고, 때로는 추잡한 투쟁을 벌여 그 자격을 획득해야 한다. "내 인생에서 발전의 모든 단계마다, (매 단계에서 방해받고 반대를 겪었기 때문에) 내가 만나는 모든 요금징수소마다, 나는 조국에 기여한 공적으로 받은 독보적 지위를 증명하기 위해 거듭해서 여권을 제시해야 했다…… 그렇지 않았다면 나조차도 어떤 지위도 어떤 관용도 기대할 수 없었을 것이다."[93]

전쟁과 시장은 권력을 향한 현대의 경연장이지만—니체가 첫 번째 이론가이고 하이에크가 두 번째 이론가이다—우파가 자본주의를 무조건적으로 수용했던 것은 아니다. 2부에서 설명하겠지만, 오늘날까지도 보수주의자들은 돈을 버는 것의 초라함과 천박함에 대해, 시장이 지배계급 속으로 도입한 듯 보이는 정치적 자폐증에 대해, 그리고 소비문화의 경망스러움과 우매함에 대해 여전히 조심스러운 태도를 보이고 있다. 우파들에게는 항상 전쟁이 강자가 진정한 자신의 지배권을 증명할 수 있는 유일한 행위로 남아 있다. 전쟁은 분명 피비린내 나는 사업이다. 그렇지만 견고한 것들이 모두 녹아 공기 중으로 흩어지고 있을 때, 귀족이 되기 위해서 그것 말고 또 어떤 방법이 있을 수 있겠는가?

지난 20년 동안 미국의 우파에 대한 많은 관심이 모아지면서 그 결과 상당한 학문적 성과들이 쏟아졌으며—그중 상당 부분은 젊은 역사학자들에 의한 것이었고 그들 중 다수는 좌파였다—그로 인해 미국의 보수주의에 대한 우리의 이해도 극적으로 바뀌었다.[94] 보수주의자들의 사고에 대한 내 이해의 많은 부분은 이런 문헌들에서 얻은 정보에 의한 것이다. 인종, 계급, 여성의 문제를 둘러싼 지난 반세기 동안의 투쟁이 보여준 생생한 현실에 대한 그들의 강조, 하이폴리틱스◆와 대중문화의 융합, 엘리트와 운동가, 사업가와 지식인, 주변부와 남부 출신자들, 운동과 언론매체들 간의 창조적 긴장 등이 그것이다. 보수주의는 "역사 속에서 그들이 한 행위들을 통해, 그리고 더 신중하고 철학적인 사고를 지닌 인물들이 당을 대표해 한 발언들을 면밀히 관찰해봄으로써만 알 수 있을 것"이라는 T. S. 엘리엇의 말을 유념하며,[95] 나는 그 이론을 실천의 관점에서(그리고 이론의 관점에서 실천을) 읽었다. 이런 연구에 힘입어 보수주의 사상의 "형이상학적 파토스"를 들을 수 있었다. 그것의 함축적 의미, 그것이 부르짖는 가정들과 그것이 불러일으키는 연상들, 그리고 그것이 묘사하는 운동의 내적 생명이 웅성대기 시작했다.[96] 이 접근법의 생생한 현장감이야말로 보수주의 사상에 대한 내 해석이 다른 해석들, 즉 이론을 실천과 별개로 읽거나, 아니면 실천의 고도로 정형화된 평가와 관련해서만 읽는 것과는 구별되는 지점이 되기를 바란다.[97]

 보수주의에 대한 최근의 저작들이 매우 정교하기는 하지만 세 가지의 약점도 내포하고 있다. 첫 번째는 비교론적 전망의 부재이다. 미국의 우파 학자들은 이 운동을 유럽과 관련해서 다루는 일이 거의 없다. 실로 많은 학자들 사이에서는, 미국의 다른 모든 것들과 마찬가지로, 보수주의도 매우 예외적인 것으로 여기는 것이 거의 신조처럼 자리 잡은 듯 보인다. 맷슨은 "부시와 그의 지식인 옹호자들에게는 뚜렷한

◆ high politics, 국가의 생존에 직접적으로 관련된 군사나 외교 등 좁은 의미의 정치를 일컫는다. 통화나 무역 등 주로 경제문제를 둘러싼 교섭이나 대외조치를 가리키는 로폴리틱스(low politics)에 대응하는 용어이다. 1970년대 이후 국제정치의 중심은 하이폴리틱스에서 로폴리틱스로 옮겨가고 있다.

미국적 느낌이 있다"라고 썼다. "에드먼드 버크를 움직였던 보수주의, 유럽적 맥락에 깊이 뿌리내린 지혜와 전통의 보수주의는 미국에서는 자리 잡을 수 없는 종류의 보수주의이다."[98] 대서양 이쪽의 자유방임적 자본주의에 대한 신념은 미국의 보수주의를 버크나 디즈레일리의 전통주의와 구분 짓게 되리라는 것이다. 토착 프래그머티즘은 미국의 보수주의를 보날드의 염세주의 및 광신주의와 잘 어울릴 수 없도록 만든다. 민주주의와 대중주의는 토크빌의 귀족주의적 편향이 발붙일 수 없도록 만든다. 그렇지만 이런 가정들은 나중에 설명하겠지만, 유럽의 우파에 대한 오해에서 비롯된 것이다. 버크는 그 저자들이 묘사한 것처럼 그렇게 전통적이지 않았으며, 메스트르는—그의 다른 보복주의적 저작들에서와 마찬가지로—경제에 대해 놀랍도록 현대적인 견해를 가지고 있었다.[99] 실로 유럽의 극우파들과 캘훈, 시어도어 루스벨트, 배리 골드워터, 그리고 신보수주의자들 사이에는—특히 인종과 폭력의 문제에 관해서는—깊은 공통점이 있다. 제2차 세계대전 이후 보수주의 진영의 지도자들은 지도와 지침을 찾아 의식적으로 유럽 쪽에 기댔고, 유럽의 망명자들—하이에크, 루트비히 폰 미제스, 레오 스트라우스가 유명하다—은 기꺼이 도움의 손길을 내밀었다.[100] 비록 프랑크푸르트 학파와 한나 아렌트가 집중 조명되기는 했지만, 전후 미국의 정치운동에서 진정한 유럽 정신의 각인이 느껴지는 쪽은 오히려 우파였다.

두 번째 약점은 역사적 전망의 부재이다. 작가들과 학자들이 현대 보수주의의 기원을 아무리 먼 과거로 밀어붙인다 하더라도(보수주의 운동을 길게 보려는 쪽의 최근 시도는 티파티♦를 1920년대와 연결 지으려는 것이다),[101] 최근 저작들에는 현대의 보수주의가 과거의 반복과는 근본적으로 다르다는 관념이 깔려 있다. 어떤 경우, 그런 주장은 미국의 보수주의가 그 선조들과 절연했고—그것은 대중주의가 되고 이데올로기적으로 되었다, 등등—관점에 따라 다르겠지만, 보수주의가 구원받았거나, 아니면 반대로 위기에 처했다고 느껴질 수 있는 상황이 만들어진 것은 바로 그 절연 때문이라고 말하기까지 한다.[102] 그렇지만 이런 주장은 애덤스, 캘훈 같은 인물들과 최근 미국 우파들이 내는 목소리 사이의 연관성을 간과하는 것이다. 지난 수십 년간 혁신이 있기는커녕 티파티의 대중주의나, 레이건이나 깅그리치의 미래주의는 이미 대서양 양안의 가장 초기적인 보수주의의 목소리에서도 발견될 수 있는 것들이었다. 모험주의, 인종주의, 이데올로기적 사고의 경향들도 모두 마찬가지다.

    세 번째 약점은 두 번째 것에서 기인한다. 분석가들이 현대 보수주의의 연원을 더욱 멀리 따져갈수록, 그들은 보수주의가 정치적 반동이나 반발이었다는 사실을 더욱 믿지 않으려는 경향이 있다. 현대 보수주의에 대한 신념은 앨버트 제이 녹이나 존 애덤스의 저작에서 찾아볼 수 있을 것이다. 이 학자들은 보수주의가 '위대한 사회' 정책◆◆이 제안할 만한 것에 대한 단순한 반대 차원을 넘어서 더 초월적인 이념과 신념을 반영해야 한다고 주장한다.[103] 그렇지만 우파의 오랜 역사를 인정하는 것이 꼭 현대 보수주의가 반발 정치라는 주장을 약화시키는 것은 아니다. 오히려 그런 장기적 관점은 우리에게 반발의 역학

◆ 월가와 부실 대기업에 대한 오바마 대통령의 구제금융 지원에 항의하기 위해 2009년 결성된 모임. 티(TEA)는 '세금을 낼 만큼 냈다(Taxed Enough Already)'라는 말의 약어로, 이 모임은 전형적인 보수 이념을 표방하며 작은 정부를 지향한다.
◆◆ 1960년대 존슨 대통령이 추구한 빈곤 추방 및 경제번영 정책.

과 아울러 그 개성과 우발성 등을 더 잘 이해할 수 있도록 해줄 것이다. 사실상 현대 우파를 그 선행자들에 비추어봄으로써만 우리는 그 특수성과 독특함을 이해할 수 있다.

이런 차이와 구별에 주안점을 두는 세 가지 가정에 맞서서, 나는 우파를 하나의 단일한 전체, 즉 여러 학자들과 권위자들이 그토록 자주 강조했던 차이점들을 뛰어넘는 이론과 실천의 일관된 총체로서 다루고자 한다.[104] 나는 보수주의, 반동주의, 반혁명주의를 같은 의미로 사용한다.(모든 반혁명주의자들이 보수주의자들은 아니지만—월트 로스토가 언뜻 떠오른다—모든 보수주의자들은 어떤 식으로든 반혁명주의자이다.) 나는 철학자, 정치가, 노예소유주, 작가, 가톨릭 신자, 파시스트, 복음주의자, 사업가, 인종주의자들을 모두 한 테이블에 앉혔다. 홉스 옆에 하이에크가 있고, 버크 맞은편에 세라 페일린이 있으며, 니체는 아인 랜드와 안토닌 스칼리아 사이에 있고, 애덤스, 캘훈, 오크쇼트, 로널드 레이건, 토크빌, 시어도어 루스벨트, 마거릿 대처, 에른스트 윙거, 칼 슈미트, 윈스턴 처칠, 필리스 슐래플리, 리처드 닉슨, 어빙 크리스톨, 프랜시스 후쿠야마, 그리고 조지 W. 부시는 이곳저곳에 흩어져 있다.

이것이 보수주의가 시공을 초월해 변치 않았다고 말하는 것은 아니다. 보수주의가 특정한 운동이나 해방에 대한 특정한 반작용이라면, 그런 반작용은 그것이 반대하는 운동의 흔적을 품고 있다고 보는 것이 타당하다. 1장에서 나는 우파가 좌파에 반발할 뿐만 아니라, 그런 반발 행위의 도상에서 그들이 시종일관 좌파로부터 차용하고 있음을 보일 것이다. 좌파의 운동이 변화함에 따라—프랑스혁명으로부터 노예해방으로, 투표권으로, 단결권으로, 볼셰비키혁명으로, 흑인해방으로, 그리고 여성해방으로—우파의 반동도 변해왔다.

이런 상황적인 변화와는 별개로, 우리는 우파의 상상력 속에서 더 장기적인 구조적 변화가 있었음을 발견할 수 있다. 이를테면 대중이 정치무대에 등장하는 것을 점진적으로 인정하게 된 것과 같은 것들 말이다. 홉스로부터 노예소유주를 거쳐 신보수주의자들에 이르면서, 우파는 구체제를 성공적으로 방어하기 위해서는 하층민들을 단순한 아랫사람이나 스타를 동경하는 팬이 아닌, 그 이상의 포용력으로 묶어둘 필요가 있음을 점차 깨닫게 되었다. 대중은 상징적으로나마 스스로를 지배계급으로 여기거나 가족, 공장, 현장에서 유사귀족으로 편입될 수 있는 실질적 기회가 부여되어야 했다. 전자의 경로는 상하가 전도된 대중주의를 만들어낸다. 그 속에서 최하층은 최상층으로 투영된 자신의 상을 보게 된다. 후자는 민주주의석 봉선제에 기억한다. 그 속에서 남편이나 감독자는 영주와 일부 그와 비슷한 역할을 하게 된다. 전자의 경로는 홉스, 메스트르, 그리고 인종주의와 민족주의의 여러 예언자들이 추구했던 길이며, 후자는 남부 노예소유주, 유럽 제국주의자, 도금시대 옹호론자들이 채용했던 길이다.(그리고 신도금시대의 옹호자들이 있다. 데이비드 브룩스는 "미국에는 단 한 명의 엘리트도 없다", "모두 스스로의 신전 안에서 귀족이 될 수 있다"라고 썼다.)[105] 그리고 독일의 경제학자이자 사회학자인 베르너 좀바르트가 지적했듯이 두 경로는 합쳐지기도 한다. 평범한 인민들이 여러 국가들 중 강력한 국가에 속한 덕분에 스스로를 지배계급으로 보게 되고, 그들 또한 제국주의적 통치를 통해 하층 존재들을 다스리게 되는 것이다.

우리 독일인들 또한 같은 방법으로 신의 백성으로서 자부심을 지니고 당당히 고개를 치켜든 채 우리의 세상을 맞아야 한다. 독일의 새인 독수리가 지상의 모든 동물들 위로 높이 날아오르듯, 독일인들도 까마득한 아래로 내려다보이는 주변의 다른 민족들보다 높은 곳에 있음을 느껴야 한다.

그렇지만 귀족계급은 의무가 있고, 그것은 여기서도 마찬가지다. 우리가 선민이라는 생각은 엄중한 의무—그리고 오직 의무만—를 부과한다. 우리는 무엇보다도 우리 스스로를 이 세상에서 강력한 국가로 유지해야 한다.[106]

이런 역사적 차이점들이 우파에게 존재하는 것은 사실이지만, 또한 저류에는 그런 차이를 한데 아우르는 동질성이 자리 잡고 있는 것 역시 사실이다. 정책에서의 불일치나 실천상에서의 상황적 진술(주정부의 권리, 연방주의 등등)에만 집중하다보면 자칫 이런 동질성을 놓치기 쉽다. 우리는 각각의 불일치와 성명들 속에서 그것이 제기하는 주장의 본질, 관용구와 은유, 심층 전망과 형이상학적 파토스에 집중해야 한다. 어떤 보수주의자는 자유시장을 비판하는 반면 다른 보수주의자들은 옹호하기도 한다. 어떤 자는 국가에 반대하고, 다른 자는 지지한다. 신을 믿는 사람이 있는 반면 무신론자도 있다. 일부는 지역주의자이고, 다른 이는 국가주의자인 반면, 국제주의자인 경우도 있다. 그리고 버크 같은 사람은 동시에 그 세 가지 모두 다인 경우이다. 그렇지만 이런 것들은 하나의 주제에 대해 각기 취하게 되는—전술적이고 현실적인—역사적인 임기응변일 뿐이다. 이런 목소리들을 (시간과 공간을 통틀어) 비교해봐야만 우리는 그런 임기응변 속에서 일관된 흐름을 파악할 수 있다.

이 책에서 단일한 우파라는 개념은 많은 사람들에게 가장 논쟁적인 부분이 될 것이다. 우리가 일상적인 대화에서 "보수주의"라는 용어를 사용하고 있음에도 불구하고(정말로 이 단어 없이는 정치적 대화가 불가능할 정도이다), 유럽과 미국에서 백 년이 넘도록 보수주의가 유지되고 있고 전통주의자, 전사, 자본주의자들을 끌어들여 한데 통합시키고 있음에도 불구하고, 좌파와 우파 간의 대치가(비록 매 세대마다 이를 부정하고 "제3의 길"로 그것을 극복해보려는 시도가 있었음에도 불구하고)[107] 지속적으로 현대의 "정치적 구별자" 역할을 하고 있음에도 불구하고, 여전히 많은 사람들은 우파 내에서의 차이가 너무 크기 때문에 우파를 하나로 특징짓는 것이 불가능하다고 믿고 있다.[108] 그렇지만 만약 우리가 우파에 대해 아무것도 말할 수 없다면—우파를 뚜렷한 집단으로서 정의하고, 기술하고, 설명하고, 분석하고, 해석하는 것—어떻게 그 존재를 말할 수 있겠는가?

우리 정치에서 어떤 일이 벌어지고 있는지 아무것도 알 수 없도록 만들 수도 있는 그런 극단적인 회의론을 피할 수 있기를 기대하며, 일부 학자들은 명목론자의 입장으로 후퇴하기도 한다. 보수주의자란 스스로를 보수주의자라고 부르는 사람이라거나, 더 정교하게 말하면, 보수주의자란 스스로 보수주의자라고 부르는 사람이 보수주의자라고 부르는 사람이라는 것이다.[109] 하지만 이는 또 다른 의문만 불러일으킬 뿐이다. 스스로를 보수주의자라고 부르는 사람들, 또는 스스로 보수주의자로 자처하는 사람이 보수주의자라고 부르는 사람들은 "보수주의자"라는 말을 어떤 의미로 사용하는가? 왜 그들은 자유주의, 사회주의, 또는 사전 속의 숱하게 많은 말들을 뒤로한 채 하필이면 보수주의자라는 말로 불리고 싶어 하는가? 만약 이들이 그런 표현을 통해 자신들의 독특한 정체성을 언급하고 있다고 생각하지 않는다면—이 경우 우리는 회의론적 입장으로 돌아가게 된다—용법과 무관한 용어라는 것이 무슨 의미가 있는지 규명되어야 한다. 그렇지 않고서는 다른 시대와 장소에 있는 개인들이 각각 다른 이슈에 대해 제각기 다른 입장을 취하면서도 스스로와 비슷한 부류를 보수주의자라고 부르는 것에 대해 우리가 어떻게 이해할 수 있겠는가? 우파를 단일체로 만드는 것이 무엇인지에 대한 나의 주장을 모든 독자들이 받아들일 필요는 없지만, 지적인 논의를 위해서는 우파라고 불리는 것이 있고, 이 우파에게는 일련의 보편적인 특성들이 있다는 것에 동의하는 것이 필수적인 전제이다.

이 책의 11개 장은 지난 십여 년간 썼던 우파에 대한 글 중에서 가치 있는 것들을 골라 모은 것이다. 어떤 장들은 원래 『더 네이션』이나 『런던 서평』 같은 정기간행물에 본격적인 평론으로 게재되었던 것들이고, 다른 장들은 학술적인 연구논문이거나 보고서, 독자적인 논문들이다. 나는 새로운 발전이나 내 관점의 변화를 설명하기 위해 이런 글들에 약간의 손질을 가했다. 이제 와서 관련성이 없어졌다고 판단되는 부분은 통째로 삭제하기도 했다. 그렇지만 그런 글들의 다양한 접근방식이 우파라는 개념이 하나의 지속적인 주제에 대한 역사적 임기응변의 집합이라는 사정을 드러내줄 것이라 기대하며, 대체로 그대로 실으려 노력했다.

책은 2부로 나뉜다. 1부는 프랑스혁명에서부터 현재까지 보수주의 정치의 반혁명적 내용에 대한 일반적인 진술로 시작한다. 첫 번째 장은 반혁명의 목적과 의도보다는 그것의 수단과 책략에 중점을 두었다. 보수주의가 어떻게 자신이 지키던 바로 그 체제와 결별하고, 우파를 재건하기 위한 시도 속에서 어떻게 좌파에 주목했는지를 다룬다.

그다음은 시대 순으로 토머스 홉스에 대한 고찰부터 영국내전, 그리고 스칼리아 대법관과 그의 원본주의 판결로 넘어갈 것이다. 그 도상에서 나는 아인 랜드, 골드워터, 뉴라이트, 그리고 냉전 종식 후의 보수주의자들에 대해 살펴볼 것이다. 2부는 보수주의 내에서의 폭력이라는 민감한 주제를 살펴볼 것이다. 라틴아메리카의 냉전을 간단히 돌아보고, 버크 이후 우파들이 폭력에 어떻게 접근했는지 일반적인 차원에서 살펴보는 것으로 시작하지만, 이 장들에서 다루는 논의의 대부분은 지난 십 년간의 경험에서 나온 것들이다. 9·11, 테러와의 전쟁, 이라크전쟁이 그것이다. 이런 사건들, 그리고 그 사건들이 보수주의자들 사이에 일으킨 현기증이야말로 내가 우파에 대해 생각하고 글을 쓰게 만든 동기였다. 내가 깨달았고 11장에서 주장하고 있는 바와 같이 오늘날 우파의 폭력 과잉은 결코 일탈적인 모습이 아니다. 그것은 전통 그 자체의 구성요소이다.

1부

보수주의와 반동의 정신

1. 보수주의와 반혁명◆

> 누구든 괴물과 싸우는 자는 그 과정에서
> 자신이 괴물이 되지 않도록 주의해야 한다.
> — 프리드리히 니체, 「선과 악을 넘어서」 중에서

 2008년 대선에서 존 매케인이 러닝메이트로 세라 페일린을 지명했을 때 보수주의 진영은 경악했다. 단지 매케인이 정치 신참인데다 본토의 48개 주를 통치하는 수단과 방법에는 전혀 문외한인 순진한 여성을 골랐기 때문만은 아니었다.◆◆ 문제는 그녀를 선택한 과정이었다. 거의, 또는 전혀 심사가 없었고, 이성과 성찰보다는 (그 또는 그녀의) 직관과 충동의 우월성에 훨씬 더 신뢰를 두었기 때문이다. 그것은 전혀 보수주의적인 결정이 아닌 듯 보였고, 실상이 그랬다. 충동적이고, 즉흥적이며, 성급한 결정이었다.
 그렇지만 보수주의의 기수가 보수주의의 자기기준을 충족시키지

◆ 이 장은 원래 『라리탄』 30, 1호(2010년 여름) 1~17쪽에 실린 글이다.(저자 주)
◆◆ 당시 세라 페일린은 알래스카 주지사였다.

못했던 예는 결코 이것이 처음은 아니었다. 2003년 봄, 여러 보수주의자들은 조지 W. 부시가 본질적으로 선택의 문제였던 전쟁을 대담하게 추진하자 우려의 목소리를 냈다. 그들은 또한 부시가 이라크전쟁을 합리화시키는 논리 안에서 자유주의적 혈통을 발견했다. 민주주의와 인권을 확산시킨다는 것이 그것이었다. 이 또한 보수주의 지도자가 가장 보수주의적이지 않은 방식으로 행동하는 예로 보였다. 부시는 그의 아버지와 당의 현실주의를 내팽개치고, 오랫동안 좌파의 전유물로 여겨졌던 국제주의를 채택하면서 중동의 현실 유지 정책에 새로운 역사를 쓰고자 했던 것이다.

에드먼드 버크가 보수주의를 하나의 이념으로 창안한 이래, 보수주의자들은 자신을 온건하고 분별력 있는 사람으로, 그리고 자신의 대의를 한계에 대한 차분한—그리고 차분하게 만드는—인정으로 꾸며 왔다. 우리는 서문에서 이미 오크쇼트가 "보수주의자가 된다는 것은, 미지의 것보다는 익숙한 것을, 시도되지 않은 것보다는 시도된 것을, 신비로운 것보다는 사실을, 가능성보다는 현실을, 무한한 것보다는 제한된 것을, 멀리 있는 것보다는 가까이 있는 것을 선호한다는 것"이라고 천명한 것을 보았다.[1]

그렇지만 보수주의자들을 가장 심오한 사상으로까지 끌어올린 정치 행위들—프랑스혁명과 볼셰비키혁명에 대한 반동, 노예제와 흑백차별법의 방어, 사회민주주의와 복지국가에 대한 공격, 그리고 뉴딜정책, 위대한 사회, 시민권, 여성운동, 동성애자 권리운동 등에 대한 일련의 반발들—은 절대로 그런 것이 아니었다. 유럽이건 미국이건, 금세기건 이전 세기건 상관없이 보수주의는 활발하고 무자비한 변화의 전진적 운동이었으며, 무모한 도전과 이념적인 모험주의를 즐기고,

자세는 호전적이고 태도는 대중주의적이며, 졸부와 저항세력, 외부인과 신참자 모두에게 우호적이었다. 비록 보수주의 이론가늘이 현명함과 온건함을 전통으로 내세우려 하지만, 그들의 전통 속에는 노골적인 무분별과 과격함의 편향이 드러나 있다. 세라 페일린과 에드먼드 버크는 아무리 서로 어울리지 않는 듯 보인다 할지라도 이런 편향을 통해 서로 연결되어 있는 것이다.

우리는 보수주의의 이런 뿌리 깊은 편향을 고려함으로써 보수주의가 무엇인지에 관한 더 선명한 상에 도달할 수 있다. 보수주의가 반동의 이념이지만—원래는 프랑스혁명에 대항한 것이었고, 더 최근에는 1960~70년대의 자유주의 운동에 대항한 것이었다—그런 반동은 제대로 이해되지 못했다. 반동적 충동은 단순히 변하지 않는 구체제나 진지한 전통주의의 반사적 방어행위를 만들어내는 것이 아니다. 그것은 보수주의를 두 가지 상이한 방향으로 밀어붙인다. 첫째는 구체제에 대한 비판과 그 재편이고, 둘째는 바로 자신이 반대하는 혁명이나 개혁의 이념과 전술을 흡수하는 것이다. 보수주의가 그런 낡은 것의 재편과 새로운 것의 흡수를 통해 성취하고자 하는 것은 특권을 대중화시키고, 위태로워진 구체제를 역동적이고 이념적으로 일관된 대중운동으로 바꾸어놓는 것이다. 새로운 구체제란 퇴락한 과거의 불평등 체제에 거리의 활력과 역동성을 도입한 것이라 할 수 있을 것이다.

40년간의 우파 지배가 소멸하기 시작하면서, 샘 태넌하우스, 앤드류 설리번, 제프리 하트, 시드니 블루멘탈, 그리고 존 딘 같은 작가들은, 뜬금없이 페일린이나 부시, 또는 레이건이나 골드워터, 버클리 등이 보수주의를 탈선시켰을 때, 보수주의가 쇠퇴하기 시작했다고 주장했다. 그들은 보수주의가 지배계급의 규율을 책임졌지만 조제프 드 메스트르부터 배관공 조◆ 사이의 어느 한 지점에선가 탈선해버렸다고 주장한다. 보수주의는 모험적이고, 광신적이고, 대중주의적이고, 이데올로기적으로 변해버렸다. 이런 쇠퇴의 이야기가 간과하는 것—그것이 우파에서 나오건 좌파에서 나오건 관계없이—은 현대 보수주의의 악덕으로 추정되는 모든 것들이 사실상 그 시작부터 버크와 메스트르의 저작 속에 이미 내재되어 있었다는 점이다. 단지 그때는 악덕으로 보이지 않았을 뿐이다. 당시에는 오히려 미덕으로 보였다. 보수주의는 항상 많은 사람들이 생각하는 것보다 훨씬 더 거칠고 도를 지나치는 운동이었다. 그리고 그런 거침과 과도함이 바로 보수주의의 끊임없는 호소력의 원천 중 하나였다.

보수주의는 프랑스혁명에 대한 반동에서 출현했다고 말해도 과언이 아니다. 역사를 아는 대부분의 보수주의자들은 이 사실을 인정할 것이다.[2] 그렇지만 우리가 그런 반동의 두 가지 상징적인 목소리—버크와 메스트르—를 더 신중하게 살펴본다면, 놀랍지만 간과되어왔던 여러 요소들을 발견하게 된다. 첫 번째는 그들이 자신들의 대의라고 주장했던 구체제에 대해 경멸에 가까운 반감을 품고 있었다는 사실이다. 메스트르의 『프랑스에 관한 고찰』의 서장은 구체제의 세 기둥인 귀족제, 교회, 그리고 군주제에 대한 가차 없는 공격이었다. 메스트르는 귀족을 두 부류, 즉 반역적인 자들과 무지한 자들로 나누었다. 성직자들은 부패하고 부와 방만한 윤리로 허약해졌다. 군주는 유약하고 단죄 의지가 결여되었다. 메스트르는 셋 모두를 라신의 한 구절을 인

◆ 본명은 새뮤얼 조지프 우젤바커로 배관공이었던 그는 2008년 대선 TV토론에서 중산층의 대변자로 일약 스타덤에 오른 후, 보수주의적 정치운동 및 논평가로 활약하고 있다.

용해 비난했다. "이제 당신들의 잘못이 산출해낸 슬픈 과실을 보라/당신들이 자초한 타격을 느끼라."[3]

버크의 경우, 비판은 완곡하지만 더 깊은 곳을 건드리고 있다.(비록 그도 말년에는 메스트르와 마찬가지로 직설적으로 말하기는 했지만 말이다.)[4] 그것은 『프랑스혁명에 관한 고찰』에서 베르사유 궁전의 난입과 왕실 체포에 관해 설명하는 중에 나온다. 거기서 버크는 마리 앙투아네트를 "유쾌한 자태…… 샛별처럼 빛나고, 생명력, 광채, 기쁨이 넘친다"고 묘사했다. 버크는 그녀의 아름다움을 구체제의 사랑스러움의 상징으로 여겼다. 봉건적 예절과 관습은 "권력을 인자하게 만들고", "부드러운 동화작용을 통해 정치와 일체화되고 그런 감성은 사적인 사회를 부드럽고 아름답게 만든다".[5]

버크는 이 글을 쓴 후, 그 감상적인 면 때문에 조롱당했다. 그렇지만 버크의 미학에 관한 이전 저작인 『장엄함과 아름다움에 대한 우리 이념의 기원에 대한 철학적 탐구』(이하 『장엄함과 아름다움』)를 읽은 독자라면 버크에게 그런 아름다움은 권력의 활력을 나타내는 상징이 아니라는 것을 알 수 있을 것이다. 그것은 항상 쇠락의 징후였다. 아름다움은 기쁨을 유발하고, 기쁨은 무관심으로 대체되거나 자아의 총체적인 분해로 치닫는다. 버크는 "아름다움은 모든 체제의 견고함을 느슨하게 만든다"고 썼다.[6] 아름다움이 쇠퇴와 죽음의 그토록 강력한 상징이자 촉매제가 되는 것은 바로 몸통—신체적, 사회적, 정치적 몸통—의 느슨함과 분해 때문이다. "우리의 가장 건전하고 가장 아름다운 제도가 단지 먼지와 오점밖에 만들어내지 못한다."[7]

보수주의의 신념에 대한 두 모두진술은 구체제의 가장 커다란 적은 혁명도 개혁도 아님을 시사한다. 그것은 바로 구체제 그 자체, 더 정확히는 구체제의 수호자들이다.[8] 간단히 말하자면 그들은 구체제를 패기와 선명성, 그리고 목적의식을 갖고 설파하는 데 꼭 필요한 이념적 수단이 없는 것이다. 버크는 식민지 미국과 영국의 관계에 대해서는 상당히 다른 맥락에서 보면서 당시 총리인 조지 그렌빌에 대해 다음과 같이 말했다.

> 사무실에서 너무 많은 말을 하는 사람들이 큰일을 해내는 경우는 드물다…… 사무실에서 오냐오냐 하며 키워진 사람들은 상황이 평상시대로 흘러가는 한, 일을 훌륭히 수행해낸다. 그렇지만 확실한 방법이 먹히지 않고 사태가 걷잡을 수 없게 되었을 때, 새롭고 당혹스러운 사태가 전개되었을 때, 그리고 서류철에서 전례를 찾을 수 없을 때, 싱녕 필요한 것은 사무실이 주거나 줄 수 있는 것 이상의, 인류의 위대한 지혜와 사물에 대한 훨씬 폭넓은 인식이다.[9]

나중에 보수주의자들은 여러 가지 방식으로 이런 주장을 되풀이한다. 어떤 경우 그들은 구체제의 수호자들이 혁명가나 개혁주의자들의 도전에 겁먹었다고 비난하기도 한다. 미국 노예제에 대한 가장 초창기의 그리고 가장 호전적인 옹호자였던 토머스 듀는, 냇 터너의 반란◆이 노예소유주 계급 사이에서 "모든 안정감과 자신감"을 앗아가버렸다고 말했다. 그들은 너무나도 큰 충격을 받아서 "거의 완전히 이성을 잃었다"는 것이다. 그들을 충격에 빠뜨렸던 것은 단순히 노예들의 폭력성이 아니었다. 그것은 노예들과 노예해방론자들이 제기한 도덕적

◆ 1831년 버지니아에서 냇 터너가 주도한 흑인 노예들의 반란.

비난이었으며, 그 비난이 은연중에 노예소유주들의 마음속에 자리 잡게 되면서, 그들은 자신의 입장을 더 이상 확신할 수 없게 되었던 것이다. 또 다른 노예제 옹호자인 윌리엄 하퍼는 "우리 스스로도 그런 비난에 대해 어느 정도 유죄를 인정한다"고 썼다.[10]

한 세기 이상이 지난 후, 공화당 대선후보로까지 나섰던 대표적 보수주의자인 배리 골드워터도 동일한 주제에 대해 썼다. 『보수주의자의 양심』의 바로 첫 번째 단락은 자유주의자, 혹은 민주주의자, 또는 복지국가를 공격하는 것이 아니었다. 그것이 겨냥한 것은 나중에 "공화당의 특권층"이라고 불릴 자들의 소심성이었다.

> 나는 오늘날 보수주의적 본능을 가진 그 많은 사람들이 그것에 대해 사과해야 한다는 강박감을 느끼게 된 사태에 대해 우려를 금할 수 없다. 또는 직접적으로 사과하지는 않는다 하더라도, 한탄에 가까울 정도로 그들의 신념을 억제해야 하는 상황에 대해서 말이다. "공화당 후보"인 부통령 닉슨은 "경제적으로 보수주의자가 될지라도 가슴을 지닌 보수주의자가 되겠다"고 말했다. 아이젠하워 대통령은 첫 번째 임기 중 "경제문제에서 나는 보수주의자이다. 그렇지만 인류의 문제에서는 자유주의자이다"라고 말했다…… 이런 정식화는 보수주의가 회계원의 지침서로서는 매우 훌륭할 수 있는 한정적이고 기계론적인 경제학 이론이지만 일반적인 정치철학으로 의지할 것은 못 된다고 말하는 것이나 다름없다.[11]

보수주의자들은 구체제의 수호자가 너무 둔감해졌다는 주장을 자주 해왔다. 수호자가 게으르고, 비대해지고, 유약하고, 뻔뻔스럽게 자기 자리의 특권만 누리고 있기 때문에 다가오는 재앙을 볼 수 없다는 것이다. 설혹 그가 위기를 볼 수 있다 하더라도, 그것을 물리치기 위해 할 수 있는 일이 아무것도 없다는 것이다. 왜냐하면 그의 정치적 근육은 이미 오래전에 퇴화해버렸기 때문이다. 존 C. 캘훈도 그런 비난을 했던 보수주의자들 중 한 명이었다. 1830년대에 노예해방론자들이 자신들의 대의를 강력하게 추진할 때, 그는 농장의 동료들이 편안하게 살면서 고집스럽게 위기를 외면하고 있는 것에 분통을 터뜨렸다. 그의 분노는 1837년 상원에서 연설할 때 절정에 달했다. 그는 하원에게 노예해방론자들의 청원을 받아들이지 말라고 촉구했다. 서문에서 보았듯이 그날은 그가 죽을 때까지 기억하게 될 순간이었다. "우리가 원하는 것은 오직 협력뿐입니다." 그는 동료 남부인들에게 호소했다. "다가오는 위험을 물리치기 위해 힘과 열정으로 뭉칩시다." 그렇지만 계속해서 "나는 내가 무슨 말을 한다고 해도 남부에 적절한 위기의식을 고취시킬 수 있으리라고는 감히 기대하지 않습니다. 사태가 치명적인 파국으로 치닫기 전에 그것을 일깨우기에는 한 개인의 목소리는 너무나도 무력하다고 느낍니다"라고 말했다.[12]

오크쇼트는 자신의 유명한 논문 「보수주의자가 되는 것에 대하여」에서 보수주의는 "신조나 교의가 아닌 취향"이라고 주장했다. 특히 현재를 즐기는 취향이라고 생각했다. 현재가 그 대안보다 좋다거나, 심지어 현재가 그 나름의 장점이 있기 때문이 아니다. 그것은 오크쇼트가 보수주의에는 이질적이라고 믿었던 의식 수준과 이념적 선택을 암시한 것일 수도 있다. 아니, 보수주의자가 현재를 즐기는 것은 단순히 그리고 오직, 그것이 익숙하고, 그것이 존재하며, 그것이 가깝기 때문이다.[13]

보수주의자들에 대한 오크쇼트의 견해—좌우파 모두에게 널리 인정되고 있다—는 깊이 있는 통찰이 아니다. 그것은 피상적 관찰에 불과하다. 그는 보수주의가 항상 구체제에 위협이 가해질 때 그 대응으로, 또는 구체제가 파괴된 이후에야 비로소 대두된다는 사실을 간과했다.(오크쇼트도 내가 앞서 서문에서 말했던 것처럼, 상실이나 임박한 상실이 우리가 현재를 더욱 소중히 여기게 만든다는 사실을 공개적으로 인정했지만, 그런 통찰이 보수주의에 대한 그의 전반적인 이해를 관통하거나 그것을 번복하도록 만들지는 못했다.) 오크쇼트는 구체제의 소멸이 아직 먼 훗날의 얘기이고, 시간이 독한 용제가 아니라 따뜻한 배양액일 경우, 구체제는 안락의자에 앉아 있는 것과 같다고 묘사했다. 이것이 바로 프랑스혁명보다 거의 2세기 앞선 시기에 귀족제는 "시작"이 없기 때문에 끝도 없다고 썼던 샤를 루아조의 구체제였다. 그것은 "아득한 시간 속에 존재"하며 역사의 흐름을 의식하지도 않는다.[14]

보수주의는 정확히 이런 진술이 더 이상 타당하지 않을 때, 그리고 타당하지 않게 되었기 때문에 나타나는 것이다. 나중에 신보수주의자가 되며, 1969년 흑인 학생들이 윌러드 스트레이트 홀을 점거한 것 때문에 정신적 외상을 입은 코넬 대학의 월터 번즈는 대학에서 물러나며 한 고별연설에서 "우리는 너무 좋은 세상을 가졌다. 이것은 지속될 수 없다"라고 말했다.[15] 하나의 세상이 다른 세상으로 갑작스럽게 그리고 종종 무자비하게 대체되어버리는 것만큼 평화를 뒤흔드는 일도 없을 것이다. 항상 영원할 줄 알았던 것의 죽음을 목격한 보수주의자는 더 이상 시간을 자연적인 동맹자나 권력의 거처로 여길 수 없게 되었다. 이제 시간은 적이다. 영속성이 아니라 변화가 우주의 지배자이며, 변화는 진보나 개선이 아닌 죽음을 뜻하는 것이고, 그것도 때 이른 비자연적 죽음일 뿐이다. "폭력적 죽음의 선고"가 "바로 삶의 전선에 씌어 있다"고 메스트르는 말했다.[16] 이어서 이 보수주의자는, 구체제 수호자의 문제점은 그가 이 사실을 모르고 있다는 점이며, 만약 알고 있다 하더라도 어떤 조치를 취할 의지가 결여되어 있다는 점이라고 말했다.

이런 초기 반동의 목소리들에서 우리가 발견할 수 있는 두 번째 요소는 그들이 반대하는 바로 그 혁명에 대한 놀라울 정도의 경탄이다. 메스트르의 가장 황홀한 찬사는 자코뱅에게 주어졌다. 그는 그들의 야만적 의지와 폭력지향성—그들의 "흑마술"—을 진심으로 부러워했다. 혁명가들은 자신들과 자신들의 대의에 자신감을 가지고 있었다. 그렇기 때문에 평범한 운동을 유럽이 일찍이 보지 못했던 가장 잔혹한 힘으로 바꿔놓을 수 있었다. 그들의 노고 덕분에 프랑스는 정화되고 유럽의 여러 나라들 속에서 자신의 정당한 지위를 되찾을 수 있었다. "혁명정부는 프랑스의 영혼을 피로 담금질해 강화시켰다"고 메스트르는 결론 내렸다.[17]

버크는 역시 완곡하지만 더욱 깊숙한 곳을 파고든다. 그는 『장엄함과 아름다움』에서 위대한 권력은 절대로 아름다워지려 해서도 안 되고 또 아름다워질 수도 없다고 말했다. 위대한 권력이 필요로 하는 것은 장엄함이다. 장엄함이란 우리가 극단적인 고통, 위험, 또는 공포와 맞닥뜨렸을 때 경험하게 되는 느낌이다. 그것은 감탄과 비슷하지만 공포와 불안이 뒤섞여 있다. 버크는 그것을 "유쾌한 공포"라고 불렀다. 위대한 권력은 아름다움보다는 장엄함을 갈망해야 한다. 왜냐하면 장엄함은 "정신이 느낄 수 있는 것 중 가장 강력한 감정"이기 때문이다. 그것은 마음을 사로잡는 동시에 기운을 북돋우는 감정이다. 왜냐하면 그것은 우리를 위축시키기도 하고 과대평가하게도 만드는, 동시적이지만 모순적인 효과를 유발하기 때문이다. 우리는 거대한 힘 앞에서 미미한 존재라는 느낌을 받는다. 그렇지만 동시에 "우리가 가공할 대상과 교류할 때" 우리 자신은 "커지는" 느낌을 갖게 된다. 위대한 권력은 그것이 다른 것들 속에서 모호하고, 신비적이고, 극단적일 때 장엄함을 성취한다. 장엄함은 "무엇보다도 평범함을 혐오한다"고 버크는 썼다.[18]

『프랑스혁명에 관한 고찰』에서 버크는 프랑스의 문제점은 혁명이 장엄한 반면 구체제는 아름답다는 것이라고 말했다. 구체제의 초석인 지주들은 "게으르고, 무기력하고, 소심하다". 구체제는 "능력의 침입"으로부터 스스로를 지킬 수 없다. 여기서 능력이란 혁명이 낳은 새로운 권력자들을 의미한다. 그리고 버크는 『프랑스혁명에 관한 고찰』의 다른 곳에서 혁명과 손잡은 자본가들은 귀족들보다 강력하다고 말했다. 왜냐하면 그들은 "어떤 모험이든 할 준비가 되어 있으며, 어떤 종류의 사업에도 더 적극적이기" 때문이다. 다시 말하면 구체제는 아름답고, 정적이고, 유약하지만, 혁명은 추하고, 동적이고, 강하다는 것이다. 그리고 혁명이 저지른 공포―하층민들이 왕비의 침실에 난입해 반라의 그녀를 거리로 끌어내고, 그녀와 가족들을 앞세우고 파리로 행진했던 일―속에서, 혁명은 일종의 장엄함을 성취했다. 버크는 혁명가들의 행위에 대해 "우리는 깜짝 놀라 고민에 빠져들었다"고 썼다. "우리의 마음은…… 공포와 연민으로 정화되었다. 우리의 연약하고 지각없는 자부심은 신비한 지혜의 섭리 아래서 보잘것없는 것이 되었다."[19]

이 보수주의자는 단순한 부러움의 고백이나 찬사를 넘어서, 그가 반대하는 혁명으로부터 실제로 배우고 모방한다. 버크는 자코뱅에 대해 말하면서 "적을 파멸시키기 위해서는, 어떤 방법으로든, 그것에 대항하는 힘은 그런 체제가 발휘하는 힘과 정신을 닮아가야 한다"고 썼다.[20] 이것은 보수주의 이념 중에서 가장 흥미롭지만 가장 자주 간과되었던 대목이다. 보수주의자들이 좌파의 목표, 특히 사회의 하층계급에게 권력을 나눠주는 것에 대해 적대적이면서도, 그들은 종종 좌파의 가장 훌륭한 학생이 되곤 한다. 그들의 학습은 새로운 표현이나 매체들을 갑작스럽게 실추된 자신들의 목표에 맞게 왜곡하는 방안을 찾기 위해 좌파를 참고하는 의식적이고 전략적인 모색이다. 프랑스에서 철학자들이 여론을 장악할 것을 두려워했던 18세기 중반의 반동적 신학자들은 적들에게서 모범을 발견했다. 그들은 서로에게만 소용되던 난해한 논문 쓰기를 중지하고 가톨릭 선전문들을 생산하기 시작했다. 그리고 그것을 프랑스 인민들의 계몽에 기여했던 바로 그 네트워크를 통해 전파시키고자 했다. 그들은 논문경연대회에 거금을 지원하고, 종교를 수호하는 데 필요한 읽기 쉬운 대중서를 쓰는 작가들에게 상금을 수여했다. 루소도 이런 지원에 힘입어 유명해졌다. 18세기 신학자이자 홍보담당자였던 샤를-루이 리샤는 기존의 신앙 논문들은 "철학에 아무런 저항 없이 쉽게 굴복해버리는 다수에게는 무용지물"이라고 선언했다. 반면 그의 저작은 "이런 소란스러운 철학의 공격에 대해 승리의 무기를 어떻게 읽을지 아는 모든 사람들의 소용에 닿도록" 씌어졌다.[21]

더 비근한 예로, 닉슨 행정부에서 '남부 전략'◆의 개척자들은 1960년

◆ 남부 백인들의 표를 얻으면 전국에서 승리한다는 선거 전략.

대의 흑인인권혁명 이후, 그들이 더 이상 백인인종주의에 직접적으로 호소할 수 없음을 깨달았다. 그들은 이제 에둘러서 말해야 했으며, 가급적이면 새로운 반인종주의자의 기호에도 맞출 필요가 있었다. 백악관의 수석보좌관인 H. R. 홀드먼이 일지에 적었듯이, 닉슨은 "모든 문제의 근원은 정말로 흑인들이라는 사실을 직시해야 한다고 강조했다. 요는 이를 인정하면서도 그렇지 않은 듯 보이는 체계를 고안해내는 것이다".22) 공화당의 전략가 리 애트워터는 1981년에 이 전략을 되돌아보면서 그 요점들을 더 간결하게 설명했다.

> 1954년에 당신은 "검둥이, 검둥이, 검둥이"라는 말로 시작했다. 1968년에 당신은 "검둥이"라는 말을 쓸 수 없다—그러면 당신만 다친다. 역풍을 맞을 것이다. 그러므로 당신은 강제버스통학◆, 주정부의 권리 등과 같은 것들을 언급해야 한다. 당신은 이제 세금 감면 등과 같이 완전히 경제적인 사안들만 다루기 때문에 매우 추상적이지만, 그런 것들은 백인들보다는 흑인들에게 더욱 피해를 주게 되는 부수효과를 유발할 것이다. 그리고 암암리에 그것이 이것의 일부분이 될 것이다.23)

더 최근에는 데이비드 호로위츠가 보수주의 학생들에게 "좌파들이 자신의 목표를 위해 효과적으로 발전시킨 언어들을 사용하라"고 고무하고 있다. "급진적인 교수들은 보수주의적인 학생들에게 '적대적인 학습환경'을 구축해놓았다. 교수진과 학구적인 교실에는 '지적인 다양성'이 결여되어 있다. 커리큘럼과 독서 목록에는 보수주의적 관점이

◆ 학급에서 흑백 균형을 맞추기 위해 거주지에서 먼 학교로 강제로 보내는 것.

'덜 반영되어 있다'. 대학은 '포용적'이고 지적으로 '다양한' 공동체여야 한다."[24]

예전에 보수주의자들의 교육은 부지불식간에 있는 그대로 자연스럽게 행해졌다. 그렇지만 날이 갈수록 진보적인 주장에 시달리고 경합하게 되면서 보수주의자들은 자기 자신도 모르게 자신이 반대하던 운동에 영향을 받은 것이다. 보수주의자는 좌파의 말을 자신의 의지에 굴복시키려 했지만, 자신의 의지가 그 말에 굴복하는 상황을 발견하게 된다. 애트워터는 이것이 바로 공화당 내부에서 일어난 일이라고 주장했다. "암암리에 그것이 이것의 일부분이 될 것이다"라고 제안한 후, 그는 다음과 같이 덧붙였다.

> 내가 말하는 것은 그런 것이 아니다. 그렇지만 그렇게 추상적으로 에둘러 말하면, 우리는 어쨌든 인종적인 문제는 피할 수 있다는 것을 말하려는 것이다. 내 말을 따르라. 왜냐하면 그저 "우리는 이것을 삭감하기를 바란다"라고 말하는 것은 심지어 강제버스통학을 거론하는 것보다도 추상적일 수 있으며, "검둥이, 검둥이"를 외치는 것보다 훨씬 더 추상적일 것이기 때문이다.[25]

애트워터는 공화당원들이 진의를 위장하는 법을 너무나 잘 습득했기 때문에 오히려 그런 위장이 진의에 침투해 진의 자체를 변화시켜 버렸다고 주장했다. 그런 변화가 정말로 있었다는 가정 하에 우리는 보수주의자들이 애초에 그들이 하려던 바를 포기한 것인지 물을 수도 있을 것이다. 그렇지만 그 질문에 대해서는 나중에 살펴보기로 하자.

심지어 보수주의자들은 진보적인 주장과 직접적으로 맞서지 않고도, 일종의 보이지 않는 삼투압 작용에 의해 좌파의 더 근본적인 범주와 언어를 흡수할 수도 있을 것이다. 심지어 그런 언어들이 그들의 공식적인 입장과 직접적으로 충돌하는 것이라 할지라도 말이다. 예를 들면 필리스 슐래플리는 다년간 여성운동에 반대해왔지만, 이제 솔직히 여성운동 이전의 현모양처상은 도저히 떠올릴 수 없게 된 듯 보였다. 그녀는 대신 여성운동가를 "적극적인 여성의 힘"으로 찬양했다. 그리고 마치 『여성의 신비』◆에서 한 페이지를 통째로 빌려온 것처럼 미국 여성들에게 만연한 무의미한 삶과 만족의 결여를 공박했다. 다만 그녀는 그런 병폐를 성차별보다는 페미니즘 탓으로 돌렸다는 것이 다를 뿐이다.[26] 그녀가 헌법의 평등권 수정조항(ERA)에 반대의 목소리를 냈을 때, 그녀는 그 조항이 인권에 대한 과격한 언어를 도입하고 있다고 주장했던 것이 아니었다. 오히려 그 반대였다. 그녀는 『워싱턴 스타』와의 인터뷰에서 ERA는 "여권을 빼앗아가는 것"이라고 말했다. 그것은 "현재 결혼한 상태인 부인들의 권리, 가정에서 부인의 권리를 앗아갈 것이다".[27] 슐래플리는 권리라는 언어를 분명히 여성운동에 반대하려는 목적으로 사용하고 있다. 그녀는 권리라는 말을 여성을 가정으로 돌려보내고 아내와 어머니로 묶어두기 위해 사용한다. 이것이 중요한 점이다. 보수주의는 종종 무의식적으로 민주주의적 개혁의 언어를 계급구조를 옹호하는 대의를 위한 언어로 차용하고 변모시키고 있는 것이다.

또한 여성운동 이전에는 상상할 수조차 없을 정도의 성적 솔직함이 기독교 우파에서 거론되고 있는 것도 목격된다. 1976년 비벌리 라헤

◆ 자유주의 페미니스트 베티 프리단이 1963년에 출간한 저서.

이와 팀 라헤이는 『결혼의 행위』라는 책을 출간했다. 여성운동가 수전 팔루디는 그 책을 "『성의 기쁨』◆에 버금가는 복음서"라고 정당하게 평가했다. 라헤이 부부는 책에서 "여성은 성애에 너무 수동적이다"라고 주장한다. 그리고 여성 독자들에게 신이 "[당신의 클리토리스를] 그곳에 만들어놓은 이유는 즐기라는 것이다"라고 말한다. 그들은 또한 "일부 남편들은 암흑시대에서 온 사람들 같다. 마치 욕구불만의 아내에게 '정숙한 여성은 절정을 느껴서는 안 된다'라고 말하는 사람들처럼 말이다. 오늘날의 아내들은 그렇게 바보스럽지 않다"라고 썼다.[28]

보수주의자들이 의식적이든 무의식적이든 간에 그들의 반대편으로부터 궁극적으로 배우는 것은 정치적 자주성의 힘과 대중의 가능성이다. 혁명의 상처로부터 보수주의자들은 대중이 의지적 폭력을 통해서건, 아니면 다른 방식의 인간 자주성의 실현을 통해서건 사회적 관계와 정치적 시대를 만들어낼 수 있다는 사실을 배웠다. 개혁주의자와 급진주의자는 모든 사회적 운동이나 혁명적 순간에 불평등과 사회적 계급구조는 자연스러운 현상이 아니라 인간의 창조물일 뿐이라는 사상을 창안—또는 재발견—해냈다. 계급구조가 사람들에 의해 창조될 수 있다면, 그것은 사람들에 의해 없어질 수도 있는 것이고, 그것이 바로 사회운동이나 혁명이 하고자 하는 일이다. 이런 시도 속에서 보수주의자들은 똑같은 교훈의 다른 버전을 배운다. 구체제의 그들 선조들이 불평등을 자연적으로 발생한 현상으로, 그리고 오랜 세대를 거쳐 전해진 것으로 여긴 데 반해, 보수주의자들은 혁명을 겪으면서 혁

◆ 반전·평화운동에도 참여한 영국의 작가이자 의학자인 알렉산더 콤퍼트가 1972년에 쓴 책. 구체적인 삽화를 곁들여 성행위를 상세하게 묘사해 화제가 되었다.

명가들이 결국 옳았다는 사실을 깨달았다. 즉 불평등은 인간의 창조물이다. 그리고 그것이 사람들에 의해 없어질 수 있다면, 사람들에 의해 재창조될 수도 있는 것이다.

"시민들이여!" 메스트르는 『프랑스에 관한 고찰』에서 외친다. "이것이 바로 반혁명이 만들어지는 방법이다."29) 구체제에서 군주제는—가부장제나 흑백차별법과 마찬가지로—만들어진 것이 아니었다. 그냥 존재하는 것이었다. 루아조나 보쉬에◆가 "여러분,"—시민들이라고 부를 턱이 없다—"이것이 바로 군주제가 만들어지는 방법입니다"라고 선언하는 것은 상상도 할 수 없다. 그렇지만 일단 구체제가 위기에 처하거나 전복되었을 때, 보수주의자들은 오랜 세월 동안 불평등을 만들어내고 유지해왔던 것이 인간의 작용, 세상에 대한 지성과 상상력의 의식적 적용이었다는 점을 인정할 수밖에 없었다. 보수주의자들은 혁명과의 대치에서 한 발짝 물러서면서, 이런 정치적 자주성에 대해 1957년 윌리엄 F. 버클리의 『내셔널 리뷰』사설에서 보이는 것과 같은 긍정의 목소리를 내기 시작했다. 시민권 운동에서 "떠오르는 핵심적인 질문은 남부의 백인 사회가 그들이 수적으로 우세하지 못한 지역에서 정치적, 문화적으로 승리하기 위해 필요한 이런 조치들을 채택할 자격이 있느냐이다. 진지한 대답은 '그렇다'이다. 백인 사회는 그럴 자격이 있다. 왜냐하면 당분간은 그들이 진보된 인종이기 때문이다".30)

혁명가들은 혁명원년을 선포하고, 보수주의자들은 그에 대응해 반혁명원년을 선포한다. 보수주의자들은 혁명을 겪으면서 정치적 사건

◆ 『신분론』을 쓴 17세기 프랑스 법관 샤를 루아조와, 같은 시대 프랑스의 신학자이자 웅변가로 왕권신수설을 주장했던 자크 베니뉴 보쉬에를 말한다.

에 대한 독특한 태도를 발전시킨다. 사람들의 힘이 역사를 만들고, 그것을 앞으로 밀거나 뒤로 되돌릴 수 있다는 믿음이다. 그리고 그런 믿음 덕분에 미래를 자신이 선호하는 시제(時制)로 받아들일 수 있게 된다. 로널드 레이건은 18세기 미국 작가 토머스 페인이 했던 "우리는 세상을 다시 시작할 힘이 있습니다"라는 말을 반복적으로 인용함으로써 이런 현상의 극치를 보여주었다.[31] 보수주의자들은 심지어 자신들은 위기에 처한 현재를 지키거나 잃어버린 과거를 되찾으려는 것뿐이라고 주장할 때조차도, 자신의 행동주의와 자발성으로 인해 새로운 시작을 만들거나 미래를 창조하고 있음을 고백하지 않을 수 없게 된다.

버크는 특히 이런 문제에 민감했다. 그는 괴로운 심정으로 누차, 혁명에 대항한 전투를 치르고 있는 동지들에게 복구작업 후에 프랑스에 무엇이 재건되건 간에 그것은 불가피하게 "어느 정도 새로운 것"이 될 수밖에 없다고, 한 망명자에게 보낸 편지에서 썼다.[32] 다른 보수주의자들은 그들의 정치적 창의성과 도덕적 독창성의 미덕을 기꺼이 지지하며 훨씬 덜 모호한 태도를 취해왔다. 미국 남부연합국의 부통령이었던 알렉산더 스티븐스는 자랑스럽게 선언했다. "우리의 새 정부는 세계 역사상 최초로 위대한 물리적, 철학적, 도덕적 진실"의 기반 위에 세워질 것이다. 그 진실은 "검둥이는 백인과 동등하지 않다, 노예 상태—우월한 인종에 대한 복종—가 그들의 자연적이고 보편적인 지위이다"라는 것이다.[33] 배리 골드워터는 간단히 "우리의 미래는 우리의 과거처럼 우리가 만드는 것이 될 것이다"라고 말했다.[34]

보수주의자들은 또한 혁명으로부터 대중에 대한 취향을 개발하고 그들을 다루는 재주도 터득했다. 거리에 수많은 군중을 모아 위세를 과시하면서도, 권력이 진정 공유되거나 분배되지는 않도록 단속하는 것이다. 그것이 우익 대중주의의 역할이다. 엘리트의 권력을 방해하지 않고 대중에게 호소하는 것, 또는 더 정확히 말하자면 엘리트의 권력을 강화시키거나 회복시키기 위해 대중의 에너지를 이용하는 것이다. 반동적 대중주의는 최근 기독교 우파나 티파티 운동의 발명품이 아니라, 애초부터 보수주의 담론을 붉은 실처럼 관통하고 있던 것이었다.

메스트르는 대중권력이라는 극장의 개척자로서, 그곳에서 하층 중의 최하층이 상층 중의 최상층으로 투영된 자신들의 모습을 볼 수 있는 장면을 상상하고 드라마를 공연했다. 그는 "군주제는 한 치의 모순도 없이 압도적 다수의 사람들에게 최고의 우월감을 선사하는 정부 형태이다"라고 썼다. 평범한 사람들은 군주제의 "광휘"와 영광을 "공유"한다. 그렇지만 메스트르는 세심하면서도 분명하게 덧붙인다. "사람들은 주체로서가 아니라 군주제의 일부로서 영광을 누리는 것이다."[35] 메스트르는 열성적인 군주제주의자였지만, 왕이 대중적인 풍모를 지니지 않고는 더 이상 권좌에 복귀할 수 없음을 알았다. 그렇기 때문에 반혁명의 승리를 그리면서, 복귀하는 군주에 대한 인민적 신임을 조심스럽게 강조했다. 인민들은 이 새로운 왕을 자신들과 동일시할 것이라고 메스트르는 말했다. 왜냐하면 그들과 마찬가지로 그 왕도 "끔찍한 불운의 학교"를 다녔고, "고난의 학교에서" 고통을 당했기 때문이다. 그는 "인간"이다. 여기서 인간성은 거의 평민적인 것을 뜻하며, 그렇기 때문에 잘못을 저지를 수도 있음을 의미한다. 그는 그들과 다르지 않을 것이다. 그의 전임자들과는 달리 그는 그 사실을 알고 있을 것이고, 그렇기 때문에 그것은 "위대한 거래"이다.[36]

그렇지만 우익 대중주의의 창의성을 제대로 음미해보기 위해서는, 과거 남부의 노예주계급을 살펴봐야 한다. 노예소유주들은 민주주의적 봉건제의 전형적인 형태를 창조했다. 백인의 대다수를 귀족적 계급으로 만들고, 노예계급을 다스릴 특권과 특혜를 공유하게 한 것이다. 지배계급 내부에서도 그들은 서로 동등하지 않다는 것을 알고 있었지만, 그런 차이는 그들 밑의 흑인 인구에 대한 우월성—그리고 지배의 실재성—이라는 환상에 의해 보상되었다.

한 학파—평등기회 학파라고 부르자—는 노예제가 모든 백인들에게 사적 지배자가 될 가능성을 열어주었다는 사실에서 민주주의적 약속을 발견했다. 대니얼 헌들리는 『우리 남부주에서의 사회관계』에서, 노예소유주들의 천재성은 그들이 "배타적 귀족계급이 아니라는 점이다. 북부의 모든 자유로운 백인들도 누구나 과두제의 지배자가 될 권리를 가지고 있다"라고 썼다. 이것은 단순히 선전문구가 아니었다. 1860년에 남부에는 40만 명의 노예소유주가 있었고, 미국의 노예소유주 계급은 세계에서 가장 민주적이었다. 노예소유주들은 백인들이 적어도 한 명 이상의 노예를 소유하도록 권장하는 법률을 통과시키려고 거듭 노력했으며, 심지어 그런 소유권을 촉진하기 위해 세금 감면을 고려하기도 했다. 테네시의 한 농부의 말에 따르면, 그들은 "평범한 농부가 검둥이를 살 수 있는 능력을 잃게 만드는 순간…… 그를 즉시 노예해방론자로 만든 것"이라고 생각했다.[37]

그 학파는 더 영향력이 있을지도 모를 두 번째 학파와 경쟁했다. 이 학파에 따르면 미국의 노예제가 민주적인 것은 백인들에게 사적 지배의 기회를 제공해주기 때문이 아니다. 미국 노예제가 민주적인 것은 노예소유주건 아니건 모든 백인들을 피부색 하나만으로 지배계급의 일원으로 만들어주었기 때문이다. 캘훈의 표현으로는 "우리들에게 사회의 커다란 구분은 부자와 빈자가 아니라 백인과 흑인이다. 그리고 백인은 빈부에 관계없이 모두 상층계급에 속하고, 동등한 존중과 대우를 받는다"는 것이다.[38] 또는 그의 부하 제임스 헨리 해먼드는 "노예제 국가에서 모든 자유인은 귀족이다"라고 정리했다.[39] 노예를 소유하거나 자유로울 수 있는 물질적 요건을 갖추지 못한 가난한 백인도 스스로를 귀족의 일원으로 여길 수 있었고, 따라서 그는 체제 방어를 위해 필요한 행동을 취할 것으로 기대되었다.

지배계급은 그들이 두 학파 중 어느 쪽을 지지하건 상관없이, 민주주의적 봉건제는 당시 유럽을 떠들썩하게 만든 평등주의 운동이나 미국의 잭슨류의 민주주의에 대한 강력한 대항물이 될 수 있다고 믿었다. 토머스 듀는 유럽의 급진주의자들은 "모든 인류가 동등한 수준에 오르기를 원한다. 우리는 미국에서 노예제가 그것을 성취했다고 믿는다"라고 선언했다. 노예제는 백인들을 "하찮은 일들"로부터 해방시킴으로써 "사회계층의 구별과 분리라는 가장 커다란 원인"을 제거해버렸다.[40] 19세기 지배계급들은 그들의 권력에 대한 거듭된 도전과 싸우면서, 백인 대중의 에너지를 기성 엘리트의 권력과 특권에 대항하기보다는 그것을 지지하는 에너지로 돌리기 위해 인종적 지배를 제물로 바쳤던 것이다. 이 프로그램은 한 세기 후 대륙 건너에서 그 궁극적인 성취를 보게 된다.◆

이런 대중주의적 흐름은 우리가 보수주의의 마지막 요소를 이해하는 데 도움을 준다. 보수주의는 그 시초부터 외부인에게 호소하고 그들에게 의존해왔다. 메스트르는 프랑스의 사보이 출신이고, 버크는

◆ 독일의 나치즘을 말한다.

아일랜드 출신이다. 알렉산더 해밀턴은 중앙아메리카의 네비스 섬에서 사생아로 태어났으며, 흑인의 피가 섞였다는 소문이 있었다. 디즈레일리는 유대인이었으며, 공화당을 칵테일파티◆에서 스칼리아, 디수자, 알레르토 곤잘레스, 그리고 존 유◆◆의 당으로 바꾸는 데 기여했던 많은 신보수주의자들도 역시 마찬가지였다.("신보수주의의 역사적, 정치적 사명"은 "공화당과 미국의 일반적 보수주의를 개인의 의지와 관계없이 현대 민주주의를 다스리는 데 적합한 새로운 종류의 보수주의적 정치로 바꾸는 것"이라고 최초로 정의한 사람은 어빙 크리스톨이었다.)[41] 앨런 블룸은 유대인에 동성연애자였다. 그리고 세라 페일린은 2008년 선거유세 기간 중 스스로 끊임없이 우리에게 상기시켜주었듯이, 남성들의 세상에 우뚝 선 여성이었으며, 워싱턴을 향해 "안 돼"라고 말하는(실제로 그녀가 그러지는 않았지만) 알래스카인이었고, 공화당 내 이단자와 동승한 또 한 명의 이단자였다.

 보수주의는 외부인에 의존할 뿐만 아니라 또한 스스로를 외부인의 목소리로 생각해왔다. "집이 있어야 할 자리에 회의장이 들어섰다"는 버크의 절규에서부터 현대 보수주의자들은 "자리에서 쫓겨났다"는 버클리의 불평에 이르기까지, 보수주의자들은 추방된 자들의 호민관을 자처하며 그들의 불만을 전달하기 위한 운동을 펼쳐왔다.[42] 그런 피해의식은 '정치적으로 공정한 자들'◆◆◆의 발명품이 아니다. 그것은 버크가 마리 앙투아네트에 대한 폭도들의 태도를 그릴 때부터 우파들

◆ 공화당이 기득권 당료들에 의해 좌지우지되고 있음을 비꼰 표현.
◆◆ 각각 유대계, 인도교, 히스패닉계, 동양(한국)계를 대표한다.
◆◆◆ the politically correct, 1980년대부터 쓰이기 시작한 말로, 인종과 성의 문제와 관련해 타인에게 모욕감을 주는 언동을 자제하는 편견 없는 사고와 태도를 의미한다.

의 논지가 되어왔다. 물론 보수주의자들은 특수한 종류의 희생자들을 변론한다. 그들은 무엇인가 가치 있는 것을 잃은 자들을 위해 말한다. 잃을 것을 전혀 가져보지 못한 지상의 비참한 자들은 안중에 없다. 그의 고객층은 영구적으로 탄압당하기보다는 일시적으로 자리에서 쫓겨난 자—윌리엄 그레이엄 섬너의 "잊혀진 사람"—들이다. 이런 희생자 딱지는 보수주의자들의 호소력을 줄이기는커녕 그들의 불평에 보편적 무게를 더해준다. 그것은 그들의 박탈을 우리 모두가 공감하는 경험—이를테면 상실—과 연결시키고, 그런 경험의 실을 자아서, 그 상실이, 또는 최소한 그중 일부가 우리 모두의 일로 비화될 수도 있다는 이데올로기를 엮어낸다.

좌파들은 종종 이 사실을 깨닫지 못하지만, 보수주의는 정말로 무엇인가를 잃은 사람들을 향해, 그리고 그들을 위해 목소리를 낸다. 그것은 토지에 대한 권리일 수도 있고, 백인들의 특권일 수도 있으며, 남편들의 절대적인 권위일 수도 있고, 공장주의 제한받지 않은 권리일 수도 있다. 그 상실은 돈처럼 물질적인 것일 수도 있고, 우월감이라는 추상적인 것일 수도 있다. 그것은 애초부터 정당하게 소유된 적이 없었던 무엇인가의 상실일 것이다. 그것은 보수주의자들이 여전히 가지고 있는 것에 비하면 사소한 것일지도 모른다. 그럼에도 불구하고 그것이 상실이라는 사실에는 변함이 없다. 더 이상 갖지 못하게 된 것만큼 더욱 소중하게 느껴지는 것도 없다. 한 계급의 이득은 다른 계급의 손실을 수반할 수밖에 없다는 정치의 제로섬 게임 같은 성격을 제대로 이해한 것이 좌파의 크나큰 장점인 적이 있었다. 그렇지만 좌파에서는 그런 투쟁에 대한 감각이 점차 사그라진 반면, 이제는 우파가 유권자들을 향해 정치에서는 정말로 잃는 자가 존재하며, 그들을 대변하는 것은 자신들밖에 없다고 목소리를 높이는 상황이 되었다. "모든 보수주의는 상실로부터 시작된다"고 앤드류 설리번은 적절히 지적했다. 때문에 보수주의는 존 스튜어트 밀이나 그 밖의 사람들이 주장한 것처럼 "질서의 당"이 아니라 "상실한 자들의 당"이 되는 것이다.[43]

상실한 자들의 주목적은 보전이나 보호가 아니고, 그럴 수도 없다. 그것은 회복과 복구여야 한다. 나는 이것이 보수주의의 성공 비밀 중 하나라고 믿는다. 모든 대중적 선동과 이데올로기적 허풍, 승리와 의지력에 대한 강조, 대중 동원과 세력 과시에도 불구하고 보수주의는 결국 지극히 단조로운 문제일 수 있다. 그들의 상실은 비교적 최근의 일이기 때문에—우파는 오래전에 있었던 일이 아닌 현실의 개혁에 반대해 선동하는 것이다—그들이 자신들의 목표는 현실적이고 성취 가능하다고 유권자들에게, 그리고 실질적으로는 국민들 전체에게 자신 있게 말할 수 있는 것이다. 그는 자신의 것을 되찾으려고 노력하는 것일 뿐이고, 한때 그가 그것을 소유했었다—정말로 상당 기간 소유하고 있었을 것이다—는 사실은 그것을 다시 소유할 능력도 있음을 시사해주는 것이 된다. 버크는 자코뱅에 대해 말하면서 "그것은 오래된 구조가 아닌 최근의 잘못에 관한 것이다"라고 말했다.[44] 좌파들의 재분배 정강은 그 수혜자들이, 좌파가 추구하는 권력을 진정으로 행사할 준비가 되어 있는가라는 질문을 야기하는 반면, 보수주의자들의 복구 프로젝트는 그런 어려움을 겪지 않는다. 더욱이 권력 없는 자들에게 권력을 주어야 하는—즉 사람들을 완전히 다른 사람으로 바꾸어놓아야 하는—거의 불가능한 과제에 직면한 개혁가나 혁명가들과는 달리, 보수주의자들은 단지 자신의 추종자들에게 그들이 항상 해왔던 것을 하라고(비록 다른 방식으로 더 훌륭하게 해야 하기는 하지만) 요구하기만 하면 되는 것이다. 그 결과 보수주의자들의 반혁명은 혁명이 그 나라를 덮쳤을 때처럼 커다란 혼란을 수반하지 않는다. 메스트르는 "프랑스에 왕을 세우는 일에는 네댓 명이면 족하다"고 말했다.[45]

이런 사실은 보수주의 운동 내에서의 일부, 또는 어쩌면 많은 사람들에게 일종의 안도감으로 다가올 것이다. 그들의 희생은 작지만 보상은 크기 때문이다. 그렇지만 어떤 사람들에게는 실망만 안겨주는 것일 수도 있다. 행동주의자들과 호전적인 사람들에게는 전투가 전부이다. 전투가 곧 끝날 것이고 더 이상 그들이 필요치 않게 될 것이라는 사실을 알게 되면 즉각 여러 가지 복합적인 좌절감에 빠지게 된다. 노력의 결실이 초라한 것에 대한 혐오감, 적이 사라진 것에 대한 슬픔, 어쩔 수 없이 조기에 은퇴하게 될지도 모른다는 불안감 등이 그것이다. 냉전의 종식 이후 어빙 크리스톨은 소련, 더 넓게는 좌파의 패배가 자신 같은 보수주의자들에게서 "적을 빼앗아가버렸다"고 한탄했다. "정치에서 적이 없다는 것은 매우 심각한 문제이다. 사람들을 방심하게 만들고 사기를 떨어뜨린다. 내부지향적이 되는 것이다."[46] 불운은 거대한 부만큼이나 어김없이 보수주의를 계속 찾아온다. 그렇지만 그 어둠의 존재는 보수주의의 호소력을 줄이기는커녕 오히려 강화시켜 놓을 뿐이다. 무대 위에서 보수주의자들은 스타를 동경하는 사람들과 실연한 자들을 청중 삼아 바이런의 시를 읊으며, 우울하게 자신의 손실을 계산한다. 그렇지만 무대 아래 보이지 않는 곳에서, 그들의 매니저들은 조용히 그들의 수입을 긁어모으고 있다.

2 최초의 반혁명•

혁명은 토머스 홉스를 망명길에 오르게 만들었고, 반혁명이 그를 되돌아오도록 했다. 1640년 존 핌처럼 의회에서 찰스 1세를 반대하던 사람들은 "왕이 원하는 것이면 무엇이든 할 수 있는 전제군주제를 찬양하는" 모든 사람들을 비난했다. 홉스는 당시 『법의 요소』라는 책을 출간했고, 그 책이 바로 전제군주제를 찬양하는 것이었다. 군주의 무제한적 권력을 주장하던 왕의 최고 참모와 한 신학자가 체포되자, 홉스는 떠날 때가 되었다고 생각했다. 그는 짐이 꾸려지기를 기다리지도 않고, 바로 영국을 떠나 프랑스로 향했다.[1]

11년이 지나고 한 차례 내전도 휩쓸고 지나간 후, 홉스는 프랑스에

• 이 장은 원래 퀜틴 스키너의 『홉스와 공화주의자의 자유』(New York: Cambridge University Press, 2008)에 대한 평론으로 『더 네이션』(2009년 10월 19일) 25~32쪽에 실린 글이다.(저자 주)

서 도망쳐 다시 영국으로 향했다. 이번에는 왕당파로부터 도망친 것이었다. 예전과 마찬가지로 홉스는 책을 한 권 냈다. 나중에 그는 그 책 『레비아탄』이 "모든 왕들과, 어떤 이름이든 왕들의 권리를 옹호하는 모든 사람들을 위해 싸우는 것"이었다고 설명했다.[2] 문제는 두 번째 부분이었다. 군주가 누구이든 상관없다고 말하는 듯한 인상을 풍겼기 때문이다. 『레비아탄』은 백성들이 외국의 침입이나 사회 혼란으로부터 그들을 보호해줄 능력이 있는 사람, 또는 사람들에게는 그가 누구든 가리지 않고 복종하는 것을 정당화, 아니 요구하고 있는 것이다. 영국에서 왕정이 철폐되고 올리버 크롬웰 세력이 영국을 지배하며 국민들의 안전을 책임지고 있는 상황에서, 『레비아탄』은 모든 사람들, 심지어 패배한 왕정주의자들까지도 공화국에 충성을 맹세해야 한다고 주장하는 듯 보였다. 그런 주장으로 인해 이미 공화국의 대사 앤터니 아삼이 망명 왕정주의자에 의해 피살당하는 일이 발생했다. 그래서 홉스는 프랑스의 성직자들이 그를 체포하려 한다는 사실을 알게 되자— 『레비아탄』은 또한 강력하게 반가톨릭적이기도 했으며, 그 사실이 왕대비의 노여움을 샀다—파리를 몰래 빠져나와 런던으로 귀국길에 올랐다.[3]

홉스가 그의 적을 피해, 그리고 나중에는 친구들로부터도 도망쳐야 했던 것은 결코 우연한 사건이 아니다. 그것은 그가 오랫동안 유지되어온 동맹을 파괴할 정치이론을 주장했기 때문이다. 그는 혁명적인 주장들을 물리치기보다는 흡수해 변형시켰다. 그는 그것의 가장 본질적인 범주와 특징들로부터 가장 완고한 통치형태를 위한 견고한 방어이론을 추출해냈다. 그는 초기 현대 유럽에 작용하는 원심력—종교의 분화, 고대 공화국의 이상 아래 모인 민주주의 군단, 과학과 회의론—

을 감지하고, 그것들을 단일한 구심―권위에 대한 어떤 도전도 비이성적이고 부도덕하게 보이도록 만들 정도의 자애로우면서도 강력한 군주권력―으로 한데 모으려 애썼다. 홉스는 이탈리아의 미래파들과 별반 다르지 않게 재건을 위한 해체를 주장했다. 그는 니체와 함께 가장 위대한 반혁명 철학가였으며, 혁명을 쳐부수기 위해서는 먼저 자신이 혁명이 되어야 한다는 사실을 이해했고, 시대를 앞서 문화적 모더니즘을 정치적 반동과 결합시킨 인물이었다.

그리고 그는 우파에게서 어떤 대접을 받아왔던가? 별로 좋지 않았다. T. S. 엘리엇(그 자신도 결합에는 명수였다)은 홉스를 "르네상스 시대의 혼란 덕분에 분수에도 맞지 않는 명성을 누린 벼락출세자들 중 한 사람"이라고 비하했다.[4] 영국의 신좌파 역사학자 페리 앤더슨이 "완고한 우파"[5]라고 부른 네 명의 20세기 정치이론가들―레오 스트라우스, 칼 슈미트, 마이클 오크쇼트, 프리드리히 하이에크―중 오직 오크쇼트만 홉스에게서 정신적 친화성을 발견했다.[6] 나머지 사람들은 홉스를 해로운 자유주의, 자코뱅주의, 심지어 볼셰비즘의 원천으로 평가했다.[7]

구체제의 정통파 수호자들은 종종 반혁명론의 연금술을 이해하지 못했기 때문에 그의 주장을 반체제 이념으로 착각하곤 했다. 그들이 보았던 것은 오직 그 안에 무엇이 있고―혁명가들의 주장과 위험스러울 정도로 비슷하게 들리는 새로운 사고방식―, 무엇이 없는가―권위에 대한 전통적 정당화―뿐이었다. 정통파에게는 반혁명도 혁명처럼 보였던 것이다. 그렇기 때문에 그들의 눈에는 반혁명주의자들이 동지가 아니라 수상한 자들로 보였다. 그리고 그들이 완전히 틀린 것도 아니었다. 좌파에게는 물론, 관례적으로 우파―하이에크의 가장 유명한 글 중 하나는 「나는 왜 보수주의자가 아닌가」[8]이다—라고 불리는 사람들에게도, 반혁명주의자들의 주장은 위와 아래, 낡은 것과 새것, 비꼼과 신념이 구분되지 않는 잡탕으로 보였다. 반혁명주의자들의 시도는 특권을 대중화하고, 애초에 만들어진 적도 없었던 체제(구체제는 과거에도 현재에도 그리고 미래에도 그냥 존재하는 것이다. 그것은 만들어지는 것이 아니다)를 재편하려는 것과 같이 거의 불가능한 것들뿐이었다. 이런 과제들은 다른 어떤 정치운동도 시도하지 않았던 것들이다. 반혁명주의자들은 역설을 좋아하는 사람들이 아니다. 그들은 권력을 위해 어쩔 수 없이 역사의 모순에 양다리를 걸칠 수밖에 없는 사람들이다.

그런데 홉스는 왜 보수주의, 우파, 심지어 반혁명 진영으로부터도 제재를 받아야만 했던가? 사실 이런 용어들은 프랑스혁명 이후로 통용되기 시작했고, 대부분의 역사학자들은 영국내전을 더 이상 혁명으로 보지 않는다. 군주제를 타도한 세력들은 로마식 공화국이나 고대의 헌법을 추구했을 수도 있다. 그들은 종교적 의례를 개혁하거나 왕권의 제한을 원했을 수도 있다. 그렇지만 그들의 전망 속 어디에도 혁명은 없었다. 애초에 반대할 혁명이 없다면, 홉스가 어떻게 반혁명주의자가 될 수 있겠는가?

그렇지만 홉스 자신만은 적어도 달리 생각했다. 『비히모스』에서 홉스는 사태를 가장 신중하게 관찰하며, 단호하게 영국내전을 혁명이라고 선언했다.[9] 비록 그가 그 용어로 의도했던 것이 고대인이 말했을 법한 것—체제의 순환적 변화, 거대한 진보라기보다는 행성의 궤도와 비슷한 것—일지라도, 홉스는 군주제의 타도에서 민주주의에 대한 열광적인(그가 보기에는 치명적인) 동경, 권력을 다수의 사람들에게 재분배하려는 강한 욕구를 보았던 것이다. 그것은 홉스에게는 혁명적 변화의 본질이었다. 그리고 그 이후 1917년 러시아, 1937년 플린트◆, 1965년 셀마◆◆도 마찬가지였다. 그리고 이런 민주주의의 확장이 미래보다는 과거에서 영감을 얻었다는 사실이 더 이상 우리를 구속할 필요가 없는 것과 마찬가지로 홉스도 구속되지 않았다―이 문제에서, 뱅자맹 콩스탕과 카를 마르크스 두 사람 모두 프랑스인들이 과거를 바라보면서(나아가 과거를 바라보았기 때문에) 얼마나 쉽게 혁명을 할 수 있었는지 간파했다.[10]

홉스는 의회 세력과 그 추종자들을 "민주주의자들"이라고 부르면서 분명한 반대의 뜻을 표했다.[11] 그의 철학적 에너지의 상당량이 이런 반대활동에 투여됐으며, 그의 가장 위대한 혁신도 그곳으로부터 나왔다.[12] 그의 구체적인 표적은 공화주의자들의 자유에 대한 개념이었다. 그들은 개인적인 자유는 사람들이 집단적으로 스스로 다스리는 것을 전제한다고 생각했다. 홉스는 공화주의자들이 개인적인 자유와 정치권력의 소유 간에 채워놓은 고리를 풀어버렸다. 그렇게 함으로써 사람들이 전제군주제 하에서도 자유로울 수 있으며, 적어도 공화제나 민주주의 하에서보다 덜 자유롭지는 않다고 주장할 수 있게 되었다. 퀜틴 스키너는 그것이 "영어권의 정치사상적 역사에서 획기적인 순간"이었다고 말한다. 그 결과 자유에 대한 참신한 설명이 가능했으며, 우리는 오늘날에도 그에게 빚을 지고 있다는 것이다.[13]

◆ 미국 미시건 주 플린트의 GM자동차 공장에서 벌어진 노동자들의 44일간의 파업.
◆◆ 흑인의 참정권을 주장하며 미국 앨라배마 주 셀마에서 몽고메리로 행진하던 시위대가 백인 경찰대로부터 공격당한 사건.

모든 반혁명가들은 동일한 물음에 직면한다. 이미 파괴되었거나 파괴되고 있는 구체제를 어떻게 방어할 것인가? 첫 번째 충동―체제의 낡은 진리를 되뇌는 것―은 보통 최악의 선택이다. 왜냐하면 그런 진리가 바로 애초에 그 체제를 곤경에 빠지게 했기 때문이다. 세상이 너무 변했기 때문에 그런 진리들이 더 이상 먹히지 않거나, 그 진리들이 너무 유연하게 성장해 혁명을 위한 논리로 변모해버렸거나 둘 중 하나이다. 어쨌거나 반혁명가는 구체제에 대한 자신의 방어논리를 가다듬기 위해서 다른 곳에서 재료를 찾아야 한다. 홉스도 깨닫게 되었듯이 이런 필요는 그를 혁명뿐만 아니라 대의로서 그가 지키고자 하는 바로 그 체제 자체와도 불화를 겪게 만들 수 있다.

17세기 초반의 군주제 수호자들은 두 가지 종류의 주장을 제시했는데, 홉스는 어느 것도 지지할 수 없었다. 첫 번째는 왕권신수설이었다. 그것은 당시 혁신적인 것으로―영국에서는 찰스 1세의 아버지 제임스 1세가 주요 주창자였다―왕은 신의 지상의 대리인(사실 지상의 신에 더 가까웠다)이기 때문에 왕은 신에 대한 의무만을 지며, 통치를 승인받은 유일한 사람이기 때문에 법이나 인민들에 의해 제한을 받아서는 안 된다는 것이다. 찰스 1세의 참모가 했다는 말처럼 "왕의 새끼손가락은 법의 성기보다 두꺼워야 한다".[14]

이런 절대주의가 홉스의 마음에 들기는 했지만, 그 이론적 토대는 부실해 보였다. 대부분의 왕권신수론자들은 홉스나 그의 동시대인들, 특히 대륙에 있는 사람들이 더 이상 그 존재를 믿지 않게 된 것을 이론적 전제로 삼고 있다. 우주의 자연적 위계질서를 반영하고 선과 악, 정의와 부정의에 대한 반박 불가능한 규정을 제공하는 인간적 행위의 목적론이 그것이다. 한 세기 동안 그 용어의 의미에 대해 치열한 설전이 오갔으며, 자연적 질서의 존재나 그것을 인식할 수 있는 우리의 능력에 대한 회의론이 존재하는 상황에서, 신성한 권리를 옹호하는 것은 설득력이 없고, 의지할 만한 것도 못 되었다. 그런 의심스러운 전제들 때문에 그들은 사태를 진정시키기보다는 오히려 갈등을 유발하는 역할을 했다.

더욱 문제였던 것은 그 이론이 정치무대를 어떤 식으로든 단 두 명의 배우만 있는 곳으로 그리고 있다는 점이다. 신과 인간, 두 배우는 서로만을 위해 연기하고 있다. 홉스도 군주가 무대를 다른 사람과 나누어서는 안 된다고 생각하기는 했지만, 그 이론이 제3의 배우, 즉 인민을 무시하고 있다는 사실을 인식하지 못할 만큼 민주주의자들의 불만을 모르지는 않았다. 인민들이 조용하고 순종적일 때는 아무런 문제가 없었다. 그렇지만 1640년대에 들어서자 신과 왕 사이의 그런 폐쇄적 드라마는 더 이상 가능하지 않게 되었다. 인민들이 무대로 올라와 주역을 요구하고 나선 것이다. 그들은 무시될 수 없었고 단역에 만족하지도 못했다.

간단히 말하자면 영국에서의 변화들이 왕권신수설을 더 이상 지탱될 수 없는 것으로 만들어버렸다는 것이다. 홉스가 직면한 과제는 복잡한 것이었다. 시대착오적인 전제들을 걷어내면서도 어떻게 하면 이론의 요체(절대자에 대한 무조건적 복종, 분할되지 않은 권력)는 보존할 수 있는가가 그것이었다. 홉스는 개인들이 서로간의 계약을 통해 그들을 통치할 절대권력으로서의 군주를 창조해냈다는 계약론과, 인민들의 화신으로서 군주가 생겼지만 군주는 인민들에게 복종할 필요가 없다는 대표자론으로 문제를 해결했다.

계약론은 선과 악의 정의에 대한 가정을 만들지도 않고, 모든 사람들에게 자명해야 할 우주의 고유한 자연적 위계질서에 의존하지도 않는다. 반대로, 계약론은 오히려 사람들이 그런 것들에 대해 의견을 달리하고 있다는 사실을 전제로 삼는다. 실로 사람들은 서로 격렬한 불화를 겪기 때문에 그들이 서로 모순되는 목표들을 추구하면서도 살아남기 위해서는, 각자의 힘을 국가에 넘기고 국가에 항의하거나 도전하는 일 없이 복종해야 하는 것이다. 국가는 사람들을 서로로부터 보호해주는 것을 통해 그들의 생활공간과 안전을 보장해주는 것이다. 계약론은 홉스의 대표자에 대한 설명과 결합되면 추가적인 장점을 지니게 된다. 인민들은 모든 권력을 군주에게 양도했지만, 군주의 몸에서, 군주가 휘두르는 칼날 하나하나에서 여전히 자신들의 모습을 상상해볼 수 있다. 인민들이 그를 창조했다. 그는 인민들을 대표한다. 모든 의도와 목적 속에서 그들은 바로 그이다. 그렇지만 그들은 그가 아니다. 인민들은 레비아탄―홉스가 군주에게 붙인 이름. 욥기에서 나왔다―을 만들어낸 것과 같다. 그리고 다른 많은 창조자들과 마찬가지로 인민들은 피조물에 대한 통제력을 잃었다. 이것은 모든 위대한 반혁명 이론의 특징이라고 할 수 있는 영감이 깃든 시도였다. 이 속에서 인민은 배역 없는 배우, 무대 위에 있다고 믿는 관객이 되는 것이다.

군주제를 옹호하기 위해 제시된 두 번째 주장은 입헌군주제주의자들의 입장으로서, 영국인들의 사상에 깊이 뿌리 내리고 있었기에 더욱 상대하기 힘든 것이었다. 그들은 영국은 왕권이 관습법에 의해 제한되거나, 또는 의회와 공유되기 때문에 자유로운 사회라고 주장했다. 월터 롤리 경은 이런 법에 의한 통치와 분배된 권력은 왕에 대한 자발적 복종을 동양의 전제군주에 대한 야만적 노예화와 구별해주는 것이라고 주장했다.[15] 홉스가 자유에 대해 더 심오하고 대담한 사고를 전개하도록 재촉한 것은 바로 이런 주장과 그 급진적 분파들이었다.[16]

입헌주의자들의 정치적 자유에 대한 개념 저변에는 이성에 따라 행동하는 것과 정열에 사로잡혀 행동하는 것 사이의 구별이 가로놓여 있었다. 전자는 자유행동이지만 후자는 그렇지 않다는 것이다. 스키너는 홉스가 반대한 주장에 대해 설명하면서 "정열에 의한 행위는 자유인의 행동이 아니며, 심지어 사람에게만 고유한 것도 아니다. 그런 행위는 진정한 자유의 표현이 아니라 방종, 또는 금수 같은 야만스러움에 지나지 않는다"고 말했다. 자유는 우리가 의도했던 것에 의거한 행동을 수반한다. 그렇지만 의지는 욕구나 혐오와 혼동되어서는 안 된다. 홉스의 가장 강력한 반대자인 브럼홀 주교가 지적했듯이 "자유행위는 오직 이성적인 의지의 자유로운 선택에서만 비롯될 수 있는 것이다". 그리고 "이성에 대한 고려나 활용이 없는 곳에는 자유도 있을 수 없다".[17] 자유롭다는 것은 이성에 따른 행동을 수반하며, 정치적으로는 전제권력에 반대해 법의 통치하에 산다는 것을 말한다.

왕권신수설과 마찬가지로 입헌주의자들의 주장도 현실을 반영하지 못한 시대착오적인 것이었다. 특히 17세기 초반의 영국 군주 그 누구도 이것을 믿지 않았다는 것은 잘 알려진 사실이다. 영국을 현대적인 국가로 탈바꿈시키기 위해 제임스 1세와 찰스 1세는 자신들의 권력의 성격에 대해 입헌주의자들의 주장이 허용하는 것보다 훨씬 더 전제주의적인 주장들을 내세울 수밖에 없었다.

그러나 정권의 입장에서 더욱 심각했던 것은 입헌주의자들의 주장이 너무나도 쉽게 공화주의적인 것으로 변해 왕을 적대시하는 것이 될 수 있다는 점이었다. 관습법론자들과 의회의 탄원자들은 찰스 1세가 관습법과 의회를 무시하면서 영국을 전제국가로 만들어가고 있다고 주장했다. 급진주의자들은 사람들이 그들이 동의한 법의 지배하에 사는 공화제나 민주주의에 미치지 못하는 그 어떤 것도 결국은 전제정치라고 말했다. 급진주의자들의 눈에 모든 군주제는 전제주의였던 것이다.

홉스는 후자의 주장이 "고대 그리스와 로마의 역사와 철학"에서 유래한 것이라고 생각했다. 그런 사상은 왕에 반대하는 식자층에서 상당한 영향력을 발휘하고 있었다.[18] 이 고대의 유산은 1636년 마키아벨리의 『디스코르시(로마사 논고)』가 영어로 번역되었을 때 새로운 생명을 얻었다. 홉스는 대중적인 정부에 반대하는 충고에서 『디스코르시』를 최종적인 표적으로 삼았을 수도 있었다. 그렇지만 공화주의자들의 주장에 깔린 전제―자유인과 노예의 차이점은, 전자가 자신의 의지에 복종하는 데 반해, 후자는 타인의 의지에 복종한다는 것―는 영국 관습법에서도 발견될 수 있었다. 왜냐하면 스키너가 지적했듯이 거의 13세기부터 영국 관습법은 "로마법의 축약본"을 "한 글자 한 글자씩" 옮겨놓은 복사본이었기 때문이다. 마찬가지로 의지와 욕구, 자유와 방종 사이의 구별도 중세 학문적 전통과 르네상스의 인문주의적 문화 양자 모두에 "깊이 각인되어 있었다". 그렇기 때문에 이런 의지의 철학은 브럼홀과 그의 추종자들 같은 왕정주의자들뿐만 아니라 왕정 타도를 외치는 급진주의자들의 표현에서도 공히 발견되었다. 왕정주의자들과 공화주의자들을 가르는 틈새의 깊은 곳에는 양자가 공유하는 자유의 본성에 대한 불안정한 토대가 놓여 있었던 것이다.[19] 홉스의 천재성은 바로 그 가정을 포착했다는 점이다. 그리고 그의 야심은 그것을 깨부수는 것이었다.

2. 최초의 반혁명　95

자유는 법 아래서 사는 것을 수반한다는 개념은 입헌군주제주의자들(이들은 입헌군주와 전제군주 사이에 큰 차이를 두고 있다)을 지지해주지만, 그것이 꼭 자유로운 체제가 공화정이나 민주주의여야 한다는 결론으로 이끄는 것은 아니다. 그런 주장이 성립하기 위해서는 급진주의자들은 두 가지 추가적인 주장을 해야 한다. 첫째, 독재나 무법 상태를 자신의 것이 아닌 외적인 또는 이질적인 의지와 등치시켜야 하며, 그것은 정열과 같은 것이다. 두 번째로 대중적인 정부의 결정을 자신의 의지와 등치시켜야 하며, 그것은 이성과 같은 것이다. 자신의 것인 의지—공화제나 민주주의의 법률—에 복종하는 것은 자유로운 것이다. 자신의 것이 아닌 의지—왕이나 외국의 포고령—에 복종하는 것은 노예가 되는 것이다.

급진주의자들은 이런 주장을 펼치는 과정에서 노예 상태에 대해 대중적이기는 하지만 이상한 이해방식의 도움을 받았다고 스키너는 주장한다. 많은 사람들의 눈에 어떤 사람이 노예로 보이게 하는 것은, 사슬에 묶여 있다거나 주인이 행동을 제약하거나 강제하기 때문이 아니다. 그것은 언제든 자신을 덮칠 수 있는 변덕스러운 주인의 의지의 그물 속에서 그가 살고 움직이고 있기 때문이다. 심지어 그 그물이 덮치는 일이 없다 하더라도—주인이 무엇을 하라고 시키거나 무엇을 하지 않았다고 벌하는 일이 없거나, 또는 그가 주인이 말하는 것과 다른 것을 할 욕구가 전혀 없다고 하더라도—노예는 여전히 노예 상태에 있는 것이다. 그가 다른 사람의 의지에 "완전히 의존해 산다는 것", 그가 주인의 처분 하에 있다는 것, "그 자체만으로 주인이 기대하고 경멸하는 노예 상태라고 말하기에 충분한 것"이다.[20]

지배와 의존이라는 관계의 존재만으로도…… 우리를 "자유인"에서 노예 상태로 전락시키기에 충분한 것이다. 달리 말하자면 우리의 시민권과 자유를 있는 그대로 누리는 것만으로는 충분하지 않다는 것이다. 우리가 자유인일 수 있기 위해서는 그것을 특정한 방식으로 누릴 수 있어야 한다. 우리는 그것을 단순히 다른 사람의 선의나 은총에 의해 가져서는 안 된다. 누군가의 독단적인 권력이 우리로부터 빼앗아갈 수 없는 상태에서 그것을 항상 보유해야 한다.[21]

개인적인 차원에서 자유는 자기 자신의 주인됨을 의미한다. 정치적 차원에서 자유는 공화제나 민주주의를 요구한다. 공적 권력의 완전한 공유만이 우리가 자유를 그 자유가 요구하는 "특정한 방식"으로 누릴 수 있도록 보장하는 것이다. 전면적인 정치적 참여가 없다면, 자유는 심각하게 위축될 수밖에 없다. 대중적 정부 이론에서 가장 과격한 요소는 바로 이 개인과 정치 간의 이중 작용이며, 홉스의 관점에서 그것은 가장 위험스러운 것이었다.

홉스는 그 주장을 토대부터 무너뜨리려 했다. 그는 전통적인 이해 방식에서 벗어나 의지에 대해 유물론적 설명을 시도한다. 의지는 우리의 욕구나 혐오에 대한 이성적인 성찰에서 비롯된 결정이 아니라고 그는 말한다. 그것은 단지 우리가 행동하기 직전에 마지막으로 느끼는 욕구나 혐오일 뿐이며, 바로 행동을 촉발시키는 것일 뿐이다. 성찰이란 메트로놈의 진동막대와 같이 우리의 성향에 따라 앞뒤로 흔들리며, 욕구와 혐오 사이를 오가지만 한층 불안정한 것이다. 어디든 막대가 움직임을 멈추는 곳에서 행동이 이루어지거나, 역으로 행동을 하지 않는 결정을 내리게 되며, 그것이 우리의 의지가 되는 것이다. 이런 개념이 기계적이고 임의적으로 보일지라도 어쩔 수 없다. 의지는 우리의 욕구나 혐오를 초월하는 것이 아니라 그 양자 사이에서 결정하고 선택하는 것이기 때문이다. 의지는 바로 우리의 욕구와 혐오이다. 자유나 자율적인 의지 같은 것은 없다. 오직 "마지막 순간의 욕구와 혐오가 있을 뿐이고, 그에 따른 행동, 또는 행동하지 않음이 있을 뿐이다".[22]

와인에 대한 간절한 욕구가 있어서 와인 상자를 꺼내기 위해 불타는 집 안으로 뛰어드는 사람을 상상해보라. 이제 개를 극도로 혐오해서 개떼를 피하기 위해 같은 집으로 뛰어드는 사람을 상상해보라. 홉스의 반대자들은 이런 예들에서 비이성적인 충동의 힘을 보게 될 것이다. 그렇지만 홉스는 행동의 의지를 보았다. 이런 행동이 가장 현명하다거나 가장 미친 짓이라고 할 수는 없을 것이며, 그것은 홉스도 인정한다. 그렇지만 현명함이나 광기는 결단을 내리는 데 어떤 역할도 하지 못한다. 두 행위는 강제된 것이다. 그렇지만 기울어가는 배에서 무게를 줄여 목숨을 구하려고 짐을 배 밖으로 내던지는 사람의 행위도 마찬가지다. 어쩔 수 없는 선택들, 강박에 의한 행위, 이런 것들도 조용한 서재에서 내린 결정들과 마찬가지로 의지의 표현인 것은 분명하다. 이런 유추를 확대시켜보면, 홉스는 누군가 내 머리에 총을 겨누고 있는 사람에게 지갑을 건네는 것도 역시 의지에 따른 행위라고 주장할 것이다. 나는 지갑 대신 생명을 선택했다는 것이다.

홉스는 반대자들에 대항해, 자신의 의지에 반하는 자발적 행위 같은 것은 있을 수 없다고 주장한다. 모든 자발적 행위는 의지의 표현이다. 방 안에 갇히는 것과 같은 외적 속박은 내가 내 의지에 따른 행위를 하지 못하도록 막을 수 있다. 다른 사람과 일렬로 사슬에 묶였다면 내가 의지하지 않은 대로 나를 행동하게 만들 수 있다.(내 옆 사람이 한 걸음 앞으로 나서거나 도구를 들어 올리면, 나는 그를 따라 움직여야 한다. 그 사람이나 내 뒷사람에게 저항할 만큼 힘이 세지 않다면 말이다.) 그렇지만 나는 내 의지에 반해 자발적으로 행동할 수는 없다. 노상강도의 예에서 홉스는 강도의 권총이 내 의지를 바꾸었다고 말할 것이다. 나는 지갑 속의 돈을 지키고 싶어 하다가 생명을 지키고 싶어 하는 것으로 마음이 바뀐 것이다.

내가 내 의지에 반해 자발적으로 행동할 수 없다면, 나는 내 것이 아닌 의지에 따라 자발적으로 행동할 수도 없다. 내가 왕에게 복종하는 것이 그가 나를 죽이거나 감옥에 처넣을 수도 있다는 사실이 두렵기 때문이라고 해서, 그것이 내 의지의 결여, 몰수, 배반, 또는 굴종을 의미하는 것은 아니다. 그것은 나의 의지였다. 나는 다른 식으로 의지를 드러낼 수도 있었지만—홉스의 시대에도 무수한 사람들이 그렇게 했다—나의 불복종이 무엇이라고 불리건 그것이 의미하는 것보다는 나의 생존이나 자유가 내게는 더욱 중요했던 것이다.

홉스의 자유에 대한 정의는 의지에 대한 그의 이해를 따른다. 자유는 "행동의 외적 장애물이…… 없는 것"이며 자유인은 "**그가 자신의 힘과 지력으로 할 수 있는 것들 속에서, 하고자 하는 의지를 가진 것을 하는 데 방해받지 않는 사람이다**"라고 홉스는 말했다.[23] 내 움직임에 외적인 방해물이 있을 때만 나는 자유롭지 못하다고 말할 수 있다고 홉스는 주장했다. 사슬이나 벽이 그런 방해물이다. 법과 의무는 비록 더 은유적이기는 하지만 다른 종류의 것이다. 만약 방해물이 내 안에 있다면, 즉 내가 어떤 일을 할 능력이 없다거나 어떤 일을 하기가 너무 두렵다면,

그것은 내가 힘이나 의지가 없는 것이지 자유가 없는 것은 아니다. 홉스는 뉴캐슬의 백작에게 보낸 편지에서 이런 결여를 주체의 정치적 환경조건이 아닌 "주체의 본성상 고유한 자질" 탓으로 돌렸다.[24]

그리고 그것이 바로 홉스가 의도했던 바이다. 우리의 개인적 자유의 상태를 공적인 상태와는 분리시키는 것이다. 자유는 정부의 존재에 의존적인 것이지 정부가 어떤 형태를 취하는가와는 상관이 없다. 우리가 왕의 통치하에 살건, 공화제 또는 민주주의 하에서 살건, 우리가 누리는 자유의 양과 질에는 변함이 없다. 개인적 자유와 정치적 자유를 분리하는 것은 왕정 하에서 홉스의 반대자들인 공화주의자들과 왕정 반대자들이 허용했던 것보다 자유가 더 많은 것처럼 보일 수도 있고 적은 것처럼 보일 수도 있는 극적인 효과를 낳았다.

한편으로 홉스는 자유로우면서도 동시에 예속적일 수 있는 방법은 없다고 주장했다. 정부에 복종하는 것은 자유의 절대적 손실을 초래한다. 내가 법에 구속받는 곳이면 어디건 나는 그곳에서 자유롭게 움직일 수 없다. 공화주의자들이 시민들은 자신들이 법을 만들기 때문에 자유롭다고 말할 때면, 홉스는 그들이 자유와 통치권을 혼동하고 있다고 주장했다. 시민들이 가진 것은 정치권력이지 자유가 아니라는 것이다. 시민은 군주제 하에 있을 때와 마찬가지로 법에 복종해야 할 의무가 있다.(나중에 루소는 의무가 더욱 강할 것이라고 말했다.) 그리고 입헌군주제주의자들이 왕의 권력이 법에 의해 제한되기 때문에 왕의 백성들은 자유롭다고 주장할 때면, 홉스는 그들도 역시 혼동하고 있다고 주장했다.

다른 한편으로 홉스는 만약 자유가 방해받지 않는 활동이라면, 그것은 우리가 군주제, 심지어 절대군주제 하에서도 왕정주의자나 공화주의자들이 인식하는 것보다(그리고 인정하고 싶어 하는 것보다) 훨씬 더 자유롭다는 논리를 뒷받침해주는 것이라고 생각했다.[25] 우선 가장 단순하게, 우리가 공포심으로 행동할 때도 우리는 자유롭게 행동하고 있는 것이다. "공포, 그리고 자유는 일치하는 것이다." 왜냐하면 공포는 우리의 부정적 성향을 표현하는 것이기 때문이라고 홉스는 말한다. 이런 성향은 부정적일 수 있지만, 그렇다고 해서 그것이 **우리의** 성향이라는 사실을 부정하는 것은 아니다. 그것에 따른 우리의 행동이 방해받지 않는 한, 우리는 자유롭다. 심지어 우리가 왕의 처벌에 강한 두려움을 느낄 때조차도 우리는 자유롭다. "공화국에서 법에 대한 **두려움** 때문에 사람들이 하는 모든 행동은 그 행위자들이 하지 않을 **자유**도 가진 행동들이다."[26]

더욱 중요한 것은, 법이 지시하거나 금지하지 않고 조용하기만 하다면, 우리는 자유롭다. 사람들은 오직 "스스로 행동할 수 있는 모든 방법들"만 고민하면 된다. 홉스는 『시민에 대해』에서 군주제 안에서 자유로울 수 있는 모든 방법을 보라고 말한다. 홉스는 『레비아탄』에서 이런 자유들은 "사고팔 자유, 다른 사람들과 달리 계약할 자유, 거소를 정하고, 먹을 것을 선택하고, 직업을 택하고, 아이들을 적당하고 괜찮다고 생각되는 학교에 보내는 자유 등"을 포함한다고 설명한다.[27] 군주가 행위의 자유를 어느 정도까지 보장해주건 상관없이, 우리가 다른 사람의 방해 없이 사업할 능력이 있다면 우리는 자유롭다. 다시 말하자면 군주의 권위에 복종하는 것은 우리의 자유를 강화시키는 것이다. 우리의 복종이 절대적일수록 군주는 더욱 강력해지며 우리는 더욱 자유로워진다. 예속이 곧 해방이다.

"완고한 우파"라고 비난받음에도 불구하고 홉스주의자들의 주장은 현대 보수주의에 여전히 출몰하고 있다. 사적 자유에 관한 홉스의 생각은 자유방임론자들의 담론에 만연되어 있으며, 『레비아탄』은 야경국가라는 보수주의자들의 이상에 긴 그림자를 드리운다. 야경국가란 정부의 주요한 목적이 시민들을 외국의 공격과 범죄자들의 침입으로부터 보호해주는 것이며, 다른 사람들의 행동을 방해하지 않는 한 자유롭게 자신의 일을 할 수 있고 계약이 강제되고 안전이 보장되는 곳이다.

자유방임론자들은 그렇게 연관 짓는 것에 대해 얼굴이 하얗게 질릴 수도 있다. 아무리 그들의 글 속에서 홉스주의적인 생각들이 발견된다고 하더라도, 홉스주의의 국가는 자유방임론자들이 용인할 수 있는 어떤 정부보다도 훨씬 더 압제적일 것이기 때문이다. 그렇지만 현실에서는 그렇지 않다. 신자유주의의 대표적인 경제학자인 밀턴 프리드먼은 1975년 칠레의 독재자 아우구스토 피노체트를 만나 경제문제에 대해 조언한 것으로 유명하다. 프리드먼의 시카고 학파는 피노체트 군부와 더욱 긴밀히 협력했다. 피노체트의 재무장관 세르히오 데 카스트로는 홉스를 연상시키는 기록을 남겼다. "한 사람의 실질적 자유는 모든 사람들을 동등하게 지배하는 것으로 권력의 행사는 권위주의 체제 하에서만 보장될 수 있다." 하이에크는 피노체트의 칠레에 너무나도 감탄한 나머지 자신의 몽 페를랭 소사이어티(Mont Pelerin Society) 회의를 아옌데 정부에 대한 쿠데타가 모의되었던 해변 휴양지 비냐 델 마르에서 열기로 했다. 그는 1978년 『런던 타임스』에 쓴 글에서 "혹독한 비난을 받는 칠레에서조차도 아옌데 시절보다 피노체트 통치 하에서 자유가 훨씬 신장되었다는 것에 동의하지 않는 사람은

단 한 사람도 보지 못했다"고 말했다.[28]

프리드먼은 나중에 "칠레의 정치체제에 대한 명백한 반대 입장에도 불구하고 나는 경제학자로서 칠레 정부에 기술적인 경제적 조언을 해주는 것을 악행으로 여기지는 않는다"라고 말했다.[29] 자유시장과 공포국가 간의 결합을 그렇게 쉽게 아무것도 아닌 것으로 돌려버릴 수는 없다. 홉스도 이해했듯이 "사고팔고, 다른 사람과 달리 계약할" 자유를 짜증내지 않고 행사할 수 있는 인간 유형을 만들어내려면 엄청난 탄압이 필요하다.[30] 그들은 움직이고 선택하는 데 자유로워야 하지만, 고속도로를 재설계하는 것을 생각할 만큼 자유로워서는 안 된다. 자유방임론자들은 자본주의와 민주주의 사이의 손쉬운 조화를 가정하면서, 시민들이 자유를 책임 있게 사용하도록 하기 위해서는, 그리고 사람들이 국가의 구제에 기대지 않고 고통을 감수하도록 하기 위해서는 얼마나 많은 강제력이 필요한지에 대해서는 간과했다.

마거릿 대처가 우익 자유방임론자들에게 그 사실을 설명해주는 역할을 맡았다. 대처는 하이에크로부터 영국에 피노체트 표 충격요법을 가하라는 압력을 받았을 때, "영국은 민주주의적 제도들이 있고 높은 수준의 동의가 필요하기 때문에 칠레에서 채용되었던 일부 정책들은 매우 부적절할 것이라는 사실에 당신도 동의할 것이라고 확신한다"고 답했다. 그때가 1982년이었고 영국의 민주주의도 아직 예전 그대로였기 때문에 대처는 조심스러운 행보를 취할 필요가 있었다. 하지만 곧 포클랜드전쟁이 터지고 광산파업이 이어졌다. 그리고 이제 대처가 아르헨티나의 갈티에리 대통령과 그의 부하 장군들에게 그녀가 했던 일을 광부들과 노동조합에게도 할 수 있다는 사실을 깨닫게 되자마자—"우리는 포클랜드에서 바깥의 적과 싸웠고, 이제 내부의 적과 싸워야 합니다. 그것은 더욱 힘든 일이겠지만 외부의 적들만큼이나 그들도 자유에 위협이 되기 때문입니다"—하이에크 식 풀 몬티◆를 위한 무대가 차려졌다.[31]

◆ Full Monty, 실직한 철강노동자들이 생계를 위해 스트립쇼를 한다는 내용을 담은 영국의 1997년 블랙코미디 영화.

3. 쓰레기와 위엄[◆]

혁명기의 상트페테르부르크는 우리에게 블라디미르 나보코프, 이사야 벌린, 그리고 아인 랜드를 선사했다. 첫 번째 사람은 소설가였고, 두 번째 사람은 철학자였다. 세 번째 사람은 둘 다 아니지만 그녀 자신은 둘 다라고 생각했다. 많은 다른 사람들도 역시 그렇게 생각했다. 1998년 '모던 라이브러리'가 시행한 조사에 응답한 독자들은 아인 랜드의 『아틀라스』와 『마천루』를 제임스 조이스의 『율리시스』나 버지니아 울프의 『등대로』, 그리고 H. G. 웰스의 『투명인간』을 능가하는 20세기 영국의 대표작으로 꼽았다. 1991년 국회도서관과 '이달의 책 클럽'

[◆] 이 장은 원래 앤 C. 헬러의 『아인 랜드와 그녀가 만든 세계』(New York: Knopf, 2009)와 제니퍼 번즈의 『시장의 여신: 아인 랜드와 미국의 우파』(New York: Oxford University Press, 2009)에 대한 서평으로 『더 네이션』(2010년 6월 7일) 21~27쪽에 실린 글이다.(저자 주)

이 실시한 조사에서 성경을 제외하고 미국 독자들에게 가장 많은 영향을 끼친 책은 『아틀라스』로 나타났다.[1]

파라 포셋도 그런 독자들 중 한 사람이었을 것이다. 이 여배우는 세상을 떠나기 얼마 전에 랜드를 "문학 천재"라고 불렀다. 자신의 작품을 "여느 사람들의 것처럼" 만들기를 거부하는 랜드의 정신이 포셋의 그림과 조각에도 영감을 주었다. 그런 찬사는 서로 주고받았던 것으로 보인다. 랜드는 〈찰리의 천사들〉(미녀삼총사)을 매주 시청했고, 포셋에 따르면 이 드라마에서 "비평가들이 보지 못했던 무엇인가를 보았다"고 한다.

그녀는 그 드라마를 "콘셉트와 캐스팅의 승리"라고 말했다. 아인은 〈찰리의 천사들〉이 독특하게 미국적이면서도, 진정한 "낭만주의"—일부러 세상을 있는 그대로가 아니라 되어야 할 모습으로 그렸다—를 포착한 유일한 드라마라는 점에서 미국 텔레비전 프로그램에서는 예외적인 것이었다고 평했다. 아마도 〈찰리의 천사들〉을 그런 관점에서 본 또 다른 사람은 애런 스펠링밖에 없을 것이다. 비록 그는 그것을 "오락물"이라고 불렀지만 말이다.

랜드가 포셋에 그렇게 푹 빠졌기 때문에 그녀는 그 여배우(또는 그녀가 아니면 라켈 웰치)가 NBC의 『아틀라스』 텔레비전 판에서 대그니 태거트 역을 맡아주기를 바랐을 것이다. 그렇지만 불행히도 방송사 사장 프레드 실버만은 1978년 그 프로젝트를 없애버렸다. 포셋은 "내가 하게 될 최고의 역할로 항상 대그니 태거트를 생각하고 있었지만 그럴 기회가 없었다"고 말했다.[2]

랜드는 할리우드에서 항상 강력한 추종자들을 거느리고 있었다. 바버라 스탠윅과 빅토리아 레이크는 영화 〈마천루〉에서 도미니크 프랜컨 역할을 두고 경쟁을 벌였다. 경쟁에서 뒤처졌던 조안 크로포드는 랜드를 위해 디너파티를 열고, 프랜컨 복장으로 아쿠아마린 보석이 박힌 하얀 가운을 늘어뜨리고 나타나기도 했다.[3] 더 최근에는 『이기심의 미덕』과, "문명이 살아남으려면, 사람들이 거부해야 할 것은 박애주의자의 윤리이다"라는 성명서를 낸 이 작가가 할리우드의 인도주의적 분위기 속에서 의외의 부부 팬과 조우한다.[4] 랜드는 "매우 재미있는 철학을 가졌다"고 안젤리나 졸리는 말한다. "당신은 당신의 삶과 당신에게 중요한 것에 대해 재평가하게 될 것이다." 『마천루』는 "아주 밀도 있고 복잡하다"고 브래드 피트는 감탄했다. "영화로는 여섯 시간짜리는 되어야 할 것이다."(1949년판 영화의 러닝타임은 113분이었는데, 아주 길게 느껴졌다.) 크리스티나 리치는 가장 좋아하는 소설이 『마천루』라고 말했다. 왜냐하면 그 책은 "당신이 모든 사람을 사랑하지는 않는다고 해서 당신이 나쁜 사람은 아니다"는 것을 가르쳐주기 때문이라는 것이다. 로브 로우는 『아틀라스』는 "굉장한 역작이고, 나는 그것을 숭배한다"고 밝혔다. 그리고 에바 멘데스는 자신의 남자친구가 되기 위해서는 먼저 "아인 랜드의 팬이 되어야 한다"고 말했다.[5]

그렇지만 랜드는 적어도 그녀의 소설에 의하면 절대로 팬을 만들어서는 안 되었다. 그녀가 쓴 소설의 중심적인 플롯은 창조적인 개인과 적대적인 대중 간의 갈등이기 때문이다. 개인의 성취가 위대할수록 대중의 반발은 커진다. 『마천루』의 건축 영웅인 하워드 로크는 다음과 같이 말한다.

위대한 창조자들—사상가, 예술가, 과학자, 발명가들—은 자기 시대에 홀로 선 사람들이다. 모든 위대한 발상은 반대에 부딪친다. 모든 위대한 발명은 비난받는다. 최초의 모터는 바보스러운 것으로 여겨졌다. 비행기는 불가능하다고 생각되었다. 기계 직조기는 사악한 것으로 여겨졌다. 마취술은 죄악으로 간주되었다. 그렇지만 독창적인 비전을 가진 사람은 앞서 나간다. 그들은 싸우고, 고통당하고, 그리고 보상받는다.[6]

랜드는 분명히 그녀 자신도 이런 창조자들 중 한 사람으로 생각했다. CBS 방송기자 마이크 월리스와의 인터뷰에서 그녀는 자신을 "현존하는 가장 창조적인 사상가"라고 선언했다. 그때가 1957년이었고, 당시는 아렌트, 콰인, 사르트르, 카뮈, 루카치, 아도르노, 머독, 하이데거, 보부아르, 롤스, 앤스콤, 포퍼 등이 모두 현역으로 활동하던 때였다. 또한 그해는 새뮤얼 베케트의 『엔드게임』이 초연되고 나보코프의 『프닌』, 파스테르나크의 『닥터 지바고』, 닥터 수스의 『모자 쓴 고양이』 가 발표된 해이기도 했다. 2년 후 랜드는 마이크 월리스에게 "내게 영향을 끼친 유일한 철학자"는 아리스토텔레스뿐이라고 말했다. 그 외는 모두 "내 마음속에서" 나왔다는 것이다. 그녀는 친구들과 그녀의 책을 출간하던 랜덤하우스의 설립자 베네트 서프에게 자신이 "2천5백 년간의 문화적 전통에 도전하고 있다"고 자랑했다. 그녀는 자신을 하워드 로크를 바라보듯 보았던 것이다. 로크는 "나는 아무것도 상속받지 않았다. 나는 아무런 전통도 없는 끝자락에 서 있다. 그래서 아마 나는 어떤 것의 시작점에 서 있는 것이리라"라고 말한다. 하지만 수십만의 팬들이 이미 그녀와 함께 서 있었다. 『마천루』는 출간된 지 이태째인 1945년에 10만 부의 판매를 기록했다. 1957년에는 『아틀라스』

가 출판되고 『뉴욕 타임스』 베스트셀러 목록에 21주 동안 머물렀다.[7]

랜드는 그런 인기가 자신의 세계관에 가한 도전에 불편을 느꼈을지도 모른다. 왜냐하면 그녀는 말년의 대부분을 그녀와 그녀의 작품이 받은 냉대에 대해 이야기를 꾸며내는 일로 시간을 보냈기 때문이다. 그녀는 『마천루』가 출간되기까지 열두 명의 출판업자에게 거절당했다는 얘기를 꾸며냈다. 그녀는 "모든 성취와 진보는 능력 있는 사람에 의해서가 아니고, 더욱이 집단적인 사람들의 힘에 의해서도 아니며, 한 인간과 군중 간의 투쟁에 의해 이룩된다"고 말하며, 자신을 끔찍하지만 꼭 필요한 고립의 희생자로 치장했다. 그렇지만 소설의 마지막에 "끝"이라고 막 쓰고 난 후 서재를 나온 외로운 작가가 마침 기다리고 있던 일군의 팬들로부터 축하의 갈채를 받는 경우가 도대체 얼마나 될 것인가?[8]

자신의 작품을 더 꼼꼼히 읽어보았다면, 랜드도 이런 아이러니가 생길 줄 알았을 것이다. 그녀가 아무리 천재를 대중과 겨루게 하기를 좋아했다고 할지라도, 그녀의 소설은 항상 양자 사이의 은밀한 교감을 노정한다. 그녀의 두 편의 유명한 소설은 모두 소외된 영웅에게 교양 없고 무식한 자들 앞에서 장황한 연설을 할 기회를 준다. 하워드 로크는 "트럭 운전수, 벽돌공, 전기공, 정원사, 세 명의 공장노동자들"로 구성된 배심원들의 "딱딱하게 굳은 얼굴" 앞에서 열변을 토한다. 『아틀라스』에서 존 골트는 방송으로 청취자들에게 몇 시간 내내 연설한다. 각각의 경우에서 영웅은 이해받고, 천재성이 인정되며, 그의 소외는 해소된다. 그리고 그것은 골트가 설명하는 것처럼 "이성적인 사람들 사이에는 이해 충돌이 없기" 때문이다. 이것이 모든 이야기는 해피엔딩이 있다고 말하는 랜드의 방식이다.[9]

그렇다면 랜드의 소설에서 중심적인 갈등은 개인과 대중 사이에 있는 것이 아니다. 그것은 신적인 창조자와 사회의 모든 비생산적인 자들—그와 대중 사이에 있는 지식인, 관료, 중간층—간에 가로놓인 갈등이다. 이것은 미학적으로는 키치를 생산하며, 정치적으로는 파시즘으로 기운다. 물론 파시즘과 키치를 연관 지으려는 주장은 지난 세월 동안 참패를 거듭해왔다. 그렇지만 랜드의 예는 그런 연관성을 다시 도마에 올릴 만한 충분한 근거가 있음을 암시한다.

그녀는 1905년 혁명이 실패한 지 3주 후인 2월 2일에 태어났다. 그녀의 부모는 유대인이었다. 그들은 오랜 세월 유대인에 대한 증오가 지배해온 도시 상트페테르부르크에서 살았다. 1914년 반유대적 제한 정책인 호적부는 거의 천 페이지에 육박했고, 거기에는 유대인이 전체 인구의 2퍼센트를 넘을 수 없다고 제한하는 법률도 포함되어 있었다. 그녀의 본명은 알리사 지노비예브나 로젠바움(Alissa Zinovievna Rosenbaum)이다.[10]

그녀는 네다섯 살이 됐을 무렵, 어머니에게 사촌이 입고 있는 것과 같은 블라우스를 갖고 싶다고 말했다. 어머니는 안 된다고 대답했다. 그러자 그녀는 어른들에게 제공되는 것과 같은 종류의 찻잔을 자기에게도 달라고 요구했다. 어머니는 또다시 안 된다고 대답했다. 그녀는 왜 원하는 것을 가질 수 없는지 의아했다. 그리고 언젠가는 갖겠다고 맹세했다. 랜드는 나중에 이 경험을 자주 언급하곤 했다. 그녀의 전기 작가도 마찬가지였다. "그녀가 사십대 그리고 오십대에도 계속해서 추구하던 정교하면서도 논란이 많은 철학체계는 그 본질에서, 바로 이 질문에 대한 대답이었다."[11]

이 이야기는 지극히 랜드다운 것이다. 극적인 운명의 전조나 계기가 되는 하나의 사건에 초점이 맞추어진다. 그리고 어린 시절의 평범한 이야기가 위대한 철학으로 격상된다. 자기가 원하는 것을 거절당해보지 않은 아이가 도대체 어디 있단 말인가? 랜드는 비록 소녀기의 이기심을 그 극한까지 밀어붙였던 것으로 보이지만—어린 시절 그녀는 로빈 후드를 싫어했다. 십대 때 그녀는 가족들이 거의 굶어 죽을 지경이었는데도 자기는 극장 구경을 갔다—그런 유아론(唯我論)은 사실 그렇게 드문 것도 아니고, 청소년기의 일반적인 자기몰입 이상이라고 말할 만큼 가치 있는 것도 아니다.[12] 결국 부지불식간에 발달장애에 지나지 않는 세계관을 폭로하고 있을 뿐이다. 막스 호르크하이머는 대중문화에 대해 "명확히 짚고 넘어가야 할 것은 추잉검이 형이상학을 약화시키는 것이 아니라, 그것이 바로 형이상학이라는 점이다"◆라고 쓴 적이 있다.[13] 랜드는 그것을 아주, 아주 분명하게 해주었다.

그렇지만 그 일화는 부수적으로 랜드에 대해 무엇인가 특별한 것을 제시해준다. 그녀의 의견이나 취향에 관한 것이 아니다. 그것은 평범하고 진부하다. 랜드는 빅토르 위고를 창작에서 최고로 영감을 주었던 작가로 꼽았다. 에드몽 로스탕의 『시라노 드 베르주라크』도 또 하나의 시금석이었다. 그녀는 라흐마니노프를 바흐, 모차르트, 베토벤보다 높이 평가했다. 그녀는 한 평론가가 『마천루』를 멍청하게 『마의

◆ 여기서 인용된 테오도르 아도르노의 논문집 『프리즘』 원문은 다음과 같다. "대중문화에 대한 투쟁은 대중문화가 사회적 부정의의 지속과 관련이 있다는 것을 지적할 때만 의미가 있다. 추잉검이 형이상학적 성향을 저해한다고 비난하는 것은 우스운 짓이 될 것이다. 그렇지만 리글리(추잉검 재벌)의 이윤과 그의 시카고 궁전은 인민들에게 열악한 환경을 감내하고 체념하도록 만드는 사회 기능에 뿌리를 두고 있음을 보여줄 수는 있을 것이다. 명확히 짚고 넘어가야 할 것은 추잉검이 형이상학을 약화시키는 것이 아니라, 그것이 바로 형이상학이라는 점이다."

산』에 비교한 것에 분개했다. 랜드가 생각하기에 토마스 만은 열등한 작가였고 솔제니친도 마찬가지였다.[14]

　랜드를 다른 사람들과 구별시켜주는 것은 단순히 그녀의 자의식이 아니었다. 사실 그녀가 희화적이고 거드름을 피우는 기질이 있기는 했다. 그녀는 연하의 연인이자 오랫동안 제자였던 너새니얼 브랜든에게 자신이 여든 살이 되고 휠체어에 앉게 되어도 그는 자신을 욕망해야 한다고 말했다. 그녀의 에세이에는 종종 존 골트가 실제 인물인 것처럼, 그것도 플라톤이나 칸트와 동일한 반열에 오른 철학자인 것처럼 그의 연설을 인용하는 대목들이 보인다. 그녀는 아무에게서도 도움을 받지 않고 스스로 자신을 창조해냈다고 주장했다. 사실 그녀가 평생 동안 사회민주주의적 혜택의 수혜자였음에도 불구하고 말이다. 그녀는 러시아혁명 덕분에 대학 교육을 받을 수 있었다. 혁명으로 인해 여성과 유대인들에게도 대학의 문호가 개방되었으며, 볼셰비키가 집권한 후 학비는 무료였다. 볼셰비키는 또한 대중을 위해 극단을 지원했기 때문에 랜드는 매주 싸구려 오페레타나마 즐길 수 있었다. 랜드의 첫 연극이 1936년 4월 뉴욕에서 막을 내린 후, 공공사업진흥국이 그 연극으로 전국 순회공연을 했으며, 1930년대 말까지 매회 10달러씩의 적지 않은 수입을 랜드에게 안겨주었다. 뉴욕 공립도서관의 사서들은 『마천루』를 쓰는 데 필요한 자료 수집을 도와주었다.[15] 그럼에도 불구하고 그녀의 자아도취가 지극히 평범하지만 어쨌든 노력하는 작가들에 비해 그렇게 심한 것이었다고―그리고 근거가 박약한 것이었다고―말할 수는 없을 것이다.

　랜드를 진정 특별하게 만들었던 것은 자의식을 현실로 바꾸어놓는 능력, 상상의 정체성을 물질적인 사실로 고집하는 능력이었다. 그리고 그것은 위대해짐으로써가 아니라, 다른 사람들을, 심지어 영악한 전기 작가마저도 그녀가 위대하다고 믿게끔 설득함으로써였다. 이를 테면 『아인 랜드와 그녀가 만든 세계』의 저자 앤 헬러는 반복적으로 랜드의 "독보적이고 면도날처럼 날카로운 정신"과 "번개처럼 빠른 추론"을 칭찬하지만, 과연 그녀가 정말로 랜드의 책을 하나라도 읽어보았는지 의문을 갖게 만든다. 그녀는 랜드가 "조지 엘리엇 이래로 다른 어느 작가보다도 남성적 관점에서 설득력 있게 글을 쓸 수 있다"고 주장했다.[16] 헬러는 정말로 하워드 로크나 존 골트가 로렌스 셸던◆이나 뉴랜드 아처◆◆보다 더 그럴듯하다거나 더 설득력이 있다고 믿고 있단 말인가? 어린 제임스 램지◆◆◆는 어떤가? 여성이든 남성이든 랜드의 주인공들이 평생에 걸쳐서 보여주는 것보다도 여섯 살의 램지가 차라리 더 정신적 성숙을 이룬 것으로 보인다. 지적인 역사가이자 『시장의 여신: 아인 랜드와 미국의 우파』의 저자인 제니퍼 번즈는 랜드가 "현대 국가의 가공스러운 권력을 밝혀내고, 그것을 대중적인 관심사로 만든 최초의 인물"이라고 썼다. 만약 몽테스키외, 고드윈, 콩스탕, 토크빌, 프루동, 바쿠닌, 스펜서, 크로포트킨, 말라테스타, 엠마 골드먼◆◆◆◆을 논외로 친다면 그 말은 사실이다. 그녀는 랜드가 "고상한 유럽적 전통에서 자랐기 때문에" 1960년대의 "보헤미안 학생운동가들의 지저분함"을 혐오했다고 주장했다. 그렇지만 어떤 고상한 유럽적 전통에 오페레타와 라흐마니노프, 멜로드라마와 영화가 포함된단 말인가? 그녀

◆ 이디스 워튼의 『기쁨의 집』의 등장인물.
◆◆ 이디스 워튼의 『순수의 시대』의 등장인물.
◆◆◆ 버지니아 울프의 『등대로』의 등장인물.
◆◆◆◆ 앞에 열거한 인물들은 무정주의의 계보를 잇는 인물들이다.

는 랜드에게 항구적인 가치로 "남아 있는 것"은 "자기 자신에게 진실하라"는 명령이라고 결론 내린다. 그렇지만 랜드가 우리에게 그런 것을 가르치는 것은 어불성설이다. 사실 똑같은 생각을 가진 덴마크의 한 왕자◆가 극중 인물로 등장하는 희곡이 랜드가 태어나기 약 5백 년 전에 이미 씌어졌다.[17]

알리사 로젠바움이 어떻게 아인 랜드를 창조했는지 이해하기 위해서, 우리는 혁명 전의 러시아가 아니라―그녀의 전기 작가들이 그릇된 판단을 내리는 대목이다―1926년 그녀가 소련을 떠난 후의 경로를 추적해볼 필요가 있다. 그녀의 목적지는 할리우드였다. 랜드가 미국의, 자본주의의, 그리고 자신의 꿈을 어떻게 실현할 수 있는지 배울 수 있었던 곳이 꿈의 공장 말고 달리 또 어디에 있을 수 있었겠는가?

랜드는 할리우드에 오기 전부터 이미 할리우드적이었다. 1925년 한 해 동안 그녀는 117편의 영화를 보았다. 랜드가 "미국을 엿본 것"은 영화에서였다고 번즈는 말한다. 우리는 그녀가 자신의 변치 않는 화법을 개발한 곳이 할리우드였다고 덧붙일 수 있겠다. 랜드는 직업을 구하려고 스튜디오 근처를 배회하다가 영화 제작자인 세실 B. 데밀의 눈에 띄었다. 그녀의 강렬한 시선에 호기심을 느낀 그는 그녀를 차에 태워주고 덤으로 직업도 주었다. 그래서 그녀는 곧 시나리오 작가가 되었다. 몇 년 후 그녀의 대본은 유력자들의 관심을 끌게 되었고, 한 신문사가 "러시아 소녀가 할리우드에서 무지개의 끝자락을 발견하다"라는 제목으로 기사를 싣게 되었다.[18]

물론 랜드가 양차대전 사이에 할리우드로 온 유일한 유럽인은 아니

◆ 햄릿을 말한다.

다. 그렇지만 프리츠 랑, 한스 아이슬러 등 파라다이스에 온 다른 망명자들과는 달리 랜드는 할리우드를 벗어나지 않았다. 그녀는 성실하고 꾸준하게 그곳을 다녔다. 영화감독 빌리 와일더도 혀를 내둘렀다. 랜드는 간절히 그곳을 찾았다. 그녀의 목적은 꿈공장의 예술을 배우는 것이었지 다듬거나 개선하는 것이 아니었다. 어떻게 그저 그런 이야기를 손에 땀을 쥐는 플롯으로 바꾸어놓는가, 어떻게 평범한 인물을 거대한 영웅(또는 악당)으로 탈바꿈시키는가 등등, 수백만의 관객에게 삶이 정말로 긴박하게 돌아간다고 믿게끔 고안된 모든 멜로드라마적 이야기의 트릭들을 배우는 것이었다. 그리고 가장 중요한 것은 그런 연금술을 어떻게 자신에게 적용할 수 있는지 배웠다는 점이다. 아인 랜드는 노마 데즈먼드◆의 반대상이다. 그녀는 작았다. 하지만 그녀의 영화는 컸다.

랜드는 철학자 역할을 할 때 아리스토텔레스를 스승이라고 즐겨 말했다. "한 사람에게 이렇게 많은 사람들이—그녀답지 않게 자기도 이 대열에 포함시켰다—이렇게 많은 빚을 진 경우는 없었다."[19] 랜드가 실제로 아리스토텔레스의 작품을 얼마나 읽었는지는 알 수 없다. 그녀는 골트를 인용하는 것이 아닐 때면, 자신의 말이 그리스 철학자의 언급과 사상에서 나온 것이라고 말하곤 했는데, 그런 말은 아리스토텔레스의 책에는 어디에도 나오지 않는다. 어떤 사람은 랜드가 즐겨 인용했던 아리스토텔레스 철학은 실제로는 뉴딜 시대의 영향력 있는 자유방임론자 앨버트 제이 녹의 자서전에 나온 말들이기 때문에 완전히 잘

◆ 빌리 와일더 감독의 〈선셋 대로〉의 등장인물. 무성영화 스타가 유성영화의 출현으로 몰락한다는 내용이다.

못된 인용이라고 단정했다. 번즈는 랜드가 녹의 자서전의 한 단락에 "여섯 개의 세로 줄로" 표시를 해두었다고 책의 미주에 기록했다.[20)]

랜드는 또한 아리스토텔레스의 동일률 또는 비모순률—어떤 것도 자기 자신과는 같다, 즉 "A=A이다"—을 자신의 이기주의, 자유시장, 그리고 작은 정부를 옹호하는 기초로 인용하기를 즐겼다. 그런 특이한 전용은 랜드의 예찬자들을 환호하게 만들었지만, 그녀의 비평가들, 심지어 가장 우호적인 사람들까지도 어리둥절하게 만들었다. 20세기 자유방임론자들 중 가장 분석적으로 정교했던 하버드 대학의 철학자 로버트 노직은 2002년 타계하기 몇 달 전에 다음과 같이 말했다. "랜드주의적 전통에서 사람들이 이 논리를 사용하게 된 방식은…… 내가 아는 한 절대로 정당화될 수 없는 것이다. 그것은 비논리적이다."[21)] 1961년 철학자 시드니 후크는 『뉴욕 타임스』에 다음과 같이 썼다.

아리스토텔레스는 중세에 부활된 후 여러 가지 기묘한 목적에 봉사해왔다. 하지만 아리스토텔레스가 애덤 스미스와 이를 테면 신성동맹을 맺은 것만큼 이상한 것은 없었다. 미스 랜드가 'A는 A이다'라는 법칙에서 찾은 비상한 미덕은 논리학 원칙 그 자체로는 오직 논리의 일관성을 검증할 수 있을 뿐이라는 사실을 전혀 모르고 있음을 시사한다. 그것들은 진실을 구축할 수 없다…… 미스 랜드는 아리스토텔레스에게 충성을 맹세하면서, 논리학으로부터 당위뿐만 아니라, 별 근거도 없이, 도덕률과 경제학적 진실도 추론해낸다고 주장한다. 그녀의 이해방식에서는 논리법칙이 그녀에게 "존재는 존재한다"라고 선언할 면허를 주는 것이고, 그것은 중력의 법칙은 무겁다거나 설탕의 화학식은 달다고 말하는 것과 같은 것이다.[22)]

랜드가 아리스토텔레스의 책을 읽었건 그렇지 않건, 그 책들이 그녀에게 별로 강한 인상을 남기지 못했던 것만은 확실하다. 윤리학은 특히 그랬다. 아리스토텔레스는 도덕성에 대해 독특하게 접근했으며, 그것은 현대적 정서와는 상당히 달랐다. 그리고 그 독특함에 대해 랜드가 어느 정도 알고 있기는 했지만, 그 알맹이는 그녀에게서 상실되어버렸던 것으로 보인다. 아리스토텔레스는 거실 책장에 진열된 모조 가죽 표지의 고전서처럼, 손님들에게 보이기 위해 존재하는 것이었다. 그리고 랜드의 경우 당면한 문제를 회피하는 수단이었다.

우리 행위의 옳음은 필요, 욕구, 흥미에 오염되지 않은 순수한 이성만으로 결정되어야 한다고 주장했던 현대 사상의 상징인 칸트와는 달리, 아리스토텔레스는 자신의 윤리학을 우리를 즐겁게 하고 번영하도록 만드는 인간의 본성, 습관과 관행, 성향과 경향에 뿌리를 두었다. 그리고 칸트가 도덕성은 엄격한 규칙, 우리에게 무조건적인 의무를 부과하는 것, 그리고 끈질긴 희생을 요구하는 것으로 구성된다고 믿었던 데 반해, 아리스토텔레스는 미덕에서 윤리적 삶을 발견했다. 이런 것들은 이성과 감성의 중간쯤에 있는 자질이거나 상태이지만 두 가지 요소 모두를 통합하는 것이며, 그것은 부드럽고 섬세한 수단을 통해 우리를 선행의 외부 언덕들로 인도한다. 일단 그곳에 도착하면, 우리는 낮은 곳에 있음을 깨닫고 그곳으로부터 더 높은 곳을 향해 움직이게 된다. 어떤 사람이 덕을 행하다보면, 덕행을 원하고 그것을 할 수 있는 본성이 개발되며, 미덕 속에서 행복을 발견하게 되는 것이다. 평생 동안의 덕행을 통해 생각과 감정, 이성과 욕망의 그런 합일이 성취된다. 달리 말하자면 덕이란 자아의 강력한 반대에 부딪치면서도 지켜야 할 규정집이라기보다는, 올바르게 작동하는 영혼에 대한 음식과 섬유질, 윤활유와 가솔린이라고 말할 수 있다.

칸트가 도덕적 삶에서 운동선수라면, 아리스토텔레스는 명연주자이다. 반면 랜드는 도덕적 삶에서 멜로드라마 작가이다. 아테네가 아닌 할리우드에서 견습생활을 했기 때문에 그녀는 아리스토텔레스의 윤리학에 수반되는 미덕의 조용한 습관화에 필요한 인내심이 부족하다. 대신 그녀는 자신이 제일 좋아하는 어려운 길을 마다하지 않는 영웅적 개인의 이미지로 되돌아간다. 어려움은 절대로 혼란이나 모호함의 결과가 아니다. 랜드는 "도덕적 회색의 컬트"를 혐오했다. 그녀는 도덕성이란 무엇보다도 먼저 "흑백의 법전"이 되어야 한다고 주장했다.[23] 그 길을 힘들게 하는 것—그런 길에 완전히 적합하도록 태어난 것처럼 보이는 영웅들이 아니라 우리 같은 나머지 사람들에게—은 길을 따라 놓인 장애물들이다. 옳은 일을 하면 역경과 징벌을 초래하고 쫓겨나게 되는 반면, 옳지 않은 일을 하면 부와 지위와 명성을 얻게 된다. 하워드 로크는 건축계의 관행에 굴종하기를 거부했기 때문에 채석장에서 돌 깨는 일을 하는 처지로 전락했다. 로크의 도플갱어인 피터 키팅은 자기 자신을 포함한 모든 사람들을 배신하고 마침내 찬사를 한 몸에 받게 된다. 물론 결과적으로는 보상과 징벌은 역전된다. 로크는 행복해지고 키팅은 비참한 신세가 된다. 그렇지만 최종 결과는 항상 그리고 불가피하게도 먼 길 끝에 놓여 있다.

랜드는 자신의 에세이에서 이런 형상의 표면에 아리스토텔레스의 광채를 입히려 했다. 그녀 역시 자신의 윤리학을 인간 본성에 뿌리를 두고 이기심과 선행, 윤리적 행위와 욕망 혹은 욕구 사이에 구분선을 긋기를 거부했다. 그렇지만 랜드의 선과 악, 미덕과 악행의 측정 기준은 행복이나 번영이 아니다. 그것은 삶과 죽음의 가차 없고 엄격한 긴

급성이다. 그녀는 「객관주의자의 윤리학」에서 다음과 같이 썼다.

골트의 연설을 인용한다. "우주에는 단 하나의 근본적인 선택이 있습니다. 존재하느냐 존재하지 않느냐. 그리고 그것은 단 하나의 계층과 관계되는 것입니다. 살아 있는 유기체입니다. 불활성 물질의 존재는 무조건적이지만, 생명의 존재는 그렇지 않습니다. 그것은 특정한 행동 방향에 의존합니다. 물질은 불멸입니다. 그것은 형태는 변해도 소멸하지는 않습니다. 항상적인 선택에 직면하는 것은 오직 살아 있는 유기체입니다. 사느냐 죽느냐의 문제지요. 생명은 스스로 유지하고 스스로 생성하는 행위의 과정입니다. 유기체가 그 행위에 실패하면 그것은 죽습니다. 화학적 요소들은 남지만 생명은 소멸해버리는 것입니다. '가치'라는 개념이 가능한 것은 '생명'이라는 개념이 있기 때문입니다. 어떤 것이 선하다거나 악하다는 것은 오직 살아 있는 존재와 관련된 것입니다."[24]

랜드를 옹호하는 사람들은 랜드가 "생명"이라고 말했을 때 의중에 둔 것은 단순히 생물학적 보전체가 아니라 랜드가 "사람답게 사는 존재"라고 지칭했던 것, 즉 아리스토텔레스가 위대한 영혼의 소유자를 말했던 것이라고 주장하곤 한다.[25] 그리고 랜드가 단순한 삶, 또는 살기 위해 사는 것을 그렇게 중시하지 않았다는 것도 사실이다. 그랬다면 시시했을 것이다. 그렇지만 랜드의 자연주의는 아리스토텔레스의 것과는 너무나도 동떨어진 것이다. 아리스토텔레스에게 삶이란 실재였지만 그녀에게는 질문이었으며, 바로 그 질문, 즉 무엇이 삶을 만드는가는 그 자체로서 객체였으며 성찰의 원천이었다.

삶에 가치를 부여하는 것은 그것이 끝날 수도 있다는(그리고 언젠가는 끝날 것이라는) 항상적인 가능성이다. 랜드는 삶을 주어진 것이나 배경으로 말한 적이 없다. 그것은 조건적이고 우리가 해야 할 선택이며, 그것도 한 번이 아니라 계속적인 선택이다. 죽음은 삶을 위협하면서 우리의 나날들에 그것이 아니면 결여되었을 긴급함과 무게를 선사한다. 그것은 매 순간의 불길함에 대해 경계하고 각성해 있을 것을 요구한다. 랜드는 "사람은 좀비처럼 살아서는 안 된다"고 명령한다.[26] 즉 죽음이 삶을 극적으로 만드는 것이다. 그것은 우리의 선택—거창한 것이 아니라 우리가 일상적인 순간에 하는 자잘한 것들—이 중요하도록 만든다. 랜드의 세계에서 시계바늘은 항상 정오◆를 가리키고 있다. 그런 삶은 적어도 랜드와 그녀의 등장인물에게는 지치거나 약해지기는커녕 항상 활기차고 흥분된 상태로 있는 것이다.

만약 이런 사고가 어떤 도덕적 함의를 지닐 수 있다면, 그것은 아리스토텔레스의 저작이나 사르트르의 실존주의와 피상적으로나마 닮은 어떤 것에서가 아니라 파시즘의 열병장에서 들릴 만한 것이다. 삶이 죽음에 대한, 그리고 죽음이 올 때까지의 투쟁이라는 개념, 모든 순간이 파괴를 싣고 있고, 모든 선택이 운명을 잉태하고 있으며, 모든 행위가 소멸의 무게에 짓눌린다는 개념은, 그 치명적 압력으로 윤리적 의미를 만들어낸다. 이런 것들은 유럽의 어두운 밤에 통하는 암구호였다. 1943년 2월 요제프 괴벨스는 베를린의 슈포르트팔라스트에서 행한 연설에서 "그것과 그것의 존재를 위한 투쟁에 봉사하는 것은 무엇이건 좋은 것이고 유지, 함양되어야 합니다. 그것과 그것의 존재를 위

◆ 결정적 시간.

한 투쟁에 해로운 것은 무엇이건 악한 것이고 제거, 절멸되어야 합니다"라고 선언했다.[27] 여기서 "그것"이란 독일 국가이지 랜드주의자 개인이 아니다. 그렇지만 우리가 그것이라는 대명사를 제거하면—그리고 죽느냐 사느냐, 보전 대 절멸이라는 배경음에 귀 기울이면—랜드주의와 파시즘의 도덕적 구문론 사이의 유사성이 더 명백해진다. 선은 삶으로 측정되고, 삶은 죽음에 대항한 투쟁이며, 오직 일상적인 경계심만이 하나가 다른 것을 지배하지 못하도록 보증한다.

틀림없이 랜드는 이런 비교에 반대했을 것이다. 어쨌든 개인과 집단은 엄연히 차이가 있기 때문이다. 랜드는 전자는 실존의 원리이고, 후자—그것이 계급, 인종, 국가 등 어떤 형태를 취하건—는 도덕적 괴물이라고 보았다. 그리고 괴벨스는 폭력과 전쟁을 말하는 반면, 랜드는 상업과 생산, 경제를 말하고 있다. 그렇지만 파시즘은 영웅적 개인에 대해 절대로 적대적이지 않다. 더욱이 그런 개인은 종종 자신의 중대한 소명을 경제활동에서 찾는다. 랜드의 경제학적 저술은 파시즘과의 차별성을 보여주기는커녕 그 지울 수 없는 존재를 드러내준다.

다음은 1932년 뒤셀도르프의 경제인들이 모인 자리에서 히틀러가 한 연설이다.

여러분은 독일의 경제가 사적 소유의 토대 위에 건설되어야 한다고 주장합니다. 이제 이런 사적 소유의 개념은 어떤 식으로든 논리적 기초를 가지고 있는 것으로 보여야 현실에서 유지될 수 있습니다. 이 개념은 그 윤리적 정당성을 그것이 바로 자연이 지시하는 바라는 통찰에서 끌어와야 합니다.[28]

랜드 역시 자본주의가 "철학적 기초"가 결여되었기 때문에 공격에 취약하다고 믿었다. 그것이 존속하기 위해서는 이성적으로 정당화되어야 한다. 우리는 본성 그 자체와 함께 "처음부터 시작해야" 한다. "생명을 유지하기 위해서는" 모든 살아 있는 종은 본성상 요구되는 일정한 행동방향을 따라야 한다. 이성은 사람의 "생존수단"이기 때문에, 자연은 "사람이 그들의 이성의 정도에 비례해 번창하거나 실패하고, 생존하거나 사멸하도록" 지시한다.(성공과 실패, 그리고 삶과 죽음 간의 부조응에 주의하라.) 자본주의는 이런 자연의 지시를 받아들이고 일체화시킨 체제 중 하나이다. "자본주의가 승인하고 보호하는 것은 기초적이고 형이상학적인 인간 본성의 실제—그의 생존과 이성의 사용 간의 연관성—이다."[29] 히틀러와 마찬가지로 랜드도 본성에서, 인간의 생존을 위한 투쟁에서 자본주의의 "논리적 기초"를 발견했다.

히틀러는 개인보다 집단을 우위에 놓는다거나 전자를 후자에 포괄시키기는커녕 오히려 인종과 국가의 경제적(그리고 문화적) 운명을 결정하는 것은 "개개인의 힘과 재능"이라고 보았다.[30] 다음은 그가 1933년 또 다른 경제인 단체에게 한 연설이다.

> 세계적으로 경제나 문화 영역에서 성취된 모든 긍정적이고, 훌륭하고, 가치 있는 것들은 순전히 개인의 중요성에서 비롯된 것들입니다…… 우리가 지닌 현세의 모든 것들에 대해 우리는 선택받은 소수의 투쟁에 빚을 지고 있는 것입니다.[31]

그리고 다음은 랜드의 『자본주의: 미지의 이상』(1967)의 한 대목이다.

특출한 사람들, 혁신가들, 지적인 거인들…… 자유사회를 그 자체의 성취 수준까지 끌어올리고 끊임없이 더욱 높이 고양시키는 사람들은 바로 이 탁월한 소수의 멤버들이다.[32]

히틀러의 경제적 관점에서 앞부분이 개별 기업가들의 낭만주의적 천재성에 찬사를 표하는 것이라면, 뒷부분은 불평등에 대한 암시이다. 우리가 "개인들의 탁월한 업적"을 인정한다면, 우리는 "사람들은 동등한 가치나 동등한 중요성을 지니지 않는다"고 결론 내릴 수밖에 없다고 히틀러는 뒤셀도르프에서 말했다. 사적 소유는 "[우리가] 사람들마다 성취가 다르다는 것을 받아들일 때만 도덕적, 윤리적으로 정당화될 수 있다". 자연이 영웅적 개인에 대한 존경심을 조장한다는 이해는, 가장 악랄하게 위장된 모습으로 불평등을 옹호하는 논리를 퍼뜨린다. "사람들 속에서는 항상 창조적인 힘과 부패하는 힘이 서로 투쟁을 벌인다."[33]

랜드 역시 열렬히 불평등을 옹호한다. 골트의 연설에서 인용해보자.

지적 피라미드의 꼭대기에 있는 사람은 그 아래 대부분의 사람들에게 기여하지만, 물질적 보상 외에는 그의 시간에 가치를 더하는 어떤 지적 보너스도 다른 사람들로부터 받지 못한다. 하층에 있는 사람은 혼자 놔두면 그의 가망 없는 무능력 때문에 굶어 죽기 십상이지만, 위에 있는 사람들에게는 아무것도 기여하지 못하면서, 윗사람의 두뇌에서 나온 보너스를 받아먹기만 한다. 이것이 바로 지적으로 강한 자와 약한 자들 간의 "경쟁"의 본성이다. 이것이 바로 당신들이 강자를 비난하게 되는 "착취"의 패턴이다.[34]

랜드의 길도 본성에서 출발해 개인주의를 지나 불평등을 거치고 "창조적인 힘과 부패하는 힘"으로 나누어진 세계에서 끝난다. 모든 세상에는 "창조자"와 기생적 "모방자"가 있으며, 각각의 본성과 규범이 있다고 하워드 로크는 말한다. 전자는 "사람을 생존하게 허락한다". 후자는 "생존할 능력이 없다".[35] 하나는 생명을 생산하고, 다른 하나는 죽음을 초래한다. 『아틀라스』에서 투쟁은 생산자 대 "약탈자" 및 "부랑자" 간에 벌어진 것이다. 그것 역시 삶이나 죽음으로 결말나야 한다.

랜드가 파시즘과 이런 유사성을 보이는 것은 별로 놀랄 일이 아니다. 그녀나 나치나 20세기 초반부터 자유방임론의 형태건 파시즘의 변종이건 급진적 우파를 쫓아다니는 저속한 니체 사상의 유산을 공유하고 있기 때문이다. 랜드의 두 전기 작가가 보여주듯이 니체는 초기부터 랜드를 사로잡았고 그 강도는 진정 약해진 적이 없었다. 그녀의 사촌은 랜드에게 니체가 "네 모든 생각보다 앞섰어"라고 놀린 적도 있었다. 랜드가 미국에 도착했을 때, 제일 처음 산 영어책은 『차라투스트라는 이렇게 말했다』였다. 니체를 마음에 품고서, 그녀는 영감을 받은 듯 일기장에 "삶의 비밀"은 "네가 되어야 할 것은 의지 말고는 아무것도 없다는 것이다. 네가 무엇을 원하는지 알고 그것을 하라. 오직 의지와 통제력뿐이다. 다른 모든 것은 지옥에나 보내버려!"라고 적었다. 그녀는 자주 "니체와 내 생각은" 또는 "니체가 말하기를"과 같은 문구로 글을 시작했다.[36]

랜드는 도덕적 영웅만큼이나 폭력적 범죄자의 사상에도 끌렸다. 그것은 모든 가치에 대한 니체주의자의 가치 재평가였다. 번즈에 따르면 그녀는 "범죄에서 개인주의를 위한 저항할 수 없는 은유를 발견했다"고 한다. 그녀는 레오폴드와 러브◆의 실화를 바탕으로 열두 살 소녀를 목 졸라 죽이는 범죄자에 관한 중편소설을 구상했다. 랜드는 살인자는 "놀랍도록 자유롭고 명석한 지능을 타고났지만, 사회적 본능이나 집단의식이 결여된 결과로 만들어진 사람이다. 그는 다른 사람의 필요성, 의미, 또는 중요성을 이해하지 못한다. 왜냐하면 그것을 이해할 만한 신체기관이 없기 때문이다"라고 말했다.[37] 그것은 『도덕의 계보』에 나오는 니체의 주인계급에 대한 나쁘지 않은 설명이다.

비록 랜드의 옹호자들은 그녀가 나중에 니체에 대한 열광을 버렸다고 주장하지만, 그것이 지속되고 있다는 증거는 너무나도 많다. 하워드 로크라는 존재가 바로 그 증거이다. 번즈는 다음과 같이 적었다. "그녀는 로크의 성격에 대해 간단히 메모하면서 혼잣말로 '웃음에 관해서는 니체를 보라'라고 말했다. 그 책의 유명한 첫 구절은 이런 연관성의 중심적 역할을 지시해주고 있다 '하워드 로크는 웃었다.'"[38] 그리고 『아틀라스』도 있다. 신고전주의 경제학의 거두 중 한 명인 루트비히 폰 미제스는 『아틀라스』를 다음과 같이 칭찬했다.

> 당신은 어떤 정치가도 하지 못할 얘기를 대중에게 해줄 용기를 가졌습니다. 너희들은 열등하다. 그리고 너희들이 그저 당연하게 여기는 모든 생활의 개선들로 인해, 너희들은 너희들보다 훌륭한 사람들의 노고에 빚을 지고 있는 것이다라고 말입니다.[39]

◆ 부유한 집안 출신의 시카고 대학 법과대 학생들로 완전범죄의 실현을 꿈꾸며 1924년 열네 살 소녀를 교살한 후 체포되었다. 이후 여러 소설과 영화의 소재가 되었다.

그렇지만 니체의 영향은 랜드의 글에 더 깊은 방식으로 스며들어 있다. 그것은 우파가 프랑스혁명의 도가니에서 탄생한 이후 지나온 궤적 전체를 상징적으로 보여주는 것이다. 랜드는 평생 무신론자였고 기독교에 대해서는 각별한 반감을 품었다. 그녀는 기독교를 "공산주의를 위한 최고의 보육원"이라고 불렀다.[40] 랜드의 언급은 보수주의 내에서 이단적인 경향을 대표하는 것이 아니라, 오히려 현대 세계에서 종교, 특히 기독교가 갖는 교묘한 효과에 대해 우익들이 의심을 품는 전통을 명징하게 드러낸 것이다. 1789년 이후 많은 보수주의자들이 18, 19세기의 민주주의혁명에 대한 해독제로 기독교와 종교로 결집하기는 했지만, 그들 중 적지 않은 부류는 종교를, 또는 적어도 종교의 어떤 측면을 혁명의 조력자로 보아왔다.

조제프 드 메스트르가 초기의 그런 사람들 중 한 명이었다. 골수 가톨릭 신자였던 그는 프랑스혁명의 연원을 강렬한 용해제였던 종교개혁으로까지 소급해갔다. 성경에 대한 "사적인 해석"을 장려함으로써 프로테스탄트주의는 향후 수세기 동안 하층계급의 국왕 시해와 반란의 길을 닦아놓았던 것이다.[41]

> 인류에게 가장 커다란 재앙 중 하나가 출현한 곳은 수도원의 그림자에서였다. 루터가 나타났다. 칼뱅이 그 뒤를 따랐다. 농민들의 반란, 30년전쟁, 프랑스내전…… 헨리 2세의 시해에 이어 헨리 4세, 메리 스튜어트, 찰스 1세까지, 그리고 결국 우리 시대에는 같은 원천에서 프랑스혁명이 나왔다.[42]

루터파 목사의 아들이었던 니체는 이런 주장을 더 과격하게 만들었다. 그는 모든 기독교—유대주의까지 소급되는, 실제로는 서양의 모든 종교들—를 노예의 도덕, 하층민들의 우월자들에 대한 정신적 반란으로 채색해버렸다. 종교, 그리고 도덕조차도 존재하기 전에 이미 주인계급의 지성과 감성이 있었다. 주인은 자신의 몸—그 강인함과 아름다움, 그 현시된 탁월함과 잠재력—을 바라보고 좋다고 말했다. 그리고 다시 노예를 바라보고 나쁘다고 말했다. 노예는 절대로 자신을 바라보지 않았다. 그는 주인에 대한 부러움과 시기에 사로잡혔다. 자신의 분노를 발산해 복수하기에는 너무 약했기 때문에 조용하지만 치명적인 정신의 반란에 착수했다. 그는 주인의 모든 특성—힘, 고통에 대한 무심함, 경솔한 잔인성—을 악으로 불렀다. 그는 자기 자신의 특성—온화함, 겸손함, 인내심—을 선으로 불렀다. 그는 종교를 고안해내서 이기심과 자기 본위를 죄악으로 만들고, 동정과 배려를 구원의 길로 만들었다. 그는 신자들 간의 보편적 형제애, 신 앞에서의 평등의 비전을 제시하고, 탁월함이 편중되게 배분된 주인의 질서를 저주했다.[43] 그런 노예반란의 현대적 잔재는 니체가 분명히 말했듯이 기독교, 심지어 다른 종교에서조차 발견되지 않는다. 그것은 이제 19세기의 민주주의와 사회주의를 위한 운동에서 발견된다.

그 광기에서 절대 뒤지지 않는 또 다른 기독교적 관념이 현대성의 조직 내에 깊숙이 침투해 있다. "신 앞에서 영혼의 평등함"이라는 관념이다. 이 관념은 모든 평등권에 관한 이론의 원형을 제공한다. 인류는 종교적 문맥 속에서 더듬거리며 평등에 관한 제안에 대해 배우게 된다. 그다음 그것은 도덕이 된다. 사람들이 결국 그것을 진지하게 받아들이고 현실적으로—즉 정치적, 민주주의적, 사회주의적으로—받아들이게 되었다는 것은 전혀 놀랄 일이 아니다![44]

랜드가 기독교를 사회주의의 선구자로 비난할 때, 그녀가 이타주의와 희생정신을 가치의 진정한 계층구조가 역전된 것이라고 질타할 때, 그녀는 종교를 치료제로서가 아니라 좌파의 협력자로 보는 보수주의 내부의 편향을 구축하고 있는 것이다. 그리고 그녀가 서투르게나마 아리스토텔레스에게서 대안적 도덕성을 찾을 때, 그녀는 니체의 고대로의 여행을 다시 개관하고 있는 것이다. 니체는 고대에서 하층민의 평등주의적 가치로 훼손되지 않은 온전한 주인계급의 도덕성을 발견하기를 바랐다. 비록 랜드의 자본주의에 대한 반종교적 방어가 현재의 정치 지형에서는 설 자리가 없는 것으로 보이지만, 우리는 최근 그녀의 책에 대한 관심이 되살아난 것을 유념해볼 필요가 있다. 그녀의 소설은 2008년 한 해 동안만 80만 부가 판매되었다. 번즈가 적시했듯이 "랜드는 그녀가 살았을 때보다도 지금 현대 미국 문화에서 더욱 왕성하게 활동하고 있다". 실로 랜드는 모든 새로운 세대의 공화당 지도자들에게 결정적인 영향을 미친 인물로서 빈번히 인용되고 있다. 번즈는 그녀를 "우파의 삶으로 들어서는 최고의 유인 약물"이라고 부른다.[45] 그녀가 명성으로 인해 되살아났건 그렇지 않건, 어쨌든 랜드의 존재는 관련 영역에서 뚜렷이 감지되며 우파에서 더욱 자주 거론된다. 그리고 기독교 단체와 그 가르침 속에서도 뭔가 심상치 않은 것이 진행되고 있는 듯하다.

당부하겠는데 당신의 교회 웹사이트에서 "사회정의"나 "경제정의"라는 말을 검색해보십시오. 만약 그런 것이 발견되면 최대한 빨리 도망치십시오. 사회정의와 경제정의는 그들의 암호문입니다. 자, 지금 제가 사람들에게 교회를 떠나라고 조언하고 있는 건가요? 바로 그렇습니다.

이것은 글렌 벡이 2010년 3월 2일 라디오방송에서 한 말이다. 기독교 신앙—가톨릭, 성공회, 감리교, 침례교, 심지어 자신의 몰몬교까지—의 거의 모든 교회에 맞서고 있는 것이다.[46]

랜드는 그녀 자체로서는 그다지 중요하지 않다. 그녀가 흥미로운 것은 단지 그녀의 말이 미국 문화 속에서 반향을 얻고 있다는 것—그리고 그 반향이 불러일으키는 불미스런 파장들—뿐이다. 그녀도 하워드 로크가 묘사한 "모방자"와 별반 다르지 않다. "그들의 실체는 그들 내부에 있지 않고, 한 사람의 몸을 다른 사람과 구분하는 공간 어디쯤엔가 있다. 존재가 아니라 관계인 것이다…… 모방자는 행동한다. 그렇지만 그의 행위의 원천은 다른 모든 살아 있는 사람들 속에 흩어져 있다."[47] 드디어 그는 자신이 무슨 말을 하는지를 이해한 것으로 보인다.

그런데 니체를 거론하고 아리스토텔레스도 살펴보았지만, 우리에게는 여전히 랜드에 대한 의문이 남는다. 이런 평범한 사람이, 모방자도 아니고 이류밖에 안 되는 사람이 어떻게 그렇게 문화 전반에 걸쳐 지속적인 영향을 끼칠 수 있는 것인가?

우리에게는 멜빌부터 마멧의 작품까지 사기꾼과 도박사들에 관한 많은 문학작품들이 있기에, 랜드를 미국을 종종 떠들썩하게 만들었던 많은 사기꾼들 중 하나로 보고 싶은 충동을 갖게 되는 것도 사실이다. 그렇지만 그런 유혹은 억눌러야 한다. 랜드는 좀 색다른 것, 더 불안하게 만드는 것을 대표하고 있다. 사기꾼은 사물의 진실을, 종종 다른 사람들보다도 더 정확히 알고 있는 거짓말쟁이이다. 그럴 수밖에 없다. 사기꾼이 표적으로부터 돈을 뜯어내기 위해서는, 누가 표적이며, 그 표적은 어떤 사람인지 잘 알아야 한다. 사기꾼은 진실과 거짓의 중간에 놓인 어둠의 세계에서 일하기 때문에 자신이 백합을 백합으로 그대로 볼 수 있을 때만 그것에 금박을 입힐 수 있다. 그렇지만 랜드는 어떤 것에도 금박을 입힐 생각이 없었다. 그녀에게 도금된 백합은 바로 실체였다. 더 이상 꾸밀 것이 무엇이 있었겠는가? 그녀는 심지어 그것을 분명히 드러내기 위해 라펠 핀을 즐겨 착용했다. 금으로 만들어진 달러 표시였고, 그것은 가장 문자적인 방식의 화려한 과시였다.

17세기 이후 자유주의적 문명 앞에 최고의 가치를 보여주는 거울을 들이밀고 "너는 이렇게 보이지 않는다"라고 말해주는 것은 좌파의 몫이었다. 너는 인간의 권리를 신봉한다고 주장하지만, 네가 받드는 것은 오직 재산권뿐이다. 너는 자유의 편이라고 주장하지만, 그것은 오직 강자가 약자를 지배할 자유를 의미할 뿐이다. 만약 네가 네 원칙대로 살기를 원한다면, 너는 원칙의 데미우르고스♦에게 자리를 내주어야 한다. 박탈당한 자들이 권력을 갖도록 허락하라, 그러면 이상이 현실이 되고 은유가 물질이 될 것이다.

랜드는 천상과 지상의 이런 조우가 다른 수단으로 이루어질 수 있다고 믿었다. 세상을 천상의 이미지대로 다시 만들기보다는 세상의 이미지에서 천상을 찾았다. 정치적 변화는 불필요하다. 성변화(聖變化)♦♦만으로 충분하다. 몇 마디 말을 하고 손을 저으면, 이상은 현실이 되고 은유는 물질이 된다. 가장 원시적인 종류의 이상주의자였던 랜드는 한 세기 동안의 사회주의자의 이분법을 붙잡아서 납작하게 짓

♦ dēmiurgos, 플라톤의 우주생성론에서 제작자라는 뜻. 이데아에 맞춰 질서 있는 세상을 만들어낸다.

♦♦ 성체성사에서 빵과 포도주의 형상은 그대로이나 본질은 예수의 살과 피로 완전히 실체화한다는 설.

눌러버렸다. 그렇게 많은 사람들이 그녀가 포용력이 없다고 비난했던 것도 그다지 놀랄 일이 아니다. 천상과 지상이 그렇게 한데 짓눌려져 있는데, 반대자들에게 허용할 공간이 어디 있었겠는가?

사실 설명은 필요치 않다. 그녀의 성공이 그 자체를 설명해준다. 랜드는 리처드 닉슨, 로널드 레이건, 그리고 글렌 벡 등과 마찬가지로 쓰레기가 위엄을 얻고 엉터리가 축복받는 전형적인 미국적 시험장에서 작업했던 것이다. 그곳에서 그녀는 꿈이 현실이 되지 않는다는 것을 배웠다. 그것은 이미 현실이다. 형이상학을 추잉검으로 만들면, 추잉검은 형이상학이 되는 것이다. A는 A이다.

4 적반하장˙

"1960년대는 문화적 이견과 정치적 격변의 시대로 제대로 기억되어야 하지만, 사람들은 오직 좌파 때문에 혼란스러웠던 때로만 잘못 알고 있다." 조지 월˙˙은 재간된 배리 골드워터의 『보수주의자의 양심』의 서문에 이렇게 썼다.[1] 몇 십 년 전에 이런 주장을 했다면 조롱과 야유까지는 아니더라도 필경 사람들로부터 이상한 시선을 받았을 것이다. 그렇지만 세월이 흐르면서 많은 책들이 출판되었고, 그 책들이 지

◆ 이 장은 원래 배리 골드워터의 『보수주의자의 양심』(Princeton, N. J.: Princeton University Press, 2007, 1960), 브루스 J. 슐만과 줄리언 E. 젤라이저가 편집한 『오른쪽으로: 1970년대 미국 보수주의의 형성』(Cambridge, Mass.: Harvard University Press, 2008), 제이콥 헤일브런의 『그들은 그들이 우파라는 것을 알고 있었다: 네오콘의 부상』(New York: Doubleday, 2008)에 대한 서평으로 『더 네이션』(2008년 6월 23일) 25~33쪽에 실린 글이다.(저자 주)

◆◆ 1974년에 퓰리처상을 수상한 보수주의 언론인.

난 반세기 동안 대부분의 정치 혁신이 우파로부터 비롯되었다는 관념을 퍼뜨리며, 역사학자들이 1960년대를 포함한 전후 미국에 대한 전통적 이해를 바꾸도록 이끌었다. 그런 새로운 여론은 로널드 스토리와 브루스 로리의 『1945~2000년 미국에서 보수주의의 부상』의 첫 문장에 반영되었다. "제2차 세계대전 후 미국 정치의 중심적 이야기는 보수주의 운동의 출현이다."[2) 그렇지만 어떤 이유에서인지 윌은 여전히 그의 동료들이 충분히 인정받지 못하고 있다고 느낀다.

윌이 자기 나라에서 추방되었다고 믿는 최초의 보수주의자는 아닐 것이다. 배척되었다는 느낌은 운동의 시초부터, 망명자들이 프랑스혁명을 피해 도망치고 에드먼드 버크와 조제프 드 메스트르가 대의를 이어받았을 때부터 그들을 괴롭혔다. 상실—재산, 지위, 추억, 유산, 양지(陽地)—의 그늘에서 태어난 보수주의는 도망자들의 무리로 남았다. 심지어 자기 지위가 확보되었을 때조차도 보수주의자들은 꾀병을 부렸다. 엄살이든 진실이든 이런 추방자와 권력자가 혼재된 모습은 그들이 지닌 호소력의 원천 중 하나가 되었다. 윌리엄 F. 버클리가 『내셔널 리뷰』의 창립문에 썼듯이, 보수주의자들의 추방자 배지는 그를 "동네에서 가장 유명한 자"로 만들어주었다.[3)

데이비드 흄과 애덤 스미스는 보수주의의 더 품위 있는 수호자들에 의해 종종 운동의 등대로 인용되기도 하지만, 우리가 이미 본 바와 같이 그들의 저작은 보수주의의 진정 기묘한 점을 설명해주지는 못한다. 즉 지배계급이 역사상 전례 없이, 권력에 대한 권리를 희생자의 정서에 기대서 주장한다는 점 말이다. 플라톤의 수호자는 현명했다. 아퀴나스의 왕은 훌륭했다. 홉스의 군주주권은 어쨌든 최고 권력이었다. 그런데 메스트르가 군주제를 방어하기 위해 동원할 수 있었던 최선이 고작 왕이 되려는 자도 "끔찍한 불운의 학교"를 다녔고, "고난의 학교에서" 고통받았다는 것이 전부다.[4] 메스트르가 이런 식으로 방어한 데는 충분한 이유가 있었다. 이제 우리도 아는 바와 같이 평민인 척하는 것은 보수주의자들의 무기고에 소장된 최고의 무기다. 그럼에도 불구하고 그것이 당혹스러운 방어술인 것도 사실이다. 왕자가 공들여 제시할 수 있는 것이 고작 자신은 정말로 거지라고 말하는 것뿐이라면, 왜 차라리 정말로 거지를 그 자리에 앉히지 못하는 것일까?

보수주의자들은 우리보고 그들에게 복종하지 말고 미안한 마음을 가지라고 요구해왔다—또는 미안하니까 복종하라고. 루소는 최초로 연민의 정치이론을 말했던 사람이며, 그래서 "패자들의 호메로스"로 불려왔다.[5] 그렇지만 이미 보았듯이 버크도 1장에서 마리 앙투아네트에 대해 고뇌에 찬 서술—"이 박해받는 여인"은 "광분한 자들"에 의해 베르사유의 침실에서 "거의 나신으로" 끌려나와 파리의 "왕족들을 위한 바스티유로" 행진해야 했다—을 한 바 있으니, 그 역시도 그 칭호에 대해 권리를 주장할 수 있지 않을까?[6]

마리 앙투아네트는 모든 것을 일시에 완벽하게 박탈당한 특별한 종류의 패배자였다. 버크는 그녀의 몰락에서 위대한 인물이 운명에 의해 영락하는 고전적 비극의 원형을 보았다. 그렇지만 비극에서 보통 주인공들이 바랄 수 있는 최선은 자신의 운명을 이해하는 것뿐이다. 그리고 시간의 수레바퀴는 역전될 수 없고 고난은 돌이킬 수 없다. 그렇지만 보수주의자들은 그런 설명에 만족하지 않는다. 그들은 복구를 원하고, 혁명과 반혁명의 새로운 힘들이 뒤엉키는 와중에 그 기회가 주어진다. 그들은 스스로를 희생자로 꾸밈으로써 권리와 그들의 박탈물들이 중요한 상품으로 거래되는 정치시장에서 완전한 현대인, 노련

한 경쟁자로 재등장하는 것이다.

개혁가와 급진주의자들은 권리가 없고 예속된 자들에게, 그들이 권리가 있고 힘도 있다는 사실을 인식시켜야 한다. 보수주의자들은 사정이 다르다. 그들은 권리를 침해당했으며 권리가 있다—권리가 있기 때문에 권리를 침해당했다. 그리고 이미 그들 대의의 올바름과 승리의 불가피성을 확신하고 있다. 그렇기 때문에 그들은 확신과 교묘함으로 하층민들은 엄두도 내지 못할 희생자와 승리자 역할을 동시에 소화해낼 수 있는 것이다. 이를 통해 그들은 우리에게 강력하게 사랑과 충성을 요구할 수 있다. 우리가 부자건 가난뱅이건, 또는 그 중간 어디쯤에 있건, 보수주의자들은 전기 작가 휴고 영이 대처 수상에 대해 평했던 것처럼 우리 중 하나가 된다.[7]

그런데 그들은 어떻게 우리가 그들 중 하나라고 믿게끔 만드는가? 그것은 특권을 민주적으로 만들고 민주주의를 귀족적으로 만듦으로써 가능하다. 보수주의자들은 구체제(정치체제)를 방어하지 않는다. 그들은 (가족, 공장, 현장에서의) 오래된 질서(전통)를 대변한다. 그 속에서는 평범한 남성들이, 가끔은 여성들도, 아랫사람들에게 마치 그들이 봉건제 장원에 있는 것처럼 부분적으로 주인 노릇을 하게 된다. 휴이 롱◆이 "모든 남자는 왕이다"라고 외치기 훨씬 전부터 이미 민주주의자들 중 애매모호한 족속들이 비록 다른 효과를 노린 것이긴 했지만 거의 똑같은 말을 해왔었다. 민주주의의 약속은 군주가 신민을 다스리듯 완벽하게 다른 사람들을 다스리는 것이라는 주장이다. 이런 형태의 보

◆ 루이지애나 주 주지사와 상원의원을 역임했다. 급진적인 정책으로 유명하며, 이로 인해 프랭클린 루스벨트의 뒤를 이을 민주당의 대통령 후보로 떠올랐지만, 1935년 루이지애나 주 의회 건물에서 암살당했다.

수주의—민주주의적 봉건제—의 과제는 분명해진다. 유동성과 혁신, 자유와 미래를 찬양하면서도 그런 구질서들에 대해서는 울타리와 관문으로 겹겹이 둘러쳐서 정부나 사회운동처럼 간섭하기 좋아하는 침입자들로부터 지켜내는 것이다.

특권을 대중의 구미에 당기게 만드는 작업은 보수주의의 영원한 과제다. 그렇지만 각 세대는 그 과제를 시대의 형세에 맞게 바꾸어야 한다. 골드워터의 도전은 그의 책 제목에 잘 나타나 있다. 보수주의자들이 양심을 지녔다는 것을 보여주는 것이다. 가슴—그는 아이젠하워와 닉슨이 공화당원이 열정적이라고 증명하려 했던 것을 책망했다[8]—이나 두뇌—존 스튜어트 밀부터 라이오넬 트릴링까지 많은 자유주의자들은 이 사실을 의심했다—가 아니라 양심이다. 정치운동은 종종 추종자들에게 자신들은 성공할 수 있으며, 자신들의 대의는 정당하고 지도부는 유능하다고 설득할 필요가 있다. 그렇지만 그들의 운동이 내적인 빛의 행진이라고 설득해야 하는 경우는 드물다. 그런데 골드워터의 생각은 달랐다. 보수주의가 새로운 유권자들을 끌어들이고 충성스러운 자들을 모으기 위해서는 이상주의와 고결함의 이미지를 구축할 필요가 있으며, 부자들의 유혹, 특권과 물질주의—현실 그 자체—에 무심한 모습을 보여줄 필요가 있다고 생각했다. 보수주의자들이 현실을 개혁하고자 한다면, 적어도 자기 생각 속에서만이라도 그 현실과 절연할 필요가 있는 것이다.[9] (이런 점에서 그는 버크와 크게 다르지 않다. 버크는 영국의 지배계급이 자코뱅에 대항해 "지켜야 할 커다란 이익"이 있는 한, 그리고 "그것을 지키는 강력한 수단"이 있는 한 그들은 "자신의 도구에 손이 묶인…… 기술자"와 같은 처지라고 경고했다.)[10] 최근 몇 년간, 현대의 공화당원들은 그 고유의 회의주의와 온건한 조정정신을 버렸고, 그럼으로써 보수주의를 내팽개쳐버린 진실한 신앙인 정도로 여기는 것이 유행이 되었다. 골드워터는 독립적이고 완고하며, 심지어 어떤 것이든 이데올로기같이 무익한 것(그리고 소련)에는 강력히 반발했으며, 부시(또는 네오콘, 또는 티파티 운동가)는 완고하고 교조적이며, 명백하고 신앙적인 진리의 집행자라는 것이다. 그렇지만 사실 보수주의는 원래부터 교조적인 운동이었다. 다른 이유를 찾을 것도 없이 좌파의 신조에 대항하는 것만으로도 늘 그래왔다. 대처는 이렇게 선언했다. "반대파는 이데올로기를 가졌다. 우리 역시 하나 가져야 한다."[11] 우파는 좌파에 맞서기 위해 그들을 흉내 내야만 했다. 존 C. 캘훈은 노예해방주의자들에게 감탄하며 "그들은 비록 소수이지만, 그들이 추구하는 길 때문에 그토록 큰 영향력을 가질 수 있었다"라고 썼다.[12]

골드워터는 이 점을 이해했다. 도금시대 때의 보수주의자들은 노동자들이 고용주와 자유롭게 계약을 맺을 권리가 있다며 정부의 규제와 노조에 대해 반대했었다. 자유주의자들은 그런 자유는 환상에 불과하다고 맞받아쳤다. 노동자들은 원하는 대로 계약을 맺을 수단을 갖고 있지 않았기 때문이다. 진정한 자유에는 물질적 수단이 필요하다. 골드워터는 그 말에 동의했다. 그러면서 동일한 주장을 뉴딜 정책에 돌렸다. 높은 세금은 노동자들의 임금을 강탈해가는 것이며, 그들을 덜 자유롭게 만들고 자유로울 수 있는 능력을 줄일 것이라는 강변이었다. 그는 존 듀이를 흉내 내며, "인간이 자유를 행사할 수단을 박탈당한다면 어떻게 진정 자유로울 수 있겠는가?"라고 물었다.[13] 프랭클린 루스벨트는 보수주의자들이 사람보다는 돈을 더 중시한다고 비판했었다. 골드워터는 자유주의자들에 대해 똑같은 말을 했다. 그들은 복지와 임금만 중시하면서 "인간 본성의 물질적인 면만 주목"하고, "다른 모든 고려사항을 인간의 물질적 복지에 종속시킨다"는 것이다. 반면 보수주의자들은 인간의 "정신적 본성"을 정치의 "우선과제"로 삼고, "물질적인 것들은 제자리로" 돌려놓으며, "전인적 인간"을 고려한다는 것이다.[14]

뉴딜 정책의 경제주의에 대한 이런 낭만주의적 외침—신좌파의 것과 유사하다—은 정치나 정부에 대한 항의가 아니었다. 골드워터는 자유방임론자가 아니다. 그의 의도는 대중 토론을 의식주와 물질적 복지보다 더 고상하고 영광스러운 목표로 이끌어서, 정치와 정부를 한 차원 더 격상시키려는 것이었다. 그렇지만 골드워터는 신좌파와 달리 풍요한 사회를 거부하지 않았다. 오히려 부의 획득을 "비범한" 사람이 "차별화되지 않은 대중"으로부터 스스로를 구분 지을 수 있는 자아실현 행위로 바꾸어놓았다.[15] 부를 쌓는 것은 물질적 수단을 통해 자유를 행사하는 것뿐만 아니라 다른 사람들에게 자신을 과시하는 길이 되기도 하는 것이다.

카를 만하임은 보수주의자의 사고에 대한 에세이에서, 보수주의자들은 자유라는 관념에 열광했던 적이 단 한 번도 없다고 주장했다. 자유는 우월자에 대한 예속자의 복종을 위태롭게 만들기 때문이다. 그렇지만 자유는 이미 현대 정치에서 만국공통어가 되어버렸기 때문에 보수주의자들은 "그것을 공격하지 않을 정도의 분별력"을 발휘하는 것이다. 대신 그들은 자유를 불평등의 구실로 만들었고, 불평등을 복종의 구실로 만들었다. 그들은 인간이 천부적으로 평등하지 않다고 주장한다. 자유는 사람들이 각자의 동등하지 않은 재능을 개발할 수 있도록 허용할 것을 요구한다. 자유사회는 철저히 구별되고 계층적으

로 배열된 특성화된 사람들로 구성된 불평등한 사회여야 한다.[16]

골드워터는 자유를 반대한 적이 없다. 사실 그는 자유를 찬양했다. 그렇지만 그가 자유를 불평등—또는 전쟁, 그는 전쟁을 "자유의 대가"라고 불렀다—의 대리자로 보았다는 것은 의심의 여지가 없다. 자유사회는 각 개인들의 "다른 사람과의 절대적 차이"를 보호했다. 이제 차이라는 말이 우월성 또는 열등성을 대신하는 것이다. 한 국가를 위대하게 만드는 것은 바로 이 "비범한 사람들(사람들 중 가장 다르고 탁월한 자)의 주도성과 야망"이다. 자유사회는 그런 사람들을 가급적 어린 시절부터 발굴해내고 그들의 탁월성을 키우는 데 필요한 모든 자원을 투여해야 한다. "모든 아이들은 동일한 교육을 받아야 한다는 평등주의적 관념"을 지지하는 사람들에 반대하며, 골드워터는 "재능을 지원하고 가장 뛰어난 학생들의 야망을 자극해…… 미래에 우리가 꼭 필요로 하는 지도자들을 확보할 수 있는 교육제도"가 있어야 한다고 주장했다.[17]

만하임은 또한 보수주의자들은 종종 개인보다는 집단—인종, 민족—을 찬양한다고 주장했다. 인종이나 민족은 독특한 정체성을 가진 것으로, 자유의 이름하에 지켜져야 한다. 그것들은 봉건적 장원의 현대적 등가물이다. 그것들은 독특하고 공평하지 않은 특성과 기능을 가지고 있다. 그것들은 차이, 불공평, 특권을 장려한다. 자유는 이런 특권들에 대한 보호장치이며, 그 특권은 집단의 독특한 내부 천재성의 외적 발현이다.[18]

골드워터는 (애국주의까지는 아니더라도) 인종주의를 부정했다. 그렇지만 자유에 대해 논할 때는 의도야 어찌되었건 봉건주의의 유혹을 떨치지 못했다. 그는 주정부의 권리를 자유의 "이정표", 연방정부에 의한 "개인주의적 자유의 침투에 대항한 우리의 주요 보루"라고 불렀다. 이론적으로 주정부는 집단보다는 개인들을 보호한다. 그렇지만 1960년대의 개인들이란 누구인가? 골드워터는 그들은 모든 사람들을 뜻하며, 주정부의 권리는 흑백차별법과는 아무런 상관이 없다고 강변했다. 그가 흑백분리 정책은 주정부의 권리에 대한 "원칙의 오늘날 가장 확실한 표현"이라는 점을 인정했음에도 불구하고 말이다.[19] 주정부의 권리에 대한 온갖 미사여구들은 백인들의 특권에 접근금지선을 둘러치는 것이다. 보수주의자들의 정강 중 가장 악독한 조항이었던 주정부의 권리에 대한 골드워터의 주장—결국 폐기되었다—은 결국 자유를 불평등을 위한 보호막과 대중 봉건주의의 대리자로 보는 전통과 제대로 맞아떨어진다.

골드워터는 1964년 대선에서 참패했다. 하지만 그의 후배들은 불만 집단을 남부 백인들에서 기혼 남녀들로, 복음주의자들과 백인 인종주의자들로 확대시키고, 좌파의 장점들을 흡수, 변화시키는 것을 통해 승승장구했다.[20] 그렇지만 좌파에 적응해나간 것이 미국 보수주의의 반동성을 약화시킨 것은 아니다. 그것은 메스트르나 버크가 프랑스혁명이 유럽을 영구적으로 바꾸어놓았다고 인정했다고 해서 그곳의 보수주의가 순화된 것이 아닌 것과 마찬가지다. 오히려 그것은 보수주의의 적응성을 높이며 더 성공적일 수 있도록 만들었다. 보수주의는 적응해나갈수록 더욱 반동적으로 변했다.

복음주의적 기독교인들은 보수주의의 이상적인 충원 집단이었다. 그들은 백인의 힘을 부활시키기 위한 방편으로 희생자 카드를 능숙하게 활용했다. "이제 신의 백성들이 밀실에서 나와야 할 때입니다."

1980년 텍사스의 한 방송복음주의자가 부르짖었다. 복음주의적 괴짜를 만들어낸 것은 종교가 아니다. 종교와 혼합된 인종주의가 만들어낸 것이다. 기독교 우파에게 커다란 자극제가 되었던 것 중 하나는 흑백차별 철폐 정책에 대한 반발로 설립된 남부의 사립학교들을 지키는 일이었다. 1970년에는 40만 명의 백인 어린이들이 이런 "분리학교"에 다니고 있었다. 미시시피 같은 주들은 닉슨 행정부가 금지하기 전까지 학생들에게 학비 보조금을 지급했으며, 국세청은 이런 학교에 기부한 사람들에게 세금 감면 혜택을 주었다.[21] 뉴라이트이자 DM광고의 개척자인 리처드 비거리에 따르면, 이런 공적 보조금에 대한 시민권 운동가들과 법원의 공격은 "종교적 우파들이 현실정치에 개입하게 만드는 기폭제가 되었다". 한 역사가에 따르면, 비록 분리학교들의 출현이 예전의 백인 전용 학교가 차별 폐지 학교로 전환되는 시점과 정확히 맞물리기는 했지만, 그 옹호자들은 그들이 보호하고자 하는 것은 백인우월주의가 아니라 종교적 소수자들이라고 주장했다.(처음에는 종교와 관련이 없었지만, 대부분의 학교는 시간이 지남에 따라 복음주의적으로 변해갔다.) 그들의 대의는 자유였지 불평등이 아니었다—예전 세대의 대규모 저항집단이 주장했을 법한 백인들끼리의 교제의 자유가 아니라 자신들만의 철저한 종교를 믿을 자유 말이다.[22] 그것은 교묘한 치환이었다. 단 한 번의 자리바꿈으로 노예소유주들의 상속자들은 박해받는 침례교의 후예들이 되었고, 수정헌법 1조에 대한 위반인 흑백차별은 이제 수호의 대상이 되었다.

　기독교인의 권리운동 역시 여성운동에 대한 반발로 더욱 힘을 얻게 되었다. 보수주의의 대의에 반페미니즘이 뒤늦게 합류한 것이다. 1970년대 초반, 평등권 조항(ERA) 옹호자들은 리처드 닉슨, 조지 월리스, 스트롬 서몬드를 지지자로 의지할 수 있었다. 심지어 필리스 슐래플리조차도 ERA를 "무해한 것과 어느 정도 도움이 되는 것 사이의 어디쯤에" 있는 것이라고 말했다. 그렇지만 역사학자 마거릿 스프루일은 페미니즘이 "민감하고 극히 사적인 양성간의 관계라는 영역"에 진입하자마자 법적 평등이라는 추상적인 문구가 더욱 직접적이고 구체적인 의미를 얻게 되었다고 썼다. ERA는 1장에서 보았듯이 반혁명을 촉발시켰다. 반혁명은 슐래플리를 비롯한 여성들이 주도한 것으로, 그것이 반대했던 여성운동만큼이나 대중적이고 다변적이었다.[23] 이런 반혁명은 너무나도 성공적이었기 때문에—ERA를 좌초시키는 것뿐만 아니라 공화당의 집권을 촉진했다는 의미에서—그것이 오히려 페미니스트들의 주장을 뒷받침해주는 것처럼 보이기도 했다. 여성이 정치 주체로서 그렇게 효과적으로 활동할 수 있다면, 그들이 하원이나 또는 백악관의 주인이 되지 못할 이유가 어디 있겠는가?

슐래플리는 그 역설을 파악했다. 그녀는 여성운동이 권력과 자율권에 대한 여성들의 욕구를 분출시키고 활용했으며, 이제 다시 그것을 간단히 잠재울 수 없다는 사실을 알았다. 만약 여성들이 다시 가정으로 추방될 것이라면, 그 퇴각을 패배로서가 아닌 자유와 권력을 향한 더 장기적인 투쟁 속에서 또 하나의 승리로 파악해야 할 것이다. 1장에서 보았듯이 그녀는 자신을 여성권의 반대자가 아닌 수호자로 그렸다. 그녀는 ERA는 "여성의 권리를 빼앗아가는 것이다"라고 주장했다. "아내로서, 그리고 자식들이 남편으로부터 부양받을 권리" 말이다. 슐래플리는 "기존의 결혼관계에서 가정에서의 아내의 권리"라는 주장에 집중함으로써 여성은 먼저 아내이자 어머니여야 한다는 관념을 강조했다. 여성들에게 필요한 것은 오직 남편이 제공하는 보호일 뿐이다. 그러면서 동시에 그녀는 그 관계를 권리에 대한 자유주의적 언어로 설명했다. 그녀는 여성을 마치 페미니스트적인 청구인으로, 남편을 복지국가인 것처럼 다루며, "아내는 배우자로부터 부양받을 권리가 있다"고 주장했다.[24]

기독교 우파는 18세기 프랑스의 가톨릭 선배들과 마찬가지로, 반대파의 이념뿐만 아니라 방식과 관습까지 가져다 썼다. 빌리 그레이엄 목사는 〈그룹 토론: 현대 젊은이들의 질문에 관한 빌리 그레이엄과 학생들의 토론〉이라는 앨범을 냈다. 복음주의자들은 나르시시즘적 문화를 비판했다. 그리고 그것을 자기 것으로 만들었다. '포커스 온 더 패밀리(Focus on the Family)' 운동의 창설자 제임스 돕슨은 남캘리포니아 대학의 아동심리학자로 시작해, 자녀양육에 관한 베스트셀러 저자인 벤저민 스폭 박사와 경쟁했다. 역사학자 폴 보이어는 복음서 서점들은 "재정, 데이트, 결혼, 우울증, 중독 등에 대해 복음주의적 전망에서 조언해주는 정신요법과 자조서들을 권장한다"고 말했다. 그 모든 것들 중 가장 대담한 것은 핼 린지의 『대유성 지구의 종말』을 영화화한 것이다. 이 책은 종말에 대한 기독교의 예언을 확산시키는 것이었는데, 영화의 내레이션을 맡은 사람은 다름 아닌 인민전선의 진짜 악당, 오손 웰스 감독이었던 것이다.[25]

그렇지만 우파가 좌파의 것을 전용한 사례들 중 가장 재미있는 것은 대기업과 닉슨 행정부에서 나타났다. 기업가들은 학생운동을 중요한 후원자층으로 보았다. 역사학자 베서니 모레턴은 기업의 대변인들이 "체크무늬 양복을 옷장에" 처박아두고 히피적인 말투와 속어들을 써가면서 자본주의가 1960년대 스타일의 해방, 참여, 진정성을 만족시키는 것으로 선전하고 다녔다고 썼다. 캄보디아 침공(그리고 뒤이은 학생 네 명의 피살)에 대한 항의시위 후 학생운동이 소강상태에 빠졌을 때, 켄트 주립대학 학생들은 사이프(SIEF, Students in Free Enterprise) 지부를 창설했다. 사이프는 전국적으로 150개의 지부를 지닌 조직이다. 그들은 "밴드경연대회"를 후원했는데 한 경연자의 노랫말을 보면 다음과 같다.

> 나는 절대 행복할 수 없을 거야.
> 9시에서 5시까지 일만 할 뿐.
> 거짓된 삶을 살기보다는
> 차라리 가난하게 살고 말겠어.
> 돈을 모을 수만 있다면,
> 대출이라도 받을 수 있다면
> 내 사업을 시작하고
> 내 인생을 살 텐데.

대학 캠퍼스 안에 소규모 기업들이 세워지면서 "기업가들은 깡패가 아닌 희생자"로 탈바꿈되었다. 기업은 그람시적인 전술을 고등학교에까지 적용했다. 아칸소에서 사이프는 밀턴 프리드먼의 PBS 방송 10부작 시리즈 〈선택의 자유〉를 촌극으로 공연했다. 1971년 애리조나는 고등학교 졸업생들이 경제학을 수강하도록 하는 법안을 통과시켰다. 법안 발의자에 따르면, 학생들이 "집단주의자 또는 사회주의자 교수들에게 맞서게" 되었을 때, "주장의 근거"를 가질 수 있도록 하는 것이 법의 목적이었다. 20개 주가 애리조나 주의 예를 따랐다. 애리조나 학생들은 시험에 통과하면 그 강의를 마칠 수 있었다. 그런데 그 시험

문항들 중에는 "자유로운 기업 시스템에 정부가 개입하면"이라는 문구를 "자유시장에 해롭다"와 짝짓는 문제도 있었다.[26)]

정치적으로 능수능란했던 닉슨은 오른쪽으로 걸으면서도 왼쪽에 대해 말하는 데 특별한 재주가 있었다. 닉슨은 흑인시민권 운동에 대한 최선의 대응은 흑인들에 대항해 백인들을 두둔하는 것이 아니라, 백인들을 그들 나름의 박해의 역사를 짊어진, 나름의 해방운동이 필요한 백인인종주의자들로 만드는 것이라는 사실을 알고 있었다. 역사학자 톰 서그루와 사회학자 존 스크렌트니는, 유럽의 남부와 동부에서 온 이민자들이 이 인종들의 도가니에 뛰어들어 백인 집단을 형성하고 있었기 때문에, 닉슨과 1970년대의 인종주의 부흥론자들은 "백인이라는 근거로 국가에 무엇인가를 요구하는 것이 점점 불법화되고 있던 시기에, 유럽 출신의 미국인들에게 시민권을 주장할 수 있는 새로운 수단을 제공해주었다"고 쓰고 있다. 닉슨 주도하의 공화당은 민주당의 어번 머신◆의 우익판으로 탈바꿈되었다. 폴란드인과 이탈리아인들이 행정부의 고위직에 지명되었으며, 닉슨은 백인 이웃들 속에서 정력적으로 활동했다. 심지어 군중 앞에서 자신이 "이탈리아 혈통 같다는 생각이 든다"고 말하기도 했다. 닉슨의 시도는 종종 상징적인 수준을 넘어섰다. 1971년에는 "주로 동부, 중부, 그리고 남부 유럽의 조상을 가진, 즉 이탈리아, 그리스, 슬라브의 인종집단에게"까지 소수자 우대 정책을 확장시키자고 제안하기도 했었다. 그렇지만 대부분은 말뿐이었다. 그렇다고 해서 그 효과가 감소한 것은 아니었다. 백인인종주의의 새로운 표현들은 "열심히 일했던 과거의 낭만, 규율, 잘 정비

◆ urban machime, 정당이 직접적인 물질적, 경제적 이득을 제공하는 대가로 유권자의 지지를 얻기 위한 기층조직.

된 성분업, 그리고 단단히 결속된 가족"이라는 관념을 창조하는 데 일조했다. 그것은 새로운 시대에 새로운 언어를 제공한 것이었다. 물론 알맹이는 아주 오래된 구체제였지만 말이다.[27]

배리 골드워터의 어머니는 로저 윌리엄스◆의 후손이었다. 그의 아버지는 폴란드 유대인의 후손이었으며 성공회로 개종했다. 골드워터가 1964년 대선에 나섰을 때, 미국의 유대인 작가 해리 골든은 "나는 항상 최초로 대선에 나설 유대인은 성공회 신자일 줄 알고 있었다"고 빈정댔다.[28] 만약 보수주의의 역사가 어떤 식으로든 골드워터에게 안내자 역할을 했더라면, 그는 아마도 유대인으로 출마했을 것이다.

◆ 영국 식민지시대의 미국 종교가. 신정정치를 부정하는 급진적 민주주의자로 매사추세츠 주에서 추방된 후 로드아일랜드의 총독이 되어 종교적 관용정책을 폈다.

5. 전향자들◆

2000년 봄, 지금은 사라진 『링구아 프랑카』◆◆의 편집자인 알렉스 스타가 보수주의 지식인이었다가 좌파로 전향한 존 그레이와 에드워드 루트와크를 인터뷰해 달라고 요청해왔다. 여름과 가을까지 나는 그레이, 루트와크와 아울러 윌리엄 F. 버클리, 어빙 크리스톨, 그리고 노먼 포도레츠 같은 보수주의자들을 인터뷰했다. 우파에게는 어려운 시기였다. 빌 클린턴이 대통령이었으며, 9·11 사태도 아직 일어나지 않았던 때였다. 호황이었고, 전쟁은 아득한 과거의 추억이었으며, 식자층은 여전히 역사의 종언◆◆◆에 대해 말하고 있었다. 당시 분위기는 현재

◆ 이 장은 원래 『링구아 프랑카』(2001년 2월) 24~33쪽에 실린 글이다.(저자 주)
◆◆ 예일 대학의 불문학 교수인 제프리 키태이가 1990년에 창간한 잡지. 아카데미 안과 밖의 생생한 정보를 제공하며, 지적인 논쟁을 과감하게 다루었다. 2001년 종간되었다.
◆◆◆ 프랜시스 후쿠야마는 1990년대 초반 동유럽과 소련의 사회주의 체제 붕괴와 자유민주주의의 승리를 꿰뚫어보고 "역사는 종언했다"고 말했다. 『더 내셔널 인터레스트』지에 수록된 이 논문

와 사뭇 달랐고, 그것이 이념과 정치에 대한 보수주의자들의 생각에 많은 영향을 미쳤다. 이 글에 실린 논거와 진술들은 이미 낡았으며, 그중 일부는 내가 더 이상 믿지 않는 것들이지만, 나는 당시의 분위기를 그대로 전하기 위해 글을 고치지 않는 것이 좋다고 판단했다. 여기서 제기된 이슈들에 대해 8장에서 9·11, 테러와의 전쟁, 그리고 이라크전쟁이라는 관점에서 다시 돌아볼 것이다.

그리고 내가 이 글을 손보지 않은 이유는 또 하나 있다. 비록 내가 대학과 대학원에서도 버크, 오크쇼트, 노직을 읽기는 했지만, 이 글을 준비하고 작성했던 과정이 처음으로 우파의 세계관과 지속적으로 조우했던 경험이었다.(사회학자들과 역사학자들이 수련과정에서 보수주의를 수박 겉 핥기 식으로 다룰 수밖에 없다는 것은 미국 고등교육의 불행한 현실이다.) 이 글은 내게는 보수주의적 사고의 고통과 환희를 접할 수 있게 해준 일종의 정서적 훈련과 같은 것이었다. 오늘날의 관점에서라면 이 글의 많은 부분을 수정하겠지만—특히 여기서 내가 논의하는 보수주의자들이 주류와는 다를 것이라는 암묵적 전제에 대해서—그럼에도 불구하고 독자들은 이 글을 통해 내가 처음에 우파에 관해 관심을 가졌던 것이 무엇이며, 어떻게 해서 이 책을 쓰게 되었는지 일별할 수 있으리라 믿는다.

사람들이 흔히 알고 있는 바로는 "서른 살이 안 된 사람이 자유주의자가 아니면 가슴이 없는 것이고, 서른 살이 넘은 사람이 보수주의자가 아니면 머리가 없는 것이다"라고 말한 사람은 윈스턴 처칠이다. 그러나 처칠은 그런 말을 한 적이 없다. 그런데 그가 그 말을 자서전에 넣음으로써 유래가 불분명했던 그 말은 정치 경구로 굳어졌다. 그

에서 그는 서방측의 자유민주주의가 공산주의를 이기고 인류 사회의 궁극적인 체제로서 정착하는 최후의 이데올로기라고 단정했다. 그는 이 논문을 확장해 『역사의 종언과 최후의 인간』(1992)을 내놓았다.

말은 급진주의는 젊은이들의 특권이고, 보수주의는 나이 든 사람들의 책임감이며, 모든 생각 있는 사람들은 결국 전자를 버리고 후자를 택할 수밖에 없다는 의미이다. 맥스 이스트먼부터 유진 제노비스까지, 휘태거 체임버스부터 로널드 라도시까지 지식인들은 마치 자연의 법칙에 따르듯 좌파에서 우파로 옮아갔다.

그런데 정말 그렇기만 할까? 존 스튜어트 밀은 『여성의 종속』을 예순세 살이 됐을 때 썼다. 디드로는 말년의 마지막 십 년간 미국독립혁명을 찬양했고, 프랑스를 로마제국의 부활이라고 비난했다. 그리고 조지 버나드 쇼는 정치와 나이에 대해서 처칠이 했음직한 얘기와 정반대의 말을 했다. 쇼는 1903년에 "가장 뛰어난 사람들은 나이가 들수록 더욱 혁명적이 된다"고 썼다.[1]

냉전의 종식 이후, 여러 저명한 보수주의자들이 쇼의 말처럼 좌파로 전향했다. 어빙 크리스톨이 창간한 대표적인 우파 잡지 『더 내셔널 인터레스트』의 편집장이었던 마이클 린드는 자신의 과거 동맹자들이 "임금을 위해 애쓰는 미국인들을 계급전쟁으로" 기소하고 있다고 비난했다. 그는 그들의 시장 위주 이론들은 "설득력이 없고", 그들의 경제정책은 "끔찍하다"고 적었다. 왕년에 뉴트 깅그리치의 동맹자였던 아리아나 허핑턴은 미국은 대다수 사람들이 "월스트리트의 황소들이 질주하며 일으키는 먼지에 질식당하도록 방치된" 나라라고 항의했다.[2] 경제학자이자 과거 신보주의자들의 총애를 받았던 글렌 라우리는 좌파 멤버십의 상징 문장(紋章)을 자랑하고 있다. 그도 이제 노먼 포도레츠에게는 과거의 친구들 중 한 사람이 되었다. 그렇지만 가장 화려한 변신을 한 사람은 영국인 존 그레이와 트란실바니아 출신의 유대인 망명자 에드워드 루트와크일 것이다.

1970년대에 존 그레이는 영국 뉴라이트의 떠오르는 별이었다. 옥스퍼드에서 정규 교육을 받은 정치철학자였던 그는 자유시장에 산문시를 써주었고, 대서양 건너 미국 우익 싱크탱크에 혈기 넘치는 자유방임론을 주입해주었다. 그리고 그의 오랜 친구들에 따르면, 다가오는 자본주의의 무정부주의적 유토피아에 대한 전망으로 밤늦게까지 동료들을 흥분으로 사로잡았다고 한다. 그렇지만 베를린 장벽이 무너진 이후 그레이는 변했다. 먼저 프랜시스 후쿠야마의 "역사의 종언" 논지를 냉전의 종식에 따른 우쭐거림으로 비판했으며, 영국이 국민건강보험을 폐지하려는 것에 반대의 목소리를 냈다. 그리고 1998년 런던 정경대학(LSE)에서 새로이 유럽 사상 교수직을 맡으면서 경제의 세계화를 신랄하게 비난하는 『헛된 기대』를 내놓았다. 그레이는 "자유시장의 기습부대"를 공격하면서, 전 세계적 자본주의는 "그것이 가할 고통이라는 측면에서" 과거 소련에 "필적하게 될" 것이라고 경고했다.[3] 그는 현재 영국 좌파의 주요 무대인 『더 가디언』과 『뉴 스테이츠먼』에 정기적으로 기고하고 있다. 그의 전향은 너무나도 충격적이었기 때문에 마거릿 대처 같은 사람마저도 무척 놀랐다고 한다. "존 그레이가 도대체 어떻게 된 거지? 그는 원래 우리 편이었잖아."[4]

그리고 에드워드 루트와크는 어떤 인물인가? 그는 로널드 레이건의 측근 참모 중 한 사람이었으며, 자유주의적 방위정책을 가차 없이 비판하던 군사적으로 뛰어난 강경파로서 1980년대 미국의 군비 증강에 철학적 논거를 제공했던 사람이다. 진보적 비평가들은 그를 "미친 에디"라고 불렀다. 그렇지만 닥터 스트레인지러브♦와 닥터 지바고의 성

♦ 스탠리 큐브릭 감독의 동명의 영화에 등장하는 주인공.

격을 동시에 갖춘 루트와크는 그들의 주장을 어렵지 않게 물리치고 냉전을 그 결말까지 이끌었다.[5] 하지만 오늘날 그는 승리에 환멸을 느끼고 있다. 그는 미국을 자본주의의 악몽이자, 자국에 자유시장의 힘을 풀어놓으려는 각국 지도자들에게 제시된 "엄중한 경고"로 본다. 그는 한때 자유주의적 반전론자들을 향해 겨누었던 신랄한 비평을 이제 미국의 경제 지도자들에게 돌리고 그들을 "나폴레옹적 허세를 부리는 자들"이라고 비난하며, 자본주의와 민주주의는 불가분의 관계라는 전통적 인식에 도전했다.("**자유시장**에는 **덜 자유로운 사회**가 어울린다.") 그리고 "터보-자본주의"◆가 만들어낸 야만적 불평등을 비난했다. 그는 또한 토니 블레어 같은 유럽의 중도좌파들이 자신들의 사회주의적 뿌리를 내팽개쳤고 "평범한 노동자들"을 위해 "어떤 혁신적 행동도 감행할" 의사가 없다고 강하게 비난했다. 루트와크는 클린턴 유의 신민주당원들과 유럽의 제3의 길 주장자들은 "빈자와 그 밖의 패배자들에 대한 멸시"와 "노동하는 다수 대중에 대한 경멸"로 "우익 정책만 만들어낼 뿐"이라고 평했다.[6]

그레이와 루트와크는 원래 반공과 자유시장을 열정적으로 대변하던 보수주의의 화신으로서 명성을 누리던 사람들이었다. 그렇지만 소련의 붕괴 이후, 그들은 그전까지는 감히 상상해보지도 못했을 의문들을 시장을 향해 던지기 시작했다.

하지만 고삐 풀린 자본주의에 환멸을 느끼면서도 그레이와 루트와크는 다른 어떤 대안도 받아들일 수 없었다. 그레이가 갈 수 있는 가장 먼 곳은 자신을 "중도좌파"로 규정짓는 정도이다. 좌파들 역시 그들을

◆ turbo-capitalism, 세계화, 다국적 기업, 신자유주의의 여파로 돈이 되는 곳이면 어디든 빠른 속도로 자본이 달려든다는 의미로 자본주의의 공격성을 비판하기 위해 루트와크가 사용한 용어.

자기편으로 받아들이는 데 그다지 적극적이지 않다. 『헛된 기대』의 필진 중 한 사람은 『인 디즈 타임스』에 그레이는 "불평등과 불공정, 그리고 빈곤에 대한 진정한 증오"보다는 "정치적 불안에 대한 공포"에 더욱 영향을 받는 구체제의 지도자일 뿐이라고 썼다.[7] 공산주의가 붕괴되고 시장경제가 맹위를 떨치고 있는 상황에서 과거에 루트브크와 그레이에게 영감을 불어넣어주었던 호전적 열정은 갈 곳을 잃은 것이다. 그들은 스스로 만든 유배지에서 길을 잃어버린, 현대의 가장 비통한 추방자들이다.

보수주의자들은 보통 정치적 열광과는 선을 그으며 스스로 절제된 회의주의자로 자처하는 사람들이다. 급진주의자들이 유토피아에 경도되는 반면, 보수주의자들은 세속의 답답한 현실주의에 만족한다. 그렇지만 사실 보수주의자들은 기질적으로 반골이자 정치적으로 반항아이며 기성의 도덕적 전통들과 전면적으로 맞선다. 버크 이후 새뮤얼 테일러 콜리지부터 마틴 하이데거에 이르기까지의 사상가들은 종교, 문화, 심지어 경제 영역에서도 더 강렬한, 거의 황홀경 수준의 경험을 추구해왔다. 그들은 그 모든 영역을 형언할 수 없는 신비로운 것들이 깃든 곳이라고 믿었다. 그들은 정치적 낭만주의를 탐닉했고, 이성과 권리라는 생기 없는 모범을 비난하며 짜릿한 투쟁의 활력을 찬양했으며, 전형적인 반계몽주의◆에 이끌렸다. 이사야 벌린은 조제프 드 메스트르에 대해 다음과 같이 썼다.

◆ conter-Enlightment, 이 용어는 18세기 말부터 19세기에 18세기의 '계몽주의'에 반대하는 운동을 지칭하기 위해 사용되었다. 20세기에는 특히 이사야 벌린이 이 용어를 독일 낭만주의와 밀접히 연관지으며, 상대주의, 반이성주의, 생기주의 등을 특징 짓기 위해 대중적으로 사용했다.

피와 죽음에 대한 그의 강렬한 집착은 지주계급들의 느긋하고 완숙한 지혜, 시골집들의 매우 평화로운 풍경들과는 사뭇 다른 세상에 속하는 것이었다…… 메스트르 체제의 외양은 고전적이었을지 모르나, 그 배후에는 지극히 현대적이면서도 상냥하고 즐거운 것에 난폭하게 대항하는 무엇인가가 있었다.[8]

20세기에 공산주의와 사회민주주의에 대한 투쟁은 보수주의자의 이런 정서를 발산할 완벽한 기회가 되었다. 존 그레이 같은 인물들에게 소련과 복지국가들은 맥 빠진 계몽적 합리주의의 궁극적인 상징이었고, 자유시장은 낭만주의적 반계몽주의의 구현이었다. 그렇지만 혁명적 낭만주의자들은 결국 모든 낭만주의자들이 겪어야 할 운명을 맞았다. 꿈에서 깨어나는 것이다. 그래서 오늘날 공산주의가 몰락하고 자유시장이 개가를 올리자, 예전에 그레이에게 영감을 불어넣어주던 반항아적 정신은 이제 마찬가지로 그를 전투적인 변절로 몰아붙이고 있는 것이다.

그레이는 1948년 스코틀랜드에서 80킬로미터밖에 떨어지지 않은 석탄광 지역인 북해 근처의 항구도시 뉴캐슬의 변두리에서 태어나고 자랐다. 악센트가 숙명이 될 수밖에 없는 나라에서, 그의 말투는 그가 북동부 노동자계급 집안 출신임을 어렴풋이 드러냈으며, 그는 그것에 대해 다소 방어적이었다. 아버지는 목수였으며 가족 모두는 노동당을 지지했다. 그레이는 1968년 옥스퍼드로 갔는데, 그해는 유럽 전역의 젊은 좌파들에게는 경이로운 한 해였다. 당시의 복장을 자랑하며—"나는 장발이었다. 하지만 장발 아닌 사람이 없었다"—그는 런던으로 원정 가서 베트남전쟁에 항의하는 시위에 참가하기도 했다. 대학에서 철학, 정치학, 경제학 과정을 마친 후, 옥스퍼드에 남아 대학원 과정에 들어갔으며, 존 스튜어트 밀과 존 롤스에 대한 논문을 썼다. 두 사람은 모두 자유주의적 사회주의에 호의적이었고, 그레이도 처음에는 그것에 매력을 느꼈다.

그렇지만 그는 롤스의 『정의론』과 씨름하면서, 자유주의적 공식에서 사회주의적 정책들을 끌어내려는 시도들에 지쳐버렸다. 그가 느낀 불만의 일부는 롤스의 난삽한 산문체에서 기인했다. "그것은 거의 해독 불가능한 책이다"라고 그는 말한다. 롤스의 지루한 문체는 사회민주주의의 한층 깊은 정치적 권태로움을 반영하는 것 같았다. 그의 책은 "1963년 노동당의 선험적 연역"이었다고 그레이는 평가했다. 미국의 많은 신좌파주의자들과 마찬가지로 그레이도 복지국가를 색깔 없는 관료주의의 밋밋한 차(茶)처럼 평범하고 따분하다고 느꼈다. 그는 나중에 복지국가를 "고용주, 노동조합, 그리고 정부의 삼중 추돌"이 빚어낸 결과라고 기술했다. 그것은 기진맥진한 시민사회에서 자원과 에너지를 쥐어짜내는 "거대한 장치"였다. 미적지근한 타협이 시대의 질서였다. 정치 지도자들은 모든 사람들에게 모든 것을 해주려 했다. 그들은 "하나의 평등, 하나의 정의에 대한 요구가 다른 것과 경합할 수도 있다"는 "현실의 갈등을 인정하려" 들지 않았다.[9] 한마디로 복지국가는 그것을 만들어낸 노동자계급의 활기찬 급진주의와는 완전히 달랐던 것이다.

그레이는 대처주의에서 혁명적 영속성을 엿보았다. "대처의 프로젝트에는 처음부터 혁명적인, 정말로 볼셰비키적인 면이 있었고, 나는 그것이 흥미로우며 꼭 필요한 것이라고 생각했다." 그레이가 막 자본주의로 전향하고 있을 때, 대처가 보수당의 당권을 장악했다. 대처는 영국을 사회민주주의의 숨 막히는 일상성에서, 그리고 시장을 국가계획의 사슬에서 해방시키겠다고 공언했다. 평등주의는 없었지만, 대처는 자유시장을 발전의 동력원으로 보는 중간계급과 노동자계급 유권자들의 기대에 불을 지폈다.

대처가 집권한 지 일 년째인 1980년에 가장 인상적인 순간이 다가왔다. 그녀의 정책이 경제를 파멸의 구렁텅이로 몰아넣는 듯 보였던 것이다. 대처는 선임자 에드워드 히스가 좌파의 압력에 굴복해 사회민주주의로의 회귀를 약속하고 악명 높은 "유턴"을 해버린 전례를 비난하며, 그녀에게 회귀를 주장하는 당내 온건론자들―토리당의 "웨츠(Wets)"♦―의 압력에 맞섰다. 그녀는 후퇴하는 대신 시류에 영합하려는 비판자들을 향해 도전적으로 "당신들은 원한다면 돌아서라. 여자는 돌아설 줄 모른다"는 유명한 말을 남겼다.[10] 보수주의자들은 그녀에게 완전히 매료되었다. 또 다른 대처 지지자이자, 최근까지 그레이의 막역한 친구였던 노먼 배리는 다음과 같이 회상했다. "나는 그녀가 노동당원이 아닌 그저 또 하나의 당선자일 뿐이라고 생각했다. 그렇지만 그녀가 환율통제안을 꺼내들었을 때, '이 아가씨가 시장경제에 대해 좀 아는군'이라고 생각했다. 그러고 나서는 '바로 그거야!'라고 생각했다. 그 뒤로 그녀는 민영화 등을 추진해나갔다. 그녀는 유턴하지 않을 것이고, 나는 '이건 진짜인걸'이라고 생각했다."

많은 대처주의자들은 자신들을 자유시장 혁명가로 여겼으며, 그레이는 그들의 대의에 신고전주의 경제학과는 그다지 관계없어 보이는 낭만주의적 투구장식을 선사했다. 1974년부터 그는 오스트리아 출신

♦ 영국 공립학교에서 약하고 눈물짓는 사람을 일컫는 속어였지만, 대처는 당내 자신의 반대파인 노장 그룹을 이렇게 불렀다. 반대로 친(親) 대처 파는 '드라이스(Dries)'로 불렸다.

의 경제학자이자 계획경제에 대한 맹렬한 비판자인 프리드리히 하이에크의 저작들을 읽기 시작했다. 그리고 십 년 후 『하이에크의 자유에 관하여』를 발표했다. 그레이는 그 책에 대해 "내 생각을 완전히 이해하게 해줄 뿐만 아니라 내가 멈춘 지점에서 그 이상으로 나아갈 수 있게 해주는 내 작업에 대한 첫 번째 개관"이라고 묘사했다. 그가 그린 하이에크는 재산권과 낮은 세금에 대한 무미건조한 옹호자가 아니었다. 하이에크는 인간 삶의 유사합리적 저류에 대한 이국적 탐험자이자, 밀턴 프리드먼이나 로버트 노직보다는 지그문트 프로이트, 루트비히 비트겐슈타인과 더 많은 공통점을 지닌 빈(Wien)의 목소리였다. 『하이에크의 자유에 관하여』가 시장에 대한 정열적인 찬가라면 그레이는 그것을 낭송하는 시인 바이런이었다.

많은 보수주의자들이 하이에크에게서 애덤 스미스로까지 거슬러 올라가는 차분하고 본질적인 영국의 정치경제학적 전통에 대한 논리적 충족을 보았던 반면, 그레이는 하이에크의 자유시장에 대한 전망에서 "투철한 현대성"을 발견했다.[11] 세기말의 빈은 지적 동요, 정치적 극단주의, 사회적 쇠퇴로 특징지어졌고, 그런 환경 속에서 하이에크는 태어났다. 그 와중에 정신분석학, 파시즘, 현대 경제학이 배태되었다. 그 각각은 지식과 정치 영역에서 구질서에 도전했다. 하이에크는 19세기 말의 오스트리아 학파의 발자취를 따랐으며, "경제적 가치—재산이나 자원의 가치—는 개인들의 기호나 가치평가에 기초하는 것이지 객관적 특성에 의해 결정되는 것이 아니다"라고 주장했다.[12] 데이비드 리카도부터 카를 마르크스에 이르기까지 고전주의 경제학자들은 신비스러운 가격의 베일 뒤에는 무엇인가 실제적인 것—가장 중요하게는 육체노동—이 있다고 믿었던 데 반해, 하이에크는 세상의 상품들에게 가치를 부여하는 것은 오직 특정 인간들의 변덕스러운 기호뿐이라고 주장했다. 그레이의 하이에크는 빈의 "피할 수 없는 해체로 치닫는 조류"를 반영하며 과도하게 활발한 주체성—프로이트의 맹목적인 이드(id)에 견줄 만한—에 사로잡혀 있었다.[13]

하이에크는 이론적 이성을 지식의 가장 높은 형태로 받들었던 철학자들과는 달리, 이성적 이해라는 것은 오직 빙산의 일각에 불과하다고 믿었다고 그레이는 썼다. 그 아래는 "이론적 또는 기술적 용어로는 거의 설명되지 않는" 모호한 생각의 지층들이 놓여 있으며, 자유시장이 탁월한 것은 그런 징후적인 것들을 일상의 경제활동에서 활용한다는 것이다.[14]

기업가들은 그런 "무언의 지혜"의 탁월한 매개자들이며, 그것의 깊은 진리를 다른 시장 참여자들에게 전달해주는 자들이다. 그들은 번뜩이는 시적 비전에 사로잡힌 낭만적 영웅들이다. 그레이는 "기업가의 통찰 또는 직관"은 책에서 배우는 것이 아니라 "무엇이든 운 좋게 잘 찾아내는 능력과 육감"에 의한 것이라고 설명했다. 그것은 "경직된 룰에 영향받지 않는 창조적 행위"이다. "기업가의 직관"은 "우리의 능력과 지각의 통제범위 너머에" 존재하며, 아무런 예고도 없이 불규칙적으로 갑자기 번뜩이는 것이다.[15] 그렇게 나타난 그것은 우주를 재정비한다.

간단히 말하면, 시장은 자기표현과 창조성을 위한 피난처, 즉 황홀한 반계몽주의의 안전지대를 제공해준다. 상상력이 부족한 작가들은 시장이 "희소한 자원을 가장 효율적으로 배분한다"거나 시장이 "자기표현의 동기를 허용한다"고 주장하는 데 만족한다. 그렇지만 그런 식의 방어논리는 더 근본적인 진리를 놓치고 만다. 시장은 "인간의 복잡하게 혼재된 모든 동기들"의 표현을 허용한다.[16] 시장은 극적인 자기 노출을 위한 극장을 제공한다. 무대 위에서 개인은 자신의 주체할 수 없는 비전과 강렬한 욕구를 쏟아낼 수 있는 것이다.

모든 연애에는 끝이 있게 마련이다. 그렇지만 그레이가 시장과 결별한 것은 특히 통렬했다. 현재 그는 시장을 문명의 저주라고 비난하고 있다. 그는 미국에서 자유시장이 "장기적인 호황을 만들어내고 있지만, 대다수의 미국인들은 그로부터 혜택을 얻지 못하고 있다"고 썼다. 미국인들은 "여러 수준의 불평등"으로 고통받고 있으며 그런 불평등은 라틴아메리카 국가들의 것과 유사하다. 중간계급은 "19세기 프롤레타리아트들을 고통스럽게 했던 무자산의 경제적 불안정성"이라는 달갑잖은 매력을 즐기고 있다. 미국은 대규모의 사회적 파국 근처에 위태롭게 서 있으며, 흑인들을 비롯한 기타 유색인종들에 대한 "집단감금 정책에 의해" 간신히 그 파국을 모면하고 있을 뿐이다. 그레이는 "오늘날 미국의 선지자는 토머스 제퍼슨이나 제임스 매디슨이 아니다…… 그 사람은 사회가 '이상적 감옥의 모델 위에 재구축될 것'을 꿈꾸었던 제러미 벤담이다"라고 주장한다.[17]

그런데 한층 더 경악스러운 것은 세계의 엘리트들이 미국의 자본주의를 세계의 모델로 만들려고 시도해왔다는 점이라고 그레이는 지적한다. 시장체제는 문화와 국가에 따라 달라짐에도 불구하고, 세계화의 대제사장들은 최소의 복지, 기업 및 환경에 대한 미미한 규제, 낮은 세금으로 대변되는 미국식 모델을 만능으로 적용하고 있는 것이다. 그레이는 다음과 같이 말한다. "'워싱턴 컨센서스'◆에 따르면 세상에는 항상 있을 수밖에 없는 다양한 경제문화와 제도들이 모두 불필요한 것이다. 그것들은 자유시장이라는 단일한 세계로 통합되어야 한다. 세계 최후의 위대한 합리주의 체제, 즉 미국에 기초한 자유시장으로 말이다."[18]

그레이가 처음으로 이런 이단적인 말을 내뱉었을 때, 그의 많은 보수주의자 친구들은 경악을 금치 못했다. 노먼 배리는 그레이와 마찬가지로 하이에크에 대해 글을 쓴 정치이론가이다. 영국에서 유일하게 완전한 사립대학인 버킹엄 대학◆◆에서 교수직을 맡고 있는 그는 그레이의 결혼식에 들러리를 서기도 했던 인물이지만, 지금은 그레이와 거의 말조차 나누지 않는다. 배리는 그레이의 정치적 변절이 순전히 기회주의에 의한 것이라는 의심을 떨치지 못한다. 그는 다음과 같이 설명한다. "나는 신고전주의 경제학의 명제를 믿는다. 모든 사람은 효용의 극대화를 추구한다." "그가 자유방임론에서 떨어져나가는 것은 출세를 위해 좋은 선택일 수도 있다. 조심스럽지만 그렇게 추측해 본다. 자유방임론자로서는 대학에서 좋은 자리를 얻을 수 없다." 그레이가 작은 옥스퍼드 대학의 연구원에 불과했던 시절, "그는 '글쎄, 세상이 이런 식이라면 나는 보직을 얻지 못할 거야…… 자유시장 옹호자가 런던 정경대학의 교수가 될 수는 없겠지'라고 말하곤 했다"고 배리는 주장한다. 배리가 보기에 그레이의 입장에서 유일한 일관성은 그의 "철학적 잡탕" 성향이다. 배리는 계속해서 말한다. 그레이는 "이

◆ Washington Consensus, 1990년 미국이 중남미 개발도상국들에게 제시했던 미국식 자본주의 국가발전 모델. 미국의 정치경제학자 존 윌리엄슨이 1989년 자신의 저서에서 중남미 개도국에 대한 개혁 처방을 '워싱턴 컨센서스'로 명명한 데서 유래한다.
◆◆ 미국식 사학재단이 운영하는 대학 설립의 가능성을 시험해보고자 1973년 비영리 사학재단 형태로 설립되었다. 1976년 당시 교육장관이던 마거릿 대처가 참석한 가운데 정식 개교했다. 정부의 직접 지원을 받지 않는 영국 유일의 사립대학이다.

사람에서 저 사람으로, 이 철학자에서 저 철학자로 항상 옮겨 다녔다…… 그는 어떤 사상가와도 지속적인 인연을 맺지 못했다. 그는 포퍼를 슬쩍 건드려보았다. 물론 하이에크도 건드렸지만 나중에 버렸다. 그는 다른 작가들도 찝쩍거리다가 버릴 것이다."

그레이는 자신이 두 가지 이유로 생각을 바꾸었다고 주장한다. 1980년대 말 그는 우파의 정치적 사고가 진부한 이데올로기로 경직되고 있으며, 그것은 그가 오래전에 탈피한 따분한 롤스주의와 별반 다르지 않았다는 것을 알아채기 시작했다고 말한다. 그레이는 한때 대처주의를 전술적으로 유연하고 정치적으로 매력적인, 대중의 정서에 민감한 운동이라고 여겼으며, 그 지도자를 정치적 변혁에서 마키아벨리적 거장으로 생각했던 적이 있었다. 그렇지만 그는 이제 그 운동이 예술성을 잃었고, 유연한 사고는 기계적 주문으로 퇴보해버렸다고 믿는다. 그레이는 다음과 같이 말한다. "볼셰비즘이 인상적이었던 것은 레닌이 놀랍도록 유연한 사고를 가졌다는 점 때문이었다. 그런데 그것이 트로츠키주의로 경직되어갔다. 대처주의도 비슷하게 경직되어갔다…… 내가 깊이 혐오하는 것은 틀에 박힌 사고이다."

소련의 붕괴 역시 그레이에게 자유시장에 대한 신념을 회의하도록 만들었다. 1989년까지 우익 싱크탱크의 열띤 분위기 속에서는 국가를 "복지에 대한 주적"으로 간주하는 것이 당연한 태도처럼 보였다. 그렇지만 소련 제국이 몰락하고, 과거의 유고슬라비아가 동족상잔의 내전에 휘말리고, 과거 공산국가에 자유시장론자들이 적용한 충격요법이 파멸적 결과를 초래하는 것을 보면서, 그레이는 국가가 필요악이며, 어쩌면 선일 수도 있다는 생각을 하게 되었다. 사회가 완전한 혼돈, 극단적인 불평등, 빈곤의 나락으로 떨어지는 것을 방지할 수 있는 유일한 버팀목이 바로 국가였던 것이다.

그렇지만 그레이의 전향에는 더 깊은 이유가 있다. 시장 그 자체가 더 이상 그레이의 애정을 끌어당길 수 없었던 것이다. 합리적 이성주의에서 이탈한 상징으로서 소련이나 복지국가가 없는 마당에, 그레이는 더 이상 시장을 예전처럼 신봉할 수 없었던 것이다. 그는 이제 시장이 "이성과 효율성에 대한 맹신"의 후원자 역할을 해왔다고 인정한다. 그는 예전에는 자유시장이 자연발생적으로 생겼고, 국가의 경제에 대한 개입은 자연스럽지 못한 것으로 생각했다. 그렇지만 제프리 삭스와 국제통화기금이 러시아에서 한 활동을 보면서 자유시장이 "교활한 책략과 흉계, 그리고 정치적 강제의 산물"임을 보지 않을 수 없었다. 시장은 종종 국가의 무자비한 힘의 지원을 받아 창조되어야만 하는 것이었다. 오늘날 그는 대처가 노조를 분쇄하고, 보수당을 껍데기로 만들고, 의회를 무력화시키는 것을 통해 자유시장을 만들어냈다고 말한다. 대처는 "영국 사회를 최신의 현대성을 향해 강제 행군시켰다". 그레이는 "마르크스-레닌주의와 자유시장경제적 합리주의가 많은 공통점을 지녔다"고 믿는다. 둘 다 "경제적 진보의 도상에서 희생자들에 대해서는 거의 무관심하다"고 그는 썼다.[19] 양자의 차이는 단 하나뿐이다. 공산주의는 이미 죽었다는 것.

노먼 배리는 그레이의 좌충우돌하는 움직임을 도무지 이해할 수 없다고 토로했다. "내가 그를 잘못 알고 있었을지도 모른다"라고 그는 말한다. "그렇지만 나는 그가 깊은 신념을 가지고 있다고 생각했었다. 어쨌든 그것의 일부라도 믿지 않고는 그렇게 많은 양의 책을 읽을 수 없다. 나는 그가 다시 그럴 수 있을지도 의문이다." 그레이는 분명 믿었다. 그렇지만 그의 믿음은 배리와는 달랐다. 배리는 시장을 사랑하고,

그 이유는 시장이 "경제학의 철의 법칙"에 따라 작동되기 때문이다. 그가 말했듯이 "이 법칙은 뉴턴의 법칙보다는 좀 더 시간이 걸릴 수도 있다. 내가 이 디스크를 떨어뜨린다면 일 초 내에 바닥에 닿을 것이다. 그렇지만 만약 내가 집세에 대한 어떤 정책을 시행한다면, 노숙자가 생길 때까지는 6개월 정도의 시간이 걸릴 것이다". 그렇지만 그는 "그것 역시 결정적인 것이다"라고 덧붙인다. 반면 그레이는 정확히 그와 반대로 뉴턴의 법칙에서 탈출하고자 했기 때문에 한때 자본주의를 믿었었다. 시장이 정열적인 자기표현을 금한다는 것을 깨달은 후, 그레이는 어빙 크리스톨의 단언이 진실임을 인정하지 않을 수 없었다. "자본주의는 인간 정신이 생각해낸 공적 질서 중 가장 덜 낭만적인 관념이다."[20]

에드워드 루트와크는 사십대 초반에 이를 때까지, 나치로부터 도망치고, 공산주의자들로부터 탈출했으며, 중남미에서 좌익 게릴라에게 총상을 입었다. 그렇지만 그는 인생에서 가장 큰 "트라우마"가 된 사건은 어린 시절 시칠리아의 팔레르모에서 밀라노로 이사한 일로 기억하고 있다. 1942년 루마니아의 유복한 유대인 가정에서 태어난 루트와크는 트란실바니아 남부에서 자랐다. 그곳은 1944년 잠시 나치에게 점령당했었다. 그가 다섯 살 때 가족은 임박한 공산주의자들의 진주를 피해 팔레르모로 이주했다. 당시는 겨울이었고, "파리와 런던은 추위에 떨고 있었다. 연료가 부족했다. 밀라노도 추웠다. 참으로 을씨년스러운 상황이었다"고 그는 회상했다. 그렇지만 팔레르모에서는 "오페라가 성황을 이루었다". 그곳은 "오렌지와 레몬의 고장이었고", 사람들은 거의 일 년 내내 수영과 스키를 즐겼다고 루트와크는 말한다. 5년 후 루트와크의 가족은 다시 이사하게 되었고, 이번에는 이탈리아의 공업 중심지인 밀라노로 가는 것이었다. "안개가 자욱하고 답답한" 밀라노는 루트와크를 비참하게 만들었다. "놀 곳이 없었다. 공원은 한심했다. 나는 팔레르모의 친구들을 잃었다. 나는…… 아주 부르주아적인 아이들 틈에 끼어 있었다"고 그는 말한다. 지중해에서의 행복한 삶이 끝나고 북쪽 공장지대에서의 생활이 시작된 것이다.

루트와크는 성년 시기의 대부분을 공산주의에 대한 군사적 투쟁에 바쳤다. 갈리아전쟁◆을 중미의 내전과 연결시키는 군사전략적 비전에 영감을 받은 그는 고문역으로 미 국방성과 긴밀하게 협력하면서, 초급장교부터 고급간부에 이르기까지 모든 사람들에게 자문을 해주었다. 그렇지만 루트와크는 냉혹한 전사 이상이었다. 그는 전사이자 정열적인 병법이론가였다. 장군들이 승리는 IBM 스타일을 흉내 내는 것에 달렸다고 생각하는 곳에서, 루트와크는 고대 전술과 로마제국의 잊혀진 작전을 동원했다. 루트와크는 군대에 헨리 포드가 아닌 하드리아누스 황제를 참고하라고 다그쳤다. 군인이라기보다는 말쑥한 회사원처럼 행동하는 장교들과 일하는 것은 힘겨운 투쟁이었다. 루트와크는 자신이 선호하는 삶의 방식이 다시 한 번 자본주의 문화에 의해 위협당하고 있음을 절감해야 했다.

루트와크는 영국에서 처음으로 악명을 떨쳤다. 런던 정경대학에서 경제학부를 마치고 그곳에 정착했다. 1968년에는 『쿠데타: 정치안내서』를 발표했다. 스물여섯 살의 작가는 그 대담한 지침서로 독자들을 놀라게 했고, 영국의 유명한 첩보소설가 존 르 카레는 흥분해서 "루트와크 씨는 정치적 독약을 조제하는 불온한 요리책을 지었다. 그의 부엌

◆ BC 58~51 갈리아인들이 부족 간의 내분에 로마의 카이사르가 개입해줄 것을 요청하자, 카이사르가 이를 빌미로 갈리아 전역을 정복한 전쟁.

을 들여다볼 만큼 용감한 자들은 다시는 전처럼 평화롭게 식사하지 못할 것이다"라고 썼다. 루트와크는 1970년 『에스콰이어』에 역시 짓궂은 글인 「미국에서의 쿠데타를 위한 시나리오」를 발표했다. 2년 후에는 미국으로 건너가서 존스홉킨스 대학에서 정치학과 고전 역사에 관한 논문을 쓰며 라틴어, 독일어, 프랑스어, 영어, 이탈리아어 원전들을 활용한 광범한 연구를 수행했다. 그 성과가 널리 칭찬받는 『로마제국의 대전략』이다. 루트와크는 대학원 재학 중에 미군의 여러 지부에서 자문역으로 일했으며, 나토가 어떤 전술을 취해야 하는가에서부터 엘살바도르의 보병이 어떤 총기를 지녀야 하는가에 이르기까지 다양한 조언을 했다.

1980년 로널드 레이건이 대선에 나섰을 때, 루트와크는 전성기를 누렸다. 조지타운 대학에 부설된 국제전략문제연구소(CSIS)의 연구원이자 『코멘터리』의 빈번한 기고자였던 그는 미국이 하이테크 군비경쟁을 가속화해 소련이 이길 수 없는 경쟁에 뛰어들도록 유인해야 한다고 주장했다. 레이건의 측근 참모는 루트와크를 그들의 내부 서클로 끌어들였다. 레이건이 당선된 후, 루트와크는 진 커크패트릭◆, 프레드 이클레◆◆ 등의 공화당을 지지하는 방위기관들의 명사들과 함께 베데스다 만찬에 참석했다. 레이건의 첫 번째 국가안전담당 보좌관이 되는 리처드 앨런은 손님들을 접대하면서, 행정부의 자리들을 파티 경품처럼 사람들에게 나눠주는 장난을 했다. 『워싱턴 포스트』의 보도

◆ 미국 신보수주의자(네오콘)의 대모. 미국의 국익에 부합한다면 독재정권과 손잡을 수도 있다는 '커크패트릭 독트린'으로 유명하다. 레이건 1기 행정부의 대외정책에 깊숙이 관여해 엘살바도르의 우익정권을 지지하고, 니카라과의 좌익정권에 대항하는 게릴라를 지지했다.
◆◆ 레이건 행정부에서 정책담당 국방차관을 지냈다. 아프가니스탄 내전에서 소련 점령군에 맞선 무자히딘에 대한 지원을 대폭 증가시키는 데 일조했다.

에 따르면, 루트와크는 사양한 후 초콜릿 티아마리아◆ 파이를 먹으면서 "나 같은 졸필가가 정치에 관여해서는 안 된다고 생각합니다. 그것은 캐비어와 같은 겁니다. 아주 훌륭합니다. 단 조금만 먹었을 때 그렇지요"라고 대답했다고 한다. 그런데 앨런이 거듭 권하자 그는 농담으로 "피렌체의 부영사(vice-consul)가 되고 싶습니다"라고 대답했다. 앨런은 "총독(proconsul)을 뜻하는 거겠지요"라고 되받았다.[21]

레이건의 첫 번째 임기가 끝나기 전에, 대학원생 전사의 온화한 얼굴은 온데간데없이 사라져버린다. 루트와크는 군비를 확장할 때는 소중한 인재일 수 있었다. 그렇지만 펜타곤의 잘못에 대해 너무 소리 높여―그리고 너무 비아냥거리는 투로―비판해 적을 만들고 말았다. 그는 『펜타곤과 병법』을 발표하고, 거기서 캐스퍼 와인버거 국방장관을 진정한 정치가라기보다는 약삭빠른 중고차 세일즈맨 같다고 평했다. 군의 정치인들은 이에 대한 반격으로 루트와크를 펜타곤의 공익 자문역 리스트에서 빼버렸다.(그는 다른 국방부서에서 계약직으로 계속 일했다.) 1986년 와인버거는 『로스앤젤레스 타임스』와의 인터뷰에서 루트와크는 "무능력해서 자문역 자리를 잃은 것뿐"이라고 말했다.[22]

그렇지만 그가 국방부와 마찰을 빚게 된 것은 와인버거에 대한 비판 때문만이 아니었다. 『펜타곤과 병법』에서 그가 저지른 진정한 실수는 베트남전쟁 당시의 군사행동을 추적한 것이었다. 루트와크는 베트남전쟁의 패인에 대해 군대가 가장 즐기는 변명―의지박약의 정치인들, 배신적 언론, 패배주의적 국민―을 무시해버렸다. 대신에 미국의 전사(戰士) 엘리트들이 피에 대한 흥미를 잃었던 것뿐이라고 주장했

◆ Tia Maria, 럼주를 베이스로 한 커피 리큐르.

다. 베트남전쟁 중 "책상물림 장교들"은 항상 "전투현장과 멀리 떨어져 있었다". 그들의 "노골적인 사치" 성향이 군대의 사기에 치명적인 영향을 미쳤다. 율리우스 카이사르가 비록 "후방본부에서는 정부들과 미동들을 거느리고 금제 식기를 사용하고, 보석 술잔으로 사모스 와인을 마셨을지라도", 일단 전선에서 부하들과 함께 있을 때는 "그들이 먹는 것을 먹고, 그들처럼 텐트가 있을 때는 텐트에서, 그렇지 않으면 담요만 두르고 잤다". 반면에 미군 장교들은 "전쟁의 고난과 위험을 나누기를" 거부했다.[23]

루트와크에 따르면, 잘난 체하는 관료들도 역시 군대의 힘을 갉아먹었다. 펜타곤의 장교들은 항상 비용 절감을 추구하면서 무기, 기계화 장비, 연구개발 프로그램이 표준화되어야 한다고 우겼다. 그렇지만 그것은 오직 적의 공격으로부터 군대를 취약하게 만들었을 뿐이다. 표준화된 무기체계는 쉽사리 제압당했다. 적은 하나를 압도함으로써 모두를 압도할 수 있었던 것이다. 루트와크는 군대와 관련된 문제에서는 "우리에게 더욱 많은 '속임수, 낭비, 방만한 경영'이 필요하다"고 결론지었다.[24]

고위장성들이 효율성에 집착하는 이유 중 일부는 그들이 병법 대신 경영학적 방법을 배웠기 때문이다. 전쟁사 학위를 가진 장교가 한 사람 있다면, "자신의 최고의 성취가 경영학, 행정학, 경제학에서 학사학위를 받은 것"인 장교들은 백 명도 넘는다. 루트와크는 『워싱턴 쿼터리』에서 "왜 전투기 조종사가 자신의 장비로 어떻게 사냥하고 죽이는지 배우는 대신 대학학위를 받아야만 하는가?"라는 의문을 제기한다.[25]

군대가 쇠약해진 궁극적인 원인은 미국의 기업문화와 비즈니스 가치를 받아들인 것이다. 케네디 대통령이 포드 자동차회사로부터 펜타곤으로 데려간 로버트 맥나마라와 같이, 대부분의 국방장관들은 "기업 스타일의 목표"에 사로잡혀 있다. 그들은 주어진 목표를 위해 위험의 최소화와 비용 대비 효율의 극대화를 추구한다. 그들은 회색 양복을 선호하고, "복장, 어투, 예법 그리고 스타일에서 개인적으로 두드러지는 것을 피한다. 왜냐하면 평범하지 않은 특징은 고객, 또는 은행가와 같이 사업상 일상적으로 만날 수 있는 사람들을 자극할 것이기 때문이다". 장교들은 "군복 입은 관리자"일 뿐이라고 루트와크는 『포브스』에서 말했다. 그렇지만 "사업에 좋은 것이 생사를 건 싸움에서는 좋지 않을 수도 있다"고 그는 지적한다. "안전한 보수적인 복장과 자극적이지 않은 전통적 스타일"이 사무실에서는 통하겠지만, 전장에서는 치명적일 수 있다. 그런 것들은 대담한 주도성과 독특한 천재성을 억누른다.[26] 자본주의가 엄밀히 따져서 경제적일 수 없는 사회의 다른 영역들을 잠식—실상은 파괴—하고 있다는 암시를 던지면서, 루트와크는 위험스럽게도 마르크스주의적 전통에서의 주도적 목소리들—위르겐 하버마스, 게오르크 루카치, 심지어 마르크스 그 자신—과 의견을 같이하는 듯한 모습까지 보였다.

루트와크는 소련이 여전히 존재하는 동안은 경영적, 기업적 가치들에 대한 자신의 경멸을 군 개혁을 위한 제안으로 돌릴 수 있었다. 볼셰비즘에 대한 투쟁은 그의 상상력을 완전히 사로잡았고, 유대인 무신론자로서의 어린 시절에 배웠던 개인주의, 자립, 개인적 존엄 등의 원칙을 대변하도록 했다. 루트와크는 그의 부모가 자신에게 "길을 걸을 때 어깨를 활짝 펴고 걸어라. 네 운명의 주인이 되거라. 네가 햄샌

드위치를 먹는다고 해서 신이 너를 벌할 거라고 두려워하며 움츠러들지 말라"고 가르쳤다고 말했다. 그는 계속해서 "신앙심에 대해 일종의 경멸감이 있었다. 신앙은 존엄성과 양립할 수 없는 것으로 보였다"고 말했다. 그리고 또 존엄성은 "우리가 냉전에서 지키고자 했던 것이다. 그것은 이데올로기적인 것이었다. 나는 미국에 있는 것이 좋았고, 미국인이 된 것도 좋았다. 왜냐하면 미국인들은 이데올로기적인 국민들이기 때문이었다. 그들은 이데올로기 투쟁을 위해 완벽하게 주조된 사람들이었다"라고 말했다.

그렇지만 이제 공산주의에 대한 투쟁이 승리로 끝나자, 루트와크는 군사적인 일들에 흥미를 잃어버렸다. 전략 전술에 매달릴 절박한 이데올로기적 이유를 발견할 수 없었던 것이다. "안보문제 같은 것들은 이제 모든 국가, 모든 국민, 그리고 내게도 역시 주변적인 것이 되어버렸다. 나는 주변적인 문제에 내 인생을 걸지 않는다…… 예전에는 참여할 절실한 이유가 있었다. 지금은 그렇지 않다."

루트와크는 이따금씩 특정 프로젝트를 위해 힘을 내기도 한다. 그와 여러 차례 인터뷰를 하는 중에 한번은 그가 전화상으로 국무성 관리와 콜롬비아 게릴라전쟁에 대한 자문 일을 하는 것에 대해 대화를 나누기도 했다. 그렇지만 내가 그에게 콜롬비아 정부가 지킬 가치가 있는지 물었을 때, 그는 그답지 않게 머뭇거리다가, 마침내 "어떤 것이든 과연 지킬 가치가 있는가에 대해서는 잘 모르겠다. 그렇지만 그 게릴라들에 대한 싸움은 할 가치가 있다고 생각한다"고 대답했다. 나는 그에게 그 이유를 물었고, 그는 게릴라들이 마약상과 연계되어 있는데, 그 마약상들은 "토요일 밤 메델린*의 레스토랑에서 사람들의 자리를 뺏는 것부터—자리가 날 때까지 줄서서 기다리는 곳에서 그들은 그냥 들어가서 테이블을 차지해버린다―살인까지 하지 않는 일이 없기 때문"이라고 대답했다.

군사적 투쟁이 루트와크에게 더 이상 이데올로기적인 매력이 없을지도 모른다. 그렇지만 그런 애정 상실이 그에게 평생을 통해 섀도복싱으로만 상대해온 적인 자본주의 그 자체에 대항할 시간과 지적 공간을 할애해주고 있다. "시장이 삶의 모든 영역을 침탈하며 지옥 같은 사회를 만들어놓고 있다"고 그는 말한다. 시장가치는 한때 국가 안보를 위협했던 것과 같은 방식으로, 이제 사회의 경제적, 정신적 복지를 위협하고 있다. 그는 "최적생산시스템은 완전히 비인간적 생산체제이다"라고 설명한다. "왜냐하면…… 계속 고용하는 사람들의 수가 바뀌고, 그들의 자리가 바뀌고, 하는 일이 바뀌는 것은 안정된 삶을 꾸리는 것과 어울리지 않기 때문이다."

루트와크는 1999년에 출간한 『터보-자본주의』에서 "나는 자본주의의 미덕을…… 깊이 신뢰한다"라고 썼다. 하지만 시장가치의 확산에 대한 그의 반대는 워낙 강렬하기 때문에 오늘날 정치 스펙트럼에서 그의 자리는 극히 한쪽에 치우쳐 있다―루트와크가 기꺼이 즐길 자리이다.[27] 『코멘터리』의 전 편집장이자 1970년대 루트와크의 초창기 옹호자였던 노먼 포도레츠는 "에드워드는 지적으로나 여러 방면에서 아주 고집이 센 사람이다"라고 평했다. "그는 반항아이다. 사람들의 기대를 뒤집는 것을 즐긴다. 그렇지만 나는 솔직히 이번 일에는 그가 얼마나 진지한지 잘 모르겠다." 루트와크는 자신이 상당히 진지하다고 말하고 있다. 그는 사회적인 치유책을 요구하고 있다. 그는 강한

◆ Medellín, 콜롬비아 제2의 도시. '콜롬비아 마약 카르텔'이 근거지로 삼은 도시.

복지국가를 옹호한다. "만약 할 수만 있다면, 나는 어떤 형태든 국내의 자선행위를 금할 것이다." 자선은 "책임 회피"다. 그는 그것이 빈자들의 존엄성을 앗아간다고 말한다.

고삐 풀린 자본주의보다 루트와크를 더욱 화나게 만드는 것이 있다면, 그것은 광신적인 엘리트들이다. 그들은 "단지 시장이 더 효율적이라는 이유만으로 시장이 항상 지배해야 한다"고 주장하는 지식인, 정치가, 정책입안자, 사업가들이다. 앨런 그린스펀은 루트와크가 특히 경멸한 인물이다. "앨런 그린스펀은 스펜서주의자◆이다. 그것이 그를 경제적 파시스트로 만든다." 그린스펀 같은 스펜서주의자들은 "무자비한 경제적 압력들이 어떤 사람들에게는…… 경제적으로 영웅적 행위를 하도록 자극한다. 그들은 위대한 기업가, 또는 그 비슷한 것이 될 수 있다. 그리고 실패하는 사람들에 대해서는, 그건 어쩔 수 없는 일이다"라고 믿는다. 루트와크의 또 다른 혐오 대상자는 "전기톱 앨"◆◆로 알려진, 순회 CEO 앨버트 던랩이다. 그는 여러 회사들에서 수많은 피고용인들을 해고하는 것으로 회사 주주들에게 상상을 초월하는 수익을 안겨주었다. 루트와크는 던랩의 다운사이징 방법들을 언급하며 "전기톱이 그런 일들을 한 것은 그가 단순하고 무자비하기 때문"이라고 말했다. 그것은 단지 "경제적 새디즘"일 뿐이다. 그린스펀과 던랩을 비판하면서 루트와크는 단언했다. "나는 시장의 효율성은 꼭 필요한 만큼만 있어야 한다고 본다. 왜냐하면 인간의 삶에서 우리가 가치

◆ 사회다윈주의자. 다윈의 진화론을 사회학에 도입해 생존경쟁과 자연도태를 '사회진화'의 기본 동력으로 본다. 인종차별, 제국주의적 침략, 파시즘을 합리화하는 이론으로도 이용되었다.
◆◆ Chainsaw Al, 구조조정 전문 경영자인 앨버트 던랩이 그가 가는 회사마다 전기톱을 휘두르는 살인마처럼 피바람을 불러일으킨다고 해서 붙은 별명이다. 던랩은 잔혹한 구조조정으로 단기적인 성과를 내면서 승승장구했다.

를 두는 모든 것들은 비효율의 영역에 있기 때문이다. 사랑, 가족, 애정, 공동체, 문화, 오랜 습관들, 편안한 낡은 신발 등등."

루트와크와 그레이의 변절은 냉전의 종식이 보수주의 운동에 얼마나 부정적인 영향을 미쳤는지 여실히 보여주고 있다. 한때 반공이라는 접착제 덕에 똘똘 뭉칠 수 있었던 자유방임론자들, 전통주의자들, 그리고 자유시장 신봉자들의 연합이 이제 더 이상 예전처럼 견고하지 못하다는 것이 분명해지고 있다. "소련의 종말이 우리에게서 적을 빼앗아가버렸다." 신보수주의의 지적 대부인 어빙 크리스톨이 내게 한 말이다. "정치에서 적이 없다는 것은 매우 심각한 문제이다. 그것은 사람들을 방심하게 만들고 사기를 떨어뜨린다. 내향적이 되는 것이다." 자만심으로 악명 높았던 크리스톨이 이제 공산주의가 사라진 세상에서 서글픈 당혹감을 토로하고 있는 것이다. "그것이 바로 요즘 내가 글을 많이 쓰지 않는 이유이다. 나는 답을 모르겠다"라고 그는 말한다.

보통 자유시장의 승리가 우익 지식인들을 환호하게 만들었다고 생각할 수 있다. 그렇지만 가장 존경받는 보수주의의 거두조차도 시장 하나만으로는 시들해진 운동의 에너지를 유지할 수 없다고 걱정하고 있다. 결국 레이건과 대처가 보수주의자들을 정치적 십자군으로 소집했지만, 그들이 풀어놓은 자유시장 이데올로기는 모든 정치적 신념에 대해 회의적이다. 시장의 논리는 민간 주도성, 개인적 행위, 계획되지 않은 무작위의 탁월성을 찬미한다. 그런 역풍 속에서 정치적 변혁은 고사하고 정치라는 것 그 자체를 떠올리기조차 쉽지 않다. 윌리엄 F. 버클리 주니어◆는 나에게 "보수주의 내에서 시장을 강조하는 것의 문제점은 그것이 너무 따분해진다는 것이다. 일단 한 번만 들으면 그 생각을 통달할 수 있다. 그것에 인생을 거는 것은 생각만으로도 끔찍할 것이다. 그것은 너무도 반복적이기 때문이다. 그건 마치 섹스 같은 것이다"라고 말했다. 크리스톨은 다음과 같이 덧붙였다. "미국의 보수주의에는 정치적 상상력이 결여되어 있다. 그것은 기업문화와 기업적 사고방식으로부터 너무 많은 영향을 받았기 때문에 어떠한 정치적 상상력도 찾아볼 수 없다. 내가 인정할 수밖에 없는 것은 정치적 상상력은 항상 좌파의 소유물이었다는 사실이다." 그는 계속해서 "마르크스의 책을 읽으면, 정치적 상상력이라는 것이 무엇을 할 수 있는지 알 수 있다"고 덧붙였다.

그렇지만 보수주의자들이 비전을 발견하기 위해 애쓰고 있다면, 보수주의를 떠난 사람들의 사정은 좀 나을까? 좌파를 떠나서 신보수주의 운동을 출범시켰던 크리스톨과는 달리, 루트와크와 그레이는 그들의 과거 신조에 대응하는 철학적, 정치적으로 일관된 대안을 만들어 내지 못했다. 루트와크는 "완전한 대응 이데올로기를 제시하는 대신, 내가 단순히 제안하는 것은 어떤 것들은 시장으로부터 보호되어야 하고, 시장과 분리되어야 한다고 양심적으로 말하는 사회이다"라고 표현했다. 이는 루트와크가 기질상 나름대로 혁명적 충동에 매료되어 있음을 보여주는 것이다. "나는 미사곡보다는 프랑스 국가인 〈라마르세예즈〉를 좋아하고, 세인트 조지의 십자가♦♦보다는 마야코프스키♦♦♦를

♦ 미국의 전통적 보수주의와 자유의지론을 결합시켜 미국 현대 보수주의의 초석을 놓은 인물로서, 1960년대 배리 골드워터를 시작으로 로널드 레이건, 조지 부시의 당선을 추동한 미국 보수주의의 정신적 지주이다. 『내셔널 리뷰』를 창간해 보수주의를 설파하는 무기로 삼았다.
♦♦ 흰 바탕에 빨간 정십자가가 그려진 잉글랜드 국기.
♦♦♦ 구소련의 혁명주의 시인.

더 좋아한다"고 그는 말한다. "혁명은 환상적이다. 인민들이 즐긴다. 나는 1968년 파리에 있었다…… 가능성이라는 환상적 느낌이 있었다." 그렇지만 루트와크가 변혁의 정치를 그리워할지라도, 그것은 그가 닿을 수 없는, 그뿐만 아니라 대부분의 지식인들이 향수에 젖는 대상일 뿐이다.

다만 미국 우파의 원조 악동인 윌리엄 버클리 주니어만은 그런 향수로부터 예외였다. 인터뷰 말미에 나는 버클리에게 자신을 2000년에 대학을 갓 졸업하고 정치에 청운의 뜻을 품은 앙팡테리블로 상상해보라고 요청했다. 버클리가 자신의 시대에 했던 것처럼 오늘날의 정치 환경에서는 어떤 도발적인 정신을 가져다줄 수 있을까? 그 젊은 버클리는 어떤 정치적 입장을 가질 것인가? "나는 사회주의자가 될 것이다." 그는 대답했다. "마이클 해링턴◆ 같은 사회주의자." 그는 잠시 말을 멈췄다. "어쩌면 공산주의자가 될지도 모르겠다."

그는 정말로 자신을 젊은 '공산주의자' 윌리엄 버클리로 상상한 것일까? 그는 그것은 어려울 것이라고 인정했다. 원래의 윌리엄 버클리는 소련을 적으로 삼음으로써 수혜를 입었다. 소련 같은 상대가 없는 상태에서 그의 도플갱어는 더욱 복잡한 과제에 직면하게 될 것이다. "그 새로운 버클리는 다른 것을 지목해야 할 것이다"라고 그는 말한다. 버클리는 여러 가지 목록을 나열했다. 그것들은 세계적 빈곤, AIDS로 인한 사망 등 좌파의 대의들이었다. 그렇지만 갑자기 그는 "그런 모든 것들을 (버클리적 방식으로) 매혹적인 계시로 한데 엮어내

◆ 미국의 진보적 사상가. 베스트셀러가 된 『또 하나의 미국: 미국에서의 빈곤』을 출간해 미국에서 빈곤이 숨겨져 있는 이유를 밝혔다. 그의 지적이 케네디 대통령의 '빈곤과의 전쟁'이라는 사회복지 정책으로 연결되었다.

는" 프로젝트에 당황한 듯 보였다. 자유시장의 외부에서 해결책을 찾아야 하는 도전에 기가 죽은 듯 버클리는 잠시 주저하다가 마침내 말했다. "그 일은 당신들에게 맡기겠다."

6 소수자 우대 정책의 응석받이◆

안토닌 스칼리아는 대법원에서 클래런스 토머스와 함께 가장 보수적인 대법관이다. 그는 텔레비전 드라마 시리즈 〈24시〉◆◆를 즐긴다. 그는 자신의 전기 작가에게 "젊은이, 그 초기 시즌들을 볼 때 나는 새벽 2시까지 깨어 있곤 했지. 한 편을 보고 나면 다음 편이 궁금했거든"이라고 말했다. 스칼리아는 특히 키퍼 서덜랜드가 연기한 드라마의 영웅인 잭 바우어에게 매료되었다. 바우어는 로스앤젤레스의 대테러부대 소속 정부요원이다. 그는 대량학살 음모를 막기 위해 용의자를 고

◆ 이 장은 원래 조안 비스큐픽의 『미국의 정통: 대법관 안토닌 스칼리아의 생애와 헌법』에 대한 서평으로 『런던 서평』(2010년 6월 10일) 29~31쪽에 실린 글이다.(저자 주)
◆◆ 2001년에 시즌 1이 시작되어 2010년에 시즌 8로 종영되었다. 각 에피소드를 한 시간 단위로 보여주는 독특한 형식을 취해 마치 실시간으로 현장을 보는 듯한 긴박감을 준다.

문하고, 무고한 사람을 납치하고, 동료를 처형하는 것도 서슴지 않는다. 그는 법에 구속당하는 것을 거부하기 때문에 테러리즘과 헌법, 양쪽에 맞서 전쟁을 치른다. 그리고 그가 규칙을 깨고 뼈를 부술 때마다 스칼리아는 탄성을 내지른다.

잭 바우어는 로스앤젤레스를 구했다…… 그는 수십만을 구했다…… 잭 바우어에게 유죄를 선고할 것인가? 그에게 형법을 들이댈 것인가? 배심 재판을 요구할 자격이 있다고? 과연 배심원들이 잭 바우어에게 유죄 평결을 내릴 것인가? 나는 그렇지 않다고 생각한다. 그러므로 문제는 우리가 정말로 그런 절대성을 믿고 있느냐에 관한 것이다. 그리고 우리가 그런 절대성을 믿어야 하는가이다.[1]

스칼리아는 그의 경력 대부분을 법률가와 교수로 보냈으며, 헌법은 절대적인 것이기 때문에 그것이 우리가 듣고 싶지 않은 것을 말할 때라도—특히 그럴 때—헌법을 믿어야 한다고 말하고 있다. 스칼리아의 헌법은 우리의 변화하는 요구에 쉽게 맞출 수 있는, 호의적인 목적의 온화한 글이 아니다. 그의 헌법은 차갑고 죽은 것이다. 그것은 시간 속에 얼어붙은 금지의 명령들이다. "엄하고 비상한 처벌" 등과 같은 문구는 그것이 헌법에 씌어졌을 때의 의도 그대로를 뜻하는 것이다. 만약 그것이 불쾌한 결과—이를테면 어린이나 지적 장애자의 처형—를 초래할 경우가 있을지라도 그것은 단지 안타까운 일일 뿐이다. "나는 불행한 결과를 피하는 것이 조문 해석에 있어 타당한 근거라고 생각하지 않는다"라고 스칼리아는 '닉슨 대 미주리 시 연합' 사건의 판결문에 적었다.[2]

스칼리아는 특히 불행한 결과를 즐겼다. 그는 어려움을 좋아했고, 누구든 그것을 거부하거나 줄이려는 자를 싫어했다. '함디 대 럼스펠드' 사건에서 대법원은 전시집행권에 대해 스칼리아가 생각하기에는 흐리멍덩한 입장을 다수 의견으로 냈다. 대법원은 9·11 사태 이후 하원에서 통과된 '군사력 이용에 대한 승인법'은 미국 시민을 법원의 재판 없이 "불법적 적성 전투원"으로 무기한 구금할 수 있는 권한을 대통령에게 부여하는 것이라고 판시했다. 하지만 법원은 또한 그런 시민들은 정당한 절차를 요구할 권리가 있고, 일종의 법정 같은 곳에서 자신의 구금에 대해 항변할 수 있다고 결정했다.

스칼리아는 격분했다. 그는 다수 의견—부시 행정부와 법원의 보수파 동료들—에 반대하는 의견을 제출하며, 정부가 전쟁, 심지어 테러와의 전쟁과 같은 비전통적인 전쟁을 수행하고 있다 할지라도 시민을 구속할 수 있는 방법은 두 가지, 오직 두 가지밖에 없다고 주장했다. 법정에서 재판하거나, 하원이 인신보호영장◆의 효력을 중지시키는 것이 그것이다. 다시 말하자면 적법 절차의 규정을 준수하든가, 아니면 그 적법 절차를 중지시키든가 둘 중 하나뿐이라는 것이다.

그렇지만 법원은 그런 선택을 얼버무리며, 정부나 자신이나 편한 쪽을 택했다. 의회와 대통령은 인신보호영장을 중지시키지 않고도 마치 그것이 중지된 것처럼 행동할 수 있었고, 법원은 군사재판소의 사이비 적법 절차 덕분에 영장이 중지된 적이 없는 것처럼 행동할 수 있었다. 헌법을 곡해하는 것보다도 더욱 그를 화나게 만든 것은 법원의 "해결사 정신", 스칼리아의 표현으로는 "모든 것을 올바르게 보이게

◆ 불법 구금으로부터 개인을 보호하기 위한 헌법상의 권리로서 법원에 피구속자의 출두를 명하는 영장을 청구할 수 있다.

하려는 사명"이었다.[3]

반면, 스칼리아의 사명은 모든 것이 잘못돼 보이도록 만드는 것이다. 스칼리아의 의견은 『뉴요커』의 필자 마거릿 탤벗의 표현을 빌리자면, "그 판결은 무대에서 기타를 때려 부수는 것과 마찬가지"라는 것이다.[4] 스칼리아는 법의 지배는 지배의 법칙이라고 선언한 적이 있다. 어떤 사람들은 이것 때문에 그를 진부한 보수주의자로 오해하기도 하지만, 그에게 지배와 법은 독특한 떨림을 가진 것이다. 다른 사람들이 법을 안정을 위한 규제나 든든한 지원으로 보는 반면, 스칼리아는 그곳에서 짜릿한 장애와 아찔한 방해물을 찾는다. 다른 사람들이 안정을 추구하는 곳에서 스칼리아는 장엄함을 찾는다. 규칙과 법은 삶을 더욱 어렵게 만드는 것이고, 중요한 것은 바로 어렵다는 것이다. "엄하고 전통적인 것은 짊어져야 할 무거운 십자가이다." 그는 한 기자에게 말한다. "듀레스 오블리제◆"[5]

스칼리아는 법전이나 보수주의에 충성하고 있는 것으로 보통 여겨지고 있지만, 사실 스칼리아 법학의 중심 사상은 바로 듀레스 오블리제였다. 그리고 그것이 그가 잭 바우어에게 푹 빠지는 이유이기도 하다. 바우어는 절대로 쉬운 길을 택한 적이 없다. 실로 그는 일을 가능한 한 어렵게 만들기 위해 자신의 길을 벗어난다. 그는 다른 사람이 할 수도 있는 (그리고 더 잘할 수도 있는) 자살 임무에 자원한다. 생물학 테러를 막기 위해 불가능에 가까운 괴상한 작전에 참여하며 스스로 마약중독자가 되기도 한다. 그는 여러 차례 아내와 딸을 위험에 빠뜨

◆ duresse oblige, 귀족들의 하층민에 대한 의무를 말하는 노블리스 오블리제(noblesse oblige)를 변용한 표현이다. 듀레스(duresse)는 역경, 고난, 압제, 지배, 압력, 구속, 강압 등을 의미하는 고어로서 스칼리아는 그것을 사회지도층이 감당해야 할 의무라고 말한 것이다.

리면서도, 또 그렇게 한 자신을 벌한다. 자신이 하는 일을 혐오하면서도 어쨌든 그 일을 해낸다. 그것이 그의 고결함—다른 사람은 마조히즘이라고 말할 만하다—이며 그가 스칼리아의 마음을 사로잡는 이유이다.

물론 스칼리아가 가장 힘겨운 길을 과거의 법전에 대한 충성에서 찾은 반면, 바우어는 그 법을 어기는 데서 찾았다는 점에서 양자 간에 무시할 수 없는 차이가 있기는 하다. 그렇지만 그 차이는 생각만큼 크지 않다. 우리가 우파 복음주의자들과 정치인들의 밀월에서 확인한 바와 같이 충성은 종종 배신의 다른 표현이 되기도 하기 때문이다.

스칼리아는 1936년 3월 뉴저지 주 트렌턴에서 태어났다. 하지만 그가 잉태된 것은 전해 여름 이탈리아의 피렌체였다.(그의 부친은 콜럼비아 대학에서 로망스어 박사과정을 밟다가 장학금을 받고 아내와 함께 이탈리아로 갔었다.) 스칼리아는 "나는 트렌턴이 싫다"고 말한다. 그의 가슴은 피렌체에 있다. 오페라와 사냥에 심취했던 스칼리아는—클래런스 토머스는 "그는 무방비 상태의 동물들을 죽이기를 좋아한다"고 적었다—메디치 가(家)의 위대한 예술과 위대한 잔혹성을 닮고 싶어 한다. 그는 자신의 판결문을 역사와 문학을 동원해 멋들어지게 꾸민다. 과거에 그는 귀를 베거나 태형을 가하는 형벌을 받아들였던 18세기를 지지하기에는 자신은 너무 "심약한" 원본주의자라고 방청객들에게 즐겨 말하곤 했다. 지금은 그런 말을 하지 않는다. 언제나 냉소의 대가였던 그는 "나이가 들수록 성미가 더 고약해졌다"고 말한다.[6]

스칼리아가 여섯 살 때 가족은 퀸스의 엘름허스트 지역으로 이사했다. 그가 평생 보수주의를 고수하게 된 것은 종종 그곳에서 받은 엄격한 이탈리아 가톨릭식 교육의 영향 탓이라고 여겨진다. 그가 그것을 자신의 "작은 소대"라고 부를 때는 버크를 떠올리게 만든다. 그는 맨해튼에서 예수회 학교인 사비에르 고등학교를 다녔고, 워싱턴 D.C.에서 조지타운 예수회대학을 다녔다. 그가 조지타운 대학에 신입생으로 입학했을 때, 그 학교의 상급생들은 조지프 매카시 상원의원을 '위대한 미국인'으로 뽑기도 했다.[7]

그렇지만 스칼리아는 민족성과 종교를 견지하며 자신의 이념에 도전적인 경향을 더해갔다.(그런 도전적인 태도는 종종 보수주의적 방식과 관습을 고수하는 것과는 다른 독특함으로 간주되기도 하지만, 우리가 이미 보았듯이 실제로는 그렇지 않다.) 그는 프린스턴 대학에 가지 않은 이유를 "나는 퀸스 출신의 이탈리아 소년이었기 때문에 프린스턴과는 어울리지 않았다"고 주장한다. 나중에도, 제2차 바티칸 공의회가 전례(典禮)를 자유화한 후에는, 워싱턴 D.C. 교외의 주변 교회에 갈 수도 있었지만, 그는 일요일마다 라틴어로 미사를 보기 위해 일곱 명의 아이들을 차에 태우고 몇 마일씩 운전해 먼 곳에 있는 교회를 고집스럽게 찾아갔다. 이후 시카고에서도 똑같이 행동했다. 단 이때는 아이들이 아홉 명이었으므로 차에 보조차량을 연결해야 했다. 스칼리아는 자신과 아내가 1960~70년대에 아이들을 어떻게 보수적으로 키울 수 있었는지 설명하면서—스칼리아의 집 안에는 청바지가 없다—다음과 같이 말했다.

아이들이 우리 가치에 별로 우호적이지 않은 문화 속에서 키워졌다는 것은 분명히 사실이다. 그렇지만 우리는 대가족이라는 점이 도움이 되었다. 우리는 우리 자신의 문화가 있었다…… 아이들에게 가장 먼저 가르쳐야 할 것은 내 부모가 항상 내게 하던 말이다. "너는 평범하지 않다…… 우리는 우리 자신의 기준들이 있고, 그것들이 세상의 다른 모든 기준들과 일치하는 것은 아니다. 네가 그 사실을 빨리 깨달을수록 더욱 좋다."[8]

스칼리아의 보수주의는 '작은 소대'라기보다는 헨리 데이비드 소로식의 반문화처럼 주류를 비난하며 그것으로부터 물러서는 것으로, 한때 그가 막으려 했던 히피 공동체와 별반 다르지 않은 것으로 드러난다. 그것은 전통이나 유산에 의한 보수주의가 아니다. 그의 부모는 오직 한 아이만 가졌고, 그의 장모는 진정한 교회를 찾아 몇 시간씩 차로 달려야 하는 것에 자주 불평을 늘어놓았기 때문이다. 그녀는 "차라리 교회 근처로 이사 가서 살지 그래"라고 스칼리아 부부에게 핀잔을 주곤 했다.[9] 그의 보수주의는 그가 그렇게 싫어하던―또는 싫어한다고 믿었던―당시 문화 속의 반항적 정신에서 배운 것들로 스스로 창조해내고 선택한 보수주의였다.

스칼리아는 1970년대에 시카고 대학에서 강의할 때, 학기를 마칠 때마다 토머스 모어의 삶에 대한 로버트 볼트의 희곡 『사계절의 사나이』를 낭독하기를 좋아했다. 반권위주의를 주제로 한 그 작품은 스칼리아의 보수주의와는 전혀 어울리지 않는 듯 보였지만, 적어도 볼트가 묘사한 주인공만은 그렇지 않았다. 말 그대로 교황보다도 더 가톨릭적이었던 모어는 자신의 원칙을 지키기 위해 헨리 8세의 청을 거절했을 만큼 철저히 법을 신봉하는 사람이었다. 그는 양심을 지키기 위해 목숨을 대가로 치렀다.

스칼리아의 전기 작가는 이런 가벼운 이야기를 흥미로운 사실을 드러내는 장치로 소개한다. "비록 중년의 스칼리아는 법에 대한 더 엄격한 관점을 발전시키고 있기는 하지만, 그는 여전히 이상주의의 충동을 지니고 있다."[10] 이 문장에서 "비록"은 잘못 쓰인 것이다. 스칼리아의 엄격함은 그의 이상주의와 배치되지 않는다. 그것이 바로 그의 이상주의이다. 헌법에 대한 그의 초보수주의적 해석은 냉소주의나 관례주의를 반영하는 것이 아니다. 정통과 경건은 그가 행하는 저항과 인습 타파의 본질이다. 1995년 프린스턴 대학의 태너 강좌◆에서 그의 철학에 대해 쏟아져 나왔던 "김빠진", "상상력이 결여된", "평범한," "지루한", "시야가 좁은", 그리고 "편협한" 등과 같은 비난만큼 그를 슬프게 하는 것도 없다.[11] 그를 개자식이나 괴물, 지옥의 사냥개, 또는 법복을 입은 급진주의자라고 부르는 것은 아무 상관없다. 하지만 그를 양복쟁이라고 부르면 절대 안 된다.

스칼리아의 헌법 해석 철학인 원본주의(originalism)는 종종 원래의 의도를 강조하는 것으로 오인되기도 한다. 그러나 1970년대 초기 원본주의자들은 법원이 헌법을 그 입안자의 의도에 따라 해석해야 한다고 주장한 데 반해, 스칼리아 같은 후기 원본주의자들은 그에 쏟아지는 비판에 대응해 주장을 교묘히 수정했다. 입안자가 한 명일 경우 의도를 알 방법이 없는 경우가 종종 있고, 여러 명이 입안자일 경우에도 의도가 실제로 불명확한 경우가 종종 있다. 그러면 누구의 의도가 받아들여져야 할까? 헌법을 쓴 사람은 55명이고, 그것을 비준한 사람은 1,179명이며, 그 비준한 사람들을 선출한 사람들은 그보다도 훨씬 더 많다. 스칼리아의 관점에서는 우리를 다스리는 것은 의도가 아니다.

◆ Tanner Lectures, 1978년 오버트 클라크 태너가 설립한 대학 간 인문학 강좌 시리즈로 이 강좌에 강사로 초빙되는 것은 학자로서 탁월한 업적을 이룬 것을 인정받는 명예로 여겨졌다.

그것은 헌법, 즉 쓰이고 개정에 의해 다시 쓰인 문구들이다. 그것이 해석되어야 할 적절한 대상이다.

그렇지만 너무나도 일반론적인 내용("행정권은 대통령에게 부여된다")부터 바로 이론의 여지가 없는 정확성("대통령의 임기는 4년이다")까지 담고 있을 수 있는 한 문장에서 어떻게 글의 의미를 복원시킬 수 있을까? 스칼리아는 그것들이 채택되었을 당시의 공공적 의미를 고려하라고 말한다. 그것들이 어떻게 사용되었는지 보라. 사전, 문장 속의 다른 용례, 당시 영향력 있던 글을 참조하라. 그 활용의 문맥을 보고, 그것이 어떻게 받아들여졌을지 고려하라. 이런 자료들을 통해 가능한 의미의 한정된 세계를 구축하라. 말이 꼭 한 가지를 의미하지는 않지만 그렇다고 해서 아무것이나 다 의미하는 것도 아니다. 판사는 헌법을 글자 그대로, 또는 너무 느슨하게 읽어서는 안 되고, "합리적으로" 읽어야 한다. 즉 각 단어나 구절이 "그것이 적절히 의미하는 모든 것을 담을 수 있도록" 해석되어야 한다. 그다음 그 의미를 많이 달라진 우리 시대에 적절히 적용시켜야 한다.[12]

스칼리아는 자신의 원본주의를 두 가지 근거로 정당화하는데, 둘 다 부정의 논리에 입각한 것이다. 입헌민주주의에서 법을 만드는 것은 선출된 의원들의 일이며, 그것을 해석하는 것은 법관들의 일이다. 법관들이 헌법을 포함해 법이 발효될 당시 어떻게 이해되었는지에 구속되지 않는다면—만약 그들이 자신들의 도덕, 또는 국가의 도덕에 대한 자의적 해석에 의존한다면—그들은 법관이 아닌 입법자가 될 것이며, 그것도 선출에 의하지 않은 입법자가 될 것이다. 원본주의는 법관들을 변치 않는 법조문에 묶어둠으로써 사법적 관점과 민주주의를 조화시키는 데 기여하고, 우리를 사법부의 전횡으로부터 보호해줄 수 있다.

스칼리아의 첫 번째 걱정이 재판관의 전횡이라면, 두 번째 걱정은 재판관의 혼란이다. 우리가 일단 변치 않는 헌법이라는 관념을 버리게 되면, 우리는 모든 종류의 해석에 문을 열어두게 되는 것이다. 진화하는 헌법을 어떻게 우리가 이해할 수 있겠는가? 여론조사, 존 롤스의 철학, 가톨릭교회의 가르침을 통해서? 헌법이 항상 변한다면, 우리는 어떤 것이 수용 가능한 해석인지 선별하는 데 어떤 제한을 둘 수 있을 것인가? 스칼리아는 없다고 말한다. 법에서 "모든 날"이 "새로운 날"일 때, 법은 더 이상 법이기를 멈추는 것이다.[13]

스칼리아와 그 밖의 원본주의자들은 이런 전횡과 혼란이 뒤섞이는 일은 한가한 상상의 산물이 아니라고 주장한다. 짧지만 끔찍했던 기간 동안—1960년대의 워런 법정부터 1970년대 버거◆ 법정까지—그것은 현실이었다. "살아 있는 헌법"이라는 명목하에 좌파 법관들은 사회민주주의, 성적 해방, 양성 평등, 인종차별 폐지, 그리고 도덕적 상대주의와 같은 이슈들을 강요하며, 나라를 자신들의 이미지대로 다시 창조했던 것이다.(또는 다시 창조하려고 했다.) 과거의 단어들이 새로운 함의와 뉘앙스를 얻었다. 갑자기 "적법 절차"가 "프라이버시를 가질 권리"를 수반하고, 피임과 낙태(후에 동성애)를 뜻하는 암호문이 되어버렸다. "법 앞의 평등"은 일인일표제를 요구한다. "부당한 수색과 압수"는, 경찰이 불법적으로 얻은 증거는 법정에서 받아들여지지 않을 것임을 의미하게 되었다. "공공기관의 종교활동" 금지는 학교에서 기도시간을 금지해버렸다. 법원은 개개의 법들을 뒤집고 권리들을 발견해내면서 새로운 조치들을 쏟아냈다. 그것은 헌법의 난장판 같은 축

◆ 얼 워런에 이어 연방대법원장에 취임한 워런 얼 버거는 임기 동안(1969~1986) 임신 중절과 사형, 학교의 인종분리 등에 대해 사회변화를 일으키는 여러 결정을 내렸다.

제였다. 과거의 것에 대한 선정적 폐기와 함께 이상한 이론에 따른 판결들이 줄을 이었다. 원본주의자들에게 이런 위로부터의 혁명이 가장 터무니없게 느껴졌던 것은—그것이 국가에 몰래 틈입시킨 좌파적 가치라는 사실 말고라도—전통적으로 법원이 법을 폐기하는 결정을 정당화하는 방법과는 그것이 너무나도 달랐다는 점이다.

워런 법정 전에, 또는 1920년대(정확히 언제부터 부패가 시작되었는지는 분명치 않다)에는 모두가 원본주의자였다고 스칼리아는 말한다.[14] 하지만 사실 꼭 그렇지만은 않다. 헌법의 의미에 대한 확장 해석은 그 제정만큼이나 오래되었고 또한 권위를 수반하고 있다. 그리고 스칼리아와 그의 동료들이 거론하기 시작한 이론적 자의식성은 분명 20세기적 현상이다. 사실 1983년경부터 종종 스칼리아는 마치 자신이 비교문학 학도인 것처럼 말하고 있다. 그는 "미국 법관들이 우리가 가장 많이 하고 있는 일에 대한 지적인 이론이 없다는 것"은 "슬픈 얘기"이고, 법조인들이 "대체로…… 우리가 지적 이론이 없다는 사실에 대해 개의치 않는다는 것"은 "한층 슬픈 것"이라고 말한다.[15]

한때 보수주의자들은 그런 식으로 이론을 맹신하는 것을 지배계급의 경험 부족과 순진함을 드러내는 것일 뿐이라고 비웃은 적이 있었다. 심지어 자타가 공인하는 원본주의자인 로버트 보크 같은 사람조차도 "자신감 있는 사법 조직은 너무 많은 말을 할 필요가 없다"고 인정했다. 그렇지만 스칼리아와 보크는 자유주의적 법학과 투쟁하는 과정에서 자신들의 사고를 형성했기 때문에 그것은 자의식적이고, 이론적이며, 우파의 다른 많은 선배들의 경우와 마찬가지로 동료들의 것보다는 적들의 것을 더 닮아 있었다. 실제로 보크는 자신이 안내자로 삼은 사람은 존 마셜이나 조지프 스토리—위헌법률심사에서 전통적인 거두들—가 아니라 알렉산더 비켈◆이라고 거리낌 없이 밝혔다. 20세기 자유주의 이론가들 중 단연코 가장 자의식적인 사람인 비켈이 "이 주제에 관해 내게 어느 누구보다도 더 많은 것을 가르쳐주었다"라고 그는 말했다.[16]

다른 많은 원본주의자들과 마찬가지로, 스칼리아는 자신의 판결은 자기의 보수주의적 성향과는 아무 관계가 없다고 주장한다. "나는 내 종교적 관점, 정치적 관점, 또는 철학적 관점이 나의 법 해석에 영향을 주지 않도록 최선을 다한다." 그렇지만 그는 또한 조지타운 대학에서 스승으로부터 "너의 종교적 삶과 너의 지적 삶을 절대 나누지 마라. 그것들은 별개의 것이 아니다"라는 가르침을 받았다고 말했다. 로널드 레이건이 대법관으로 천거하기 불과 몇 달 전에야, 그는 자신의 법률적 관점이 "불가피하게 도덕적, 종교적 지각에 영향을 받는다"고 인정했다.[17]

그리고 정말로 그의 의견의 깊숙한 문법 속에는, 설혹 그것이 즉각적으로 공화당의 이익을 대변하는 것과는 상관이 없다손 치더라도, 사법 독재와 사법 혼란의 위협을 방지하는 것과는 한층 거리가 먼 보수주의가 도사리고 있다. 그것은 19세기 말의 사회다원주의자들에게 감지될 수 있는 보수주의이며, 전근대적인 것과 포스트모던적인 것, 낡은 것과 진보적인 것을 제멋대로 뒤섞은 보수주의이다. 그것은

◆ 예일 대학 법대 교수를 지낸 미국의 헌법학자. 1971년 베트남전 개입을 결정한 국방부 기밀문서를 폭로한 『뉴욕 타임스』가 간첩죄로 기소되었을 때 언론의 자유를 옹호하며 『뉴욕 타임스』의 승소를 이끌어냈다. 하지만 사법 소극주의(연방대법원을 비롯한 법원 판사들은 헌법에 의해 허용되는 법률을 수정하려 들지 말아야 한다는 사상)를 적극 옹호했다는 점에서 정치적 자유주의와 사법적 보수주의를 동시에 추구한 법학자로 평가받는다.

빤한 곳—이를테면 낙태, 동성애자의 권리 등에 대한 스칼리아의 의견—에서 발견되는 것이 아니다. 전혀 스칼리아답지 않은 곳, 골프 코스에서의 (다수 의견 판결에 대한 소수 판사의) 반대의견에서 나타난다.

케이시 마틴은 퇴행성 질환으로 골프 코스의 18홀을 걸어서 돌 수 없는 골프 챔피언이다.(그는 이제 전직 골프 선수이다.) 그는 PGA 투어 예선전 마지막 라운드에서 골프 카트를 이용하겠다고 요청했지만 거절당했다. 그런데 연방법원이 미국장애인법(ADA)에 의거해 협회의 결정을 번복하고 마틴에게 카트를 이용할 수 있도록 허락했다. 장애인법 제3조는 "어떤 사람도 장애를 이유로 상품, 서비스, 혜택을 완벽하고 동등하게 누리는 데, 또는 누가 소유, 임차, 운영하건 모든 공적 편의시설에 입장하는 데 차별을 받아서는 안 된다"고 규정하고 있다. 그 사건이 2001년 대법원에 올라올 때쯤 되었을 때, 법률적 쟁점은 다음으로 모아졌다. 마틴이 장애인법 제3조의 보호를 받을 자격이 있는가? 마틴이 카트를 이용하도록 허락하는 것이 게임의 "성격을 근본적으로 변화시키는 것"인가? 대법원은 7 대 2—스칼리아와 토머스는 소수 의견을 냈다—로 첫 번째에 대해서는 그렇다고 말했고, 두 번째에 대해서는 그렇지 않다고 말하며, 마틴의 손을 들어주었다.

첫 번째 쟁점에서 법원은 PGA의 주장과 다투어야 했다. PGA는 자신이 운영하는 것은 "공연과 오락의 장소"이지 공적 편의시설이 아니며, 그 공연을 찾아온 손님은 제3조의 보호를 받을 자격이 있지만, 마틴의 경우 손님이 아니라 오락 제공자라고 주장했다. 법원은 앞의 두 가지 주장에 대해 회의적이었다. 그렇지만 그것이 옳다고 해도 마틴은 여전히 제3조의 보호를 받을 수 있으며, 그 이유는 사실 마틴이 PGA의 손님이기 때문에 그렇다는 것이다. 마틴을 비롯한 선수들은 토너먼트에 참가하기 위해 3천 달러를 지불했다. 어떤 손님들은 토너먼트를 구경하기 위해, 또 다른 손님들은 그 속에서 경쟁하기 위해 돈을 지불한다는 것이다. 그렇기 때문에 PGA는 양자 모두 차별해서는 안 된다는 것이었다.

스칼리아는 분노했다. "도저히 믿을 수 없다." 그는 다수 의견이 마틴을 경쟁 당사자가 아니라 "'경기'의 '손님'"으로 다루고 있다고 말했다. PGA는 오락을 판매하고, 대중은 오락에 돈을 지불하고, 골프 선수들은 오락을 제공한다. 예선 라운드는 골프 선수들이 고용되기 위해 응모하는 과정이다. 공개 캐스팅에 참가하는 배우가 손님이라고 할 수 없듯이 마틴도 손님이 아니다. 그는 피고용인이거나, 또는 잠재적 피고용인이고, 그렇기 때문에 그에게 장애인법이 적용되어야 한다면 그것은 공적 편의시설에 관한 제3조가 아니라 고용에 관한 제1조가 되어야 마땅하다. 그렇지만 마틴이 그 조항의 도움을 받을 수도 없을 것이라고 스칼리아는 인정한다. 그는 기본적으로 자유계약직 종사자이며 장애인법이 적용되지 않는 피고용인 범주에 속하기 때문이다. 그러므로 마틴은 법적으로 사각지대에 놓이게 되며, 어떤 법으로부터도 보호받을 수 없다는 것이다.

스칼리아는 마틴이 경쟁자가 아니라 손님이 되어버리는 다수 의견 속에서 잘못 결정된 의견 이상의 심각한 것을 보았다. 그는 다른 모든 운동선수들의 처지에 대한 위협을 보았던 것이다. 운동선수들의 재능과 탁월성은 풍만한 가슴으로 포옹해주는 법원에 의해 질식해버리고 말 것이다. 아울러 더욱 일반적으로 경쟁이라는 관념에 대한 위협도 느꼈다. 그것은 마치 고대 그리스의 호메로스적 경쟁자들을 그들의 사내다운 게임에서 끌어내서 억지로 현대적 부티크의 복도 위를 걷게 만드는 것과 같은 것이었다.

게임은 스칼리아에게는 특별한 의미를 지닌다. 그곳은 불평등성이 지배하는 공간이다. "경쟁적 스포츠의 본성은 불균등하게 분포된 탁월성을 측정하는 것이다"라고 스칼리아는 말한다. 그 불평등성이 승자와 패자를 가르는 것이다. 치열한 경쟁의 한가운데서 우리는 우수성과 열등성, 탁월함과 부족함을 감출 수 없다. 게임은 우리의 불평등한 본성을 있는 그대로 세상에 드러내준다. 사람들은 "신이 부여한 재능의 불균등한 분배"에 탄성을 지른다.

경쟁자를 손님으로 탈바꿈시키는 법원의 결정에서 스칼리아는 이 고대의 신성한 지역에 민주주의(사실은 "혁명")가 침범하는 것을 보았다. "동물농장적 판결"—그렇다. 스칼리아는 이렇게까지 말했다—로 법원은 우리가 사실 얼마나 불평등하고, 신이 우리에게 축복을 수여함에 있어 선택에서 얼마나 불공평했는지 보여주는 단 하나의 기회를 파괴해버린 것이다. 스칼리아가 낸 소수 의견의 마지막 문장은 다음과 같다. "그해는 2001년이었고, 마침내 모든 사람이 평등해졌다."

사회다원주의자들이나 니체와 마찬가지로 스칼리아는 봉건적 영속성의 잃어버린 세계를 그리워하기에는 너무나도 현대적, 아니 포스트모던적이다. 현대성은 너무 많은 유동성을 목도했기에 세습적 지위에 대한 신념을 유지하기는 어렵다. 특혜와 결핍의 워터마크는 이제 육안으로는 식별 불가능하다. 그것은 이제 끊임없는 투쟁과 경쟁을 통해 확인되어야 한다. 그래서 게임이 매력이 있는 것이다. 법과 달리 스포츠에서는 모든 것이 시시각각으로 변한다. 매번의 경쟁은 서로 자리바꿈하고, 기성의 위계질서를 혼란에 빠뜨리며, 새로운 우월자 또는 비열한 자가 떠오르도록 만드는 참신한 기회가 제공되는 것이다. 그렇기 때문에 그것은 봉건적인 것과 실수할 수 있는 것, 불평등한 것과 불확실한 것 간의 완벽한 결합을 제공한다.

두 번째 쟁점—골프 카트를 타는 것이 골프의 "성격을 근본적으로 변화시키는 것"인가?—에 답하기 위해 다수 의견은 골프 규칙의 역사를 세밀히 살폈다. 그리고 카트를 타는 것이 골프의 성격을 변화시키는지를 판정하기 위해 두 가지 테스트를 고안해냈다. 다수 의견자들이 그 과제를 수행하는 데 보인 책임감과 신중함, 진지함에 스칼리아는 재미있기도 하고 화가 나기도 했다.

골프가 무엇인가를 정하는 것이 미합중국 대법원의 엄숙한 의무가 되었다. 나는 헌법제정자들이 1457년 스코틀랜드의 국왕 제임스 2세가 골프는 활 연습에 방해되기 때문에 금지령을 내렸다는 사실을 알고 있었으며, 언젠가 골프 코스가 다시 정부, 법 그리고 기타 관련된 것들과 엇갈리면서, 이 신성한 대법정의 판사들이 케케묵은 사법적 질문과 끙끙대며 씨름하게 될 줄을, 그리고 그것에 대비해 수년간 법을 공부하게 될 것이라는 사실을 충분히 예견했으리라고 확신한다. 한 타를 칠 때마다 카트를 타고 골프장을 이동하는 사람이 진짜 골퍼인가?

스칼리아는 노골적으로 즐기고 있다. 그렇지만 그의 유쾌함에는 좀 이해하기 어려운 구석이 있다. 장애인법은 다음과 같이 차별을 규정하고 있다.

그런 상품, 서비스, 시설, 혜택, 편의를 장애가 있는 사람에게 제공하기 위해 변경이 필요할 때, 그런 변경이 당사자가 제공할 상품, 서비스, 시설,

혜택, 편의의 성격을 근본적으로 변화시킬 수 있음을 보여주지 못하면서 정책, 운영, 과정상의 적절한 변경을 행하지 않는 것.

차별에 대해 판정하기 위해서는 "적절한 변경"이 문제의 쟁점, 즉 편익의 "성격을 근본적으로 변화"시켰는지를 먼저 판정해야 한다. 다시 말하자면 법조문은 법원에게 무엇이 골프인지 먼저 알아보고 판단할 것을 강제하고 있는 것이다.

그렇지만 스칼리아는 그런 것에 전혀 구애되지 않았다. 법조문에 구속되기를 거부하며, 그는 법원심사의 헛되고 우스꽝스러움을 고찰해 보는 길을 택했다. 대법원은 골프의 본질을 발견하려고 존재하지 않는 것을 찾아 헤매고 있다. "무엇이 '본질적이다'라고 말하는 것은 보통 어떤 목적을 성취하기 위해 그것이 꼭 필요하다고 말하는 것이다"라고 그는 썼다. 그렇지만 게임은 "즐기는 것 말고는 아무런 목적이 없다". 목적이 없다면 본질도 없다. 그렇기 때문에 어떤 규칙이 본질적인지 아닌지에 대해 말하는 것은 불가능하다. 그는 규칙에 대해 "모든 것이 임의적이고, 본질적인 것은 아무것도 없다"고 썼다. 어떤 규칙이 규칙이 되는 것은 전통이거나 "현대로 와서는" PGA 같은 권위 있는 단체가 그렇게 정했기 때문이다. 스칼리아는 잠시 방심하면서 "잘 알려진 게임의 규칙이 바뀌어서 어느 정도에 이르면 어떤 합리적인 사람도 그것을 같은 게임이라고 부르지 않을 지점"이 생길 가능성을 고려한다. 그렇지만 그는 본질주의로의 일탈에서 신속히 물러선다. 그에게 플라톤이 들어설 구석은 없다. 그는 항상 니체와 함께한다.[18]

골프의 본질이라는 관념에 대한 거의 로티*적인 적대감과 신성하게 운명 지어진 불평등을 드러내는 것이 "경쟁적 스포츠의 본질"이라는 스칼리아의 앞서 진술은 서로 양립하기 어렵다.(스칼리아의 법조문에 대한 무관심도 그의 원본주의와 양립하기 어렵다. 그렇지만 그것은 또 다른 문제다.) 그 모순은 해결되지 않은 채 남으며, 스칼리아의 신념을 지탱하는 두 기둥을 보여준다. 규칙이란 권력이 임의적으로 부과하는 것—그것은 말 자체의 순수한 의미 외에는 아무것도 반영하지 않는다(심지어 그것을 만든 자의 의지나 입장도)—이라는 믿음(그럼에도 불구하고 우리는 복종해야 한다), 그리고 규칙이란 우리의 지울 수 없는 불평등을 점치는 막대기로서, 열광적으로 강제된 것이라는 믿음이 그것이다. 이런 공허하고 무익한 신(神)들을 넘어서는 사람들이 승자이다. 그 밖에 나머지는 모두 패배자이다.

토크빌은 미국에서 연방판사는 "시대정신을 어떻게 이해할지 알아야 한다"고 말했다. 대법관의 역할은 "순전히 법적"인 것이겠지만, 그의 "특권"—헌법의 이름하에 법률을 폐기할 수 있는 권한—은 "완전히 정치적"이다.[19] 그가 이런 특권들을 효과적으로 사용하고자 한다면, 가장 영리한 정치인처럼 문화적으로 약삭빠르고 사회적으로 잘 적응돼 있어야 한다.

그렇다면 스칼리아의 영향력은 어떻게 설명할 것인가? 그는 자랑스럽게 도전적으로 "시대정신"에 대한 자신의 경멸을 당당히 선포하는 사람이다—그것에 대해 완전히 무지하지는 않다는 것이다. 2003년 대법원이 동성애를 금하는 주법을 뒤엎는 것을 놓고 투표할 때, 스칼리아는 나라가 수음의 나락으로 전락하고 있다고 보았다.[20] 1996년 기

◆ 리처드 로티, 서구 철학사를 정면으로 비판하면서 새로운 형태의 실용주의인 신실용주의를 제창한 석학이다.

독교인들을 모아놓고 한 연설에서 스칼리아는 "우리는 영악한 세상의 경멸을 참아낼 용기를 위해 기도해야 합니다. 그 세상은 기적과는 아무 상관도 없는 세상입니다"라고 말했다. 우리는 "바보라는 업신여김을 각오해야 합니다".[21] 같은 해 또 다른 소수 의견에서 스칼리아는 "매일마다, 사건마다 [대법원은] 헌법을 내가 알지 못하는 나라의 것으로 만드느라고 바쁘다"고 선언했다.[22] 『뉴욕 타임스』의 칼럼니스트 모린 다우드의 말처럼 "그는 고리타분하고 구약성경 같은 사람이다".[23]

그렇지만 2010년 오바마에 의해 새로 대법관으로 임명된 일레이나 케이건에 따르면, 스칼리아는 "우리가 법에 대해 어떻게 생각하고 어떻게 말해야 할지에 대해 수년간 가장 중요한 영향을 준 대법관이다". 은퇴하기 전까지 법원에서 가장 자유주의적인 대법관이었던 케이건의 선임자 존 폴 스티븐스는 스칼리아는 "커다란 변화를 일으켰다. 그중 일부는 건설적인 것이고, 일부는 불행한 것이었다"고 말했다. 더욱이 스칼리아의 영향은 미래에까지 확장될 공산이 크다. 또 다른 자유주의적 법관 루스 베이더 긴즈버거는 "그는 현 세대의 많은 법학도들과 잘 어울린다"고 지적했다.[24] 진 브로디◆라면 내게 민감한 나이의 법학도를 달라, 그러면 평생 나를 추종하게 만들겠다고 말했을지도 모르겠다.

대법원에서 우세했던 것은 스칼리아의 특정 입장들이 아니다. 그의 가장 유명한 의견들의 몇 가지—낙태, 소수자 우대 정책, 동성애자의 권리에 대한 반대와 사형, 학교 내 기도시간, 성차별에 대한 찬성—는 소수 의견이었다.(그렇지만 2005년 존 로버츠, 2006년에는 새뮤얼 알리

◆ 뮤리엘 스파크의 『진 브로디 양의 전성시대』의 주인공. 브로디 양은 권위적이고 선동적인 엄격함으로 자신의 학생들을 어린 파시스트 당원들로 개조한다. 이 작품에서 브로디 양은 "민감한 나이의 소녀를 하나 줘요. 그 애는 평생 내 것이에요"라고 말했다.

토가 대법원에 가세하면서 상황은 바뀌기 시작했다.) 스칼리아의 영향력은 그의 동료들—그리고 다른 법관, 변호사, 학자들—이 그들의 주장을 펼치는 방식에서 더욱 두드러졌다.

오랜 기간 동안 원본주의는 좌파로부터 멸시당했다. 20세기 후반 대법원에서 자유주의의 거인이었던 윌리엄 브레넌은 1985년 다음과 같이 선언했다. "권리에 대한 주장을 1789년 헌법에 규정된 수준의 가치로 제한하려는 사람들은 사회 진보에 눈을 감고, 사회적 환경변화에 따른 지배적 원칙들의 수정을 회피하는 것이다." 브레넌은 원본주의자들에 반대해 "헌법의 요체는 이미 죽어서 사라져버린 세상에서나 통했을 정태적 의미에 있는 것이 아니라, 현재의 문제와 요구들에 부응할 수 있는 그 위대한 원칙들의 적용성에 있다"고 밀했다.[25]

그렇지만 단 십 년이 지난 후, 자유주의자 로렌스 트라이브는 자유주의자 로널드 드워킨의 말을 변용해 "우리는 이제 모두 원본주의자들이다"라고 말했다.[26] 오늘날에는 한층 더 그렇다. 구세대의 헌법학자들이 헌법을 해석하기 위해 철학—롤스, H. L. A. 하트, 때때로 노직, 마르크스, 또는 니체—에 기댔던 데 반해, 오늘날에는 단어나 구절이 법의 일부가 되고 그 의미를 얻게 될 때까지 역사를 찾아본다. 우파만 그런 것이 아니라 좌파도 마찬가지다. 브루스 애커먼, 아킬 아마르, 잭 발킨, 이 세 사람은 오늘날 글을 쓰고 있는 가장 저명한 자유주의적 원본주의자들이다.

대법원의 자유주의자들도 비슷한 변화를 겪었다. 존 폴 스티븐스는 자신의 소수 의견을 담은 『시민 단체』에서 단체의 언론의 자유에 관한 수정헌법 제1조의 "원래의 이해", "원래의 기대", "원래의 공적 의미"에 대해 긴 보충설명을 달았다. 스티븐스는 의무감에 따른 어쩔 수 없는 한숨으로 논의를 시작하면서—"처음부터 시작해보자"—스칼리아에게 압도당한 듯했다. 글의 곳곳에 스칼리아의 이름과 목소리가 나타나 그의 입장이 언론의 자유의 원래 의미와 합치함을 보여주었다.[27]

다른 학자들과 법관들도 이런 변화를 가져오는 데 기여했지만, 법의 가장 높은 곳까지 그 횃불을 들고 있었던 것은 단연 스칼리아였다. 그리고 그것은 재치나 협상에 의한 것이 아니었다. 스칼리아는 종종 무례한 사람이었다. 동료들의 지능을 조롱하고 그들의 도덕성을 문제 삼기도 했다. 1981년부터 2006년까지 대법관으로 재직했던 샌드라 데이 오코너는 자주 스칼리아의 조롱과 경멸의 대상이 되었다. 스칼리아는 그녀의 한 주장에 대해 "알맹이가 없다"고 말했다. 그리고 또 다른 주장에 대해서는 "진지하게 받아들일 수 없다"고 썼다. 그는 의문의 여지가 있는 논리로 조지 W. 부시의 백악관 입성을 도왔던 '부시 대 고어 사건'(2000)에서 자신의 역할에 대해 질문을 받을 때마다 냉소적으로 "잊어버려!"라고 말한다.[28] 그의 추종자들의 생각과는 달리 스칼리아가 지성의 힘으로 대법원을 좌지우지했던 것도 아니다.(한 의원은 "그가 얼마나 똑똑한가!"라며 감탄했다.)[29] 대법원에는 모든 사람들이 하버드, 예일, 프린스턴 대학 출신이며, 재판장석 양측으로 아이비리그 교수들이 앉아 있기 때문에 발에 차이는 게 똑똑한 사람들이다.

대법원에서의 스칼리아의 지배력을 설명하는 데는 여러 가지 요인이 있다. 첫 번째로 스칼리아는 강직한 철학과 재치 있는 수단을 장점으로 지녔다는 것이다. 그와 그의 군대가 기록보관소를 행진하며 우파의 문서들을 샅샅이 뒤져 통상조항♦ 등의 무기를 치켜들 때, 법조계

♦ 미국 연방헌법 제1조 제8절. "연방의회는 외국 간, 각 주 상호 간 및 인디언 부족과의 통상을 규율하는 권한을 가진다."

좌파들은 예일 대학 법학교수 로버트 포스트와 레바 시겔의 표현에 따르면 "당황하고 확신이 없었으며," "헌법 해석에서 어떤 대담한 이론도 내놓을 수 없었다".[30] 좌파에게 자신감과 의지가 없었던 시절에 스칼리아의 자신감은 강력하고 매력적인 힘이 될 수 있었다.

두 번째로 듀레스 오블리제의 원본주의와 스칼리아의 게임에 대한 생각 사이에는 친화성, 나아가 단단한 결속력이 있다. 그리고 그것이 훌륭한 삶에는 무엇이 수반되는가에 관한 스칼리아의 비전이다. 그것은 일상적이고 힘든 투쟁이며, 만약 우리가 간섭하지 않는다면 그 투쟁에서 유일한 확실성은 강한 자가 승리하고 약한 자가 패배한다는 것이다. 스칼리아는 자신이 생각하는 것만큼의 인습타파주의자는 아닌 것으로 드러난다. 그는 자기주장처럼 "사람들에게 듣기 싫은 소리를 하기"는커녕 오히려 권력층에게 정확히 그들이 듣고 싶어 하는 것을 말해준다. 그들은 우월하고 그들이 지배하는 것은 그들이 우월하기 때문이라는 것이다.[31] 결국 토크빌이 옳았던 것으로 보인다. 적어도 부분적으로 그의 영향력을 설명해주는 것은 대법관 스칼리아의 독단적인 모습이 아니라 적응성, 시대정신을 굴절시키기보다는 반영했던 그의 방식인 것이다.

그런데 사소할 수도 있지만 우리의 헌법에서 스칼리아의 존재를 커 보이게 만들었던 또 다른 요인이 있다. 그것은 자유주의적 동료들이 그에게 보여주었던 인내와 관용, 그리고 예의이다. 스칼리아가 흥분해 고함지르고, 기타를 때려 부수고, 적들에게 폭격을 퍼부을 때, 그들은 너그럽게 어깨를 으쓱이며 오코너가 말하곤 했던 것처럼 "스칼리아는 원래 그래"라며 넘어가주었다.[32]

비록 사소한 일이었을지 모르나 그 역설은 자못 의미심장하고 정치적인 것이었다. 스칼리아가 자신이 혐오한다고 주장했던 바로 그 자유주의 문화, 즉 소수 의견에 대한 관용, 다른 사람들의 잘못에 대한 너그러움, 그가 골프 코스에 대한 소수 의견에서 경멸했던 "온화한 동정"을 이용해 덕을 보았기 때문이다. 그의 동료들이 그도 똑같이 자유주의적 정중함의 규칙을 지키도록 강요했거나, 또는 그가 그들을 대하듯이 그를 대했다면, 무슨 일이 일어났을지 누가 알겠는가? 실로 대법원의 가까운 관찰자 두 사람이 적었듯이—"스칼리아를 찌르지 마라!"라는 딱 어울리는 제목의 기사였다—재판정 앞의 변호사들이 아무리 부드러운 표현으로라도 비꼬기만 하면, 그는 노발대발하며 자신의 본분을 망각해버리곤 했다.[33)] 걸핏하면 화부터 내고 특별 규칙으로 관용의 대상이 되는 것, 그것이야말로 소수자 우대 정책의 응석받이가 되는 것이다.

1960년대 이후 자유주의의 우아함은 보수주의의 썩 우아하지 못함에 의존한다는 것이 우리 정치문화에서 상식처럼 굳어져왔다. 어퍼웨스트사이드에서의 디너파티에는 미란다 원칙을 모르는 경찰력이 필요하고, 수정헌법 제1조에는 제네바 협정을 모르는 군사력이 필요하다. 물론 이것은 〈24시〉(〈어 퓨 굿맨〉 같은 다른 많은 할리우드 작품들은 말할 필요도 없다)의 발상이다. 그렇지만 그런 도식은 정확히 반대로 적용될 수 있다. 스칼리아는 더 자유주의적인 그의 동료들의 너그러움과 보호가 없었다면, 그는—잭 바우어처럼—더 힘겨운 일들을 겪었을 것이다. 듀레스 오블리제의 보수주의는 자유주의의 노블리스 오블리제에 의존하지만, 그 역은 아니다. 그것이 바로 대법관 스칼리아가 던지는 진정한 의미이다.

2부

보수주의는
왜 폭력에 의존하는가?

7. 색상별 학살작전◆

1982년 12월 5일 로널드 레이건은 온두라스에서 과테말라 대통령 에프라인 리오스 몬트◆◆를 만났다. 레이건에게는 유익한 만남이었다. "참 많은 것을 배웠다"고 그는 전용기에서 기자들에게 말했다. "아마 당신들은 놀랄 것이다. 그들은 모두 개성 있는 국가들이다." 리오스 몬트에게도 역시 유익한 만남이었다. 레이건은 그를 "대단한 인격자이고…… 민주주의에 완전히 헌신한다"고 평가했다. 또한 그 과테말

◆ 이 장은 원래 그렉 그랜딘의 『마지막 식민지 대학살: 냉전기의 라틴아메리카』(Chicago: University of Chicago Press, 2004)에 대한 서평으로 『런던 서평』(2004년 11월 18일) 3~6쪽에 실린 글이다.(저자 주)

◆◆ 과테말라의 악명 높은 군부 독재자. 과테말라군과 좌파 반란군이 맞붙었던 36년간의 내전에서 특히 그의 군사독재(1982~1983) 기간 중에 가장 광범위하고 잔혹한 학살, 강간, 고문과 마야인 농민 대량학살이 자행되었다.

라의 권력자가 좌익 게릴라들에 대한 군사작전 때문에 인권단체들로부터 "부당하게 비난받고" 있다고 주장했다. 다음 날 대니얼 윌킨슨이 『산속의 정적: 과테말라의 테러, 배신, 그리고 망각에 관한 이야기』에서 과테말라의 정부군 특수부대가 도스 에레스라는 정글마을에 진입해 162명의 주민을 학살했고, 그중 67명은 어린아이였다는 사실을 알린다. 군인들이 갓난아기와 유아들의 다리를 "붙잡아" 허공에 던지고 "벽에 머리를 짓이겨버렸다". 큰 아이들과 어른들은 "우물가에 무릎 꿇리고" "망치로 때려서" 우물에 처넣었다. 그리고 부대원들은 임산부를 유산시키기 위해 배를 때리고, "마지막을 위해 남겨놓은" 여성들을 강간했다. 그들은 여성들도 우물에 밀어 넣고 위에 흙을 덮어 생매장했다. "[나중에] 방문한 사람이 유일하게 찾을 수 있었던 사람의 흔적"은 "벽에 얼룩진 피와 바닥에 널브러진 태반과 탯줄들뿐"이었다.[1)]

2004년 레이건이 사망하고 그를 기리는 보도들이 줄을 이을 때, 언론들이 그가 리오스 몬트와 만났던 일을 언급하리라고 생각했다면 그것은 아마도 너무 과한 기대였으리라. 어쨌든 그곳은 레이캬비크◆가 아니었으니까. 그렇지만 레이캬비크의 그림자―또는 베를린 장벽 앞에서 한 레이건의 연설이 던진 그림자―가 두 대통령 간의 그 만남에 대한 침묵을 완전히 설명해주지는 못한다. 그런 누락을 미국인들의 기억상실증 탓으로 돌려버리면 문제는 간단해지겠지만, 사실 더 신빙성 있는 원인은 대다수 미국인들이 그 아래서 고생했던 냉전에 대한 깊은 오해일 것이다. 평범한 관찰자의 눈에 냉전은 미국과 소련 간의 투쟁이었고, 베를린에서 첨예하게 대립했으며, 노골적인 핵무기 경쟁

◆ 아이슬란드의 수도. 1986년 레이건과 고르바초프가 그곳에서 평화회담을 가졌다.

을 벌였고, 미국 지도자들에게는 훌륭한 위기전술을 구사할 수단으로 활용되었던 것이리라. 대중 사이에서는 물론 심지어 학술적인 논의에서조차도 라틴아메리카는 냉전과 관련해 거의 언급되지 않는다. 그리고 언급될 때조차도 과테말라보다는 쿠바, 칠레, 니카라과 정도가 주목받을 뿐이다.

그렇지만 라틴아메리카는 유럽만큼이나 냉전의 격전지였고, 과테말라는 그 최전선이었다. 1954년 미국은 과테말라에서 민주적 절차를 통해 대통령으로 선출된 하코보 아르벤스의 정부를 전복시킴으로써 서반구에서 공산주의에 대한 최초의 중요한 투쟁에 돌입했다. 하코보 아르벤스는 과테말라에서 규모는 작지만 영향력이 컸던 공산당과 긴밀한 협력관계를 유지하고 있었다. 그 쿠데타로 아르헨티나의 한 젊은 의학도는 멕시코로 도망치게 되고, 그곳에서 피델 카스트로를 만난다. 5년 후 체 게바라는 1954년의 사건이 선거를 통한 평화적 개혁이 불가능함을 가르쳐주었다고 회고했다. 그는 추종자들에게 "쿠바는 과테말라처럼 되지 않을 것이다"라고 약속했다. 1966년 과테말라는 다시 선두주자로 부상했고, 이번에는 아르헨티나, 우루과이, 칠레, 그리고 브라질의 더러운 전쟁을 규정하게 될 좌익 인사 실종사건을 선도한다. 미국의 특수훈련을 받은 안보요원들이 기습작전으로 30여 명의 좌익 인사를 납치해 고문, 살해하고 그들의 시체를 태평양에 던져버린 것이다. CIA는 그 작전을 설명하는 비밀기록에서 "그 사람들의 처형은 발표되지 않을 것이며, 과테말라 정부는 그런 구금 사실이 있었다는 사실 자체를 부인하게 될 것이다"라고 적고 있다. 1996년 과테말라 정부와 좌익 게릴라 간의 평화협정이 타결됨으로써 마침내 라틴아메리카의 냉전은—바로 그것이 시작되었던 곳에서—종식되었다. 과테말라 내전은 서반구에서 가장 길고 치명적인 것이었다. 약 20만 명의 남자, 여자, 어린이들이 피살되었으며, 거의 대부분은 군대의 손에 희생되었다. 그리고 아르헨티나, 우루과이, 칠레, 브라질, 니카라과, 엘살바도르의 희생자들을 합친 수는 과테말라의 희생자 수를 상회해, 발칸 반도에서 희생된 사람들의 수와 엇비슷했다. 희생자들이 주로 마야 인디언이었기 때문에 유엔이 지원한 진상규명위원회는 과테말라를 라틴아메리카에서 유일하게 군대가 민족학살을 자행한 나라로 규정했다.[2]

냉전에서 미국의 승리에 대해 말할 때, 우리는 시민들에 대한 대량학살로 공산주의를 물리친 과테말라와 같은 나라들에 대해 말하고 있는 것이다. 그렇지만 냉전을 이해하기 위해서는 사상자 수를 세고, 잔혹 행위를 정리하는 것보다 더 많은 것이 요구된다. 그것은 우리에게 가장 작은 장소들에서 벌어진 가장 세계적인 투쟁들에 주목하고, 초강대국 간의 대치 아래에서 인권과 평등을 둘러싼 유혈분쟁들을 발견하고, 훌륭한 승리라는 단순한 도덕적 이야기 이면에 숨겨진 더 애매한 해결이 바로 냉전의 종식이었고 현재도 그 상황은 변하지 않았다는 사실을 이해할 것을 요구하는 것이다. 즉 그 과제는 어떻게 사람들이 하이폴리틱스를 만들고 하이폴리틱스가 어떻게 그들을 만들었는지 보여주는 것, 냉전이 핵전략가들의 아늑한 게임 룸에서만 전개된 것이 아니라 그렉 그랜딘이 『마지막 식민지 대학살』에서 썼듯이 "가족들의 작은 방, 남성과 여성 간, 그리고 공동체 안에서"도 있었음을 보여주는 것이다.[3] 그랜딘은 자신의 연구를 사르트르를 인용한 문구로 시작한다. "세세하게 묘사된 승리는 패배와 분간할 수 없다."[4] 여기서 언급된 승리는 하나이며 이제 거의 완성되었다. 그것은 공산주의에 대한 미국의 승리이다.

그렇지만 패배는 여러 가지이며, 그 결과는 아직 진행 중이다. 첫 번째 것은 라틴아메리카 좌파의 패배이다. 그들의 열망은 낯익은 것들 (국가권력의 무력 탈취)로부터 놀라운 것(자본주의의 창조)까지 다양했다. 두 번째 것은 유럽에서 사회민주주의의 패배이다. 사회민주주의는 시민들이 역사적으로 그들의 몫이었던 것보다도 더 많은 권력을 누리고, 따라서 더 많은 권력의 수혜를 받을 수 있도록 할 수 있었다. 마지막으로, 그리고 가장 중요한 것은 여전히 자신들의 이성과 의지에 따른 노력으로 인습과 압박의 굴레에서 스스로의 해방을 꿈꾸고 있는 사람들의 패배이다. 그것은 유럽과 아메리카에서 일어난 계몽주의 운동의 꿈이었던 적이 있으며, 냉전 중에는 미국의 지도자들이 그것을 대표해(또는 그것의 일부 버전) 공산주의와 투쟁하고 있다고 주장하기도 했다. 그렇지만 라틴아메리카에서 계몽운동의 깃발을 들어 올린 쪽은 좌파였으며, 미국과 그 동맹자들은 반계몽주의의 블랙백◆을 들었다. 냉전으로 인해 미국은 원치 않는 자유주의적 위선의 부담을 져야 했을 뿐만 아니라 20세기의 가장 반동적인 이념과 보복주의자들을 포용할 생각까지 하게 되었다.

라틴아메리카의 좌파들은 봉건주의가 횡행하는 지역에 자유주의와 진보를 도입했다. 과테말라의 커피 농장주들은 19세기까지도 차르의 러시아와 비교해도 결코 뒤지지 않을 만큼 중세적인 강제노동의 사회체제를 주도하고 있었다. 터무니없는 법과 고리대로 농장주들은 농민들의 땅을 빼앗고 노동을 수탈했다. "5천 에이커의 땅과 다른 플랜

◆ black bag, 핵무기 사용코드 상자.

테이션으로 가서 일할 수 있는 채무노동자들"을 판다는 1922년의 광고를 보면 마치 고골의 『죽은 혼』의 한 구절을 보는 듯하다. 다른 나라에서는 노동조합으로 단결된 노동자들이 고용주가 그들에게 요구할 수 있는 것과 없는 것에 대한 목록을 작성하고 있을 때, 과테말라의 농민들은 여러 가지 의무적 서비스를 제공하도록 강요당했고, 그중에는 섹스도 포함되어 있었다. 보스턴 출신의 사촌형제인, 알타 베라파스(Alta Verapaz) 지역의 두 농장주는 인디언 요리사들과 옥수수 제분공들에게 열두 명 이상의 아이들을 낳게 만들었다. 이웃 농장주는 "그들은 움직이는 것이면 무엇이든 덮친다"고 증언했다. 플랜테이션 자체가 이미 작은 국가—사설 감옥, 목책, 채찍질 기둥—이기는 하지만 농장주들은 노동자들을 자신의 의지에 굴복시키기 위해서 또한 군대, 판사, 시장, 지역경찰 등에 의존하기도 했다. 관리들은 일상적으로 독립농이나 도망친 농부들을 붙잡아 플랜테이션에 넘기거나 도로공사에 동원했다. 한 시장은 지역 부랑자들에게 자신의 집에 페인트칠을 하도록 시켰다. 그것은 무엇보다도 정치권력을 사유물로 여겼다는 것을 뜻하며, 1944년까지 "오직 다섯 개의 라틴아메리카 국가—멕시코, 우루과이, 칠레, 코스타리카, 콜롬비아—만이 명목상으로라도 민주국가로 불릴 수 있었다"는 그랜딘의 지적을 확인시켜주는 것이다.[5)]

그리고 2년 안에 완전히 사정이 바뀌었다. 1946년에는 "오직 다섯 개의 국가—파라과이, 엘살바도르, 온두라스, 니카라과, 도미니카공화국—만이 민주국가로 불릴 수 없었다". 좌파들은 제2차 세계대전의 반파쇼 구호를 라틴아메리카의 구체제에 돌리며, 독재자를 몰아내고, 정당을 합법화하고, 노조를 설립하고, 참정권을 확대했다. 뉴딜 정책과 인민전선에 자극되어 과테말라 대통령 후안 호세 아레발로 같은 개혁가들은 "우리는 20세기에 살고 있기 때문에 사회주의자들이다"라고 선언하기도 했다. 대륙 전체가 카를 마르크스, 독립선언, 월트 휘트먼◆으로 들끓었고, 그중에서도 과테말라가 가장 찬란하게 타올랐다. 과테말라에서는 커피 귀족들에 대항한 수십 년간의 투쟁이 진행되고 있었으며, 그 투쟁은 1950년 아르벤스의 당선으로 절정에 달했다. 아르벤스는 소규모 공산주의자 조언자들의 도움을 얻어 1952년 농업개혁을 단행했다. 그들은 입법을 통해 수십만 가구에 150만 에이커를 분배해주었으며, 또한 농민들에게 상당한 정치적 권리를 부여했다. 주로 농민들로 구성된 지역토지개혁위원회는 농장주들이 지배하고 있는 지역정부를 배제하고, 농민과 농민조합이 스스로 평등을 요구하고 쟁취할 수 있는 무대를 마련해주었다.[6]

농업개혁은 아마도 라틴아메리카 대륙에서 가장 대담한 직접민주주의의 실험이었을 테지만, 역설적이게도 법안 작성자들—대부분 공산주의자들이었다—은 사회주의를 건설하려는 것이 아니었다. 그들은 자본주의를 창조하고 있었다. 그들은 재산권과 법의 지배를 존중했다. 농민들은 권리를 주장하기 위해 많은 서류를 준비해야 했다. 활용되지 않는 토지만 수용되었다. 그리고 농장주들은 항변을 위한 다양한 권리를 보장받았고, 대통령에게 탄원할 수도 있었다. 농업개혁법으로 인해 제임스 매디슨◆◆ 헌법에 의한 것만큼이나 거추장스러운 권력 분리가 발생했다.(법안을 작성한 한 공산주의자는 "그것은 부르주아 법

◆ 미국의 음유시인. 우리에겐 시인으로 유명하나 민주주의의 근본 원리와 문학과의 관계를 저술한 『민주주의의 전망』(1871)은 미국 민주주의의 3대 논문의 하나로 평가받는다.
◆◆ 미국의 제4대 대통령. 헌법제정회의에서 헌법 초안의 기초를 맡아 '미국 헌법의 아버지'로 불린다.

이다"라고 말했다. 인민 활동가들이 느린 개혁에 불만을 토로했을 때, 아르벤스는 "나는 개의치 않는다! 일을 똑바로 처리할 필요가 있다!"라고 답했다.) 농업개혁은 토지 없는 빈농들을 재산 소유자로 전환시켰고, 그들이 고용주와의 협상에서 더 높은 임금을 요구할 협상권을 갖도록 만들었다. 그랜딘에 따르면, 개혁가들은 농민들이 "국내 공장의 고객"이 되고, "역사적으로 값싸고, 종종 공짜이기도 했던 노동과 토지에 중독되어 있던 농장주들"이 어쩔 수 없이 "새로운 기술에 투자해 이윤을 창출하게" 되기를 바랐던 것이다.[7)]

과테말라의 사회주의자들은 민주주의와 자본주의를 창조하는 것 이상의 활동을 했다. 그들은 또한 농부들을 시민들로 바꾸어놓은 것이다. 자유주의자들과 보수주의자들이 오랫동안 좌파 이데올로기는 농부들을 자동인형 같은 지지자들로 전락시킬 뿐이라고 주장해온 데 반해, 좌파 이념과 운동은 농부들에게 자신의 힘을 깨닫게 만들고, 스스로를 위해 발언하고 자신들의 이익을 위해 행동할 수 있는 다양한 기회를 부여했다. 한 가지 예를 보자. 에프라인 레예스 마즈는 볼셰비키혁명이 일어난 해에 태어난 마야 농민운동가였다. "내가 마르크스주의를 공부하지 못했다면, 나는 알코올도 레모네이드도 되지 못했을 것이다"라고 레예스는 말한다. "나는 아무것도 아니었을 것이다. 그렇지만 독서가 지금의 나를 만들어주었다. 나는 오늘 죽을 수도 있지만, 아무도 내게서 독서를 빼앗아갈 수는 없다." 보통 농부들이 자신의 농장 밖으로도 나가볼 엄두를 내지 못하는 곳에서, 공산당에 감화를 받은 그는 멕시코와 쿠바를 여행하고 "모든 혁명가는 자신의 머릿속에 온전한 세상을 품고 있다"는 확신을 가지고 과테말라로 돌아왔다. 공산당은 레예스에게 그가 알고 있는 것들을 버리라고 요구하지 않았다. 그는 전통적인 것과 유럽적인 것을 조화시킬 충분한 자유를 누렸고, 양차대전 사이에 중앙 유럽이 고유의 마르크스주의를 발전시켰듯이 그도 유연하게 "마야인의 마르크스주의"를 만들어낼 수 있었다. 1954년 반공주의자들이 그와 같은 민주주의의 발흥을 종식시켰을 때, 농장주들이 빼앗긴 토지만큼이나 우려했던 것은 농민들이 사고하고 말하고 싶은 욕구에 눈을 떴다는 사실이었다. 서문에서 보았듯이, 과테말라의 대주교는 아르벤스의 무리들이 "말재간이 능한" 시골 농부들을 수도로 상경시켜 "공개적으로 연설할…… 기회를 주었다"고 투덜댔다.[8]

과테말라 냉전주의자들은 이처럼 생각하고 말하는 무리들을 무찌르기 위해, 현대 세계에 대한 낭만주의적 혐오감을 최첨단의 선전 및 폭력과 융합시켰으며, 그들의 시도는 자유민주주의를 위한 투쟁이라기보다는 파시즘과 훨씬 닮아 있었다. 아르벤스 정부를 무너뜨린 새 정부는 가톨릭교회의 힘을 빌려 고위 성직자들에게 공산주의와 사회주의에 대한 저주를 퍼붓게 만들었고, 민주주의, 자유주의, 페미니즘에 대해서도 예외가 아니었다. 교회의 신부들은 프랑스혁명의 반대자들이 썼던 표현까지 동원해가며, 냉전을 신의 도시와 "악마의 사도들의 도시" 간의 투쟁으로 규정하고, 아르벤스가 "우리 국민들을 진보로 향한 길로 단합시키기는커녕" "반대만 일삼는 무리들로 흩어놓았다"고 비난했다. 그들은 아르벤스 무리가 "지도력이나 개종의 재능이 있는" 여성들을 "관료 조직의 보수가 좋은 고위직"에 승진시켜 주는 것으로 "여성의 영혼을 타락시키는 전문가들"이었다고 비난했다. 그리고 교회의 원로들은 대중을 선동하기에는 너무 까다로운 경우가 있었기 때문에 종종 프랑코와 무솔리니를 추종했던 스페인 망명자들이 그들의 자리를 대신해 더 열광적인 반공주의를 호소하기도 했다. "우리는 차가운 가톨릭을 원하지 않는다. 우리는 신성함을, 열렬하고 위대하고 기쁨에 찬 신성함을…… 비타협적이고 열광적인 것을 원한다."[9]

냉전주의 이념이 과거에 시선을 두고 있을 때, 그들의 무기와—미국의 지원을 받아—군대의 작전은 미래를 향하고 있었다.(실로, 냉전기간 중의 개입에 관한 미국의 주요한 정당화 논리는 미국의 간섭이 공산주의뿐만 아니라, 국무성의 표현에 따르면 "반란에 대한 우익의 대응이 과격화하는 것"도 방지했다는 것이다. 미국의 훈련을 받은 안보군이 반공적 "좌파 민주주의자"들과 협력해 야만적 "백색테러"보다는 "이성적"이고 "현대적"이며 "전문가적인" 냉전을 수행했다는 것이다.) 1954년 쿠데타가 일어났을 때, CIA는 매디슨 에비뉴(뉴욕 광고의 거리), 대중적인 사회학, 군중심리학 저서들을 총동원해 아르벤스에 대한 대규모 저항이라는 환상을 조작해냈다. 라디오 방송들은 지하 레지스탕스에 관한 소문을 퍼뜨리며, 동요하는 군장교들에게 민주적으로 선출된 대통령에게 충성하겠다는 맹세를 저버리라고 충동질했다. 그 후 수십 년간 CIA는 과테말라에 중앙정보부를 만들어주었고, 전화, 무전기, 카메라, 타자기, 먹지, 서류 캐비닛, 감시장비, 그리고 총, 탄약, 폭발물 등을 제공했다. 또한 CIA는 군대와 경찰을 세련된 도시형 지휘본부로 통합해, 정보부가 그곳에서 신속하게 분석하고, 지시하고, 행동하고, 나중을 위해 자료를 보관하도록 하는 체계를 구축해주었다. 이런 시도들은 대단한 성과를 거두었다. 1966년 과테말라에서 평화주의적 좌파의 마지막 세대가 사라진 후, 게릴라들은 농촌 지역에서 본격적으로 무장투쟁에 돌입했다.

그에 대한 대응으로 정부는 현대화된—미국이 훈련시키고 장비를 제공한—군대를 농촌 지역에 파견했다. 그들은 1981년 역사상 최초로 지역을 색상별로 구분해 집단학살을 시작했다. "군 분석가들은 마을과 지역을 색깔로 표시했다. 그들이 생각하기에 반란군의 영향이 없는 곳은 백색이었다. 반란군이 제한적으로 출몰하는 곳은 분홍색으로 표시했다. 게릴라 용의자나 지지자들은 죽이지만 공동체는 놔두었다. 붉은색에 대해서는 한 치의 자비심도 없었다. 모두 처형하고 마을을 쑥밭으로 만들었다."[10]

1978년 폴로칙 계곡의 강변마을 판조스에서 자행된 정부군의 인디언 대학살을 일컫는 그랜딘의 책 제목은 이런 현대적인 것과 반현대적인 것의 융합을 보여준다. 그해 5월 29일 대략 5백 명 정도의 마야인 농부들이 마을 공터에 모여서 시장에게 현지 농장주들에 대한 불만을 들어줄 것을 요구했다. 그 내용은 수도에서 돌아온 조합대표자가 발표할 예정이었다. 군대가 시위대에게 발포해 34명에서 백여 명 정도의 남녀와 어린아이들이 피살되었다. 일견 그 학살사건은 과거 식민지 과테말라에서 늘 일어났던 일의 반복 이상이 아니었다. 비천한 인디언 청원자들이 현지 유력자와의 다툼에서 관리들에게 그들의 편에서 중재해줄 것을 요청한다. 농장주들과 동맹관계인 정부군은 폭력으로 대응한다. 결국 인디언들이 강물에 떠내려가는 것으로 마무리된다. 그렇지만 자세히 들여다보면 그 학살은 20세기의 모든 징표들을 지니고 있다. 인디언들은 비밀스러운 공산당 조직원으로부터 훈련받은 좌파 활동가들—그들 중 한 사람은 여성 토착민이었다—에 의해 지도되고 있었다. 그들은 수도에 기반을 둔 조합들과 협력하고 있었으며, 지역의 분쟁을 전국적으로 쟁점화하려는 좌파의 시도를 반영하고 있었다. 농부들에게 발포한 군인들의 경우도 단순히 농장주의 이익을 대변하는 지역경찰이 아니었다. 그들은 현대식 훈련을 받은 과테말라군으로서, 철저한 반공주의로 무장했고, 이스라엘제 가릴 자동소총을 사용하며, 토지와 노동을 둘러싸고 벌어지는 과테말라의 오랜 싸움을 단순히 전국화가 아닌 세계문제로까지 비화시키려는 의도를 품고 있었다.[11]

비록 라틴아메리카의 냉전은 미국의 합리주의와 라틴아메리카의 보복주의 사이의 팽팽한 협상으로 시작되었지만, 결국 미국이 후자에 끌려가는 처지가 되었다. 어둠의 심장♦ 속으로의 여행을 상기시키듯, 남미를 다녀온 미국의 관리들은 반계몽주의의 가장 어두운 목소리를 내기 시작했다. 한 대사관 직원은 본국의 상사에게 다음과 같은 편지를 썼다. "어쨌든 처음부터 흉포했던 사람은 없으니 테러에 대해 너무 거부감을 가질 필요는 없다. 저는 우리 편 사람들이 정말로 이런 주장을 하는 것을 들었습니다." 한 CIA 요원은 동료들에게 과테말라에서 모든 대중을 설득하려는 시도는 포기하고 대신 그들의 힘을 "심장, 배, 간(공포)"에 집중하자고 촉구했다. 또 다른 CIA 요원은 칠레의 아옌데 정권을 뒤흔들기 위해 "칠레 그 자체가 호수처럼 평온하다면 우리는 세계를 자극할 수 없다. 불길을 위한 연료는 칠레 내부에서 제공되어야 한다. 그러므로 본부는 이런 내부 저항을 만들어내기 위해 아무리 괴상하더라도 모든 전략, 모든 음모를 구사해야 한다"고 말했다. 그랜딘이 썼듯이 "세상을 불구덩이에 밀어 넣으려는 의지…… 영혼의 어두운 면에 대한 신념, 민주주의적 절제와 의회적 절차에 대한 경멸,

---

♦ the heart of darkness, 조셉 콘래드가 1890년 아프리카 여행 경험을 토대로 쓴 소설 제목.

이런 성향들은 보통 자유주의적 시민성, 관용과 다원주의에 반대하는 자들의 것이지 그 수호자의 것이 아니다."[12] 이런 서글픈 지적과 함께 그랜딘은 냉전의 가장 큰 패배자는 바로 미국 자신일지도 모른다는 말로, 그의 놀라운 이야기를 끝맺는다.

8 제국의 추억 *

해외 분쟁으로 기쁘고 분주한 마음.
— 〈헨리 4세〉 2막

2000년 나는 늦여름의 대부분을 윌리엄 F. 버클리와 어빙 크리스톨을 인터뷰하며 보냈다. 나는 『링구아 프랑카』(5장 참조)에 좌파로 전향한 우파 지식인들에 대한 글을 쓰고 있었고, 그 운동의 창시자들이 변절한 후예들에 대해 어떤 생각을 하는지 듣고 싶었다. 그렇지만 대화 과정에서 버클리나 크리스톨은 그런 변절한 과거의 보수주의자들보다는 보수주의 운동이 처한 어려운 지경과 세계제국으로서의 미국의 불확실한 운명에 더 관심이 있는 것으로 보였다. 그들은 내게 공산주의의 종말과 자유시장의 승리는 꼭 축복만은 아니라고 말했다. 그

◆ 이 장은 원래 엘런 슈레커가 편집한 『냉전 승리주의: 공산주의 몰락 이후의 역사 왜곡』(New York: New Press, 2004) 274~297쪽에 「제국의 추억: 9·11과 냉전의 종식(Remembrance of Empires: 9·11 and the End of the Cold War)」이라는 제목으로 실린 글이다.(저자 주)

것이 보수주의의 승리인 것만은 분명한 사실이지만, 그럼에도 불구하고 그런 사태 전개는 탈냉전시대에 미국이 적절히 대처할 수 없도록 만든다는 것이었다. 미국인들은 이제 역사상 가장 강대한 제국이 되었다. 그렇지만 동시에 역사상 가장 반정치적인 이데올로기에 사로잡혀 있다. 바로 자유시장이다. 이상주의자들에 따르면, 아니 적어도 이상주의자들 중 일부에 따르면, 자유시장이란 자발적인 교환의 국제적 시민사회를 약속하는 것이며, 국가는 이따금씩 법과 계약을 강제하는 것 말고는 개입할 여지가 없는 조화로운 질서이다. 그러나 버클리와 크리스톨에게 그런 관념은 세계제국은 고사하고 한 국가의 질서조차도 제대로 세울 수 없는 빈약한 토대일 뿐이다. 그것은 미국의 힘을 국내에서 그리고 외국에서 행사하는 데 진정으로 요구되는 열정과 흥분, 위엄과 권위를 제공하지 못한다. 그것은 시시한 것들과 옹졸한 정치를 권장하고, 국가의 이익에 앞서 자신의 이익을 챙기게 만든다. 그렇기 때문에 제국 출범의 가장 유망한 토대가 될 수 없는 것이다. 그런데 설상가상으로 공화당을 책임지고 있는 우익들은 그런 사실을 인식조차 하지 못하는 것으로 보였다.

"보수주의 내에서 시장을 강조하는 것의 문제점은 그것이 너무 따분해진다는 것이다." 5장에서 보았듯이 버클리는 내게 이런 말을 했다. "일단 한 번만 들으면 그 생각을 통달할 수 있다. 그것에 인생을 거는 것은 그 생각만으로도 끔찍할 것이다. 왜냐하면 그것은 너무나도 반복적이기 때문이다. 그건 마치 섹스 같은 것이다"라고 말했다. 크리스톨은 다음과 같이 덧붙였다. "미국의 보수주의에는 정치적 상상력이 결여되어 있다. 그것은 기업문화와 기업적 사고방식으로부터 너무나 많은 영향을 받았기 때문에 어떤 정치적 상상력도 가지고 있지 않다. 내가 인정할 수밖에 없는 것은, 정치적 상상력은 항상 좌파의 소유물이었다는 사실이다." 크리스톨은 미국 제국에 대한 강한 동경을 털어놓았다. "제국으로서의 역할이 없다면, 세계에서 가장 강력하고 위대한 국가가 되는 것이 도대체 무슨 의미가 있겠는가? 그런 건 인간의 역사에서 전례가 없는 일이다. 가장 강력한 나라는 항상 제국으로서의 역할을 하게 마련이다." 그렇지만 예전의 제국들은 "경제적 성장과 번영에 중점을 둔 자본주의적 민주주의 국가"들이 아니었다고 계속해서 말한다. 미국은 자유시장에 대한 신념 때문에 제국의 힘을 휘두를 과감성과 비전이 부족했다. "아주 안 좋아." 크리스톨은 한탄한다. "내 생각에는 세계문제에 대해 미국이 훨씬 더 지배적인 역할을 하는 것이…… 당연하다고 본다. 우리가 지금 하고 있는 것 대신, 무엇을 해야 하는지 지시하고 명령을 내려야 한다. 사람들은 그런 것을 원한다. 세계에는 여러 지역이 있고, 특히 아프리카같이 정부가 기꺼이 군대를 동원할 의사가 있는 곳에서는 아주 바람직한 변화, 건전한 변화를 이끌어낼 수 있다." 그렇지만 여론이 회계사들에 의해 좌지우지된다면, 미국이 과거 제국들의 계승자로서 그 정당한 지위를 차지하기는 불가능할 것 같다고 크리스톨은 생각한다. "공화당은 스스로의 손발을 묶고 있다. 무엇에 대해? 노인들에 대한 처방전? 누가 신경이나 쓰는가? 나는 세계에서 가장 중요한 국가의 대통령이 하는 정치가 노인들을 위한 처방전을 둘러싸고 돌아가고 있다는 건…… 구역질나는 일이라고 생각한다. 미래의 역사가들은 믿을 수 없는 일이라고 여길 것이다. 아테네는 이렇지 않았다. 로마도 이렇지 않았다. 결코 이런 적은 없었다."[1]

    9·11 이후 나는 이런 대화들을 반추해볼 기회가 많았다. 9월 11일

은 미국이 냉전 이후 찾아든 자기만족적 평화와 번영으로부터 놀라 뛰쳐나오도록 만들었다고 평가된다. 그 사건은 미국인들에게 국경 밖을 보도록 만들었으며, 마침내 세계의 권위에 대항하는 위험이 닥쳤음을 인식하도록 만들었다. 그 일은 우리에게 시민적 삶의 소중함과 국가의 가치를 환기시켜주었고, 이기적 거래라는 사적 행위들을 통해 공적 세계를 창조할 수 있다는 환상을 여지없이 깨뜨려버렸다. 그것은 흐리멍덩해진 우리의 시민적 문화에 극적인 모습으로 사태의 심각함을 일깨워주었다. 그중 가장 결정적이었던 것은, 그 사건이 미국에게 제국으로서의 역할을 떠맡는 데 필요한 국가적 목표와 구심점을 제공하는 계기가 되었다는 점이다. 한동안 국제적 책임을 회피하고 싶어 하는 것처럼 보였던 국가가 이제 다시 자유를 위해서는 어떤 부담도 마다하지 않고, 어떤 대가라도 치를 각오가 된 것이다. 이렇게 변화된 태도가 세계를 위해 바람직하다는 주장도 있다. 그런 태도로 인해 미국이 안정되고 공정한 세계질서를 창조하는 데 도움이 된다는 것이다. 그리고 그것은 미국을 위해서도 좋은 일이다. 그것은 우리에게 자유는 안락의자에서 즐기는 것이 아니라 싸워서 얻어야 하는 신념이었다는 사실을 일깨워주며, 평화와 번영 이상의 것들을 생각하게 만들었다.

다른 모든 역사적 사건들과 마찬가지로 9·11—테러 공격이나 날짜 그 자체가 아니라 그것이 만들어낸 제국주의라는 새로운 조류—도 다양한 차원을 갖는다. 이렇게 부활한 제국주의적 정치문화의 일부는 시민들에 대한 기습 공격과 아울러 그 때문에 불안한 시민사회에 모종의 안전대책을 제공하고자 하는 미국 지도자들의 시도가 만들어낸 결과이다. 그것의 또 다른 일부는 오일을 둘러싼 수면 아래의 정치경제학에서 비롯된 것이다. 중동과 중앙아시아에서 에너지 자원을 확보하고, 오일을 지역정치의 도구로 활용하고 싶어 하는 미국 엘리트들의 욕망이 바로 그것이다. 그렇지만 이런 요인들이 미국의 정책 결정에 상당한 역할을 한 것은 사실이지만, 그것만으로는 제국주의적 행보 자체의 정치와 이데올로기가 완전히 설명되지는 않는다. 그것을 이해하려면 우리는 냉전의 종식, 공산주의의 몰락, 그리고 국내외 질서의 조직 원칙으로 부상한 자유시장이 미국 보수주의자들에게 준 충격을 살펴보아야 한다. 왜냐하면 부분적이나마 보수주의자들에게 새로운 질서를 창조하라고 충동질한 것은 바로 그런 질서에 대한 보수주의자들의 불만이었기 때문이다.

로널드 레이건의 공산주의에 대항한 성전에 환호했던 네오콘들에게 냉전 이후 남은 것은 레이건의 또 다른 열정―찬란한 기업가 정신과 삶의 환희로서의 시장―뿐이었고, 그것은 빌 클린턴의 미국에서 보금자리를 틀었다. 네오콘들은 물론 자본주의를 반대하지는 않지만, 그것이 시민사회의 최고의 성취라고 믿지도 않는다. 그들의 비전은 더 고상한 것이다. 그들은 로마의 서사적 웅장함을, 아늑한 부르주아의 태도보다는 이교도 전사들―또는 도덕적인 십자군 전사들―의 기풍을 갈망한다. 냉전의 종식 이후 제국의 비전은 냉대받았고, 자유시장과 자유무역의 수용으로 시들어갔다. 신보수주의자들이 바로 자신들의 성공에 의해 설 자리를 잃어가면서 그들이 창조한 세계에 불만을 품게 된 것이다. 그래서 그들은 제국을 부르짖으며, 점점 불어나는 합창단에 최저음 가수를 투입시켰다. 네오콘들은 미국의 힘에 대한 신념을 완성했지만 그것이 단순히 자본주의의 확장에만 사용되는 것에는 심기가 불편했다. 그들은 돈과 시장 이상의 그 어떤 것을 의미하는 세계, 이 시대에 기념비적인 국제질서를 창조하고 싶어 한다.

그렇지만 이미 우리가 알게 되었듯이, 이런 초강대국의 비전이 미국이 당면한 도전에 손쉬운 해결책이 되지는 못할 것이다. 이라크전이 수렁에 빠지기 전조차도 미제국은 중동과 중앙아시아에서 벅찬 시련에 직면해야 했으며, 그것은 네오콘 제국주의자들의 군림하겠다는 생각―미국이 사건을 통제할 수 있고 역사를 만들 수 있다는 생각―이 사실은 얼마나 허망한 것인지 보여주는 것이었다.(실로 부시 행정부가 기자들에게 "우리는 이제 제국이고, 우리가 행동할 때 우리는 우리 자신의 현실을 창조하고 있는 것이다. 그리고 당신들이 그 현실을 연구하고 있을 때―당신들은 아주 신중하게 검토할 것이다―우리는 다시 행동할 것이고, 또 다른 현실을 만들어낼 것이다. 당신들은 그것을 연구할 수 있을 뿐이다"라고 말했던 것이 그리 오래전의 일이 아니다.)[2] 국내적으로는, 많은 사람들이 9·11이 만들어낼 것이라고 상상했던 문화적, 정치적 쇄신은 사실상 근거 없는 착각이며, 전혀 완화될 기미가 보이지 않는 자유시장 이데올로기의 희생물이었음이 판명되었다. 이처럼 9·11은 제국의 네오콘들이 부여한 임무를 완수하지 못한―사실 애초에 불가능했던―것으로 드러났다.

세계무역센터와 펜타곤에 대한 공격이 있은 직후, 정치인과 학자들―급진주의적 좌파를 제외한 주류 보수주의자들과 자유주의자들―은 커다란 안도의 한숨을 내쉬었다. 그들은 마치 그 공격이 버클리와 크리스톨이 비판해왔던 해악들로부터 그들을 해방시켜주는 것인 양 환영했다. 세계무역센터가 여전히 불길에 휩싸여 있고 생매장된 시신들이 채 수습되지도 않은 상황에서, 『뉴욕 타임스』의 칼럼니스트 프랭크 리치는 "이제 이번 주의 악몽이 지난 십 년간 퇴폐적인 것까지는 아니라 할지라도 천박한 꿈속에 빠져 있던 우리를 뒤흔들어 깨워주었다는 것이 명백해졌다"라고 발표했다. 그 꿈이 무엇이었던가? 번영의 꿈, 돈으로 삶의 장애물들을 극복할 수 있다는 꿈이었다. 1990년대에 모린 다우드는 우리는 "군살은 다이어트와 운동으로, 주름은 콜라겐과 보톡스로, 늘어지는 피부는 수술로, 성부전은 비아그라로, 조울증은 항우울제로, 근시는 레이저 수술로, 노화는 인간성장호르몬으로, 질병은 줄기세포 연구와 생명공학으로 극복할 수 있기를" 바랐다고 썼다. 우리는 "부엌을 혁신했다"고 데이비드 브룩스는 말한다. "집 안에 오락기기를 싹 바꾸고, 테라스 가구, 거품 욕조, 가스 그릴에 투자했다"—마치 부유함이 우리를 비극과 시련에서 해방시켜줄 것처럼.[3] 이런 풍조는 국내적으로 끔찍한 결과를 낳았다. 프랜시스 후쿠야마에게 그것은 "방종적 태도"와 "개인이 시시한 문제에 집착"하는 것을 조장하는 것으로 보였다. 그것은 또한 국제적으로도 영향을 미쳤다. 루이스 '스쿠터' 리비◆에 따르면 평화와 번영에 대한 맹신이 전형적으로 표현된 것이 바로 빌 클린턴의 유약하고 산만한 외교정책이었으며, "그것 때문에 오사마 빈 라덴 같은 자가 등장해 자신만만하게 '미국인들은 스스로를 방어할 기백이 없다. 그들은 자신들의 이익을 방어하기 위해 희생을 감수하려 하지 않는다'고 호언할 수 있었다"는 것이다. 브룩스의 말에 따르면, 9·11 전 미국의 국내 모습은 알카에다를 포함해 가장 평범한 관찰자들의 눈에도 전혀 진지한 국가로

◆ 조지 부시 대통령의 오른팔인 딕 체니 부통령의 최측근 참모. 냉전 이후 미국의 방위전략으로 자리 잡은 선제공격론을 창시한 장본인으로 이라크전쟁을 기획한 네오콘의 대표적 인물 중 하나이다. '스쿠터'는 이리저리 잘 뛰어다닌다고 그의 부친이 붙여준 애칭이다.

보이지 않았다는 것이다.[4]

그렇지만 9월의 그날 이후 많은 논평자들은 자국 내의 모습이 바뀌었다고 말하기 시작했다. 앤드류 설리번은 미국은 이제 "더욱 긴장하고, 더욱 의식적으로 되었으며, 그래서 더욱 생동감이 있다"고 썼다. 『뉴요커』의 기자인 조지 패커는 9·11이 "경계심, 슬픔, 결의, 심지어 사랑까지" 일깨웠다고 논평했다. 패커는 "이제 내가 두려워하는 것은, 아마 우리 모두가 찾으려고 하는 일상으로 되돌아가는 것이다"라고 털어놓았다. 브룩스에게 9·11 이후 "전국을 휩쓴 공포는 지난 십 년간의 방종을 말끔히 씻어내주는 세척제였다". 되살아난 공포는 번영에 대한 초조감을 일소하고, 무기력한 정서를 기운찬 열정으로 바꾸어주었다. "우리는 풍요에 대한 조바심을 전쟁에 대한 진정한 공포와 맞바꾸었다."[5]

이제 모엔(Moen) 사의 어떤 수도꼭지가 별장의 구리 싱크대와 어울릴지를 놓고 몇 시간씩 고민하며 보내던 부자들이 돌연 파이프에서 흘러나오는 물에 독약이 섞여 있지 않을까 걱정하게 되었다. 블루밍데일 백화점에서 프라다 백을 사고 싶어 하던 사람들은 돌연 공항에 방치된 가방들을 두려워하게 되었다. 미국, 자유의 달콤한 땅이 공포에 대한 집중 훈련장이 되고 있는 것이다.[6]

오늘날에는 "상업적 삶이 정치적 삶보다 덜 중요해 보인다…… 죽느냐 사느냐의 싸움이 벌어지고 있는 마당에 빌 게이츠나 잭 웰치를 특별한 영웅으로 생각하기는 어렵다"고 결론을 내린다.[7]
작가들은 자극적인 도덕의 전류가 정치의 몸통을 관류하는 것을 거듭 환영했다. 공공의 결의와 시민적 헌신의 역동적인 에너지는 정부에 대한 신뢰를 회복시켜줄 것이고, 일부 자유주의자들에 따르면, 심지어 복지국가를 혁파하는 일을 승인하게 될 수도 있다는 것이다. 또한 그것은 애국주의와 연대의 문화를 형성하고, 새로운 초당파적 합의를 이끌어내서 문화 전쟁과 질시를 종식시키고 더 성숙되고 더 고상한 통치기구로 귀결될 것이라고 한다.[8] 『USA 투데이』의 기자에 따르면, 조지 W. 부시 대통령은 특히 9·11의 약속에 민감하게 반응해, 자신과 자신의 세대를 국내 재건 프로젝트에서 모범사례로 만들고자 총력을 기울였다고 한다. "부시는 참모들에게 적과 맞서는 것이 자신이나 자신과 동시대인들인 베이비부머들이 그들의 삶을 재정립하고 그들도 아버지 세대가 제2차 세계대전에서 보여주었던 것과 똑같은 용기를 지니고 있음을 입증할 수 있는 기회라고 믿고 있다고 말했다." 그리고 크리스토퍼 히친스◆가 어떤 것에 득의양양해지는지는 순전히 그 자신만의 일이겠으나, 스스로 나서서 남의 불행을 즐거워하는 것은 조금 사정이 다르다. "나는 지난 9월 11일에 분노부터 혐오감까지 포유류가 느낄 수 있는 모든 종류의 감정들을 단 한 번에 경험했다는 사실을 털어놓아야 할 것 같다. 나는 또한 또 다른 감정이 각축을 벌이고 있음을 발견했다. 가만히 살펴보니 나 스스로 놀랍고 기쁘게도, 그것은 바로 환희였다는 사실이 드러났다. 여기 가장 가공할 적—신정(神政)의 야만—이 눈앞에 있다…… 만약 전투가 내 생명이 다하는 날

◆『신은 위대하지 않다』를 쓴 영국 출신의 좌파 언론인. 리처드 도킨스와 함께 세계적인 무신론자로 더 잘 알려져 있다. 수많은 토크쇼와 순회강연을 통해 신랄한 독설과 논리로 대중적인 인기를 누렸다. 그동안 미제국주의를 비판해왔음에도 9·11 당시 태도가 돌변해 이슬람의 얼굴을 한 파시즘을 물리쳐야 한다며 이라크전쟁을 지지했다.

까지 지속된다면, 나는 최후까지 그것을 처단하는 일로 절대로 지루할 틈이 없을 것이라는 사실을 깨달았다."[9)] 9·11은 충격적으로 스펙터클한 공포와 죽음을 통해 죽었거나 또는 죽어가고 있던 문화에 재생의 기회를 마련해주었다.

국제적으로 9·11은 미국이 다시 세계문제에 개입하고, 혼란이나 망설임 없이 제국의 역할을 떠맡도록 만들었다. 소련의 붕괴 이후 아버지 조지 부시나 빌 클린턴은 미국의 힘을 사용하는 데 안내자 역할을 할 독트린을 찾아 어둠 속을 더듬어야 했지만, 이제 미국의 사명은 명백해졌다. 그것은 야만에 대항해 문명사회를, 테러에 대항해 자유를 지키는 것이다. 콘돌리자 라이스는 『뉴요커』와의 인터뷰에서 다음과 같이 말했다. "역할을 규정하는 어려운 일은 지나갔다고 생각한다. 9월 11일은 그것을 명확히 하고 더 날카롭게 다듬어준 거대한 지진 중의 하나였다. 모든 일들이 훨씬 더 뚜렷해졌다." 자유시장, 개인주의, 고립의 수렁에 빠져 들어가 사라져버린 것으로 여겨졌던 미국이 이제 국경을 넘어 세계의 정신이 되라는 요청을 받았으며, 미국 주도의 세계질서를 위해 희생도 감수할 각오를 보이기 시작했다. 클린턴 행정부의 전 국방차관이 결론 내렸듯이, "미국인들은 냉전 이후 첫 십 년간을 특징지었던 나약함으로 다시 빠져들지는 않을 것이다". 그들은 브룩스의 말처럼 이제 "악이 존재한다"는 것과 "질서를 지키기 위해서는, 선량한 사람들이 파괴적인 사람들에게 무력을 행사해야 한다"는 사실을 깨달은 것이다.[10)]

그런데 십 년이 흐른 지금은 당시의 심리 상태를 되짚어보는 것은 고사하고 다시 떠올려보는 것조차도 쉽지 않다. 그 이유는 단순히 그것이 부시의 첫 번째 임기가 끝나기도 전에 미국이 이상하고 불쾌한

당파 싸움—비록 양당 간에 치열한 설전이 벌어지고 있지만 경제적인 원칙들에 대해서는 양자가 깊은 합의를 보여주고 있다(이런 면에서 우리는 여전히 빌 클린턴의 미국에 살고 있는 것이다)—으로 후퇴해버리며 너무 빨리 사라져버렸기 때문만은 아니다. 더욱 당혹스러운 것은 어떻게 그렇게 많은 작가들과 정치인들이 대참사가 낳은 정치적 부수효과를 환영하면서, 9·11을 그전까지의 평화와 번영에 대해 그들이 그토록 오랫동안 억눌러왔던 경멸을 일거에 쏟아 부을 기회로 삼을 수 있었느냐는 점이다. 어떤 사람들은 9월 12일에 거품—경제적, 문화적, 정치적—이 터진 것을 슬퍼하는 표현들이 나올 것이라고 기대했을지도 모르겠지만, 많은 사람들은 9·11을 1990년대의 공허함과 천박함에 대한 천둥 같은 심판이자 꼭 필요한 교정 조치로 보았다. 우리는 거의 한 세기를 거슬러 올라가서 정확히 똑같은 예를 발견할 수 있다. 자유무역과 전 세계적인 세기말적 현상들을 감돌던 "권태로움과 공허함의 늪지대 가스"가 마침내 폭발했던 제1차 세계대전이 발발하던 날이 바로 그것이다.[11]

이런 열광적인 안도의 심리를 이해하기 위해서 우리는 미국의 엘리트들이 더 이상 미국의 임무를 소련의 위협에 대한 대응으로 규정할 수 없게 되었다는 사실을 깨달았던, 냉전이 시들기 시작하던 때로 되돌아가볼 필요가 있다. 냉전의 종결이 승리감의 물결을 확산시켰지만, 다른 한편으로는 엘리트들 사이에 미국 외교정책의 불확실성에 대한 불안감을 자극하기도 했다. 많은 사람들은 공산주의가 패배했는데 미국이 어떻게 세계에서 자신의 역할을 찾을 수 있겠는가라는 물음을 던졌다. 미국이 언제 어디서 국외 분쟁에 개입해야 하는가? 얼마나 많은 군대를 파견해야 하는가?

이런 논쟁의 저변에는 미국의 힘의 규모와 목적에 대한 깊은 불안 심리가 깔려 있다. 미국은 과도한 힘으로 고통받고 있는 듯 보였다. 엘리트들은 그 힘의 사용을 통제할 어떤 일관된 원칙도 만들어내기 어려웠다. 조지 부시 대통령의 첫 번째 국방장관으로 재직 중이던 딕 체니는 1992년 2월 "우리는 전략적으로 충분한 성취를 이루었기 때문에 안보에 대한 위협은 이제 상대적으로 멀리 있고 구체적으로 규정하기 더욱 어려워졌다"고 인정했다. 거의 십 년 후에도 미국은 그 지도자들에게는 허우적거리는 거인으로 보였다. 콘돌리자 라이스는 2000년 대선에서 "미국은 소련의 힘이 부재한 상황에서 자신의 '국익'이라는 것을 규정하는 데 무척 애를 먹고 있다"고 지적했다. 정치 엘리트들이 국익이 무엇인지에 대해 너무나도 불확실해졌기 때문에 클린턴 정부의 국방차관보 조지프 나이—그리고 나중에 하버드 대학 케네디 행정대학원의 학장이 된—는 결국 손사래를 치며 무엇이든 "시민들이 적절히 숙고한 뒤에 국익이라고 말하는 것"이 바로 국익이라고 선언해버렸다. 냉전시대의 '현명한 사람'◆이라 불렸던 그에게서는 도저히 상상할 수 없는 기권이었던 셈이다.[12]

클린턴이 대통령직에 올랐을 때, 그와 그의 참모들은 이런 유례없는 상황—미국은 엄청난 힘을 지닌 데 반해, 클린턴의 국가안보보좌관인 앤터니 레이크의 말에 따르면, "존립에 대한 어떤 가시적 위협"도 없는 상황—에 대해 면밀히 검토했다. 그리고 미국 외교정책의 주된 관

◆ 월터 아이작슨과 에반 토머스가 1986년 발표한 책 『현명한 사람들: 여섯 명의 친구들과 그들이 만든 세계』에서 따온 말. 1940년대부터 공산주의에 대한 봉쇄정책과 마셜 정책 등을 입안하고 나토와 세계은행의 설립을 주도한 미국 관료들과 동부국제정책연구소의 인물들을 다루고 있다.

심사는 더 이상 군사적인 것이 아니라 경제적인 것이 되었다는 결론에 이른다. 미국에 대해 여러 가지 가능한 군사적 위험들을 약식으로 검토해본 후, 클린턴 대통령은 1993년 "우리는 인류가 통상을 추진하는 길에 **무엇보다도 중차대한**, 무정형이지만 심대한 도전에 여전히 직면해 있다"고 말했다. 냉전 이후 시대의 가장 중대한 과제는 세계의 시민들이 국경을 넘어 거래할 수 있도록 세계경제를 재편하는 것이었다. 그것을 추진하기 위해 미국은 먼저 국내경제를 재편할 필요가 있었다. 레이크는 "집 안에서의 새로운 개편"이라고 말했다. 재정 적자를 줄이고(부분적으로 군비 축소를 통해), 이자율을 낮추고, 하이테크 산업을 육성하며, 자유무역협정을 추진하는 것 등이 그것이었다. 다른 나라들도 또한 고통스러운 경제 개편을 단행해야 하기 때문에 레이크는 미국의 일차적 목표는 "세계에서 시장민주주의의 자유공동체를 확장시키는 것"이라고 결론지었다.[13]

미국이 직면한 도전에 대한 클린턴의 평가는 부분적으로는 정치적 계산에 영향을 받은 것이었다. 그는 재선에 나선 현직 대통령을 꺾고 당선되었다. 전임 대통령은 냉전을 미국의 승리로 이끌었을 뿐만 아니라 이라크군을 완패시킨 장본인이기도 했다. 남부의 주지사로서 외교 경력이 없었던—그리고 병역 기피자였던—클린턴은 자신이 부시를 누를 수 있었던 것은 전쟁과 평화의 문제가 더 이상 지난 시대에서처럼 미국 유권자들에게 공감을 얻지 못했음을 의미하는 것으로 해석했다.[14] 그렇지만 클린턴의 비전 또한 1990년대에 일반적이었던 한 가지 확신, 즉 자유시장의 세계화는 군사력의 효율성과 전통적인 제국의 존립 기반을 약화시켰다는 생각을 반영하고 있었다. 군사력이 더 이상 유일하거나, 가장 효율적인 국가 의지의 표현 도구가 될 수 없었다. 국력은 이제 국가경제의 역동성과 성공, 그리고 그 문화적 매력에 의존하고 있었다. 클린턴의 국방차관보 조지프 나이는 "소프트 파워"—미국이 전 세계에서 찬사를 받게 만드는 문화적 자본—가 한 국가의 우수성을 판단하는 데 군사력만큼이나 중요해졌다고 주장했다. 나이는 미국 관료로서는 최초로 그람시를 언급하며 미국이 모범을 보이며 다른 국가들에게 따르도록 설득—강요하기보다는—할 수 있어야만, 헤게모니를 유지할 수 있을 것이라고 말했다. "만약 내가 하고 싶은 것을 당신이 **하고 싶도록** 만들 수 있다면, 나는 당신이 하고 싶지 **않은** 것을 하도록 강요할 필요는 없을 것이다"라고 나이는 썼다.[15] 미국은 세계에서 자신의 지위를 유지하기 위해서는 자유시장 모델과 다원주의적 문화를 확산시키는 동시에, 다른 나라들의 경제를 압도할 필요가 있었을 것이다. 미국이 직면한 가장 커다란 위험은 스스로 경제를 개혁하지 않거나, 군사력의 우월성을 남용해 국제적 증오를 불러일으키는 것이었다. 문제는 미국의 힘이 모자란 것이 아니라 너무 넘쳐난다는 것이었다. 안전한 세계화를 위해서 미국은 군사력을 줄이거나, 또는 최소한 제국주의적 야심을 현저히 줄일 필요가 있었다.

사회주의의 소멸을 염원하고 축하하던 보수주의자들에게 클린턴이 여유로운 번영을 장려하는 모습은 경악 그 자체였다. 풍요로움은 어려움과 시련을 모르는 사회를 만들어냈다. 물질적 만족은 결의와 영웅적 열정을 감소시키며, 사회적 깊이와 정치적 의미의 실종을 초래했다. "당시 평화와 번영의 시기에 최고의 시트콤은 〈사인필드(Seinfeld)〉였는데, 그것은 아무 내용도 없는 드라마였다"고 데이비드 브룩스는 쓰고 있다. 저널리스트이자 국제문제 평론가인 로버트 D. 캐플런은 "부르주아 사회의 잘 먹고 잘 사는" 주민들은 너무 자신들만의 편안함과 쾌락에 빠져든 나머지 세계를 더 안전한 곳으로 만드는 일을 거들기 위해 손을 내밀지―또는 어깨에 총을 메지―않았다고 독설을 퍼부었다. 그는 "물질적 소유"가 "순종을 장려했다"고 결론지었다.[16] 1990년대를 관통하는 지식인들의 주요한 불평은 부족해진 시민의식, 또는 용기에 대한 것이었으며, 지도자들과 시민들이 번영과 부에 너무 마음을 사로잡혀서 전통, 공동 이익, 세계 방어 등에 소홀해졌다는 것이다. 국가에 대한 충성도 줄어들면서, 정치 참여와 공동체 봉사활동도 줄었다.[17] 실로 냉전에 의한 긴장감이 사그라지고 있다는 것을 가장 웅변적으로 나타내는 징후들 중 하나가 1990년대의 시작과 마지막을 장식한 두 사건이었다. 그것은 국가의 가장 존경받는 정치제도에 수치스러운 의혹을 만들었던 클래런스 토머스와 아니타 힐의 논쟁◆, 그리고 부시 대 고어 사건에 대한 대법원의 판결◆◆이다.

유력한 네오콘들에게 클린턴의 외교정책은 더욱 혐오스러운 것이었다. 네오콘들이 클린턴의 다자주의에 반대하는 일방주의자이거나, 또는 그의 국제주의와 인도주의에 비판적인 고립주의자이거나 현실주의자이기 때문이 아니었다.[18] 그들은 클린턴의 외교정책이 자유시장의 세계화라는 명제에 너무 끌려가고 있다고 주장했다. 그것은 소련의 패배 이후 미국을 잠식한 퇴폐의 증거이며, 약해진 도덕성과 실종된 용기의 상징이었다. 도널드 케이건과 프레더릭 케이건 부자

◆ 클래런스 토머스의 연방대법관 인준 청문회에서 아니타 힐 교수가 출석해 자신이 그로부터 성추행당했다고 폭로한 사건.

◆◆ 2000년 미국 대통령 선거에서 9명의 연방대법관이 5대 4로 '플로리다 주 법원의 재검표 시한 연장 조치는 위법'이라고 판결해 조시 W. 부시 후보의 대통령 당선을 확정한 사건.

는 2000년에 출판한 유명한 선언적 저서인 『미국이 잠든 사이』에서, "1991년 이후 출현한 행복한 국제적 상황"에 대해 노골적인 경멸을 드러냈다. 그것은 "민주주의, 자유무역, 평화의 확산으로 특징지어지며" "국내의 편안함"을 사랑하는 "미국과도 잘 어울리는 것"이다. 캐플런에 따르면 미국과 같은 "부르주아 사회의 문제"는 "상상력이 부족하다는 것"이다. 예를 들면 사커맘♦은 공화당과 민주당, 양측으로부터 시종일관 찬사를 받기 때문에 자신들의 좁은 한계를 벗어난 바깥 세상에 대해서는 관심을 갖지 않는다. "평화"는 "즐거운 것이고 즐거운 것은 덧없는 만족이다"라고 그는 투덜댄다. 평화는 "아무리 섬세하고 온화하다 할지라도 결국 독재일 수밖에 없는 형태를 통해서만 획득될 수 있다". 평화는 긴장된 갈등, 치열한 불일치, "우리가 반대하는 사람들 덕분에" 우리 스스로를 규정할 수 있었던 사치의 기억을 지워버린다.[19]

비록 보수주의자들이 종종 부와 번영, 법과 질서, 안정과 일상성―부르주아적 삶의 모든 편의―을 선호하는 것으로 간주되지만, 클린턴의 보수주의적 비판자들은 그가 바로 그런 미덕을 추구하고 있다는 이유로 그를 미워했다. 클린턴의 자유시장에 대한 집착은 힘과 폭력적 충돌, 비극과 파열의 어두운 세상을 꺼리는 경향을 드러냈다. 그의 외교정책은 단순히 비현실적인 것만이 아니었다. 그것은 충분히 어둡고 음울하지 못했다. "1990년대 시대정신에서 놀라운 것은 조화라는 억측이었다. 그 시대는 더 이상 근본적인 갈등은 없다는 생각에 기초해 형성되었다"고 브룩스는 불평한다. 보수주의자들은 신비적인 악

♦ soccer mom, 자녀의 축구장을 따라다닐 정도로 교육에 열성적인 미국의 중산층 어머니들.

과 깊이를 가늠할 수 없는 증오로 가득 찬 세상에서 번성한다. 그곳에서는 선이 항상 수세적이고 시간은 부패와 쇠퇴에 대항한 광대무변한 경주에서 소중한 자원이 된다. 그런 세상에 맞서기 위해서는 이교도적 용기와 거의 야만적인 용맹성이 요구된다. 그런 자질은 보수주의자들이 평화와 번영이라는 진부한 선보다 더 가치를 두는 것이다. 이런 염세주의의 음울한 왕자들 중에서도 가장 어두운 자인 폴 월포위츠가 앨런 블룸의 제자였던 것은 결코 우연이 아니다.(사실 월포위츠는 솔 벨로의 블룸에 관한 소설 『래벌스타인』에 카메오로 등장한다.) 왜냐하면 블룸은 다른 많은 유력한 네오콘들과 마찬가지로 레오 스트라우스의 추종자였기 때문이다. 레오 스트라우스는 전통적 미덕과 질서 정연한 조화에 대한 조용한 찬사로 고통스러운 갈등과 폭력적 투쟁에 대한 자신의 니체적 비전을 은폐했다.[20]

그렇지만 네오콘들이 클린턴의 외교정책에 불만을 품는 데는 또 다른 이유가 있었다. 그들 중 다수는 그 정책이 비전과 일관성이 부족하다고 느꼈던 것이다. 그들은 클린턴이 주도적이고 공세적이기보다는 수세적이고 즉흥적이라고 주장했다. 클린턴과 그의 참모들은 미국이 사건들에 반응하기보다는 주도해가는 세상을 상상하지 않는다. 월포위츠, 리비, 캐플런, 리처드 펄, 프랭크 개프니, 케네스 애덜먼, 케이건 부자, 그리고 크리스톨 부자 같은 자들은 일반적인 진부한 보수주의자들을 이상이 없는 실용주의자들이라고 자신들과 선을 그으며, 미국의 "온화한 헤게모니"가 단순히 자유시장을 확대하는 것만이 아니라 "민주주의 지대"를 확장시키는 데 공헌할 수 있도록, 미국의 힘에 대한 더 이념적으로 일관된 계획을 요구했다. 그들이 원한 외교정책은 나중에 로버트 케이건◆이 조지프 리버먼 상원의원을 칭찬하면서 썼던 말처럼 "이상적이면서도 순진하지 않고, 강한 군사력에 의존하고 힘을 사용할 각오와 의지가 있지만, 또한 미국의 힘을 민주주의를 확산시키고 세계에 공헌하는 데 사용할 결의가 있는 것"이었다. 아버지 부시 행정부 때부터 네오콘들은 체니의 표현에 따르면, 미국은 "미래를 만들고 역사의 결과물을 결정해야" 하며, 나중에 케이건 부자가 정리했듯이 "가시적인 위협이 있든 없든 상관없이," 세계의 "모든 중요한 지역에 적극적으로 개입해야 한다"고 주장했다. 그들은 로버트 케이건의 표현으로 "한심한 1990년대의 십 년간" "'국가 건설'에 대한 적대감, 국제사회적 역할에 대한 혐오감, 그리고 '초강대국은 유리창을 닦아주지 않는다'◆◆"는 편협한 신념 때문에 고통을 겪었던 공화당원들을 비판했다.[21] 이 보수주의자들이 갈망했던 것은 미국이 진정한 제국이 되는 것이었다. 그 이유는 그것이 미국을 더 안전하고 부유하게 할 것이라든가, 또는 더 나은 세상을 만들 수 있을 것이라고 생각했기 때문이 아니다. 그들은 말 그대로 미국이 세계를 **만드는 것**을 보고 싶었던 것이다.

9·11은 보수주의자들이 수년간 말해왔던 것을 가장 명확한 형태로 보여주었다. 세상은 미국이 쓰러지는 것을 보기 위해 어떤 짓도 서슴지 않는 적대적 세력들로 가득 찬 위험한 곳이라는 것이다. 더욱 중요한 것은 9·11은 그들이 수십 년간 은밀하게 간직해왔던 제국으로서의 미국의 힘에 대한 야심을 주저 없이 강력하게 표출할 계기를 마련해주었다는 점이다. "사람들은 이제 떳떳하게 제국이라는 말을 사용

◆ 브룩킹스 연구소 선임연구원으로, 네오콘의 핵심 이론가이자 조지 W. 부시 외교정책의 밑그림을 그린 학계의 대표주자이다.

◆◆ '사소한 일에는 개입하지 않는다'는 뜻.

하기 시작했다"고 찰스 크라우트해머◆는 9·11 이후 정확히 지적했다. 과거의 제국들과는 달리 이번에는 온화하고, 심지어 전 세계적 진보라는 자비로운 비전을 가진 제국이 될 것이다. 미국의 페어플레이 정신과 선의로 인해—대영제국이나 로마와는 달리 미국은 자신의 영토를 확장하려는 의도가 없다—이 새로운 제국은 과거의 제국이 만들어냈던 저항을 야기하지 않을 것이다. 『월스트리트 저널』의 한 필자가 썼듯이 "우리는 모든 자들이 합류하기를 원하는 매력적인 제국이다". 라이스는 다음과 같이 말했다. "이론적으로, 현실주의자들은 미국처럼 강력한 힘이 있을 때는 오래지 않아 그것에 도전하는 또 다른 거대한 힘들이 부상하게 될 것이라고 예측한다. 그렇지만 내 생각에 당신들이 보고 있는 것은 적어도 이번에는 미국을 견제하기보다는 미국과 생산적인 협력관계를 맺으려는 움직임들이 있다는 것이다."[22] 제국을 창조하면서 미국은 부시 대통령이 2002년 국정연설에서 밝힌 것처럼, 더 이상 위험이 커지는 동안 사건을 기다리기만 하다가, 즉각적인 위협에만 대응해야 할 필요는 없어질 것이다. 이제 미국은 위협을 예측하고 몇 달이나 몇 년이 아닌 수십 년, 또는 수세기를 내다보며 "환경을 만들어가게" 될 것이다. 그 목표는 1990년대 초 월포위츠의 조언에 따라 체니가 처음으로 기획했던 안이었다. 그것은 미국에 도전하는 다른 세력이 부상하지 못하도록 하고, 어떤 지역 세력도 그들의 지역 무대에서 우위를 점하지 못하도록 방지하는 것이다. 그 계획은 선제적이고 예방적인 것, 그리고 현재보다는 미래의 가능성을 예상하는 것에 강조점을 두고 있다. 리처드 펄은 그것을 이라크에 적용했다.

◆ 레이건 행정부 때 실력을 발휘한 강성 외교 전략가이자 『워싱턴 포스트』지의 영향력 있는 고정 칼럼니스트.

"여기서 필수적인 것은 사담 후세인에 대한 반대 세력을, 외부의 아무런 도움도 받지 못하고, 그 끔찍한 정부를 제거할 어떤 현실적인 희망도 없는 현재의 모습으로 보지 않고, 앞으로 무엇으로 창조될 수 있을지에 주목하는 것이다."[23]

보수주의자들에게는 9·11 이후 2년간이 아주 좋았던 시절이었다. 자유시장에 대한 그들의 애증이 마침내 충족되는 시기였던 것이다. 그들은 더 이상 풍요와 번영의 지리멸렬한 정치에 끌려 다닐 필요 없이 희생과 숙명, 악과의 대결이라는 요청에 대중이 반응할 것이라고 기대해도 좋다고 믿었다. "위험"과 "안보"라는 시대의 표어로 미국은 경제적 재분배라는 수문을 열지 않고도 새롭게 정화될 것이다. 그들은 9·11과 미제국이, 대니얼 벨이 오래전에 감지했지만 공산주의의 패배 이후에야 진정 전면화되었던 자본주의의 문화적 모순을 결국 해결해 줄 것이라는 희망을 품었다.

십 년 동안은 참으로 많은 변화가 일어날 수 있다. 그리고 이런 문제에서는 심지어 2년도 긴 시간이다. 미국이 이라크전에서 사실상 승리했다고 선언하고 (일종의) 철군을 하기 오래전에도, 조지 W. 부시가 불명예 속에 자리를 내주기 오래전에도, 아프가니스탄전쟁이 미국인들이 감당할 수 있는 것보다 훨씬 벅차다는 것이 증명되기 오래전에도, 네오콘의 제국이 부실한 토대 위에 세워졌다는 것은 이미 명백했다. 예를 들면 탈레반을 제거하기 위한 폭격이 실패로 돌아가고 불과 몇 주 지나지 않은 2001년 10월과 11월 초 사이에, 비판자들은 아프가니스탄전쟁이 베트남전의 수렁을 반복할지도 모른다는 공포를 쏟아내기 시작했다.[24] 이라크전쟁이 그 옹호자들이 주장했던 것처럼 식은 죽 먹기가 아니라는 사실이 드러나자마자, 비록 일시적이기는 했지만 민주당원들은 수용 가능한 비판의 한계가 어디까지인지 조사하기 시작했다. 2004년 대선 때부터 전쟁에 대한 비판의 목소리를 높이는 것이 민주당 대선후보의 자질을 검증하는 리트머스 용지 같은 것이 되었다.

물론 그런 비판자들이 부시 정책의 핵심적인 군사적 전제에 도전했던 것은 아니지만—오바마 행정부 하에서도 미국의 세계적 역할이라는 기본 전제에 대해 의문을 제기하는 사람은 거의 없을 것이다—그런 비판들이 간간히 흘러나오고, 특히 문제에 봉착했거나 패배했을 때 비판이 거세지고 있다는 것은, 제국주의적 비전은 그것이 성공을 거두고 있을 때만 정치적으로 살아남을 수 있다는 점을 시사한다. 당연한 것이다. 왜냐하면 제국주의적 전망의 핵심은 미국이 상황을 통제할 수 있고 역사의 결과물을 결정할 수 있다는 것이므로, 성공이냐 실패냐에 따라 그 전망의 유효성이 결정될 것이기 때문이다. 어떤 사건이 제국의 통제능력 범위 바깥에 있다는 것만으로도 제국의 전망은 빛을 잃는다. 실로 그렇게 계획된 제국이 의심의 대상이 되는 데는 단 일주일이면 충분했다. 2002년 3월 이스라엘과 '점령지구'에서 발생한 끔찍한 유혈사태가 그것이다—그리고 "부시는 중동이 불타는 동안 네로 황제처럼 백악관과 텍사스에서 빈둥거렸다"는 비난을 받았다. 중동에서의 폭력 사태가 고조되기 시작하자마자, 당시 정부의 지지자들 내부에서조차도 이라크 침략은 무기한 연기되어야 한다고 말하며 대열을 이탈하기 시작했다. 레이건 행정부에서 고위 안보참모였던 한 사람은 "최고의 역설은 역사상 최강인 국가가 지역 위기를 관리하는 데는 무력한 것으로 판명되었다는 점이다"라고 말했다. 그 참모는 계속해서 중동이 불타오르고 있는 동안, "정부가 아프가니스탄이나 이라크"—제국적 대치에서 두 개의 핵심적인 전초기지—에만 미친 듯이 "몰입"하고 있는 것은 "놀라울 정도의 오만이나 무지를 반영하고 있는 것이다"라고 말했다.[25]

역설적이게도 부시 행정부가 이스라엘과 팔레스타인 같은 실패할 가능성이 높은 분쟁들에 대해서 개입을 회피하고 있는 한—그리고 이 글을 쓰고 있는 현재도 오바마 행정부는 이스라엘과 팔레스타인 문제에 대해서는 같은 길을 따르고 있는 것으로 보인다—제국주의가 추구하겠다고 언명한 바로 그 논리를 폐기할 수밖에 없는 것이다. 미국이 사건을 통제할 능력이 있다는 것을 기본 전제로 한 것이 네오콘의 제국주의적 비전이기 때문에, 그것은 실패를 감당할 수 없다. 그렇지만 실패를 회피하는 순간, 제국주의자들은 그들이 사건을 통제할 수 없다는 사실을 인정할 수밖에 없는 것이다. 전 국방장관 로렌스 이글버거가 이스라엘-팔레스타인 분쟁에 대해 지적했듯이, 부시는 "어떤 성공 가능성도 없는 상태에서 이런 혼란에 단순히 개입하는 것은 그 자체로서 매우 위험한 일이다. 왜냐하면 그것은 사실 우리가 당장은 사태를 통제하거나 영향을 미칠 수 있는 능력이 없다는 사실만을 드러내줄 것이기 때문이다"라고 인정했다.[26] 이것이야말로 네오콘들이 절대로 할 수 없는 고백이다. 이런 딜레마는 단순히 논리나 일관성의 문제가 아니다. 그것은 제국주의적 지위 그 자체의 본질적인 허약성을 드러내주는 것이다.

그런 허약성은 네오콘의 제국주의적 비전이 가진 국내적 공허함을 반영하는 것이기도 하다. 네오콘들은 제국주의를 자유시장의 문화적, 정치적 대응물로 보았고 지금도 그런 입장에는 변함이 없지만, 그들은—십 년이 흘렀음에도 불구하고—보수주의자들의 재정 지출에 대한 반대와 세금 감면 주장이 제국주의가 필요로 하는 국가 건설에 필수적인 투자를 얼마나 불가능하게 만드는지에 대해서는 설명하지 못하고 있다.

국내적으로 대부분의 논평가들이 상상했던 정치적, 문화적 쇄신—국가의 부흥, 희생의 분담과 공동체의 복구, 도덕적 재무장의 심화—은 9·11의 영향이 최고조에 이르렀던 때조차도 실제로 일어났다는 증거를 찾아보기 어렵다. 당시의 모든 사건들 중 두 가지가 두드러진다. 2002년 3월 민주당 의원 19명을 포함한 62명의 상원의원들이 자동차산업에서 고연료효율기준안에 반대표를 던졌다. 그것은 페르시아 만의 오일에 대한 의존성을 줄일 수 있는 법안이었다. 미주리 공화당 의원 크리스토퍼 본드는 전시 상황에서도 국가기관에 충성해야 할 의무에 그다지 얽매이지 않았기 때문에, 그는 상원에서 "나는 SUV를 사는 것은 좋지 않은 선택이라고 하원이 결정했기 때문에 우리나라 주부에게 그것을 사서는 안 된다고 말하고 싶지는 않다"고 당당히 말할 수 있었다. 더욱 인상적이었던 것은 고연료효율기준안 지지자들이 이런 반국가적 공세에 얼마나 취약했는가라는 점이다. 예를 들면 존 매케인은 국가가 국민의 개인적 시장 선택에 개입하려 한다는 생각에 대해 즉시 방어태세를 취했다. 그는 마치 새로운 전쟁의 시기에도 그것은 희생과 단결을 요구하는 끔찍한 부담이 될 것이라는 듯이, "어떤 미국인도 어떤 다른 자동차를 몰아야 한다고 강요받지는 않을 것이다"라고 변명하기에 급급했다.[27]

몇 달 전 '9·11 희생자 보상기금'의 대표인 케네스 파인버그는 부분적으로 희생자들의 사망 당시 수입에 기초해 가족들에게 보상금이 지급될 것이라고 발표했다. 세계무역센터와 펜타곤에 대한 공격이 있은 후, 하원은 국가가 희생자 가족들에 대한 보상 책임을 떠맡는 유례없는 조치들을 취했다. 이런 결정들이 항공 산업에 대한 무차별적 소송을 방지하기 위한 것이라는 시각도 있었지만, 많은 논평자들은 그것을 국가의 새로운 기상을 보여주는 상징적인 태도로 해석했다. 국가적 비극이 닥치자, 정치 지도자들이 마침내 레이건-클린턴 시절의 정글적 생존주의에서 벗어난 것으로 이해했던 것이다. 그렇지만 죽음의 순간에서도 미국의 지도자들이 말할 줄 아는 유일한 언어는 오직 시장—그리고 그것이 만들어내는 불평등—뿐이었다. 파인버그는 희생 분담이라는 관념을 내팽개치고 적절한 보상 수준을 계산하는 데 보험계리표를 선택했던 것이다. 연수입 1만 달러의 예순다섯 살 과부 할머니—최저임금을 받는 식당 종업원—를 잃은 가정은 기금으로부터 30만 달러를 지급받는 반면, 서른 살의 월스트리트 중개인의 가족은 3백 87만 64달러를 받게 된다. 9·11에서 희생된 사람들은 민주국가의 시민들이 아니다. 그들은 임노동자들이었고, 보상금도 그에 의거해 분배된 것이다. 그리고 그 결정의 이런 측면을 비판한 사람은 거의 없었다. 다른 이유로 파인버그의 계산법을 비난했던 정치인들과 논평자들조차도 이 점은 말하지 않았다.[28]

군대에서조차도 애국주의와 공동운명체라는 정신은 시장 이데올로기에 밀려난다. 2001년 10월 『뉴욕 타임스』의 별로 주목받지 못한 한 기사에서 군 모병관들은 지원자를 모집할 때 애국과 의무에 호소하기보다는 경제적 기회를 약속하는 것으로 그들을 꾄다고 털어놓았다. 한 모병관은 "그건 일반적인 사업과 똑같다. 우리는 '조국이 부른다'와 같은 상투어는 쓰지 않는다"라고 말했다. 가끔 모병소에 애국적 열정이 넘쳐서 "나는 싸우고 싶다"라는 말이 나올 때, 모병관은 "그들을 진정시켜야 한다. 우리가 하는 것은 싸우고 폭파시키는 것만이 아니다. 우리가 하는 것은 직업이고, 교육이다"라고 일러준다고 설명했다.[29] 모병관들은 이민자나 유색인종들이 기회가 적은 집단이기 때문에 군대에 더욱 매력을 느낄 것이라는 가정 하에 계속 그들을 표적으로 삼고 있다는 사실을 인정했다. 사실 펜타곤은 공개적으로 군대에서 라틴계를 10퍼센트에서 22퍼센트로 상향시키는 목표를 설정하기도 했다. 심지어 모병관들은 은밀히 멕시코로 건너가서 미국을 위해 무기를 들 의지가 있는 사람들에게 즉각적인 시민권을 약속하기도 한다. 샌디에이고의 모병관에 따르면, "일부 모병관들이 멕시코의 티후아나로 넘어가 팸플릿을 뿌리거나, 멕시코 쪽에서 정보를 퍼뜨려줄 협력자를 찾는 것은 공공연하게 벌어지고 있는 관행"이라는 것이다.[30]

2002년 12월 미국이 이라크 침공을 준비하고 있을 때, 뉴욕의 민주당 하원의원인 찰스 랭글은 징병제로의 복귀로 그 문제에 정면 도전하고자 했다. 랭글은 이민자, 유색인종, 빈자들이 인구 중 차지하는 비율에 비해 훨씬 큰 국방 임무를 떠안고 있다는 점을 지적하며, 미국이 제국으로서의 국내적 부담을 더 공평하게 분담시켜야 한다고 주장했다. 만약 중산층 백인 청년들이 무기를 들어야 한다면, 정부와 그 지지자들은 전쟁을 벌이는 데 훨씬 더 신중해질 것이라고 그는 주장했다. 그 법안은 물론 통과되지 못했다.

전쟁이 보통 국가적 원정에 수반되기 마련인 희생을 전 국민들에게 부과하지 못했다는 사실이 정치인들과 문화적 엘리트들 사이에 심각한 우려를 불러일으켰다. 『타임스』의 R. W. 애플은 타계하기 전에 "장기적으로 보았을 때, 위험한 것은 관심이 사라지는 것이다. 대부분의 전쟁들이 눈에 잘 띄지도 않는 곳에서 특수부대원, 외교관, 정보원들에 의해 치러지고, 국가가 수십 년간 편안한 삶에 빠져 있다면 과연 긴장을 유지할 수 있을까?"라고 썼다. 프랭크 리치는 호시절은 끝났다고 선언한 지 얼마 되지 않아 "이 나라가 전쟁 중이라는 것은 상상도 못 할 것이다"라고 공개적으로 한탄했다. 9·11 이전에 "정부는 우리가 모든 것을 가질 수 있다"고 말했다. 9·11 이후 행정부는 똑같은 소리를 반복하고 있다. 린든 존슨 대통령의 전 참모 중 한 사람은 『뉴욕타임스』에 "국민들이 여기에 참여하도록 해야 한다. 여태까지 그것은 당연히 정부의 역할이었다. 그렇지만 국민들이 관심이 없다"고 말했다.[31] 논평자들은 미국인들이 피로써 대의를 정화시키지 못한다면, 그들이 각오를 다지고 충성심을 시험해볼 수도 없다고 우려한다. 『더 뉴스아워』에서 도리스 컨스 굿윈은 다음과 같이 불만을 토로했다.

문제는 그것[테러와의 전쟁]이 긴 전쟁이 될 것이라는 점을 알고 있지만 우리가 제2차 세계대전 때 했던 것과는 달리 어떤 방식으로도 전쟁에 참여하기 어렵다는 점이다. 예전에는 군대에 수십만 명이 지원했다. 그들에게 공급될 배, 탱크, 무기를 만들기 위해 사람들은 공장에 나갔다. 그리고 빅토리 가든◆을 만들기도 했다. 그때는 "일상적인 삶을 유지하라"는 말이 지금과는 다른 의미로 느껴졌다. 젊은 세대들이 참전하고 싶은 마음이 있는 것으로 내가 믿고 싶은 징후들이 보이기는 하지만, 우리는 예전과 같은 징병제도가 없다. 지난 6월 하버드 대학을 갓 졸업한 내 막내아들이 군에 입대했다. 그 아이는 3년간의 복무를 원한다. 그는 그저 직장을 얻거나

◆ victory garden, 제2차 세계대전 중 정원에 일군 텃밭.

로스쿨에 가기보다는 세상을 경험하고, 그 속에서 자기 몫을 하고 싶어 한다. 나는 그런 사람이 무척 많을 것이라고 생각한다. 그렇지만 어쨌든 사람들은 정부가 우리에게 무엇인가를 요구하기를 바라기만 하고 있다. 우리에게는 이런[탄저균 테러에 대한] 항생제 생산을 위해 맨해튼 프로젝트◆ 같은 것이 필요할지도 모른다. 우리는 제2차 세계대전 때 그런 집단적인 노력을 기울이던 중 일 년이 지난 어느 날부터 화물선들을 격침시킬 수 있게 되었다. 우리는 사기나 생산성 면에서 전보다 훨씬 더 많이 동원 체제를 갖추어야 한다고 나는 생각한다.[32]

어찌 보면 전체 전쟁에 대한 매우 기묘한 관점 속에서 국가의 지도자들은 국민들에게 무엇인가 할 일을 찾아주려고 애쓰고 있다. 국민들이 기여할 바가 많아서가 아니라, 무엇인가 할 일이 없으면 평범한 미국인들의 열정이 식어버릴 것이기 때문이다. 그렇지만 이런 일들이 불필요해지고, 국민들에게 그런 일을 부과하는 것이 시장 이데올로기의 기준을 침해하는 것이 되면서, 대통령과 그의 동료들이 할 수 있는 최선의 일은 국민들이 전쟁에 기여할 수 있는 정보를 제공하는 웹사이트와 수신자부담 전화번호를 발표하는 것이 되어버렸다. 부시는 노스캐롤라이나에서 2002년 국정연설을 한 다음 날 "만약 당신이 어젯밤 연설을 들었다면, 사람들이 '이런, 정말 그것 참 훌륭하군. 저 사람이 내게 행동하라고 말하고 있어. 그런데 어디를 찾아봐야 하지?'라고 말하는 것을 들을 수 있을 것이다. 찾아볼 곳은 바로 이곳이다. usafreedomcorps. gov. 또는 다음 번호로 전화해도 된다. 내가 좀 사정

◆ Manhattan Project, 제2차 세계대전 당시 미국의 원자탄 개발계획.

하는 것처럼 들릴 수도 있겠다. 사실 그렇다. 이것이 바로 미국인이라면 해야 할 일이다. 1-877-USA-CORPS(872-26777)". 정부는 시민들에게 전화요금을 부담하라는 요구조차 하지 못했다. 그렇다면 그 자원자들이 할 의무라는 것은 무엇인가? 만약 그들이 의사나 보건전문가라면 위급상황 시 동원될 수도 있을 것이다. 그렇다면 나머지 사람들은? 그들은 테러 공격에 대비한 지역 감시 활동에 참여할 수 있었다. 노스캐롤라이나에서 말이다.[33]

냉전 종식 이후, 어떤 사람은 베트남전쟁부터라고 말하기도 하는데, 미국의 경제 엘리트들과 월포위츠나 기타 네오콘들과 같은 정치적 전사들 사이에는 문화적, 이데올로기적으로 점점 커져가는 간극이 놓여 있었다. 냉전이 딘 애치슨이나 덜레스 형제와 같이 좀 거칠기는 하지만 재계와 정계를 통합할 수 있는 어느 정도 일관된 '현명한 사람들'을 낳았다면, 레이건 시대 이후부터는 전혀 다른 양상이 전개되는 것이 목격되었다. 한편으로는 재계 거물들이 젊은 세대로 교체되면서, 그들은 국가로부터 이익을 보장받는 일에는 물불 가리지 않으면서도, 그들의 선배들이 국가에 대해 보였던 열정이나 존경심은 전혀 가지고 있지 않다. 공공의 덕을 보려는 것은 여전하지만, 그들은 정치와 정부를 경멸한다. 이 새로운 CEO들은 도쿄, 런던 등의 국제도시에서 또 다른 정치인과 국가를 상대한다. 그 국가가 그들이 필요로 하는 것을 제공하고 경영에 부당하게 간섭하지 않는 한, 그들은 정치 관료들에게 모든 것을 일임한다.[34] 실리콘밸리의 한 경영자는 이라크, 러시아, 또는 외국의 전쟁에 대해 그가 얼마나 자주 이야기하는가라는 『뉴욕타임스』의 칼럼니스트 토머스 프리드먼의 질문에 "일 년에 한 번 이

하일 것이다. 우리는 워싱턴에 대해서조차 신경 쓰지 않는다. 실리콘 밸리는 돈을 뽑아내고 워싱턴은 그것을 낭비한다. 나는 부와 일자리를 창출하는 사람들에 관해 말하고 싶다. 불건전하고 비생산적인 사람들에 대해서는 말하고 싶지 않다. 내가 우리나라의 부의 파괴자에 대해서도 신경 쓰지 않는데, 다른 나라의 부의 파괴자에게까지 신경 쓸 이유가 어디 있겠는가?"라고 대답했다.[35]

다른 한편으로는 새로운 종류의 정치 엘리트들이 출현했다. 그들은 경제계와는 거의 접촉하지 않고, 정부 말고 주로 관계를 맺는 곳은 학계, 언론계, 싱크탱크, 또는 문화산업의 어떤 분야이다. 월포위츠와 브룩스, 케이건 부자와 크리스톨 부자 같은 사람들은 서로 의견을 교류하며 세상을 지적 투사물의 풍경으로 본다. 그들은 스스로를 어떤 이해관계에도 구애되지 않고 중동 등의 지역에서 자유롭게 자신들의 대의를 추진해나갈 수 있는 사람들로 본다. 네오콘들도 기업가 동료들과 마찬가지로 자신들의 입장에서 세상을 바라보는 것이다. 하지만 그들은 기업가 동료들과는 달리 더 극적이고 탈속적인 드라마에 헌신할 각오가 되어 있다. 그들의 마지막 게임은, 만약 그런 것이 있다면, 선과 악, 문명과 야만 간의 묵시록적 대결이다. 그것은 자유무역과 세계화를 추진하는 미국 엘리트들의 국경 없는 세상이라는 비전과는 대척점에 있는, 이교적인 투쟁의 범주이다.

9 사내답기

사람들은 증거가 있어도 꿈꿀 수 있고, 이미 입증된 사실을 배제한 채 이치, 정의, 명제의 형상에 따라 가공의 세계를 만들어낼 수도 있다.
— 조지 엘리엇, 「다니엘 데론다」 중에서

사람들은 종종 20세기가 우리에게 정치에 대해 간단한 교훈을 주었다고 말한다. 정치적 행위를 위한 모든 동기들 중에서 이데올로기만큼 치명적인 것은 없다고. 물욕은 천박하고 권력욕은 비열할지도 모른다. 그렇지만 그런 것들은 그 어떤 것도 그것을 추구하는 사람들을 범죄적 이념의 과잉으로 몰아넣지는 않는다. 그런데 노동계급을 위한 것이건 지배인종을 위한 것이건 이데올로기는 결국 그들을 무덤으로 인도한다.

◆ 이 장은 마이클 왈저의 『전쟁에 대한 논쟁』(New Haven, Conn.: Yale University Press, 2004), 시모어 허시의 『지휘 계통: 9·11에서 아부그라이브에 이르기까지』(New York: Harper Collins, 2004), 샌퍼드 레빈슨 편집의 『고문』(New York: Oxford University Press, 2004)에 대한 서평으로 『런던 서평』(2005년 5월 19일) 11~14쪽에 실린 글이다.(저자 주)

비록 온건한 지식인들이 좌파나 우파의 '~주의들'에 대항해 이런 주장들을 반복적으로 펼쳐오기는 했지만, 20세기를 관통하는 또 하나의 이데올로기인 국가 안보에 대해서는, 그것에 상당하는 회의론을 불러일으켰던 적이 거의 없다. 어떤 사람은 이 전쟁을 비판하고 또 다른 사람은 저 전쟁을 비판하기는 했지만, 대니얼 벨의 유명한 저서 『이데올로기의 종말』에 비견될 정도로 "국가 안보의 종말"이라는 제목에 걸맞은 책을 쓴 사람은 아무도 없었다. 안보라는 미명하에 수백만의 사람들이 희생되었다. 스탈린이나 히틀러는 자기 국민들을 치명적인 위협으로부터 보호하고 있다고 주장했다.[1] 하지만 아직 이런 책은 없었다.

국가 안보라는 이념과 아부그라이브 교도소◆의 혐오스러운 범죄 사이에 '관계의 6단계 법칙'◆◆을 적용해보자. 부시 행정부가 이라크전쟁에 뛰어들도록 만들었던 여러 이유들—대량살상무기(WMD)의 위협, 사담 후세인의 알카에다 연루설, 심지어 중동에서의 민주주의 촉진—은 어떤 식으로든 미국을 지키는 것과 관련된 것으로 이야기되었다. 좋은 정보를 얻는 것은 반란을 격퇴하는 일에서 매우 중요한 요소이다. 미군 정보당국은 반항적인 무슬림과 아랍 포로들로부터 정보를 캐내는 데는 성적 수치심을 자극하는 것이 매우 효과적인 수단이 될 것이라고 생각했다.[2] (그리고 아직도 그렇게 생각하고 있을 것이다.)

많은 비판자들이 아부그라이브 사건에 항의했다. 그렇지만 국가 안보라는 이념으로까지 거슬러 올라가 그런 분노를 표출한 사람은 거의 없었다. 아마 그들은 그런 식의 수사는 불필요한 것이었다고 믿었

◆ 이라크 최대의 정치범 수용소로, 미국의 바그다드 점령 이후 처참한 인권 유린의 현장이 되었다.
◆◆ 지구상의 모든 사람들은 6단계를 거치면 서로 아는 사이라는 설.

을 것이다. 결국 이런 개인들 중 많은 사람들은 미국의 안보는 이라크에 의해 위협당하지 않는다는 근거로 전쟁에 반대했던 것이다. 브렌트 스코크로프트와 즈비그뉴 브레진스키 같은 국가 안보 전문가들이나 스티븐 월트와 존 미어샤이머 같은 이론가들은 미국이 안보상의 이익을 진정으로 고려했다면 전쟁은 일어나지 않았을 것이라고 주장했다. 그렇지만 이런 비판자들이 고작 주장할 수 있는 것은 일부 정치인들이 국가 안보의 원칙을 오남용했다는 것일 뿐, 그 원칙 자체에 대해 의문을 제기한 것은 아니다. 하나의 이념이 꼭 직접적 요인은 아니라고 할지라도 지속적으로 잔학 행위를 동반하게 된다면—아부그라이브 사건이 국가 안보라는 미명하에 한 국가에 의해 자행된 최초의 고문 사건은 분명 아니다—그 이념에 대해 재고해보는 것이 당연한 일일 것이다. 물론 그 이념의 옹호자들이 국가 안보라는 이념의 실존하는 다양한 변종들과의 관련성은 부인하면서도, 그 이상적인 버전에 대해서는 충성을 바침으로써 결국 그들이 그렇게 강하게 비난하는 이데올로그들의 무리에 합류하는 것을 원치 않는다면 말이다.

이상적인 버전에서는, 국가 안보를 위해서는 국가의 이익에 대한 분명한 이해와 그 위협에 대한 냉정한 평가가 요구된다. 어떤 참모는 군주에게 폭력이란 그런 위협에 대응해 사용할 수 있는 도구라고 말할 것이다. 그렇지만 폭력은 감정이 배제된 상태에서 매우 신중하게 행사되어야 한다. 인권이나 국제법상의 분쟁에 휘말리지 않기 위해서는 폭력을 사용하는 도중에 절대로 흥분해서는 안 된다. 분석가들은 지도자의 도구함에 국제적 기준을 추가할지도 모른다. 그렇지만 그들은 조지프 나이가 『제국의 패러독스』에서 했던 것처럼, 즉각적으로 그런 규칙들은 "가끔 우리가 스스로 하지 않으면 안 될" "필수적인 생존

이익"에 밀려날 수도 있다고 지적한다.[3] 국가 안보는 수도승 같은 금욕을 요구한다. 공직자는 필요할 때 가장 야만적인 폭력을 구사하고, 그것이 비생산적으로 되었을 때는 그 폭력을 자제하거나 그칠 수 있기 위해서 쾌락의 충동과 양심의 거리낌도 버려야 한다. 그것은 모든 신앙적인 표식을 띤 기풍이며, 진정한 기독교인에게 요구되는 것에 못지않은 고행이 요구되는 것이다.

그 교리의 첫 번째 조항은 국가의 이익이 지도자들에게 위협을 규정하는 데 커다란 융통성을 부여한다는 점이다. 사실 국가의 이익이라는 것이 무엇인가? 나이의 말에 따르면 "국가의 이익이란 간단히 국민들이 적절히 숙고한 뒤에 말하는 바로 그것이다". 그런데 국민들이 일상적으로 국가의 이익에 대해 숙고할 기회가 주어진다고 가정해 보더라도, 국민들이 그것에 대해 결론에 이르는 경우는 거의 없는 것이 현실이다. 나이가 지적한 것처럼, 20세기 전체를 통틀어 국가의 이익을 규정하는 미국의 방식을 끈질기게 탐구한 피터 트루보위츠는 "단일한 국가적 이익은 없다. 미국이 뚜렷한 국가의 이익을 가지고 있고, 그것을 방어하는 것이 다른 나라와의 관계를 결정하게 될 것이라고 가정하는 분석가들은 국제문제에 관해 국내 여론의 일치를 도출해 내지 못하는 상황을 설명하지 못한다"고 결론 내리고 있다.[4] 이는 매우 상식적인 것이다. 개인조차도 자기 이익이 무엇인지 결정하기 어려운데, 어떻게 다수의 개인들이 그보다 나을 수 있다고 바랄 수 있겠는가? 그런데 국민들이 자신들의 집단적 이익이 무엇인지 결정할 수 없다면, 그 이익이 위협당하는지는 어떻게 알 수 있겠는가? 이런 혼란에 직면해, 지도자들은 종종 위협에 대한 가장 간단명료한 정의에 의존하게 된다. 국가의 독립과 안위를 위협하는 적의 임박한 폭력적 공격이 그것이다. 지도자들은 그것이 위협이건 아니건, 안보에 관한 것이건 그렇지 않건 상관없이, 손쉽다는 이유만으로도 미래의 대격변을 강조한다. 그렇지만 그런 결정적인 위협은 종종 망상에 다름 아니거나, 애초부터 위협이라는 관념을 불러일으키기 위해 안보에 대해 자의적으로 규정한 것에 불과하다는 사실이 드러나곤 한다.

전쟁과 평화에 관한 모든 논의는 결국 삶과 죽음의 문제로 귀착된다. 그것은 일부 또는 다수의 죽음만이 아니라 마이클 왈저가 『전쟁에 관한 논쟁』에서 제시했듯이 전 국민의 "도덕적, 육체적 멸종"을 의미한다. 사실 한 국가가 그 "존속"—"선대로부터 물려받은 삶의 방식을 유지하고 개선"할 수 있는 능력—을 위협당하는 것은 매우 드문 경우이다. 그렇지만 왈저가 윈스턴 처칠의 표현을 빌려 "절체절명의 위기"라고 불렀던 순간에, 지도자들은 재앙을 피한다는 핑계로 가장 끔찍한 범죄 행위도 마다하지 않는다.[5] 무고한 시민들을 고의적으로 살상하는 것, 고문을 자행하는 것 등 한 국가가 물리쳐야 할 사악한 존재들이 저지르는 다양하고 끔찍한 행위들을 오히려 스스로 나서서 수단으로 채용하는 것이다.

왈저는 당연히 지도자들은 절체절명의 위기를 부르짖는 데 신중해야 하고, 윈스턴 처칠처럼 말하기 전에 진정한 증거를 가지고 있어야 한다고 주장한다. 그렇지만 국가 안보에 관한 역사를 대충만 훑어보아도, 실제로 증거의 규칙은 무시되고 있을 뿐만 아니라, 재앙에 대한 관념이 그런 규칙을 무시하라고 고무하고 강변하기까지 한다는 사실을 알 수 있다.

리슐리외는 근대적 국가 체계가 출현할 무렵 "일반적인 문제에서 사법부는 신뢰할 만한 증거를 필요로 한다. 그렇지만 국가의 문제에서는 상황이 다르다…… 그곳에서는 긴박한 추측이 종종 증거의 자리를 대신하기도 한다. 국가의 구원을 위해서는 어떤 것을 희생할 수밖에 없을 수도 있기 때문이다"라고 선언했다.[6] 우리가 위협의 사다리를 올라갈수록, 즉 사소한 범죄로부터 국가의 파괴나 상실로 갈수록 우리는 각개의 위협이 실재적이라는 증거를 더욱 적게 요구하게 되는 것이다. 그리고 심각한 위협을 자칫 과소평가했을 때 겪게 될 후과가 너무 크므로, 우리는 그것을 과대평가할 수밖에 없다고 리슐리외는 말한다. 3백 년이 지난 후 판사이자 법철학자인 러니드 핸드는 "'악'의 무게"는 "그 발생의 불가능성"에 의해 감면되어야 한다고 말하며 동일한 주장을 반복했다.[7] 악이 심각한 것일수록 우리는 그것에 대해 걱정하지 않기 위해 더 높은 차원의 불가능성을 요구하게 된다. 달리 말하자면, 악이 별로 발생할 가능성은 없지만 그것이 정말로 끔찍한 것이라면, 우리는 여전히 그것에 대해 예방적 조치를 취할 필요가 있다는 것이다.

 두 가지 진술은 그 어느 것도 국가의 심각한 범죄 행위를 정당화하기 위한 것이 아니다. 그렇지만 둘 다 위험의 크기와 사실성의 입증 사이에는 반비례 관계가 성립함을 암시한다. 일단 지도자가 국가의 도덕적, 육체적 종말에 대해 걱정하기 시작하면, 그는 공상적인 것이 사실적인 것에 자리를 양보할 필요가 없고, 현재의 선의가 단순히 미래의 악의에 대한 전주곡으로 보일 수도 있는 세상으로 진입하는 것이다. 이 단계에서 국가의 이성과 공포는 너무나도 복잡하게 뒤엉켜 있기 때문에 근대 이론가들은 이런 문제들에 대해 우리만큼이나 기꺼이 공포가 이성의 대행자라고 인정해버렸던 것이다. 그들은 국가의 공포가 전쟁, 심지어 예방적 전쟁에 대한 정당한 근거로 사용될 수 있다고 주장했다. 프랜시스 베이컨은 "이성이 이성적인 한, 정당한 공포는 예방적 전쟁의 정당한 이유가 될 수 있다"고 썼다.[8] 그것은 냉전을 고무했던 논리에 대한 꽤 훌륭한 묘사이다. 이곳―리오그란데, 캐나다 국경, 메인 스트리트―에서 그들을 막게 되지 않으려면, 그곳―베트남, 니카라과, 앙골라―에서 그들과 싸워라. 그것은 또한 나치의 소련 침공을 고무했던 논리에 대한 꽤 훌륭한 묘사이기도 하다.

우리는 조국을 지키기 위해, 가능한 한 전쟁을 먼 곳에 붙잡아두기 위해, 지금까지는 단지 독일 도시 몇 군데만 겪었거나 겪지 않으면 안 될 것이지만, 그렇지 않았다면 나라 전체를 덮쳤을 운명을 방지하기 위해, 이렇게 먼 전선으로 나와 싸우고 있다. 그러므로 전선을 조국으로부터 1천 킬로미터, 아니 가능하면 2천 킬로미터 바깥에서 유지하는 것이 제국의 국경에서 전선을 유지해야 하는 것보다 훨씬 낫다.[9]

이것은 절대로 과거의 일이거나, 또는 학문적인 언급에 그치는 것이 아니다. 비록 자유주의적 비판자들은 부시 행정부가 전쟁 돌입을 정당화하기 위해 이라크가 가하는 위협에 대해 거짓말을 했다거나 고의로 과대평가했다고 주장하고 있지만, 사실 정부와 그 동맹자들은 종종 위협에 대한 평가에서 무척 솔직했으며, 최소한 그들이 그것을 어떤 식으로 평가하는지에 대해서는 솔직한 태도를 보였다. 그들은 최악의 미래에 대한 상상력에 불을 지피며―"우리는 총구의 연기가 버섯구름이 되기를 바라지 않는다"[10]―가장 무서운 결론은 청중이 끌어내도록 맡겼다.

부시는 전쟁으로 치닫는 와중에 가장 중요한 연설 중 하나였던

2003년 국정연설에서 다음과 같이 선언했다. "어떤 사람은 위협이 눈앞에 나타날 때까지 우리는 행동해서는 안 된다고 말해왔다. 도대체 언제부터 테러리스트들이나 독재자들이 공격하기 전에 미리 자기 의도를 정중하게 통고했었단 말인가? 만일 이 위협이 갑자기 전면적으로 부상하도록 놔둔다면, 그때는 모든 행동, 모든 말들, 모든 질책들도 때늦은 것이 되고 말 것이다."[11] 부시는 위협의 임박성을 말하지 않았다. 그는 은연중에 그것을 부인하면서도, 과거로 숨고, 가설로 내닫고, 비록 완전히 상상에 의한 것이지만 악몽 같은 미래로 도달한다. 그는 "그렇다"라고 말하지 않고, "만약", 그리고 "그럴 수도 있다"고 말했다. 이런 단어들은 조건적이다.(이것이 바로 부시의 비판자들이 그의 말은 종잡을 수 없으니 그가 현실의 영역이건 가상의 영역이건 한군데 정착해야 한다고 비판했던 이유이다.) 그는 공포의 시제(時制)로 말했다. 그곳에서는 증거와 직관, 이성과 추측이 한데 뒤엉켜 사실처럼 보이는 최악의 시나리오가 만들어진다.

전쟁이 시작된 후 텔레비전 저널리스트인 다이앤 소여는 "확실한 사실로 언급된 대량살상무기가 있다는 말"과 사담 후세인이 "그런 무기들을 획득하기 위해 움직일 수도 있다"는 가설적 가능성 사이의 불일치에 대해 부시에게 캐물었다. 부시는 "그래서 뭐가 다르죠?"라고 답했다.[12] 이것은 그저 퉁명스러운 답변이 아니다. 그것은 전쟁에 대한 부시의 가장 분명한 총평이며, 국가 안보라는 맥락에서 그런 불일치는 전혀 문제가 될 수 없다는 자신의 해석을 가장 명확히 드러낸 것이었다.

국가 안보가 가능성과 현실 사이의 구분을 흐리는 방식에 대해 정부 안팎에서 리처드 펄만큼 잘 이해하는 사람도 없을 것이다. 펄은

"사담 후세인이 핵무기에 얼마나 근접했었는지 우리가 정확히 알 수 있는 방법은 없다고 생각한다"라고 말한 적이 있다. "내 추측은 우리가 생각하는 것보다 더 가까웠으리라는 것이다. 현실은 항상 우리 생각을 뛰어넘는다. 왜냐하면 우리는 어떤 것을 생각하면서 우리가 어느 정도까지 증명하고 보여줄 수 있는가로 스스로를 제한하기 때문이다…… 그러므로 우리가 이미 모든 것을 파헤쳤다고 생각하지 않는다면, 우리가 보고할 수 있는 것보다 더 많은 것들이 존재할 것이라고 추정해야 한다."

부시와 마찬가지로 펄도 거짓말하거나 과장한 것이 아니다. 대신 그는 상상하고 기획했으며, 그 과정에서 입증 책임의 일반적 규칙을 뒤집었던 것이다. 어떤 사람이 더 나은 미래를 위해 어려운 행동을 제안할 경우, 그 제안이 그가 희망하는 결과를 산출할 것이라는 점을 증명하라고 요구하는 회의론자들이 있을 것이고, 그는 그런 사람들로부터 자신의 주장을 방어해야 한다. 그렇지만 그 사람이 동일하게 어려운 행동을 가설적인 재앙을 피하기 위해 해야 한다고 제안할 경우, 증명의 부담은 회의론자에게 넘어간다. 회의론자는 갑자기 제안자의 신념에 대해 자신의 의심을, 제안자가 말한 위기의 정치에 대해 자신의 평상의 정치를 방어해야 하는 것이다. 이것이 바로 부시 행정부가 전쟁 전에 주문처럼 외치던 말, "증거가 없다고 해서 없다는 것이 증명된 것은 아니다"―세계평화를 주장하는 맥락에서는 터무니없는 말이다―가 전쟁을 주장하는 데 놀랄 정도로 설득력을 발휘할 수 있었던 이유라고 나는 생각한다. 버크는 "안보에 대해 너무 자만하다가 망하느니, 너무 노심초사하고 있다고 놀림 당하는 것이 낫다"고 적었다.[13]

왈저가 말하는 것처럼 전 국민이 절멸될 수도 있다. 그렇지만 대학

살의 희생자들은 대개 국가가 없거나 무력한 자들이기 십상이고, 부인할 수 없는 증거가 있을 때조차도, 세계는 그들의 파멸을 좀처럼 인정하려 들지 않았다. 반면 강대국의 시민이나 백성들이 "도덕적, 육체적 종말"의 위험에 처하는 경우는 거의 없다.(왈저는 단 두 가지 경우만 언급했다.) 그럼에도 불구하고 그들의 지도자들은 그런 파멸이 무척 쉽게 일어날 수 있다고 상상하는 것 같다.

우리는 왈저의 전쟁과 평화에 관한 고찰에서 국가와 그 이해관계에 대한 관대함—그리고 그에 상응하는 비국가적 주체들과 그들의 이해관계에 대한 회의론—을 엿볼 수 있다. 『전쟁에 관한 논쟁』 전반에 걸쳐 왈저는 폭력을 최후의 수단으로 사용한다고 주장하는 테러리스트들, 그리고 정부는 오직 최후의 수단으로만 전쟁을 고려해야 한다고 주장하는 반전주의자들과 씨름하고 있다. 왈저는 두 주장 모두에 대해서 회의적이다. 그렇지만 "최후의 수단"에 대한 그의 회의는 탄탄한 일관성을 보이기는커녕 이중적 잣대를 제시하고 있다. 그는 폭력의 사용에 대해 국가보다 비국가적 주체에 대해 훨씬 엄한 잣대를 들이댄다. 그 이유가 테러리스트는 시민을 표적으로 삼는 반면, 국가는 그렇지 않기 때문이 아니다. 왈저는 테러리스트들이 말하는 "최후의 수단"은 인정하지 않으려 하는 반면, 국가에 대해서는 쉽게 신뢰하거나, 적어도 전쟁은 진정 최후의 수단이 되어야 한다고 주장하는 정부 비판자들과 맞설 각오가 되어 있는 것이다.

반전주의자들이 주장하는 최후의 수단이라는 주장은 왈저에게는 정부가 전쟁을 벌이는 것을 불가능하게 만들기 위해 고안된 책략, 그것도 주장하는 바가 애매모호한 책략 정도로만 보인다. 왜냐하면 "최후란 극히 추상적인 상황으로서, 현실에서는 절대로 도달할 수 없고,

무엇이 되었건 항상 다른 것을 먼저 해볼 수 있고, 또는 반복해서 시도해볼 수도 있기 때문이다"라고 그는 말한다. 우리는 항상 "또 다른 외교문서, 또 다른 미국의 결의안, 또 다른 회의"를 요구할 수 있다. 우리는 항상 주저하고 연기할 수 있다. 왈저도 최후의 수단이라는 주장이 지닌 도덕적 힘은 인정하지만—"정치 지도자들은 최고의 두려움과 주저 속에서만 이 문턱[전쟁]을 넘어야 한다"—그것은 "폭력의 사용을 무기한 연기하려는 술책에 지나지 않는다"는 의심을 거두지는 않는다. 그 결과 그는 "나는 언제나 폭력은 최후의 수단이라는 주장에 반대해왔다"고 말한다.[14]

그렇지만 비국가 주체들이 자신들은 최후의 수단으로서 테러리즘에 의존하고 있다고 주장할 때, 왈저는 그들이 그릇된 신념을 가지고 있다고 의심한다. 그런 개인들이 "'최후의 수단'에 이르는 것은 쉽지 않기" 때문이다. 그곳에 이르기 위해서 그들은 모든 것(아주 많은 것들)을, 그것도 여러 번 시도해봐야 하는 것이다. 심지어 "탄압당하고 전쟁 중인 상황"이라고 할지라도 탄압받는 사람들이나 그 대변인들이 진정으로 "다른 선택의 여지가 없는" 경우는 절대로 명백해질 수 없다고 그는 주장한다. 왈저는 비슷한 주장이 정부 관리들에게도 적용될 수 있다는 점을 인정한다. 그렇지만 그가 염두에 두고 있는 관리들이란 "인질을 죽이거나 농촌마을을 포격하는" 사람들이지 전쟁을 벌여야 한다고 주장하는 사람들이 아니다.[15] 결국 왈저의 말은 전능한 힘을 가진 정부는 시간을 다퉈 서두를 수도 있는 반면, 테러리스트들과 그들이 대표한다고 주장하는 사람들은 세상에서 가장 많은 시간을 가진 느긋한 사람들이 되어야 한다는 것에 다름 아니다.

자신의 소멸을 상상하는 것만으로도 그토록 강력한 힘을 발휘하게 되는 강대국이 된다는 것은 무엇을 의미하는가? 폭력의 이성적이고 신중한 사용에 관한 그 모든 제한에도 불구하고 그런 강대국들은 왜 그렇게 서슴없이 폭력에 의존하게 되는가? 그것은 아마도 재앙이라는 관념, 그리고 그런 재앙에 용감하게 대항하고 그것을 통제한다는 관념 속에는 강한 호소력을 지닌 무엇인가가 있기 때문일 것이다. 재앙은 국가를 동원 체제로 만들고, 최소한 이론적으로라도 그 가장 깊은 도덕적, 정치적 저력을 측량해볼 수 있으며, 그 기계를 전장 안팎에서 시험해볼 수 있는 기회가 되기 때문이다. 아무리 많은 지도자와 이론가들이 현실정치의 냉철한 전문가로 자처할지라도, 전쟁은 여전히 시대의 위대한 낭만이며, 자아와 국가의 시험의 장이다.

격렬한 삶이 정확히 왜 매력적인지는 개인마다 모두 다르겠지만, 그중 한 가지는 그것이 프랑스혁명 이후 보수주의자들이 자유주의적 민주주의 문화의 허약함이라고 믿어왔던 것들, 즉 유순한 관습과 약해진 의지, 정열에 대한 이성의 우위, 열정에 대한 규칙의 우위 등에 대해 치유책이 될 수 있다는 점이다. 이성, 관료주의, 일상성, 아노미, 권태 등 현대 삶의 사멸적 효과에 대한 해독제로서 전쟁은 그 자체로서 현대성에 대한 위대한 해법이 될 수 있다. 이스라엘 총리 이츠하크 샤미르는 "전쟁은 피할 수 없다"고 선언했다. 전쟁이 안보를 보장하기 때문이 아니라 "그것이 없으면, 개인들의 삶은 목적이 없어지기 때문이다".[16] 이런 정서는 모든 정치 스펙트럼에서 배어나기는 하지만, 그것은 기본적으로 보수주의적인 반계몽주의였고, 파시즘이 위세를 떨치던 시기에 가장 흥성했다.(무솔리니는 "남성에게 전쟁은 모성이 여성에게 의미하는 바와 마찬가지다"라고 말했다.) 그리고 그것이 이제 다시 우

리들의 시대에 흥하고 있는 것처럼 보인다.[17]

최근까지 이 같은 낭만주의가 가장 뚜렷이 부각된 것은 부시의 재임기간 중 전쟁 전 첩보활동, 즉 아프가니스탄과 이라크의 전범들을 어떻게 처벌할 것인가, 고문을 사용할 것인가 말 것인가에 관한 네오콘들의 주장 속에서였다. 전쟁준비 기간 중 미국 정보부에 대한 네오콘들의 불평을 듣다보면, 멀리서 "기계시대"("모든 것이 법칙에 의하고 계산된 기계이다")에 대한 토머스 칼라일의 공격, 그리고 "천재성이 실종되고, 상상력, 시와 예술이 종언을 고한다"는 샤토브리앙의 탄식이 메아리치는 듯하다.[18] 정보부는 "증거라는 사회과학적 관념에 민감해야" 한다는 시모어 허시의 요구에 반발했던 것은 펄뿐만이 아니었다. 도널드 럼스펠드도 국방장관이 되기 전에 정보 분석가들이 "손에 쥔 확증을 뛰어넘어 상황을 추정하기 위해" 상상력을 이용하는 것을 거부하고 있다고 비판했다. 재임 중 그는 분석가들은 "모든 점들을 연결하고 우리를 위해 그 위에 리본까지 달아주려" 하고 있다고 비아냥거렸다. 그의 참모들도 군대가 "실행 가능한 정보", 즉 폭력에 대해 암살을 포함한 기타 선제적 조치를 승인할 수 있을 정도로 확실한 정보를 추구하는 것을 조롱했다. 정부 밖에서는 데이비드 브룩스가 CIA가 내놓는 "익명의 전문가들에 의한 생기 없는 정보 모음집"을 비판하고, "역사, 문학, 철학, 신학"에 입각해 "소설적인 판단"을 내리는 분석가들을 칭찬했다.[19]

럼스펠드가 군대 내의 규칙에 얽매이는 문화와 위험 기피 경향에 대해 전쟁을 벌인 것은 법과 질서—일반적으로 보수주의자들과 연관되는 상식적인 것이 아니라 20세기 유럽의 역사가들(그리고 실로 더 일반적으로 모든 보수주의 사상의 역사가들)이라면 누구에게나 익숙한 것—에 대한 그의 깊은 반감을 드러내준다. 럼스펠드는 테러리스트들을 체포하거나 살해하라는 비밀 지령을 내리면서, 장군들에게 목표는 "단순히 그들을 체포하는 법 집행이 아니다"라고 환기시키기까지 했다. 참모들은 그에게 장군들의 승인 없이도 기습 작전을 감행할 수 있는 미국 특수부대의 활동을 지원하라고 촉구했다. 그들은 그렇지 않으면 "의회가 모든 것을 결정하게 될 것"이라고 경고했다. 럼스펠드의 한 참모는 군대가 너무 "클린턴화"되었다고 불평했다. 그 말은 군대가 너무 형식에 구애된다는 말부터 너무 유약해졌다는 말까지 무엇이든 의미할 수 있는 것이었다.(부시 재임기간 중 안보기관들은 치열한 사내답기 경쟁을 벌이고 있었다.) "Gitmo-ize"◆라는 말을 일상어로 만들었던 제프리 밀러는 관타나모의 한 장군을 "죄수들의 복지에 지나치게 신경 쓸 정도로 약해빠졌다"는 이유로 해임했다.[20] 이제는 네오콘들이 원대한 이상에 이끌려 이라크로 갔다는 것이 자명해 보인다. 그들이 추구했던 것은 분명 어느 정도 호소력이 있기는 했지만 중동을 민주화한다거나, 더 나아가 미제국을 창설하겠다는 것이 아니었다. 그들은 용감하고 굴하지 않는 침략군으로서의 자신을 증명하고 싶었던 것이다. 네오콘들의 시선은 만성적 자폐증에 시달리는 미국 지배계급들과 마찬가지로 외향적이라기보다는 내향적이다. 그들은 스스로를 증명하고 싶은 초조감에 휩싸여 있다. 그들의 상상력이나 행동은 그 누구, 또는 그 무엇에 의해서도 구속되지 않는다는 것을 과시하고 싶어 한다. 심지어 자신들의 국가가 세계에 선사했다고 믿는 규칙과 기준들마저도 그들을 구속할 수는 없다.

◆ 관타나모 기지화하다. 즉 수감자에 대한 무자비한 고문을 하다라는 뜻.

샌퍼드 레빈슨이 엮은 논문집 『고문』이 어떤 식으로든 현대의 정서를 반영하는 것으로 볼 수 있다면, 부시의 백악관 네오콘들만이 위험과 재난이라는 낭만주의적 관념에 사로잡힌 사람들이라고 말할 수는 없을 것이다. 학계도 마찬가지다. 고문에 대한 모든 학술적 토론, 그리고 『고문』에 실린 논문들도 예외 없이 째깍거리는 시한폭탄 시나리오로 시작한다. 이야기는 대충 이런 식으로 흘러간다. 가까운 미래에 인구밀집 지역에서 폭탄이 터지도록 설치되어 있다. 정부는 언제 어디서 폭탄이 터질지는 모르지만 많은 사람들이 죽게 될 것이라는 사실은 알고 있다. 그 폭탄을 설치한 자, 또는 폭탄이 어디에 설치되었는지 아는 자가 붙잡혀 있다. 고문으로 필요한 정보를 얻을 수 있다. 시간 내에 재앙을 피하기 위해서는 사실상 고문이 유일한 방법이다. 자, 어떻게 할 것인가?

재미있는 질문이다. 그렇지만 그것이 종종 현실주의라는 미명하에 제시되는 것이기 때문에, 바로 대답으로 달려가기 전에 몇 가지 사실들을 먼저 고려해봐야 할 것이다. 첫째, 우리가 알고 있는 한, 관타나모, 아부그라이브, 또는 미국의 국제적 군도(群島)의 다른 수용소에 갇혀 있는 그 어느 누구도 시한폭탄 때문에 고문당했던 적은 없다. 둘째, 이라크전쟁이 한창일 때도, 미국이 붙잡고 있던 포로들의 60퍼센트에서 90퍼센트 정도는 실수에 의해 감금되었거나, 사회에 아무런 위협도 주지 못하는 사람들이었다. 셋째, 많은 미 정보부 요원들이 고문으로는 정확한 정보를 얻을 수 없다고 믿기 때문에 고문 수사를 포기했다.[21] 현실은 이렇지만, 도덕적 현실주의에 관한 학술 논의에서는 이런 사실들이 제대로 반영되지 못하고 있다.

『고문』의 논문들은 현실에 관심이 있는 사람들에게 또 다른 어려움을 안겨준다. 미국이 고문을 사용했다는 것을 인정한 그 어떤 저자도 미국이 실제로 사용하는 고문의 구체적인 종류에 대해서는 언급한 적이 없다. 가장 근접한 예가 시카고 신학교 사회정치윤리학 교수 진 베스키 엘시테인의 논문이다. 그녀는 다음과 같이 쓰고 있다.

> 욕설을 퍼붓는 것이 고문의 한 형태인가? 뺨을 때리는 것은? 잠을 안 재우는 것은? 죽도록 두들겨 패는 것은? 남성의 성기에 전극을 대거나, 여성의 질 속에, 또는 사람의 항문에 전극을 집어넣는 것은? 손톱을 뽑는 것은? 귀나 유방을 잘라내는 것은? 구타를 비롯해서 신체의 일부를 잘라내는 것에 대해서는 우리들 모두 다 분명히 고문이라고 말하고 그래서 금지되어야 한다고 말할 것이다. 그곳에는 논란의 여지가 없다. 그렇지만 잠을 안 재우거나 뺨을 때리는 것에 대해 생각해보자. 이것들도 신체 절단이나 성적 폭력과 동일한 범주의 고문에 해당하는가? 물론 욕설을 퍼붓는 것조차 고문의 범주에 집어넣을 사람도 있을 수 있다. 그렇지만 그런 주장은 범주를 불필요하게 만드는 것이다.[22]

엘시테인은 수용 가능한 것과 끔찍한 것을 분리하면서도 아부그라이브나 타구바 보고서♦의 구체적인 내용에 대해서는 언급하지 않았다. 따라서 해야 할 것과 하지 말아야 할 것에 관한 그녀의 목록들은 시한폭탄 이론만큼이나 비현실적인 것이 되고 말았다. 더군다나 그녀의 금기목록은 실제로 저질러진 범죄 행위는 생략하면서, 가상적인 것을 거부하기 위한 것으로 형식화된다. 엘시테인은 누군가의 항문에

♦ 이라크 아부그라이브 교도소에서 자행된 포로 학대에 관해 안토니오 M. 타구바 장군이 작성한 53쪽에 달하는 보고서.

가축몰이용 전극을 삽입하는 것을 거부한다. 그것이 바나나라면 어떻게 되는가? 그녀는 귀나 유방을 자르는 것을 거부한다. "케미컬라이트를 깨트려 형광액을 수감자 머리 위에 뿌리는 것"◆은 어떻게 되는가? 그녀는 성폭력을 비난한다. 남성에게 자위 행위를 강요하거나 머리에 여성의 속옷을 씌우는 것은 어떻게 되는가? 그녀는 "독방 감금과 지각 박탈"은 인정한다. 포로를 차 트렁크에 가두어놓고 섭씨 50도 무더위 속의 바그다드 거리를 돌아다니는 것은 어떻게 되는가? 그녀는 "폭력의 위협이 폭력 그 자체보다도 저항을 약화시키고 분쇄하는 데 더욱 효과적이다"라는 말을 인용하며 "심리적 압박"을 지지한다. 수감자들에게 강간 협박을 하는 것은 어떻게 되는가? 엘시테인은 이슬람주의자에 대해 말할 때는 대니얼 펄◆◆의 참수에 대해 언급한다. 미국인에 대해 말할 때는 영화 〈마라톤 맨〉◆◆◆에 등장하는 로렌스 올리비에의 치과를 회상한다.[23] 그녀가 "그곳에는 논란의 여지가 없다"고 말했던 것도 별로 놀랍지 않다. 애초에 '그곳'이라는 것이 없기 때문이다.[24]

엘시테인의 비현실적인 분석은 우연적인 것도 아니고 그녀만의 문제도 아니다. 고문에 대해 혐오감을 드러내면서도 그것을 승인하는 저자들도 그런 추상화를 피해갈 수 없다. 사실 혐오감이 클수록 그들은 더욱 추상적인 사고에 빠져든다. 예를 들면 샌퍼드 레빈슨은 정부 관리가 테러리스트 용의자를 고문하려면 먼저 판사로부터 영장을 받

◆ 타구바 보고서에 포함된 수감자 학대 사례.
◆◆ 2002년 2월 1일 파키스탄에서 납치되어 참수된 『월스트리트 저널』 기자.
◆◆◆ 이 영화에서는 숨어 살던 나치 전범 치과의사 스젤(로렌스 올리비에 분)이 그의 정체를 밝히려는 유대계 평화주의자 대학원생 베이브(더스틴 호프만 분)에게 무자비하게 이빨 고문을 하는 장면이 나온다.

도록 해야 한다는 앨런 더쇼위츠◆의 제안을 잠시 언급한다. 고문이 더 현실적으로 느껴지고, 고문 대상자가 당하게 될 고통이 구체적이고 사실적으로 드러날 수 있도록 하는 방법으로, 레빈슨은 "정부가 고문할 대상으로 지목한 사람이 직접 법정에 출두해서 판사가 추상적 관념에서 도피처를 찾을 수 없도록 만들어야 한다"고 주장했다. 하지만 그다음 레빈슨은 우리에게 "고문 영장이 발부된 사람에게는 고문받지 않을 권리가 부인된 것에 대한 '보상'으로 상당액의 돈을 지불하는 가능성"에 대해 생각해보라고 요구한다.[25] 금방 추상적 관념을 방지할 대책을 언급해놓고, 레빈슨은 인권에 대해 상상할 수 있는 가장 심각한 침해에 대한 보상으로 그 무엇보다도 큰 추상성, 즉 돈에 의존하고 있다.

만약 이런 논의들의 비현실성이 낯설지 않게 느껴진다면, 그것은 바로 이런 것들이 부시 재임기간 중 백악관을 관통하던 보수주의적 낭만주의의 흐름과 맥이 닿아 있기 때문일 것이다. 더쇼위츠의 영장론이나 레빈슨의 추가적 논의에도 불구하고, 고문을 승인하는 논문들은 엘시테인이 "도덕적인 법전물신주의" 혹은 "법규-마니아" 등으로 다양하게 불렀고, 우리는 간단히 "법치"라고 부를 만한 것에 대한 적대감으로 가득 차 있다.[26] 그렇지만 부시의 백악관은 법규과 법으로부터 완전한 자유를 추구했던 반면—이론가들은 이 부분에서 실천가들과 차이가 난다—고문 사상가들은 고문자들을 진정한 법규 신봉자로 만들려고 노력했다.

여기에는 두 가지 이유가 있다. 한 가지는 왈저가 1973년의 유명한

◆ '시한폭탄 시나리오'를 주창한 미국의 변호사.

논문에서 매우 상세하게 제시했고 『고문』에도 다시 게재한 것으로, 고문에 대한 절대적 금지는 "더러운 손"의 문제를 제기하기—또는 우리가 인정할 수밖에 없도록 만들기—때문이다. 절체절명의 위기와 마찬가지로 째깍거리는 시한폭탄은 지도자에게 두 가지 악 중 하나를, 즉 고문이라는 악과 무고한 시민들의 죽음이라는 악 중 하나를 선택하도록 강요한다. 다른 도덕주의자들은 고문을 금지하고 무고한 시민들이 희생되도록 방치하거나, 아니면 공리주의적 계산법을 수용해 고문을 행하도록 명령하겠지만, 왈저는 절대론자나 공리주의자나 모두 너무 성급하게 결론을 내린다고 생각한다. 그들의 양심은 너무 깨끗하다. 그는 대신 도덕적 딜레마라는 현실을 부정하지 않으면서 '절대론'을 거부하고, 고문의 악덕과 필요성을 동시에 인정하고 싶어 한다. 왜일까? 『전쟁에 관한 논쟁』에서 말했듯이 왈저는 "자신이 해야 할 일을 할 수 없다는 것을 알고 있는" 도덕적 지도자에게 공간을 마련해주어 "결국 할 수 있도록" 해주기 위해서이다. 여기서 관건은 두 가지 악, 또는 두 개의 경합하는 선이라는 낯익은 비극이고, 우리는 "해야 할 일을 하기 위해서는 손을 더럽힐 수밖에 없다"는 것을 상기시켜 주는 것이며, "더러운 손의 딜레마는 정치적 삶의 핵심적 특징"이라는 것이다.[27] 왈저가 주의를 집중시키고 싶었던 것은 해법보다는 그 딜레마이다. 만약 고문자들이 효용을 제외하고는 어떤 법규로부터도 자유롭다거나, 반대로 인권에 기초한 절대론에 구속된다면, 애초에 어떤 딜레마도, 어떤 도덕적 갈등도 없을 테고, 더러운 손도 필요 없을 것이다. 하지만 고문자들은 자신들의 칸트나 벤담을 부정해야 한다. 그리고 우리는 반계몽주의의 우울한 정신과 다투도록 남겨진다. 그 정신은 이사야 벌린이 말한 대로 "그것을 따르는 것만으로도 인간은 현명하고 행복하고, 덕스럽고 자유로울 수 있는" 하나의 도덕적 규준, "영원한 원칙들"의 단일한 체계는 존재할 수 없다고 주장한다.[28]

그렇지만 일부 작가들이 고문 금지를 주장하면서도 또한 그것이 위반되어야 한다고 믿는 이유가 또 한 가지 있다. 그렇지 않고서 어떻게 위반의 전율, 프로메테우스적 범죄의 스릴을 맛볼 수 있겠는가? 엘시테인이 더쇼위츠의 고문 영장에 대한 제안을 비판하면서 썼듯이, 지도자들은 고문의 "합법화를 추구해서는 안 된다". "그들은 그것의 표준화를 목표로 해서는 안 된다. 그리고 그들은 그것에 대한 세세한 정당화 근거를 기록해서도 안 된다…… 금기와 금지, 육체적 강제라는 이 양상의 극단적인 성격이 보존되어서, 우리가 주변에서 일상적으로 행하는 것으로 굳어지지 않도록 해야 한다." 엘시테인이 더쇼위츠의 제안에서 반대하는 것은 일상화된 **고문**이 아니다. 그녀가 반대하는 것은 고문의 **일상화**, 즉 고문이 오히려 금기의 위반으로 뒤흔들어놓아야 할 "바로 그 도덕적 법률주의" 자체로 전환되어버릴 가능성이다.[29] 이 주장 역시, 다시 벌린의 말을 인용하자면, "자유는 규칙의 파괴를, 심지어 범죄 행위를 수반한다"고 늘 생각해왔던 보수주의적인 반계몽주의를 연상시킨다.[30]

그렇지만 고문 금지가 유지되어야 한다면, 국가는 그것을 위반한 고문자, 결국 법을 파괴한 자에 대해서는 어떤 조치를 취해야 할까? 당연히 국가는 그들을 재판에 세워야 한다. 엘시테인의 말에 따르면, "심문관은 소환될 경우 자신이 한 일을 방어할 준비가 되어 있어야 하며, 전후관계에 따라 처벌을 받아야 한다."[31] 이미 허구적인 토론이었지만, 그중에서도 가장 공상적인 부분은 고문에 대한 많은 토론자들—다른 경우 그런 관례에 대해 일관되게 반대의 목소리를 냈을 옥스퍼드 대학의 헨리 슈조차도—이 고문자들에 대한 공적 재판을 시민불복종에 대한 재판과 비슷한 것으로 상상하고 있는 것이다. 즉 고문자는 더 높은 선을 위해 법률을 위반했으며, 스스로 자신을 법원의 판단, 또는 자비에 맡긴다고 보는 것이다. 그 행동이 특정 상황에서 정말로 정당화될 수 있다고 우리가 결론 내릴지라도 우리는 그 행위를 비난해야 한다는 역설적인 관념은 오직 공적인 소송 절차를 통해서만 강화시켜야 한다고 레빈슨은 적고 있다. 그리고 그는 그 관념이 아르헨티나의 가장 더러운 전사들 중의 한 명이었던 마요르가 장군의 말과 거의 다르지 않다는 것을 인정한다. "우리가 고문에 대한 비난을 멈추는 날(비록 우리가 고문을 했지만), 우리가 게릴라 아들을 잃은 어머니들에게 무관심해지는 날(비록 그들은 게릴라이지만), 그날은 바로 우리가 인간이기를 멈추는 날이 될 것이다."[32]

이제 우리가 "무대"라는 말을 왜 극단에서는 물론 정치에서도 사용하는지 알 것 같다. 극장과 마찬가지로 국가 안보도 환상의 공간이다. 연극배우와 마찬가지로 정치인들도 강박관념에 사로잡혀, 거울을 쳐다보면서 다음 날, 또는 다음 세기에 어떤 평론이 나올지 신경을 곤두세우는 것이다. 여배우 라이자 미넬리가 헨리 키신저 역할을 하는 것은 상상하기 어려운 일일지도 모르지만, 나는 두 역할이 그렇게 동떨어진 것은 아니라고 생각한다. 그렇다면 그런 지도자들에게 조언하는 지식인들이나, 그들의 딜레마를 분석하는 철학자들은 어떤 사람들인가? 그들은 극작가나 비평가, 또는 연출자나 관객일까? 완벽하게 확신할 수는 없다. 하지만 그들의 위대한 정신적 선배의 말이 우리에게 단서를 제공해줄지도 모르겠다. 강력한 국가를 설파한 대표적인 교사, 마키아벨리는 "나는 내가 태어난 이 도시를 내 영혼보다도 사랑한다"

고 외쳤다.[33] "내가 태어난 도시"를 "내 아이"로, "내 영혼"을 "나 자신"으로 바꾸어보라. 그러면 우리는 구약성경에서 질서를 깨뜨린 리브가◆부터 〈집시〉◆◆의 극성스러운 로즈까지 역사 속의 모든 극악한 어머니들에 대한 변명을 듣게 된다.

◆ 이삭의 아내로 에서와 야곱, 쌍둥이 자식을 두었으나, 동생 야곱을 더욱 사랑해 야곱에게 장자권이 돌아가도록 계략을 꾸몄다.
◆◆ 미국 보드빌(vaudeville, 춤과 노래를 곁들인 가벼운 희극) 시대의 전설적인 스트리퍼 집시 로즈 리(Gypsy Rose Lee)의 회고록을 바탕으로 한 뮤지컬. 로즈 리의 어머니인 로즈 호빅은 어린 두 딸을 성공시키기 위해 스트립쇼 무대에 내보내고, 치정관계의 살인(자살로 해명되긴 했지만)도 서슴지 않았던 불같은 여성이다.

10. 포토맥 피버◆

소설가 존 치버는 1948년은 "모든 미국인이 동성애에 대해 걱정한 한 해였다"고 쓴 적이 있다. 그리고 게이와 레즈비언들로 가득하다고 소문났던 연방정부만큼 걱정이 심했던 곳도 없었을 것이다. 어떤 사람은 워싱턴의 관심은 다른 곳, 이를 테면 소련이나 공산주의 스파이에

◆ 이 장은 원래 데이비드 K. 존슨의 『라벤더 공포: 냉전 시기 연방정부에서 동성애자들에 대한 박해』(Chicago: University of Chicago Press, 2004), 데이비드 콜과 제임스 뎀시의 『테러리즘과 헌법: 국가 안보의 명분하에 희생된 시민의 자유』(New York: New Press, 2006), 낸시 베이커의 『애시크로프트 법무장관: 전쟁 중인 검찰』(Lawrence: University Press of Kansas, 2006), 제임스 라이슨의 『전쟁 상황: CIA와 부시 행정부의 비밀 역사』(New York: Free Press, 2006), 그리고 에릭 볼러트의 『애완견: 언론은 어떻게 부시에게 아양 떨었는가』(New York: Free Press, 2006)에 대한 서평으로 『런던 서평』(2006년 10월 19일) 10~12쪽에 실린 글이다.(저자 주)

'포토맥 피버(Potomac Fever)'는 워싱턴에 둥지를 튼 정치인과 언론인들이 특히 선거나 임명을 통해 권력과 특권을 누리고 싶어 하는 열망을 뜻한다.(역자 주)

기울어져 있었을 것이라고 생각할지도 모른다. 그렇지만 1950년 트루먼 대통령의 참모는 트루먼에게 "국민들은 공산주의자들보다는 정부 내 동성애자들에 대해 더욱 우려하고 있다"고 경고했다. 행정부는 즉각적으로 반응했다. 그해 국무성은 "변태성욕자"를 하루에 한 명꼴로 해고했고, 그것은 공산주의자로 의심받은 자들보다 두 배나 많은 숫자였다. 국무성, 상무부, CIA에서 동성애 혐의로 해고된 사람은 전체 해고자 수의 4분의 1 내지 반수에 이르렀다. 조지프 매카시의 팬레터 중 25퍼센트만이 "빨갱이의 침투"에 대해 불평했고, 나머지는 "성적 타락"을 걱정하는 것들이었다.[1]

라벤더 공포◆는 1947년부터 1970년대까지 이어졌고, 그 과정에서 수천 명이 일자리를 잃었다. 그것은 수치스럽고 어처구니없는 일이었다. 왜냐하면 포토맥◆◆에서 분홍색을 씻어낼 임무를 맡았던 사람들은 그들의 사냥감에 대해 놀랍도록 무지했기 때문이다. 그 위협에 대한 청문회의 초대 의장직을 맡았던 클라이드 호이 상원의원은 참모에게 "여자 둘이서 무슨 일을 할 수 있는지 내게 말해줄 수 있겠나?"라고 물었다고 한다. 마거릿 체이스 스미스 상원의원은 호이 위원회에 출석한 증인에게 "엑스선처럼 그런 것들을 바로 보여줄 간단한 테스트"는 없는지 물었다.[2]

숙청 작업의 공식적인 이유는 동성애자들은 협박에 취약하고 그래서 쉽게 소련의 첩자가 될 수 있다는 것이었다. 그렇지만 조사관들은 냉전기간 중에 그런 종류의 협박 사건은 단 한 건도 적발하지 못했다.

◆ 에버렛 디륵센 상원의원이 동성애자들을 "라벤더 사내들"이라고 지칭한 데서 유래된 말로, 1950년대 미국에서의 동성애자들에 대한 공포와 탄압을 뜻한다.

◆◆ Potomac, 워싱턴 D.C. 인근에 흐르는 강.

그들이 찾아낼 수 있었던 최고의 예는 제1차 세계대전 이전의 일로, 러시아가 오스트리아의 한 고위 간첩을 그의 동성애 성향을 이용해 러시아를 위해 일하도록 강요했을 것이라는 부정확한 추측뿐이었다.[3]

진정한 이유는 한층 더 수상쩍었다. 게이들은 사회적 부적응자들이고, 그런 병증으로 인해 공산주의의 세뇌에 취약하다는 것이었다. 많은 보수주의자들은 공산주의가 방탕아들의 방탕아를 위한 운동이고, 소련은 자유연애와 개방결혼의 안식처라고 믿었다. 그들은 게이들은 부르주아적 구속으로부터의 해방이라는 유혹에 저항하지 못할 것이라고 결론지었다. 매카시는 로마제국의 쇠망을 떠올리면서, 동성애를 미국을 약화시키게 될 문화적 퇴보로 보았다. 그것은 한 타블로이드판 신문이 말한 것처럼 "스탈린의 원자탄"이었던 것이다.[4]

외국으로부터 무수한 위협에 직면했던 국가가 어떻게 이런 일에 정신이 팔려 있을 수 있었던 것일까?(이것은 단순히 역사학자에게 던지는 질문만은 아니다. 21세기 처음 십 년간 미국이 소위 그 존립을 위협당하는 위기에 직면했는데도, 미군은 군대 내 게이와 레즈비언들을 축출하기 위해 상당한 열정을 기울였다. 2009년 현재, 군은 최소한 60명의 아랍어 사용자를 게이라는 이유로 내쫓았다.[5] 한 병사의 경우 조사관으로부터 공공연극에 참여해본 적이 있는지 질문을 받은 후에 적발되기도 했다.) 소련이 원자탄을 가지고 있고 한국전이 벌어지고 있는 상황에서, 왜 국무성의 딘 애치슨이 하원에 출두해 자신의 이성애 성향을 입증하고 자신의 "여성스러운 남자 외교관들"을 변호해야만 했는가?[6] 소란스러운 일군의 정치인과 기자들을 접대하는 대신 그가 좀 더 중요한 일을 하고 있어야 했던 것은 아닌가?

그것은 상당량의 스카치와 버번이 있고, "정체를 알 수 없는" 여인이 미소 짓고 있는 "총각파티"를 연상시켰다. 한 상원의원이 지적했듯이 "그것은 대학의 남학생 클럽 모임 같은 느낌이었다". 딘 애치슨은 상원의원들의 등을 두드리며 "사내다운 동료"처럼 보이려고 애썼다. 한 기자는 "그의 머리는 헝클어져 있었고 넥타이도 비뚤어져 있었다. 많은 사람들에게 반감을 불러일으키던 깔끔한 어투도 사라지고 없었다. 심지어 콧수염에서 왁스도 제거한 듯 보였다"고 보도했다.[7]

라벤더 공포는 오늘날에도 우리를 몹시 괴롭히고 있는 자유와 안보 간의 균형에 관한 교훈적 우화를 제공해준다. 그것은 우리가 자유와 안보 간의 정확한 균형을 잡은 적이 거의 없을 뿐만 아니라, 그 균형이라는 비유에 심각한 결함이 내포되어 있을 수도 있다는 사실을 암시한다.

자유와 안보 간의 균형이라는 비유의 첫 번째 문제는 안보가 이데올로기나 이기주의에 오염되지 않은 순수한 개념이라는 가정이다. 안보는 모든 사람들에게 이익이 되기 때문에—존 스튜어트 밀은 "모든 이익 중 가장 중요한 것"이고 아무도 "그것 없이는 살 수 없는 것"이라고 했다—정치와는 무관하다는 것이다.[8] 몇 년 전 정치학자 아널드 울퍼스가 썼듯이 안보는 "어떤 정확한 의미도 가질 수 없는" "모호한 상징"이다.[9] 겉보기에 중립적이고 보편적인 가치의 기치 아래, 정치 엘리트들은 원래는 정당화하기 어려웠을 파당적이고 이데올로기적인 행동방침을 추구할 수 있고, 또 그렇게 하도록 고무되기까지 한다.

테러와의 전쟁 중 미국 정부의 행위가 이런 주장의 타당성을 입증

해준다. 두 개의 공식적인 위원회 활동에 따르면, 미국 정보부들이 9·11을 예견할 수 없었던 이유 중 하나는 영역 다툼으로 인해 정보를 공유하지 못했기 때문이라는 것이다. "정보 공유의 장벽은 법적이라기보다는 관료제에 의한 것"이며 "적절한 절차, 책임성, 균형과 견제라는 헌법적 원칙"과는 아무런 상관도 없는 것이다.[10] 그렇지만 정부는 헌법적 원칙들은 유린하면서도 관료주의적 장애물을 제거하기 위한 노력은 거의 하지 않았다. 심지어 경쟁적인 기관들을 통합할 책임이 있는 국토안보부조차, 한 통신사에 따르면 "관료주의로 맥을 못 추고" "전략적 계획이 없었던 것"으로 드러났다.[11]

또 다른 예를 들자면, 대테러 집단 내부에서는 테러 용의자에 대한 선제적 체포나 예방적 구금은 첩보 수집에 방해가 되는 것으로 널리 인식되고 있다. 하지만 9·11 이후로도 미국 정부는 여전히 그런 정책에 의존하고 있다. 9·11 이후 2년간 연방당국은 5천 명이 넘는 외국인들을 예비 검속했다. 2006년 현재까지 그 사람들 중 단 한 명도 "테러 범죄로 유죄판결"을 받은 경우는 없다.[12]

빤한 패턴이다. 안보를 개선할 조치는 취해지지 않았다. 반면 안보 개선에 도움이 되지 않거나 오히려 좀먹는 조치들이 취해졌다. 이런 역설에는 여러 가지 설명들이 따르며, 정보부 관료들의 편협한 이익도 그중 하나로 포함된다. 그렇지만 중요한 점은 보수주의자들이 국가 안보를 현재 진행중인 1960년대에 대항한 **문화투쟁**이라는 렌즈를 통해 보고 있다는 것이다. 이런 신념은 우리가 이미 부시 집권 기간에서 보았듯이 공화당의 정책에 영향을 미치고 있다. 그렇지만 그것은 또한 충분히 강경하지 못하다는 비난에 항상 시달릴 수밖에 없는 민주당에도 영향을 주고 있다.

테러와의 전쟁에서 많은 강경 수단을 고안해내는 데 기여했던 부시 행정부의 초대 법무장관 존 애시크로프트의 경력을 살펴보자. 미주리 주의 법무장관이었던 애시크로프트는 세인트루이스와 캔자스시티의 학교에 대해 법원이 명령한 인종차별 철폐에 저항했던 일로 거의 경멸—미국 정치계에서 별로 좋은 경력은 아니다—을 받았다. 그는 상원의원으로서, 다른 인종 간의 데이트를 금지해왔던 밥존스 대학에서 명예학위를 받았고, 남부동맹에 동정적인 잡지인 『서던 파르티잔』에 우호적인 인터뷰를 한 적이 있다. 그는 주지사가 되고 상원의원이 되었을 때 성경에 나오는 왕들처럼 아버지에게 자기 머리에 기름을 붓게 했다. 그리고 아버지가 세상을 떠난 후, 부시가 그를 법무장관에 임명했을 때 클래런스 토머스가 그 영광을 대신하도록 했다. 그가 삼색 얼룩고양이는 악마의 상징이라고 확신했기 때문에 부하들을 시켜 헤이그의 국제사법재판소 내에 그것이 한 마리도 얼씬하지 못하도록 단속했다는 이야기도 있다.[13)]

애시크로프트의 기묘한 사고는 1960년대와 70년대에 미국에 유증되거나 틈입된 정치문화에 대한 그의 당의 한층 광범한 불만을 반영하고 있는 것이다. 당시 자유주의자들과 좌파들은 법제화된 인종적, 성적 계급구조만을 뒤엎었던 것이 아니다. 그들은 또한 안보기관들을 속박하려 했었다. 그들은 행정부의 권한을 제한했고, 급진적 사법부를 장려했으며, 불순분자와 범죄자들의 권리를 신장시켰고, 사법기관과 정보수집기관을 분리시켜놓았다. 비록 그런 개혁들은 단명해버리지만—레이건과 클린턴에 의해 상당히 약화되었다—1960년대의 법적 유산은 여전히 더 큰 자유의 문화 속에 살아 숨 쉬고 있으며, 오랜 지간 동안 보수주의자들은 그것을 혐오하고, 자유주의자들은 그것을 사랑해왔던 것이다.

보수주의자들은 테러리즘의 "근본 원인들"에 대해서는 어떤 대화도 회피하려 하지만, 국내외에서 정부가 악인들과 싸우는 데 훼방을 놓고 있다고 추정되는 타락한 자유주의에 대해서는 기꺼이 예외를 인정한다. 애시크로프트는 9·11 이후, 헌법적 권리들은 "미국인들을 죽일 수도 있는 무기"라고 주장했다. 테러리스트들은 "우리의 개방성을 악용한다". 공화당 상원의원 오린 해치에 따르면, 테러리스트들은 "소송을 질질 끌기 위해 우리의 전통적인 적법절차상 보호정책의 모든 기회를 최대한 활용한다".[14] 보수주의자들에게 9·11은 30년간의 반역에 대한 천둥 같은 심판이었으며—펜타곤과 세계무역센터에 대한 공격이 알카에다에 의한 것이 아니라 마치 범죄자에게 미란다 원칙을 읽어주었기 때문인 것처럼—역방향으로 회귀할 절호의 기회였다. 의회와 사법부의 권한을 줄이는 대신 대통령의 권한을 확대하고, 정보 수집, 정치 사찰, 법집행 간의 구분을 흐리는 것이 그것이다.[15]

이런 국가 안보와 보수주의자들의 불안감 사이의 상승작용은 결코 새로운 것이 아니다. 라벤더 공포는 뉴딜 정책과 제2차 세계대전으로 인해 느슨해진 성적 관습과 성분업에 대한 전반적인 반동을 반영한 것이었다. 루스벨트의 복지정책은 국가의 에너지를 약화시키고 아버지들의 사기를 떨어뜨렸다고 보수주의자들은 주장했다. 굳센 남편과 엄격한 아버지가 부인과 자식들을 건사하는 대신, 혀짤배기소리를 내는 관료들과 여성 공공근로자들이 전면에 등장했다. 제2차 세계대전은 문제를 더욱 악화시켰다. 많은 남성들이 전선으로 떠나 있는 동안, 여성들이 공장에서 일했고 남성의 권위는 더욱 허물어졌다. 이런 "사회적, 가정적 격변"을 언급하면서 존 에드거 후버♦는 "전시에 될 대로

되라는 식의 자포자기하는 분위기가 모든 연령대 사람들 사이에서 도덕적 쇠퇴를 야기했다"고 주장했다.[16]

워싱턴은 이런 문화혁명의 중심지였다. 1930년대와 40년대에 젊은 독신자들이 몰리면서 주거지가 모자라게 되자, 남자들은 서로 끼어 살게 되었으며, 여성들에게는 정부의 일자리를 통해 자립할 수 있는 많은 기회가 제공되었다. 손쉽게 연인을 낚을 수 있는 라피엣 공원도 있고(백악관 바로 앞에 있다), 연방관청에는 관대한 여성 동료들도 많았기 때문에, 동성애자들은 워싱턴을 "아주 명랑한(gay, 게이의) 도시"로 만들 수 있었다. 워싱턴이 올드사우스의 인종주의적 낙후지일 때, 후버는 그곳에서 자랐고, 비록 자신도 모호한 성 정체성을 가졌음에도 불구하고 그런 변화는 별로 달갑지 않았다.[17]

전후에 보수주의자들은 성적 역할에 대해 공포심을 유발시켰다. 치버에 따르면 "일종의 방어수단으로서 남성다움, 운동경기, 사냥, 낚시, 그리고 보수적인 복장 등에 관심이 쏠렸다. 그렇지만 외로운 아내는 사냥 캠프에 나가 있는 남편에 대해 어렴풋한 의심을 품게 되었다. 그리고 남편은 자신과 거친 솔가지 침상을 함께 나누는 남자를 의심했다. 그가? 혹시? 원했던 것인가?" 보수주의자들은 그런 공포를 불러일으키면서 대중이 모든 사람을 게이로 만들려고 덤비는 정부에 반대하도록 몰아세웠다. 뉴딜 정책(New Deal)은 변태적 거래(Queer Deal)이다. 미국은 "요정들(동성애자)과 페어딜◆◆ 정책자들(fairies and Fair

---

◆ 1920년대 FBI 전신 시절부터 사망할 때까지 무려 48년 동안 FBI 국장으로 재직한 전설적인 인물. 정치인과 경제인, 언론인을 상대로 광범위한 정치 사찰을 일삼았고, 기밀 파일을 무기로 대통령과 직거래를 하는 등 정치적 월권을 휘둘렀다. 죽고 난 뒤에도 동성애자였다는 논란이 계속되고 있다.

◆◆ 뉴딜 정책을 계승한 트루먼의 사회복지 정책.

Dealers)"에 의해 운영되고 있다.[18] 이런 민주당, 공산주의자, 동성애자들의 불경한 연합 때문에 미국은 현재 소련에게 먹힐 위기에 처해 있다는 것이다.

오늘날의 보수주의자들은 이번에는 헌법에 대한 과도한 유연성에 의해 주도되어온 수십 년간의 국내 개혁이 미국을 외국으로부터의 위협을 제압할 의지도 수단도 결여된 활기 없는 사회로 만들어놓았다고 믿고 있다. 부시가 9·11 이후 "어떤 양보도 없고, 어떤 애매한 말도 없으며, 이것에 대해서는 죽을 때까지 어떤 법률가의 도움도 받을 수 없을 것"이라고 말했던 것이 바로 이런 이유 때문이었다. 또한 애시크로프트가 미국 정부는 알카에다에게 "미란다 원칙을 읽어주고, 화려한 변호사를 고용해주고, 그들을 미국으로 데려와서 오사마의 새로운 케이블TV를 개국하도록" 해주어야 한다는 관념에 분개했던 이유이다.[19] 누가 그런 정책을 제안했는지는 분명치 않다. 정말로 그런 사람이 있었다면 말이다. 그렇지만 애시크로프트가 그렇게 비난하지 않을 수 없다고 느꼈다는 것은, 안보를 말할 때 그가 이슈로 삼고 싶은 것이 무엇인지 보여주는 것이다. 보수주의자들은 분명히 애국자법◆을 비롯한 시민의 자유에 대한 제한이 미국인을 보호해줄 것이라고 믿고 있다. 그것이 과연 테러리즘으로부터의 보호인가라는 것은 또 다른 문제이다.

자유와 안보 간의 균형이라는 관념에는 두 번째 문제가 있다. 전쟁이 왕들이 아닌 국민들의 일이 된 이후로, 안보의 영역은 병영과 군 상

◆ 정식 명칭은 테러대책법으로, 경찰이나 FBI 등 수사당국에 의한 도청 권한을 대폭 강화하는 내용을 골자로 한다.

충부를 넘어서 꾸준히 확장되었다. 루카치는 프레데리크 2세는 "국민들이 눈치 채지 못할 방식으로" 전쟁을 벌였다고 썼다. 하지만 현대 전쟁은 "국가의 내적 생활" 깊숙이 파고든다.[20] 전쟁은 나라의 자원을 총동원하고 국민들의 적극적인 지지를 필요로 하는 것이다. 그러므로 사회의 가장 외진 곳까지도 자유를 제한하는 것이 국가 방위를 위한 합법적인 행위로 정당화될 수 있다. 국가의 정치 경제에서, 학교와 대중문화에서, 심지어 침상에서도 뚜렷하고 실재적인 위협이 발견된다면, 그것을 피하기 위해 그곳의 자유를 억누를 준비가 되어 있는 것이다. 자유주의자와 보수주의자가 전시에 자유보다는 안보가 우선이라는 원칙을 승인할 때, 그들은 단순히 군대에 관해 보도하는 것을 정부가 제한하도록 승인하는 것만이 아니다. 그들은 정부에게 사회질서 전체에 걸쳐 모든 종류의 반대를 억압할 수 있는 권한을 부여하고 있는 것이다.

국가안전보장국(NSA)이 미국의 모든 통신을 감시하는 것에 대해 생각해보자. 그런 상황은 2005년 『뉴욕 타임스』에 처음 보도됨으로써 세상에 알려지게 되었다. 그 이야기가 알려지는 데 기여했던 제임스 라이슨 기자는 NSA가 "미국 정보기관 중에서 가장 큰 조직으로 CIA보다 두 배나 크며, 세계 최대의 전자첩보기관"이라고 썼다. 2002년 부시의 비밀 명령 덕분에 그 기관은 "이제 미국 내에서 언제든 5백 명까지 도청할 수 있고, 수백만의 전화 통화와 이메일에 접근할 수 있다. 그들은 그런 일을 법원의 수색영장도 없이, 그리고 외부 기관의 감시를 거의 받지 않는 상태에서 마음대로 할 수 있다".[21]

"1960년대 이후 국내에서 최대의 첩보작전"일 이 프로그램에 대한 부시 행정부의 정당화 논리는 국내 통신망에 의존할 수밖에 없는 테러리스트들 간의 국제적 교신을 감시하기 위해서라는 것이다. "클리블랜드에서 시카고로 가는 통신을 전송하는 스위치가…… 이슬라마바드에서 자카르타로 가는 통신 역시 전송하고 있을 수" 있으며, 그래서 "이제 국내 전화시스템이 어디서 끝나고, 어디서 국제 통신망이 시작되는지 단정하기 어렵다". 정부는 NSA가 통신 회사들과 비밀리에 협력해 그런 국제 교신을 도청하도록 승인했으며, 더욱 많은 국제 교신이 미국을 거치게 경로를 바꾸라고 독려했다. NSA와 민간 산업에서의 조력자들은, 이미 시행하고 있을지도 모르지만, 조만간 미국뿐만 아니라 유럽과 아시아까지 도청하게 될 것이다.[22]

사회의 모든 영역으로 안보 영역을 확장시키는 것은 추상적인 자유를 줄이는 것 이상의 일을 한다. 그것은 또한 정치적 탄압을 선호하는 보수 세력의 입지를 강화시킨다. 유력한 보수주의자들은 국가의 단결이 전쟁의 기본 무기이며, 반대 의견은 전쟁 수행 능력을 떨어뜨리기 때문에 반대자는 위험스럽고 파괴적이거나 반역적일 수도 있다고 주장해왔다. 2006년 코네티컷 주의 민주당 상원의원 후보지명전에서 무명의 반전(反戰)주의 후보 네드 러몬트가 민주당의 거물 조지프 리버먼을 누르고 승리하자, 체니 부통령은 러몬트의 당선은 "알카에다와 같은 부류"들을 고무시킬 뿐이며, 그들이 "궁극적으로 미 국민의 의지를 꺾을 수 있다는 환상을 품도록 만들 것"이라고 말했다.[23]

9·11 이후 6주 만에 하원에서 통과된 애국자법은 반대 의견을 반국가적인 것과 등치시키는 태도를 한 단계 진보시켰다. 그 법은 테러와의 전쟁에 반대하는 사람은 단순히 테러리스트를 돕는 것이 아니라 그 자신이 바로 테러리스트일 수도 있음을 시사한다. 법의 802조는 "국내 테러리즘"을 "인간 생활에 위험스러운 행동으로 형법을 위반하

는 것", 그리고 "협박이나 강압으로 정부의 정책에 영향을 주려는……의도를 가진 것으로 보이는 것"으로 규정했다.[24] 이렇게 모호하고 광범한 정의는 허가 없이 시위행진을 벌이는 사람들에게도 쉽게 적용될 수 있을 것이다.(시위 행렬은 앰뷸런스나 기타 긴급 차량의 통행에 방해가 될 수도 있다.)[25] 2002년 가을 오리건 주 포틀랜드에서 반전주의자들이 소란을 일으킨 후, 주의원들은 이런 기준에 의거해 반테러리즘법을 작성했다. 그들이 테러리즘으로 규정하는 것들 중에는 "참가자 중 한 사람 이상이 오리건 주의 상업이나 교통을" 방해할 목적의 행위를 하는 것도 포함되어 있었다.[26]

2004년 9월 공화당 전당대회가 진행되는 동안 뉴욕 시 경찰은 천8백 명의 반전 시위자들을 다양한 혐의로 체포했는데, 나중에 그 혐의의 대부분은 법원에 의해 기각되었다. 마이클 블룸버그 시장은 체포를 정당화하면서 다음과 같이 말했다. "어떤 사람들은 우리가 사람들이 자기주장을 펴는 것을 막았다고 생각한다. 그렇지만 조금만 생각해보면 그것은 바로 9월 11일에 테러리스트들이 했던 일이라는 것을 알 수 있다. 물론 이것은 같은 종류의 테러리즘은 아니다. 그렇지만 이 무정부주의자들은 사람들이 의사를 표현하도록 놔두기를 두려워한다는 것에는 의문의 여지가 없다."[27]

전쟁은 사회의 모든 역량을 총동원하는 것이기 때문에, 사회질서의 수호자들은 질서에 대한 어떤 혼란—예를 들면 노조의 파업까지도—도 전쟁 그 자체에 대한 반대처럼 전쟁 수행 능력을 위협하는 것이라고 주장한다. 1950년 공산주의자가 이끄는 노조에 대해서 연방정부가 노동법의 보호를 거부했던 것에 대해 대법원이 정부 편을 들었던 것도 바로 이런 근거이다. 법원은 노조의 지도자들이 "내외부적인 위기 상황에서" 자신들의 지위를 이용해 "정치파업"을 선동하고 경제질서를 혼란에 빠뜨릴 수 있다고 주장했다.[28] 2003년 1월, 당시 공화당 하원 원내대표였던 톰 딜레이의 사무실은 미국에서 노조의 제거를 목적으로 활동하는 경제단체인 전국노동권리재단의 지지자들에게 기부를 호소하는 편지를 띄웠다. 그 편지는 노동운동이 "미국의 국내 안보와 해외 주둔 미군의 안전에 **분명하고 현실적인 위험**을 야기"하고 있으며, "거대한 노조의 우두머리들은⋯⋯ 자유를 사랑하는 노동자들, 전쟁 수행 능력, 그리고 더 큰 힘을 얻는 데 필요한 경제를 해치고 싶어 한다"고 비난했다.[29]

하원의 공화당 의원들도 국토안보부 소속 17만 명의 고용자들에 대한 노조의 권리와 내부 고발자 보호정책을 폐기하는 일에 부시와 긴밀히 협력했다. 국토안보부 종사자의 상당수가 사무직 근로자였고, 그들이 노조의 권리를 포기하지 않았음에도 불구하고, 정부는 노조의 권리와 보호정책의 폐기가 국토안보부를 "테러리스트에 견줄 정도로 민첩하고 공격적으로" 만들 수 있을 것이라고 주장했다. 2002년 11월 하원에서 반노조법이 통과된 후, 백악관의 관리는 그것이 모든 연방 공무원들에게 모범이 되어야 한다고 발표했다.[30]

안보의 확장성은 정부가 그것을 무기로 휘두르게 할 뿐만 아니라, 그것을 민간의 고용주들과 공유하게 한다. 그런데 민간 고용주들은 종종 그것을 더욱 잘 활용하고 남용하기도 한다. 고용주들은 헌법 수정1조에 구속되지 않기 때문에, 일반적으로 반대자를 침묵시키기 위해 자유롭게 고용과 해고, 진급과 좌천의 권력을 휘두를 수 있다. 예를 들면 매카시 선풍이 불 때도, 정부가 정치적 이유로 투옥한 사람은 2백 명이 채 못 되었지만, 직장에서는 어디서든 20퍼센트 내지 40퍼센트의 피고용인들이 이념적 불온성의 징후가 있는지 감시당했으며, 그 불온성에는 인권이나 노조에 대한 지지도 포함되었다.[31]

이런 억압의 아웃소싱 효과는 특히 언론에서 두드러진다. 왜냐하면 미국 언론들은 전 세계 모든 독재자들이 부러워할 만한 검열을 실시하고 있기 때문이다. 정부가 손가락 하나 까딱하지 않아도, 비공식적 압력과 뉴스 편집실의 출세주의만으로도 기자들이 알아서 설설 기도록 하기에 충분하다. 전 CBS 뉴스앵커 댄 래더는 보수주의자들이 "모든 전화 통화, 모든 이메일"을 감시한다고 주장했다. 그 결과 "당신은 스스로에게 말한다. '우리가 제대로 된 기삿거리를 얻은 것 같아. 우리가 이 사건을 제대로 짚은 것 같아. 우리가 제대로 된 전망 속에서 이걸 내보낼 수 있을 것 같아. 그렇지만 다음 기회로 미루는 게 좋겠어'".[32] 아랫사람들은 그 메시지를 재빠르게 파악한다. 레이건 행정부 시절에 백악관을 담당했던 텔레비전 기자 샘 도널드슨이 에릭 볼러트에게 말했다.

> 요즘은 모든 상사들이 자기 기자들을 지원하는 것은 아니다. 그러므로 만약 당신이 백악관 담당 기자이고, 이 분야에서 장차 성공을 바란다면, 당신은 당신 상사가 전화를 받게 되지나 않을지 노심초사하게 되고, 출세를 위해서는 살살 다루게 될 것이다.[33]

자리를 걱정하는 언론인은 전시에 정부에 질문을 하지 않게 될 것이다. 그리고 그들은 하지 않았다. 언론계에서 가장 공격적인 인터뷰자로 알려진 ABC의 테드 코펠은 "이라크전을 앞두고 우리는 너무 겁먹었다"고 털어놓았다. PBS의 앵커 짐 레러는 "[이라크 정복]에 관해 논쟁하는 것은 너무나도 어려웠을 것이다…… 그것은 사람들의 성미를 건드리는 일이 되었을 것이다"라고 말한다. 대세를 거스르려 했던 몇몇 언론인들은 즉시 응징당했다.『뉴스데이』의 보도에 따르면, 애슐리 밴필드는 언론이 전쟁을 다루는 태도를 비판했다가 상사들에게 "혼쭐이 났고", NBC에서의 경력도 끝장나고 말았다.『월스트리트 저널』의 한 기자는 이라크의 참상을 그리는 사적인 이메일을 썼다. 편집장은 그 기자를 이라크에서 철수시키고 기사에서 손을 떼게 만들었다.[34]

  자유와 안보의 균형이라는 관념의 마지막 문제는 자유와 안보의 혜택과 부담이 사회의 모든 성원들에게 고르게 배분될 것이라고 잘못 가정하고 있다는 점이다. 그렇지만 안보 혜택을 누리기 위해 자유를 포기하도록 강요당하는 사람들은 항상 사회의 일부분, 종종 가장 소외되고 멸시당하는 사람들—냉전 중에는 게이와 좌파들, 오늘날에는 아랍인과 무슬림들(그리고 비록 정도는 덜해졌지만 역시 게이와 좌파들)—이다. 사실 권력자들이 그들에게 비용을 부담하도록 요구할 수 있는 것은 그런 집단이 위험하기 때문이 아니라 그들이 무력하기 때문이다.(18세에서 21세 사이의 미국인 남성들 중 2퍼센트가 음주운전으로 체포되지만, 대법원은 그런 통계가 해당 연령의 술 구매를 금지할 정당한 근거는 되지 못한다고 판시했다. 미국의 무슬림 중 테러 활동에 개입된 사람은 2퍼센트에 훨씬 못 미치지만 미국 정부는 그들의 더 기본적인 권리를 부정했다.)[35] 자유와 안보의 균형이라는 은유가 감추고 있는 것은 사회 각 집단 간의 근본적인 힘의 불균형이다. 불공평한 혜택에 불공평한 비용이 지불되고 있는 것이다.

데이비드 콜은 『공평한 정의는 없다』(1999)에서 상식적인 것—백인이나 부유한 미국인은 흑인이나 가난한 시민에 비해 경찰이나 법원으로부터 우대받는다—으로부터 미국의 이중적인 사법 체계라는 당혹스러운 이론을 이끌어냈다. 그는 모든 시민들에게 최대한의 권리를 부여하는 것은 안전이라는 측면에서 과도한 비용이 발생하고, 그런 권리를 부정하는 것은 또한 자유라는 측면에서 과도한 비용이 발생한다고 지적했다. 그렇다면 미국은 어떻게 하고 있는가? 미국은 두 가지 모두를 하고 있다. 공식적으로는 모든 사람들에게 권리를 부여하지만, 흑인과 빈자들에게는 체계적으로 그것을 부정하고 있는 것이다. 부유한 백인의 미국은 최대의 자유와 최대의 안전을 누리면서도 "헌법의 보호가 모든 사람들에게 공평하게 향유될 수 있도록 하기 위해서는 어느 정도 수준까지 허용될 수 있는가라는 어려운 문제는 회피하고 있다".[36]

『적으로서의 외국인』과 『테러리즘과 헌법』에서 콜은 이 주장을 전시 외국인들에게까지 확대 적용한다. 1798년 외국인규제법 제정 이래로 미국은 외국의 위협에 직면할 때마다 이민자들의 권리를 제한해왔다. 이런 조치의 매력은 형법에서 이중적 체계가 갖는 매력과 비슷하다. "자유와 안보 간의 긴장을 조정하는 것은 정치적으로 매력적인 방법이다." 보호받기—또는 보호받는다고 느끼기—위해 "시민들이 자신의 권리를 포기할 필요가 없다". 외국인들은 "민주적 절차 속에 그들의 항변을 전달할 직접적인 목소리가 없기" 때문에 권리를 포기해야 한다. 그것에 대해 불평하는 사람은 거의 없다.[37]

9·11 이후에도 모든 시민들에게 영향을 미칠 안보 조치들—이를테면 수도, 전기 등 공공시설 근무자나 배달원 등의 시민들이 다른 시민

들을 감시하도록 만든 Operation TIPS(테러 정보 및 예방 시스템 작전)나 공공 및 민간 컴퓨터 기록에 대한 대규모 감시 프로젝트인 펜타곤의 Total Information Awareness(통합정보인식) 프로그램—은 즉시 제지당했으며, 심지어 공화당의 지도적 인물들도 반대했었다. 그렇지만 외국인, 특히 무슬림과 아랍인들에게 영향을 미치는 조치들은 대중의 압도적인 지지를 받았다. 9·11이 발생한 해에도 미국인들 중 자신의 기본권과 자유를 포기할 수 있다고 생각한 사람은 불과 7퍼센트밖에 되지 않았다는 사실도 그런 맥락에서 이해할 수 있을 것이다.[38]

그렇지만 전시의 외국인들에 대한 처우와 평상시 흑인과 빈자들에 대한 처우 사이에는 한 가지 차이점이 있다. 외국인들에게 영향을 미치는 전시 조치들은 결국 미국 시민들, 특히 자유주의자들이나 진보주의자들에 대한 조치에도 영향을 미쳤다. 1942년 연방정부는 일본인 외국인과 일본계 미국인들(시민이라 할지라도 민족적 전통으로 인해 그들도 외국인으로 분류되었다)을 수용소에 감금했다. 몇 년 후 FBI는 국가적 위기 상황이 도래할 경우 구금되어야 할 시민 만 2천 명의 비밀 명단을 작성했다. 그것은 국내안전보장법◆의 조항에 따라 1950년에 승인된 계획이었으며, 1971년까지 존속되었다.[39] 테러와의 전쟁에서도 비슷한 일이 벌어질지는 그 누구도 장담할 수 없겠으나, 여태까지 드러난 증거들을 살펴보면 사태가 별로 희망적이지는 않다.

은유에 대한 총체적 분석이 시사하는 바는 균형의 저울에 놓인 것은 자유와 안보가 아니라 권력과 권력 없음이라는 것이다. 그러므로

◆ 1950년 트루먼 대통령의 거부권 행사에도 불구하고 성립된 반공입법.

보수주의자들이 그 은유를 이용하는 것은 지극히 당연하다. 왜냐하면 그것이 그들의 당연한 지지층을 보호하고 가려주기 때문이다. 그렇다면 남는 질문은 도대체 왜 자유주의자들은 그들에게 질질 끌려 다니고 있느냐라는 점이다.

아마도 그것은 그런 주장을 창안해낸 것이 자유주의자 자신들이었기 때문일 것이다. 개인이 다른 사람을 해롭게 하지 않는 한, 무엇이든 원하는 것을 할 수 있고 자유롭게 말할 수 있어야 한다고 처음 주장한 사람들은 자유주의자들이다. 자유민주주의 하에서는 남에게 해를 끼치거나 그런 의도를 지닌 행위에 대해서만 제재를 받는다. 그리고 그런 행동에는 국가 안보에 대한 위협도 포함되어 있는 것이다. 이런 주장은 다양한 형태로 발견된다. 오직 "국가의 안전과 안보"를 위한 경우에만 희생될 수 있다는 존 로크의 종교적 관용에 대한 설명, 위해를 피하기 위한 목적으로만 제한될 수 있다는 존 스튜어트 밀의 자유에 대한 이론, "분명하고 현실적인 위험"을 회피하기 위한 경우에만 축소될 수 있다는 올리버 웬델 홈스◆의 표현의 자유에 대한 방어 등이 그것이다.[40]

이런 주장들이 안고 있는 문제점은 위해―위험, 위협 등―라는 것은 정의하기가 거의 불가능하다는 점이다. 위해나 국가 안보와 같은 말에 대한 모든 정의는 인간 본성, 도덕성, 행복한 삶에 대한 이데올로기적 가정에 의존한다. 이런 면에서 보았을 때, 자유주의자들도 보수주의자들만큼 잘못이 크다. 유일한 차이점이라면 자유주의자들은 종종 자신의 확신에 따라 행동하는 것에, 그리고 상대편이 그들 나름의

◆ 1841~1935, 연방대법원의 판사로서, 때때로 진보적인 소수 의견을 내세워 '위대한 반대론자'라고 불렸다.

확신에 따라 행동하는 것을 저지하는 것에 대해 덜 정력적이라는 점뿐이다.

라벤더 공포에 대한 철학적 보충으로서, 우리는 미국이 동성애자들에 대한 숙청 작업을 한창 진행하고 있을 때, 바다 건너에서 두 명의 영국인—보수주의 법학자 패트릭 데블린과 자유주의 철학자 H. L. A. 하트—사이에 벌어진 놀랍도록 유사한 논쟁을 떠올려볼 수 있겠다. 그것은 1957년 영국의 울펜덴 위원회◆가 성년에 이른 개인 간의 사적 동성애는 처벌 대상에서 제외되어야 한다고 권고하면서 시작되었다. 데블린은 1959년 3월 영국 학사원에서 행한 연설에서 "사적인 도덕과 비도덕의 영역이 존재하고, 간단히, 그리고 거칠게 말하자면 그것은 법이 관여할 바가 아니라는", 그리고 구체적인 상해나 위해 행위만이 법에 의해 기소되고 처벌되어야 한다는 위원회의 주장을 맹비난했다. 데블린은 "어떤 집단이 사회가 될 수 있는 것은 그것이 이념의 공통체이기 때문이고, 그 이념은 단순히 정치이념뿐만 아니라 그 성원들이 어떻게 처신하고 어떻게 삶을 꾸려가야 하는지에 대한 이념까지 포함한 것"이라고 주장했다. 아무리 사적이고, 우발적이거나 상징적이라 할지라도 그런 이념에 대한 모든 도전은 사회 결속을 해치게 되고 시민사회 질서에 심각한 위협을 가하는 반역 행위라는 것이다. 반역이 정부를 전복시키는 것과 마찬가지로, 동성애는 "도덕적 결속의 약화"를 초래하며, 그것은 "종종 붕괴의 첫 번째 단계가 된다". 따라서 "악을 억제하는 것은 반체제 행위를 억제하는 것만큼이나 법의 역할

◆ 영국에서 1954년 '동성애와 매춘에 관한 형법 규정'을 재검토하기 위해 설치된, 존 울펜덴 경을 의장으로 한 위원회. 1957년 3년에 걸친 조사 끝에 형법 규정을 바꾸도록 권고한 보고서를 제출했고, 이로써 동성애자들의 사생활도 존중되어야 한다는 개념이 영국 사회에 퍼지게 되었다.

이 되어야 한다".[41]

하트의 대응은 신속하고 강력한 것이었다. 그는 7월에 BBC 라디오에서 강연을 했고, 그 내용은 『청중』으로 간행되었다.[42] "두 성인의 사적인 동성애 행위를 어떤 식으로든 반역이나 선동으로 여기는 것은 매우 해괴한 일이다"라고 그는 말했다. 해괴할 뿐만 아니라 멍청하기도 하다. 데블린은 "보편적 도덕규범에서 이탈하는 것이 그 규범에 영향을 줄 것이고, 단순히 그것의 변화가 아닌 파괴로 이를 수밖에 없다"는 잘못된 가정을 하고 있다. 만약 한 사람의 사적 행위가 정말로 사회의 신념을 변모시킨다 하더라도—하트는 그럴 가능성은 거의 없다고 주장했다—그런 변화는 사회적 도덕의 붕괴가 아닌 전환이다. 그러므로 동성애에 대한 적당한 정치적 비유는 반역이 아닌 정부 형태의 "평화적 변화"가 되어야 한다.

비평가들은 대체로 하트가 데블린을 이겼다고 생각한다. 그렇지만 나는 의문이다. 하트는 결국 위해를 설득력 있거나 정확하게 정의하지 않았으며, 그가 그렇게 할 수 있을지도 분명치 않기 때문이다. 그러므로 데블린이 동성애가 반역만큼 해로웠다고 주장할 때, 또는 그의 미국 동료들이 동성애가 반역이었다고 주장할 때 그들을 막을 수 있는 것이 무엇이 있었겠는가? 정치적으로나 철학적으로나 거의 없어 보인다. 왜냐하면 어슴푸레한 그늘에서 위해가 찾아올 때, 어디선가 누군가는 불가피하게도 그것을 라벤더와 분홍빛—또는 무지갯빛 속의 또 다른 탐탁지 않은 색—으로 보게 될 것이기 때문이다.

11. 강경하기는 쉽다·

나는 전쟁을 즐긴다.
어떤 모험도 사무실에 앉아 있는 것보다는 낫다.
— 헤럴드 맥밀런

스스로 보수주의자로 자처하는 유권자들과 정치인들이 사형제, 고문, 전쟁을 지지하고 있음에도 불구하고, 우파의 지식인들은 종종 보수주의와 폭력성 간의 어떤 친화성도 부인한다.[1] 영국의 보수주의 작가 앤드류 설리번은 "보수주의자는 전쟁을 증오한다"고 썼다.

그들의 국내 정치는 내전과 폭력에 대한 혐오에 기반하며, 그들은 국제 분쟁의 첫 번째 희생자가 항상 자유라는 사실을 잘 알고 있다. 전쟁이 시작되면 정부는 불가피하게 크고 강력해져야 하며, 개인의 자유도 위축될 수

◆ 이 장은 원래 오스틴 새럿, 칼린 배슬러, 토머스 L. 둠 등이 편집한 『폭력의 행사』(Amherst: University of Massachusetts Press, 2011), 18~42쪽에 「강경하기는 쉽다: 보수주의와 폭력(Easy to Be Hard: Conservatism and Violence)」이라는 제목으로 실린 글이다.(저자 주)

밖에 없다. 한때 자유의 다양한 불협화음을 즐기던 사회도 외적을 물리치기 위해 하나의 단조로운 음조로 정렬될 수밖에 없다. 영구적인 전쟁 상태는—조지 오웰이 예견했듯이—독재에 대한 초청장이나 다름없다.[2)]

보수주의자는 오크쇼트부터 흄까지 회의주의적 전통에 기대어, 작은 정부를 자기 신념의 확장으로, 법의 지배를 행복 추구를 위한 전제 조건의 하나로 내세운다. 실용적이며 유연하고, 의식적이라기보다는 경향적인 이런 정서—보수주의자들은 그것을 이데올로기가 아닌 정서라고 주장한다—는 폭력에는 관심이 없다. 보수주의자들이 전쟁을 승인하는 것은 현실에 대한 어쩔 수 없는 양보라는 것이다. 좌파 친구들과는 달리—보수주의자인 그는 계약보다는 우정을 중시한다—보수주의자는 우리가 거대한 악의 한가운데서 살고 사랑하고 있다는 사실을 알고 있는 것이다. 그 악은 저지되어야 하며, 가끔은 폭력적 수단이 동원되기도 한다. 가급적 그는 폭력 없는 세상을 보고 싶어 한다. 그렇지만 어쩔 수 없을 때는 자신이 보고 싶은 세상에 연연하지 않는다.

그렇지만 보수주의의 역사적 기록은—정치적 실천(여기서 이것은 내 주요 관심사가 아니다)으로서뿐만 아니라 이론적 전통으로도—정반대를 보여준다. 보수주의자들은 폭력 때문에 슬퍼하거나 부담스러워 하거나 괴로움을 겪기는커녕 그것에 의해 활력을 얻어왔다. 나는 개인적 정서를 말하는 것이 아니다. 비록 위에서 인용한 해럴드 맥밀런이나 아래에서 인용할 윈스턴 처칠처럼 많은 보수주의자들이 폭력에 대한 뜻밖의 열정을 표현했음에도 말이다. 내 관심은 개성과 심리보다는 이념과 논리이다. 한 보수주의 지식인이 폭력은 우리가 살아 있다고 느끼도록 만드는 가장 큰 삶의 경험 중 하나이고, 삶을 건강하고 활기차게 만드는 활동이라고 주장한 적이 있다.[3] 그런 주장은 더글러스 맥아더의 경우처럼 간명하게 표현될 수도 있고—"오직 죽은 자만이 전쟁의 끝을 본다"[4]—독일의 역사학자 하인리히 폰 트라이치케의 경우처럼 장황하게 표현될 수도 있다.

> 의지의 세상에 살고 있는 역사가에게는 영구적인 평화의 요구가 철저히 반동적이라는 사실은 자명할 것이다. 그는 역사 속에서 전쟁을 통해 모든 운동, 모든 성장이 주조되었음을 알고 있기 때문이다. 영구적인 평화라는 꿈에 젖어 있는 동안은 항상 지루하고, 어리석고, 맥 빠진 시기였다…… 그렇지만 이 문제는 더 토론하는 수고를 기울일 가치가 없다. 왜냐하면 살아 있는 신의 의지가 항상 인류를 위한 가공할 처방으로 끊임없이 전쟁이 찾아오도록 안배해주실 것이기 때문이다.[5]

간결하건 장황하건 요지는 다음과 같다. 전쟁은 삶이고 평화는 죽음이다.

이런 믿음은 에드먼드 버크의 『장엄함과 아름다움에 대한 우리 이념의 기원에 대한 철학적 탐구』로까지 거슬러 올라갈 수 있다. 그 책에서 버크는 고통과 위험 같은 것에서 얻는 부정적 자극에 목마른 자아에 대한 관점을 발전시켰으며, 그것을 장엄함과 연결시켰다. 장엄함은 두 가지 정치적 형태에서 가장 쉽게 발견된다. 계급질서와 폭력이 그것이다. 그렇지만 곧 밝혀질 이유들에 의해, 보수주의자들은 종종 전자보다는 후자를 선호한다. 지배가 장엄할 수 있다. 그렇지만 폭력은 더욱 장엄하다. 모든 것들 중 가장 장엄한 것은 두 개가 혼합될 때,

즉 통제와 지배의 체제를 창조하고, 수호하고, 회복하기 위해 폭력이 행사될 때이다. 그렇지만 버크가 경고했듯이 고통과 위험은 항상 적당한 거리를 두고 즐기는 것이 가장 좋다. 거리와 불명료함은 장엄함을 향상시킨다. 가까움과 밝음은 그것을 줄인다. 반혁명적 폭력은 보수주의적 경험에서 에베레스트와 같은 것이다. 그렇지만 그것은 멀리서 감상해야 한다. 산정에 너무 가까이 가면, 공기가 희박하고 구름으로 시야가 가리게 된다. 그래서 폭력에 대한 모든 논의의 끝에는 실망이 기다리고 있다.

『장엄함과 아름다움』은 호기심에 대한 논의로 경쾌하게 시작된다. 버크는 호기심을 "최초이자 가장 단순한 감정"이라고 정의한다. 호기심은 "새로운 것을 찾아 구석구석" 헤맨다. 그것의 시선은 고정되고, 정신은 열중되어 있다. 그리고 세상은 점차 회색으로 변해간다. 자꾸 같은 것들과 마주치기 시작하면서 "흥미는 점차 사라져간다". 참신함이 줄어든다. 정말로 세상에 새로운 것이 얼마나 있는가? 호기심은 스스로 "지친다". 정열과 관심 대신 "혐오와 권태"가 깃든다.[6] 버크는 기쁨과 고통으로 나아간다. 그것들은 참신함의 추구를 더 지속적이고 심오한 경험으로 바꾸어놓을 것으로 기대된다. 그렇지만 기쁨은 호기심에 대한 진정한 부가물이 되기보다는 비슷한 것을 제공하는 데 그친다. 순간적인 열정 뒤에는 단조로운 불쾌감이 따르기 때문이다. "기쁨은 그 소임을 다했을 때, 그것이 우리를 처음 발견했던 거의 그 자리에 다시 되돌려놓기 때문이다"라고 버크는 말한다. 어떤 종류의 기쁨도 "빠르게 충족되며, 그것이 끝났을 때, 우리는 다시 무관심으로 돌아간다".[7] 기쁨보다 강도가 덜한 조용한 즐거움도 졸리기는 마찬가지다. 그것은 조용한 만족을 낳는다. 우리는 "게으름과 무위에 우리 자신을 맡긴다".[8] 버크는 또 다른 강력한 외적 추진력으로서 모방에 기댄다. 모방을 통해 우리는 예의와 관습을 배우고, 의견을 발전시키며 문명화된다. 우리는 스스로를 세상으로 이끌고, 세상이 우리에게 다가온다. 그렇지만 모방도 나름의 마취제를 지니고 있다. 타인을 너무 모방하다보면 우리는 스스로 개선하기를 멈추게 된다. 우리는 앞사람을 쫓아가면서 "영원한 순환 속을 맴도는 것이다". 모방자들의 세상에는 "어떤 개선도 있을 수 없다". 그런 "사람들은 짐승처럼 남는다. 마지막 날에도 오늘 같을 것이고, 세상의 시초에도 오늘 같았다".[9]

호기심은 권태가 되고, 기쁨은 무관심이, 즐거움은 나른함이, 모방은 정체가 된다. 너무나도 많은 정신의 문들이 이런 무기력한 어둠의 공간을 향해 열려 있기 때문에 우리는 그것이 구석이 아니라 인간의 조건 한가운데에 도사리고 있다는 결론을 내리는 것이 나을 것이다. 여기, 자아의 어둠의 안뜰에서 모든 행위는 그치고, "우울, 낙담, 절망, 그리고 자살"을 위한 이상적 환경이 만들어진다.[10] 가장 외향적인 환희인 사랑마저도 자아를 내적인 사멸 상태로 되돌린다.[11] 자살은 세상의 기쁨을 있는 그대로 받아들였던 사람에게 기다리고 있는 피할 수 없는 운명처럼 보인다.

이런 구절들은 일부 보수주의 이론가들에게는 난제로 다가온다. 보수주의 전통의 창시자가 말하는 자아의 비전이 보수주의 사상의 상상의 자아와 극적인 불화를 겪고 있는 것이다. 이미 우리가 반복적으로 보아왔듯이 보수주의적 자아는 "미지의 것보다는 익숙한 것을, 시도되지 않은 것보다는 시도된 것을, 신비로운 것보다는 사실을, 가능성보다는 현실을, 무한한 것보다는 제한된 것을, 멀리 있는 것보다는 가까이 있는 것을, 남아도는 것보다는 충분한 것을, 완벽한 것보다는 편안한 것을, 유토피아적 축복보다는 현재의 웃음을" 선호한다고 주장한다.[12] 그는 어떤 것이 정당하다거나 좋아서가 아니라 익숙하기 때문에 그것으로 기운다. 그는 그것을 알고 있고 그것에 길들여져 있다. 그는 그것을 잃고 싶지도 않고 빼앗기고 싶지도 않다. 좀 더 나은 것을 얻기보다는 자신이 가지고 있는 것을 누리는 것이 그에게는 지고의 선이다. 그렇지만 『장엄함과 아름다움』의 자아는 자신의 고착과 익숙함을 확인하게 된다면, 곧 자신의 소멸이라는 유령과 대치하고 있는 스스로를 발견하게 될 것이다.

아마도 보수주의 담론의 이면에 도사린 이 치명적 권태가 바로 보수주의 정치인들이 보수주의 이론가들의 지도를 따를 수 없는 이유를 설명해주는 것이리라. 보수주의 정치인들은 조용한 즐거움과 안정된 고착이라는 대의를 받아들이기는커녕 끊임없이 '아직 아니다', '무엇이 될 것이다'라는 식의 행동주의를 선호하는 것이다. 로널드 레이건의 첫 임기 취임연설은 꿈의 힘에 대한 찬가였다. 소박한 꿈이 아니라 진보와 개선의 거창하고 영웅적인 꿈이었다. 그들을 위한 꿈이 아니라 행동을 위한 필수적인 자극으로서의 꿈이었다. 3개월 후 레이건은 하원연설에서 칼 샌드버그의 시구를 인용해 요점을 명확히 했다. "먼저 꿈을 꾸지 않으면 아무 일도 일어나지 않는다." 그리고 아무 일도 일어나지 않거나, 너무 적은 일이 일어나거나, 일이 신속하게 일어나지 않는다는 것은 보수주의자들이 정치에서 싫어하는 것이다. 레이건은 정치인들의 혼란스러운 모습을 참을 수 없었다. "오래되고 편안한 방법은 여기저기 조금씩 집적대는 것이었다. 이제, 그런 것들은 더 이상 용납되지 않는다." 오래되고 편안한 것들은 비난의 대상이 되었고,

이제 "적당히"는 없다는 것이 그것에 대한 판결이었다.[13]

물질적이고 현실적인 것에 대항해, 보이지 않고 이상적인 것을 위해 행동한 보수주의자는 결코 레이건이 처음이 아니다. 1964년 공화당 전당대회에서 배리 골드워터는 후보지명 수락연설에서 복지국가가 위대한 나라를 "잠잠하게" 만들었다고 맹비난했다. 뉴딜 정책 때문에 미국은 "활발한 행보"를 잃고 이제 "터벅터벅 걷고 있다". 차분하고, 느리고, 터벅터벅 걷는 것은 대체로 보수주의 이론가들에게는 현재의 축복으로서 환영받을 만한 것이다. 그렇지만 보수주의 정치가에게 그런 것들은 악이다. 그는 선전포고를 하고, 기운 없이 축 늘어진 자들을 향해 "대의", "투쟁", "정열", "헌신" 등의 말을 퍼부으며 자신의 군대를 모집해야 한다.[14]

그런 십자군적 열정은 미국 보수주의만의 특징이 아니다. 그것은 유럽에서도 발견되며, 심지어 보수주의를 중용의 또 다른 이름으로 만든 나라, 영국에서도 찾아볼 수 있다. 마거릿 대처는 "'나는 여론을 지지한다'는 깃발 아래 전투에서 승리한 사람이 있었던가?"라고 비웃었다.[15] 그리고 쿠바의 독립을 저지하기 위한 스페인전쟁을 보도하려고 1895년 쿠바로 뛰어든 윈스턴 처칠도 있다.[16] 그는 자기 세대의 좌절감을 곱씹으면서—제국의 시대에 늦게 온 지각생이었으므로, 그들에게는 제국주의적 정복(행정 관료로서가 아닌)의 기회가 없었다—그는 아바나에 당도했다. 다음은 그가 할 수밖에 없었던 말이다.(1930년에 과거를 회상하면서 한 말이다.)

전쟁에 지치고, 찢기고, 잔혹해지고, 신물이 난 지금 세대의 정신은, 오랜 평화 속에서 성장한 영국의 한 젊은 장교가 최초로 실제 작전의 무대로 다가서면서 느꼈던 오싹하지만 감미로웠던 느낌을 이해하지 못할 것이다. 새벽녘 어슴푸레한 여명 속에서 쿠바의 해안이 시야에 들어오며 암청색의 수평선과 구분되기 시작할 때, 나는 마치 키다리 존 실버와 함께 항해하다가 처음으로 보물섬을 목격한 기분이었다. 그곳은 진짜 사건이 진행되고 있는 곳이었다. 그곳은 생기 넘치는 행동의 장이었다. 그곳은 어떤 일이든 벌어질 수 있는 곳이었다. 그곳은 분명 어떤 일이 일어날 곳이었다. 나는 그곳에 뼈를 묻을지도 몰랐다.[17]

보수주의 전통에서 이론과 실천 간의 관계가 무엇이건 『장엄함과 아름다움』에서 분명한 것은 자아가 살아남고 번창하기 위해서는 기쁨이나 즐거움보다는 더욱 역동적이고 활기찬 경험에 의해 각성되어야 한다는 것이다. 기쁨과 즐거움은 아름다움처럼 작용하면서 "전체 체계의 견고함을 이완시킨다".[18] 그렇지만 그 체계는 팽팽하게 긴장되어야 한다. 정신은 민활해지고 몸은 수고스러워야 한다. 그렇지 않으면 체계가 유약해지고 위축되면서 결국 죽음에 이르게 된다.

이런 고양된 존재를 가장 각성시키는 것은 바로 비존재와의 대치이다. 생명과 건강은 기쁘고 즐거운 것이지만, 바로 그것이 문제이다. 왜냐하면 "우리는 생명과 건강에 순종하도록 만들어지지 않았기 때문에" 자아에 "그것들은 별다른 인상을 남기지 못한다". 반면, 고통과 위험은 죽음, "공포들의 왕"의 "사신(死神)"이다. 그것은 "정신이 느낄 수 있는 가장 강력한—가장 감동적인—감정", 즉 장엄함의 원천이다.[19] 달리 표현하자면 고통과 위험은 자아의 생성적 체험이다.

고통과 위험은 자아의식을 극소화하기도 하고 극대화하기도 하는 모순적 효과를 지니기 때문에 생성적이다. 우리의 정신은 고통과 위험을 감지하면 "그것들로 완전히 가득 차버리기 때문에 다른 것을 즐길 수 없게 된다". 그것이 불러일으킨 위해와 공포가 "우리 정신으로 쇄도해 들어오면서" 우리 영혼의 "움직임은 멎는다". 이런 공포에 직면해 "정신은 자기 바깥으로 달아나버린다". 장엄함을 경험할 때, 우리는 엄청난 힘과 위협의 외적 대상에 압도되고 자신이 텅 빈 것을 느끼게 된다. 우리에게 내적 존재감과 생명력을 부여하던 모든 것들이 존재하기를 멈춘다. 외부가 전부이며, 우리는 무가 된다. 장엄함의 좋은 예이자 궁극적인 표현은 바로 신이다. "우리가 이를테면 모든 곳에 편재한 전능한 힘의 품 안에서 그토록 광대한 대상에게 침잠하는 동안, 우리는 우리 본성의 미미함으로 축소되고, 그의 앞에서 어떤 의미로는 소멸되어버리는 것이다."[20]

역설적으로 우리는 또한 일찍이 느껴본 적이 없는 수준으로 우리 존재가 확장되는 것을 느끼게 된다. 공포에 사로잡혀서, 우리의 "주의력"은 각성되고 우리의 "재능들"은 "조심스럽게 앞으로 나아가게 된다". 우리는 우리 밖으로 이끌린다. 우리는 주변 지형과 그 위에 선 우리 존재를 지각한다. 예전에 우리는 자신이나 주변을 거의 지각하지 못했다. 이제 우리는 우리 존재에서 넘쳐나서 몸과 정신뿐만 아니라 주변의 공간에서도 살게 되는 것이다. 우리는 "일종의 팽창"—우리가 커지고 우리 영역이 넓어지는 느낌—을 느끼며, 그것은 "인간 정신에 극히 유쾌한 것이다". 그렇지만 이런 "팽창은 우리가 위험 없이도 끔찍한 대상들에 정통하게 될 때 가장 잘 인지되고, 가장 큰 힘으로 작동된다"고 버크는 우리를 환기시킨다.[21]

장엄함과 대면해 자아는 소멸하고, 정복되고, 분쇄되고, 압도된다. 장엄함과 대면해 자아는 고양되고, 증폭되고, 확장된다. 자아가 진정

이런 상반되는, 거의 화해 불가능한 경험의 양극을 동시에 차지할 수 있는지와는 별개로, 강력하고 격렬한 자아의식을 생성하는 것은 바로 이런 모순, 양극단 사이에서의 동요이다. 버크가 다른 곳에서 썼듯이 강렬한 빛이 칠흑 같은 어둠과 닮은 것은 그것이 눈을 멀게 해 어둠과 흡사하게 느끼게 한다는 것뿐만 아니라 양자가 동시에 극단적이라는 점이다. 그리고 극단, 특히 상반되는 극단은 장엄하다. 왜냐하면 장엄성은 "평범한 것을 혐오하는 모든 것 안에" 있기 때문이다.[22] 상반되는 감정의 극단성, 존재와 무 사이를 오가는 격한 요동이 자아의 가장 강력한 경험에 기여하는 것이다.

버크가 여기서도, 그리고 다른 저작에서도 제기하지 않았고 답하지도 않았지만, 우리에게 남는 문제는, 어떤 정치 형태가 이런 자아 확장과 자아 소멸의 동시성—또는 그 사이의 요동—을 수반하는가이다. 한 가지 가능한 형태는 복종과 지배라는 두 가지 필요조건을 가진 계급제일 것이다. 다른 하나는 폭력, 특히 죽느냐 죽이느냐라는 지상명령이 따르는 전쟁이다. 그리고 우연치 않게도 양자는 보수주의의 이론적 전통이나 역사적 실천 속에서 대단히 중요한 지위를 차지한다.

루소와 존 애덤스는 보통 이념적으로 가깝다고 여겨지지 않는다. 그렇지만 한 지점에서 그들은 의견을 같이한다. 그것은 계급제 사회는 지속될 수밖에 없다는 것이다. 왜냐하면 최상층과 최하층을 제외하고는 모든 사람이 차례로 지배하고 지배받을 수 있기 때문이다. 더 확실히 하자면, 그것은 아리스토텔레스적인 개념의 자치가 아닌 봉건적인 개념의 상호 통치이다. 모든 사람은 자기 윗사람을 섬기는 대가로 아랫사람을 지배한다. "시민들은 맹목적 야심으로 이성을 잃는 정도로만 자신의 억압을 허용한다"고 루소는 썼다. "그들은 자기 위에 있는 것보다는 아래에 있는 것을 더 중요하게 생각하기 때문에 지배가 독립보다 값지게 느껴지고, 사슬을 차는 데 동의함으로써 그것을 다른 사람에게도 씌운다. 지배를 추구하지 않는 자를 복종하도록 만들기는 매우 어렵다."[23] 야심가와 권위주의자는 서로 반대되는 유형이 아니다. 군림하려는 의지가 고개 숙이려는 의지에 우선한다. 30년 후에 애덤스는 모든 사람은 "주목받고, 존중받고, 존경받고, 칭찬받고, 사랑받고, 숭배되고 싶어 한다"고 썼다.[24] 칭찬받기 위해서는 먼저 드러나야 하며, 드러나기에 가장 좋은 방법은 자기 주변에서 빼어나는 것이다. 심지어 미국의 민주주의자도 뛰어난 자를 추방하기보다는 열등한 자를 지배하려 할 것이라고 애덤스는 추론한다. 그의 정열은 우월성이지 평등이 아니며, 하급자들이 확보되는 한 그는 자신의 낮은 지위에도 만족할 것이다.

가장 가난한 기계공뿐만 아니라 빈민 구제에 의존해 사는 사람조차도, 아니 거리의 평범한 거지들조차도…… 한 무리의 숭배자들을 끌어들이며, 그들이 다른 사람들과 비교해 가졌거나 가졌다고 상상하는 그런 우월성에 우쭐해한다…… 불쌍한 자가 더 이상 다른 사람들의 이목을 끌 수 없을 때는, 그는 그의 개에게서라도 존경받아야 한다. "그럼 누가 나를 사랑해주나요?" 이 말은 마스티프(개)를 먹이기 위해 굶주림에 시달리고 있는 거지에게 한 인정 많은 행인이 그 짐승을 죽이거나 팔아버리라고 조언했을 때 되돌아온 비통한 대답이다.[25]

사회적 계급제에 대한 이 같은 묘사에서 장엄함의 특징을 엿볼 수 있다. 위로부터 소멸되고 아래로부터 확장되는 자아는 지배하기에 끼어들면서 증폭되고 왜소해진다. 그렇지만 여기에는 함정이 있다. 일단 우리가 실제로 다른 존재에 대해 우리의 힘을 확보하고 나면, 열등자들은 우리를 위협하거나 위해를 가할 능력을 잃게 된다고 버크는 말한다. 그들은 그들의 장엄성을 잃는 것이다. 어떤 피조물의 "위해 능력을 제거해버리는 것은 그것의 모든 장엄함을 빼앗아버리는 것이다".[26] 사자, 호랑이, 표범, 코뿔소가 장엄한 것은 그것들이 멋진 표본이어서가 아니라 우리를 죽일 수 있기 때문이다. 소, 말, 개도 역시 강하지만 살해 본능이 결여되었거나 있다 하더라도 억제되어 있다. 그것들은 우리를 위해 봉사하도록 만들 수 있고, 심지어 개의 경우 우리를 사랑하게 만들 수도 있다. 왜냐하면 그런 피조물들은 아무리 강하다 할지라도 우리를 위협하거나 해칠 수 없고, 장엄할 능력이 없기 때문이다. 그것들은 경멸의 대상이다. "경멸은 비굴하고 무해한 힘에 따르는 필연적 결과이다."[27]

우리 주변에는 대단하지만 치명적이라고 여겨지지 않는 여러 힘센 동물들이 있다. 우리는 그것들에서 장엄함을 볼 수는 없다. 장엄함은 어두컴컴한 숲에서, 울부짖는 야성으로 우리를 덮친다…… 강함이 유용함일 뿐이고, 그것이 우리의 이익, 또는 우리의 기쁨을 위해 고용될 때는, 절대로 장엄할 수 없다. 왜냐하면 우리의 의지에 순응하지 않는 것이 우리 기분에 맞게 행동할 리는 없기 때문이다. 우리의 의지에 따라 행동하기 위해서는 그것은 우리에게 지배되어야 한다. 그러므로 그것은 웅장하고 위엄 있는 개념의 원인이 될 수 없다.[28]

최소한 사회적 계급제 경험의 절반—우월자에 의한 파괴, 굴욕, 위협, 위해의 가능성을 수반하는 지배당하는 경험이 아니라 다른 자를 쉽게 지배하는 경험—은 장엄함과 양립할 수 없고, 실로 그것을 약화시킨다. 우리의 힘을 인정받게 되면, 우리는 느슨해져서 기쁨이 소멸할 때 경험하는 것과 똑같은 안락과 편안함으로 빠져들게 되고, 내적 용해작용을 겪게 된다. 지배의 확보는 사랑의 정열만큼이나 무기력을 낳는다.

오랜 기간 지속되는 지배의 위험에 대한 버크의 암시는 보수주의 내의 놀라운 편향을 반영한다. 비록 드러나지 않더라도 완숙한 권력, 견고하게 안정된 권위와의 부단한 불화가 그것이다. 보수주의자들은 버크 자신부터도 지배계급에 대해 깊은 불쾌감을 표현했었다. 지배계급은 아무런 걱정 없이 자기 지위를 확신했기 때문에 지배할 능력을 상실한다. 권력에의 의지는 흩어지고, 통솔의 근력과 지력은 약화된다.

1장에서 이미 보았듯이 버크는 구체제는 아름답다고 생각했다. 그런 이유 때문에 구체제는 "나태하고, 맥없고, 겁쟁이가 되었다". 구체제는 "능력의 침입으로부터" 스스로를 방어할 수 없다. 혁명이 낳은 새로운 권력자들을 당해낼 수 없는 것이다. 혁명과 손잡은 상업적 이익은 토지 소유자의 이익보다 강하다. 왜냐하면 그것은 "어떤 모험도 치를 각오"가 되어 있고, "어떤 종류든 새로운 사업을 원하기" 때문이다.[29] 구체제는 아름답고, 정적이고, 약하다. 혁명은 추하고, 역동적이고, 강하다. "그것은 무서운 진실이다"라고 버크는 『국왕 살해자들과의 평화에 관한 편지들』의 두 번째 장에서 말한다. "그렇지만 그것은 감출 수 없는 진실이다. 재능, 솜씨, 관점의 탁월성 면에서 자코뱅은 우리보다 우월자이다."[30]

조제프 드 메스트르의 구체제에 대한 비난은 버크보다 거칠다. 아마도 그 실패를 더 직접적으로 느꼈기 때문일 것이다. 혁명이 발발하기 오래전, 그는 구체제의 지도부가 혼란에 빠져 허둥대고 있다고 주장했다. 당연히 지배계급들은 자신들에게 가해지는 공격에 저항하는 것은 고사하고 그것을 이해할 능력조차 없었다. 구체제의 커다란 원죄는 신체상, 인지능력상 무력했다는 것이다. 귀족계급은 이해하지 못한다. 행동하지도 못한다. 귀족들 중 일부는 좋은 의도를 가지고 있을 수도 있다. 그렇지만 그들은 계획을 끝까지 추진하지 못한다. 그들은 멋만 부리고 멍청하다. 그들은 덕은 있지만 용맹함이 없다. 귀족계급은 "손대는 족족 우스꽝스럽게 실패를 거듭한다". 성직자들은 부와 사치로 부패했다. 군주는 모든 실질적인 군주 주권의 징표가 되는 "난죄" 의지가 결여되었음을 끊임없이 보여주었다.[31] 수세기 동안 권력을 향유하면서 빚어진 불가피한 결과인 이런 쇠퇴를 맞이해, 메스트르는 반혁명이 아직 승리를 거두지 못한 것이 오히려 다행스러운 일이라고 썼다.(그는 1797년에 이 글을 썼다.) 구체제는 한때 아름다웠던 삶이 가져온 타락의 영향을 떨쳐내기 위해서 몇 년간 더 황야에서 머물 필요가 있다.

왕권의 회복은 국가를 추동하는 힘의 갑작스러운 이완을 의미할 수도 있다. 현재 작동하는 흑마술은 태양 아래 안개처럼 흩어질 것이다. 친절, 관대함, 정의, 모든 온화함과 평화로운 미덕이 갑자기 재출현할 것이고, 그것들과 함께 일반적인 온유한 성격, 혁명체제의 엄격함에 완전히 상반되는 어떤 유쾌함도 되돌아올 것이다.[32]

한 세기 후 조르주 소렐이 벨 에포크◆에 대해 비슷한 주장을 한다. 소렐은 일반적으로 우파의 상징적인 인물로 여겨지지는 않으며—당시는 버크의 보수주의조차 논쟁의 대상에 머물렀다[33]—그의 대표작 『폭력론』은 비록 크게는 아니지만 종종 마르크스주의에 기여한 것으로 평가되기도 한다. 그렇지만 소렐의 정치 인생은 보수주의자로 시작해 원조 파시스트로 마감되며, 마르크스주의적인 표현에서조차 그의 주요한 관심은 착취와 정의라기보다는 쇠퇴와 활력에 관한 것이었다. 19세기 말 그가 프랑스 지배계급에게 행한 비판은 18세기 말 버크나 메스트르가 했던 것과 크게 다르지 않다. 그는 그 둘을 비교하기까지 했다. 프랑스 부르주아는 "18세기 귀족만큼이나 멍청해졌다"고 소렐은 썼다. 그들은 "조용히 내버려두기를 요구하는 초문명화된 귀족계급이다". 부르주아는 한때 전사 종족이었다. "용감한 지도자로서" 그들은 "새로운 산업을 창조하고" "미지의 땅을 발견했다". 그들은 그런 "만족을 모르는 정복욕과 무자비한 정신"에 영감을 받아 철도를 부설하고, 대륙을 평정하고, 세계경제를 만들어내는 거대한 사업을 이끌었다. 오늘날 그들은 겁 많고 소심해져서 노조, 사회주의자, 좌파들로부터 자기 자신의 이익을 지키는 데 꼭 필요한 조치도 취하기를 거부한다. 파업 노동자들에게 폭력을 행사하기보다는 노동자들의 폭력 위협에 굴복해버린다. 그들은 조상들이 보여주었던 열의와 뱃심이 없다. "부르주아는 사형선고를 받았고, 그 소멸은 단지 시간문제"라는 결론을 내리지 않을 수 없다.[34]

칼 슈미트는 지배계급의 허약함에 대한 소렐의 경멸을 완전한 정치

◆ belle époque, 좋은 시절, 19세기 말~20세기 초의 프랑스.

이론으로 정식화시켰다. 슈미트에 따르면, 부르주아는 원래부터 위험을 기피하고, 이기적이며, 용맹성이나 폭력적 죽음에는 관심이 없고, 평화와 안정을 희구한다. 왜냐하면 자본주의가 그의 소명이며 자유주의가 그의 신념이기 때문이다. 그런데 그 두 가지 모두 그가 국가를 위해 목숨을 바쳐야 할 이유를 제공해주지는 않는다. 사실 오히려 두 가지는 그가 국가를 위해 죽으면 안 될 훌륭한 이유, 참으로 완벽한 어휘들을 선사해준다. 이익, 자유, 이윤, 권리, 재산, 개인주의 등의 언어들은 역사상 가장 이기적인 지배계급을 창조해냈다. 그 계급은 특권은 누리지만 그 특권을 수호할 의무감은 전혀 느끼지 못하는 계급이다. 결국 자유주의적 민주주의의 전제는 경제와 문화로부터 정치의 분리이다. 누구든 다른 사람의 희생을 대가로 이윤을 추구할 수 있으며, 권력의 균형을 깨뜨리지 않는다면 아무리 불온한 사상이라도 자유롭게 품을 수 있다. 그렇지만 부르주아는 적과 대치하고 있으며, 그 적은 이념, 돈, 권력 간의 상관관계를 잘 이해하고 있고, 경제적 협정과 지적 논쟁들이 정치투쟁의 소재라는 것도 잘 알고 있다. 마르크스주의자들은 친구와 적에 대한 확실한 구분법을 갖고 있으며, 그것은 정치에서 구성적인 요소이다. 부르주아는 그렇지 못하다.[35] 헤겔의 정신은 한때 베를린에 머물렀다. 하지만 그것은 오래전에 "모스크바로 넘어가버렸다".[36]

    소렐은 이런 자본주의의 쇠퇴의 법칙에서 하나의 예외를 보았다. 미국의 신흥부자들이다. 미국 산업계의 카네기 가(家)와 굴드 가(家)에서 소렐은 "위대한 장군과 위대한 자본가의 자질인 불굴의 에너지, 힘에 대한 정확한 평가에 기초한 대담성, 이익에 대한 냉정한 계산"을 보았다고 여겼다. 프랑스와 영국의 응석받이 부르주아들과는 달리

"피츠버그와 피츠턴의 백만장자들은 로스차일드 가(家)가 했던 것처럼 귀족적인 삶을 살 생각 따위는 아예 품어보지도 않고, 생을 마감하는 그 순간까지 갤리선 노예와 같은 삶을 산다".[37]

하지만 대서양 너머 소렐의 정신적 동료인 시어도어 루스벨트는 미국의 기업가와 금융가들에 대해 그렇게 낙관적이지 않았다.(지배계급에 대한 버크의 우려는 유럽과 미국의 보수주의자들 사이에 보편적인 것이었다.) 루스벨트는 자본가들이 조국을 "돈 궤짝"으로 보고 있다고 말했다. 그들은 항상 "조국의 명예와 국기의 영광"을 "돈벌이의 일시적 중단"과 저울질한다는 것이다. 자본가들은 국가 방어와 같은 "사소한 일에 목숨을 바칠 의사가 없다". 그들은 "주식의 가치가 올랐는지 내렸는지에만" 관심이 있다.[38] 그들은 자기 이익에 직접적으로 해가 되지 않는 한 국가나 세계의 문제에 아무런 관심도 보이지 않는다. 루스벨트가 그런 사람들은 위대한 제국의 원정(스페인-미국전쟁)에 반대할 것이라고 말하는 도중에 카네기를 쳐다보며 고개를 끄덕거렸던 것은 결코 우연이 아니었다.[39] 이전 수십 년간의 노동자들과의 전쟁과 1896년 선거에서의 승리로 부를 확고히 해 편안한 만족에 빠져 있던 그런 사람들은 조국의 방어를 위해, 심지어 그들 자신의 방어를 위해서도 신뢰할 만한 사람들이 못 되었다. "우리는 언젠가 부유하지만 게으르고 소심하고 굼뜬 나라는 더 호전적인 민족의 손쉬운 사냥감이 될 것이라는 사실을 깨닫는 쓰라린 기회를 맞을지도 모른다"고 루스벨트는 말했다. "상거래와 금융에서의 기술"로 성장한 지배계급과 지배국가가 당면한 위험은 그들이 "힘겨운 투쟁의 미덕을 잃게 된다는 것이다".[40]

미국에서 지배계급이 유약해지고 계급제가 권력으로 농익어버렸다고 걱정한 보수주의자는 루스벨트가 처음이 아니었다. 물론 그가 마지막도 아니다. 1장에서 보았듯이 1830년대에 노예제 철폐론자들이 자신들의 대의를 밀어붙이고 있을 때, 존 C. 캘훈은 플랜테이션의 동료들이 편안한 삶에 젖어 애써 현실을 외면하고 있다고 분개했다. 그들은 살찌고 게으르고 유약해졌으며, 자기 지위상의 특권을 너무나 노골적으로 즐기고 있었기 때문에 다가오는 재앙을 볼 수 없었다. 설령 보았다 하더라도 남부 농장주들은 그것을 물리치기 위해 할 수 있는 것이 아무것도 없었다. 그들의 정치적, 이데올로기적 근육은 오래전에 위축되어버렸다.[41] 배리 골드워터 역시 공화당 특권층에 대해 경멸을 표했다.[42] 그리고 또다시 30년을 뛰어넘어 1990년대에는 우파의 루스벨트 후예들이 월스트리트의 거물들과 실리콘밸리의 괴짜 사업가 등 미국의 자본가들을 향해 똑같은 독설을 퍼붓고 있는 것을 들을 수 있었다.[43]

지배계급이 활기차고 튼튼하기 위해서는 그 성원들이 검증되고 훈련되고 도전받아야 한다고 보수주의자들은 말한다. 그것은 그들의 신체가 아니라 그들의 정신, 그리고 그들의 영혼에 대한 것이다. 버크는 존 밀턴을 떠올리면서—"나는 발휘되지 않고 숨 쉬지 않으며 도피적이고 은둔적인 미덕을 칭찬할 수 없다. 당당히 나서서 적을 마주하지 못하고 경주에서 빠져 슬금슬금 도망치기만 하는 그것을…… 우리를 정화시키는 것은 시련이다. 그리고 그 시련은 반대자에 의해 주어진다"[44]—역경과 어려움, 고통과 고난에 맞서는 것이 더 강하고 더 고결한 존재를 만들어낸다고 믿었다.

위대한 미덕들은 주로 위험, 처벌, 곤경에 의지하고, 호의를 베푸는 것보다는 잘못을 방지하는 데서 더 잘 발휘된다. 그렇기 때문에 그것은 매우 존경할 만하지만 아름답지는 않다. 예속은 편안함, 희열, 탐닉에 의지한다. 그래서 그것은 품격은 떨어지지만 더 아름답다. 대부분의 사람들의 마음에 들고, 그들의 나약한 시간의 동반자, 그리고 그들의 걱정과 우려로부터 안도감으로 선택된 자는 절대로 찬란한 자질이나 강한 미덕을 가진 사람이 아니다.[45]

우리는 여기서 보수주의자들이 복지국가보다는 전쟁국가를 선호하는 기원을 발견할 수도 있다. 그렇지만 그것은 다음 기회에 다뤄볼 주제이다. 밀턴과 기타 비슷한 사고방식의 공화주의자들이 자기만족과 편안함 뒤에는 불결과 타락이 따른다고 보았던 곳에서, 버크는 분해, 쇠퇴, 죽음이라는 더 무서운 유령을 발견한다. 권력자들이 권력자로 남기 위해서는, 무엇보다도 그들이 살아남기 위해서는, 그들의 권력은, 실제로 그들 자신의 존재의 진실성은 부단히 도전받고, 위협당하고, 수호되어야 한다.

보수주의 담론의 특징 중 더욱 눈길을 끄는 것들 중 하나—이제 논리적으로 이해될 수 있는 것이지만—는 적들이, 보수주의자와 그 동맹자들에게 폭력을 사용하는 것에 대한 매료, 나아가 감사를 표하는 듯한 태도이다. 『프랑스에 대한 고찰』에서 메스트르가 가장 열광적으로 논평했던 대목은 자코뱅에 관한 것이었다. 그는 자코뱅의 야수적인 의지와 폭력 성향—그들의 "흑마술"—에 솔직한 부러움을 표한다. 그들의 노고 덕분에 프랑스는 정화되었고, 유럽 국가들 속에서 자부심을 가질 만한 정당한 자리를 되찾았다. 그들은 외적의 침입에 대항해 인민들을 단결시켰다. 그것은 "로베스피에르 같은 무시무시한 천재만이 성취할 수 있는 비상한 업적"이었다. 군주와는 달리 혁명은 단죄 의지를 지니고 있었던 것이다.[46]

그렇지만 버크적인 장엄함의 견지에서 메스트르의 주장은 거기까지가 한계이다. 혁명은 구체제를 권력으로부터 내쫓고 폭력으로 인민을 정화함으로써 구체제를 다시 강화시킨다. 혁명은 체제에 충격을 주어 그것을 정화한다. 그렇지만 메스트르는 혁명으로부터 권력을 탈환하는 것이 구체제의 지도부에게 줄 수 있는 회복 효과에 대해서는 생각하지 못했거나, 적어도 논의한 적이 없었다. 그리고 실로 그가 일단 반혁명이 어떻게 일어날 것이라고 생각하는지를 묘사하는 대목에 이르러서는, 최후의 전투는 거의 총성 한 번 울리지 않는 놀랄 정도로 맥빠진 사건이 되어버린다. 메스트르는 "반혁명은 어떤 식으로 전개될 것인가?"라고 자문한다. "프랑스에 왕을 세우는 일에는 네댓 명이면 족하다." 이것은 용감하게 변해서, 전투를 통해 권력으로 되돌아가는 길을 여는 지배계급의 모습과는 많은 차이가 있다.[47]

메스트르는 구체제와 혁명 간의 직접적 전투가 재현될 가능성은 생각해보지 않았다. 따라서 이 과제는 소렐에게 주어진다. 비록 19세기 말 지배자와 피지배자 사이의 전쟁에서 소렐의 충성심이 어느 쪽으로 향했는지는 메스트르에 비해 좀 모호한 구석이 있지만, 피지배자가 지배자들에게 가한 폭력의 효과에 대한 설명은 그렇지 않았다. 프랑스 부르주아들은 투지를 잃었지만, 노동자들 사이에서는 그 정신이 고스란히 간직되었다고 소렐은 주장한다. 그들의 싸움터는 작업장이고, 그들의 무기는 총파업이며, 그들의 목적은 국가 전복이다. 소렐에게 가장 감명을 준 것은 마지막 부분이다. 국가를 전복하려는 욕구는 바로 노동자들이 "정복의 물질적 이익"에 얼마나 무관심했는지를 보여주는 것이었기 때문이다. 그들은 단순히 높은 임금이나 기타 복지의 개선만을 바랐던 것이 아니다. 대신 그들은 거의 불가능해 보이는 목표―총파업으로 국가를 전복하겠다는 것―를 바라보고 있었다. 그리고 프롤레타리아트의 폭력을 그렇게 영광스럽게 만들었던 것은 바로 그 불가능성, 즉 수단과 목적 사이에 놓인 심대한 간극이었다. 프롤레타리아트는 전투의 장엄함에 몰입되어 전쟁의 목적에는 무심한 호메로스의 전사들과 같았다. 총파업으로 정말로 국가를 전복시켰던 경우가 어디 있는가? 그들의 목적은 비용이나 수익 또는 양자 사이의 계산과 상관없는 폭력 그 자체였다.[48] 한 세대 후 독일 작가 에른스트 윙거가 썼듯이 "그것은 우리가 무엇을 위해 싸우느냐가 아니라 어떻게 싸우느냐였다".[49]

그렇지만 소렐의 관심을 끈 것은 프롤레타리아트가 아니라 그 싸움이 부르주아에게 미칠 회복 효과였다. 총파업의 폭력이 "부르주아에게 소멸된 정열을 되돌려줄 수 있을 것인가?" 분명히 프롤레타리아트의 활력은 부르주아들에게 그들의 이익을 일깨우고 그들이 정치로부터 멀어짐으로써 초래된 위협에 눈뜨게 만들었을 것이다. 그렇지만 소렐이 더 기대감을 갖고 지켜보았던 것은 노동자들의 폭력이 "자본가계급을 산업투쟁에서 여전히 열정적이도록" 강박함으로써 "부르주아들이 예전에 지녔던 전사적 자질을 회복시켜줄" 가능성이었다. 다시 말하자면 프롤레타리아트들에 대한 투쟁을 통해 부르주아는 자신의 열정과 잔인성을 회복할 수 있는 것이다. 열정이 곧 모든 것이다. 열정 하나만으로도, 이성과 이기심에 대한 그 찬란한 무관심만으로도 물질주의와 자기만족에 질식해가고 있는 문명 전체를 되살려낼 수 있는 것이다. 피지배자들의 폭력에 위협당하는 지배계급은 그 자신의 폭력 성향을 되찾을 수 있었다. 그것이 프랑스내전의 약속이다.[50]

보수주의자들에게는 새로 회복된 활기가 아무리 변모되고 온건화된 것일지라도 그것은 항상 내전의 약속이었다. 메스트르 같은 가톨릭 반동주의자나 소렐 같은 원조 파시스트처럼 쉬운 예의 중간쯤에는 더 어렵지만 결과적으로 더 선명한 예를 보여주는 알렉시스 드 토크빌 같은 사람이 있다. 7월 왕정◆의 온건주의에서 1848년 보복주의로 넘어가는 그의 모습에서 버크식의 보수주의자의 의지가 얼마나 쉽게, 그리고 얼마나 가차 없이 아름다움에서 장엄함으로 넘어가는지, 신중과 온건의 음악이 어떻게 폭력과 독설의 행진곡으로 대체되는지 볼 수 있다.[51]

토크빌은 자신을 어떤 종류의 열정도 용납하지 않는 신중하고 냉철한 완벽한 현실주의자로 내세우지만, 사실은 은밀한 낭만주의자였다. 그는 형에게 자신은 아버지의 "격한 조급성", "생동감 넘치는 감성에 대한 갈망"을 물려받았다고 털어놓았다. 그는 이성은 "항상 내게는 쇠창살 같았고", 자신은 그 뒤에서 "이를 갈았다"고 말했다. 그는 "전투 광경"을 그리워했다. 자신이 놓친 프랑스혁명을 되돌아보면서(그는 1805년에 태어났다) 공포의 종말을 한탄했다. "그렇게 쭈그러진 사람들은 더 이상 위대한 미덕을 성취할 수 없을 뿐만 아니라 위대한 범죄를 저지를 능력도 잃었던 것으로 보인다." 심지어 도처의 보수주의자들, 온건주의자들, 자유주의자들에게 저주와 같은 존재였던 나폴레옹조차도 토크빌에게는 "수세기 동안 세상에 출현했던 자들 중에서 가장

◆ 1830년 7월혁명으로 프랑스에 들어선 루이 필립 왕정.

특출한 존재"로서 경탄의 대상이 된다. 그런 토크빌이 "소심한 민주주의자와 부르주아들의 잡탕"이었던 7월 왕정의 의회정치에서 어떻게 영감을 얻을 수 있었겠는가?

그렇지만 토크빌은 정치에 발을 들여놓았을 때, 그 소심한 부르주아의 잡탕 속으로 뛰어들어야 했다. 당연히 그것은 그의 성미에 맞지 않았다. 토크빌은 중용, 타협, 법의 지배 등과 같은 말을 우물거려보았을 수도 있다. 그러나 그 말들이 그를 감동시키지는 못했다. 혁명적 폭력의 위협 없이는 정치는 그가 상상했던 1789년과 1815년 사이의 장대한 드라마가 될 수 없었다. "우리 아버지 세대는 우리가 하고 있는 모든 것들이 하찮아 보일 만한 그런 특별한 것들을 목격했다." 중용과 타협의 정치는 중용과 타협만 낳을 뿐이다. 그것은 정치를 낳지 않는다. 적어도 토크빌이 정치라는 단어를 이해하는 차원에서는 그랬다. 1830년대와 1840년대에서 "가장 결핍되었던 것은 정치적 삶 그 자체였다." "경합하는 세력들이 맞붙을 전장이 없었다." 정치는 "모든 독창성, 모든 현실성을 박탈당했고, 따라서 모든 천재적 열정도 사라졌다".

그리고 1848년이 다가왔다. 토크빌은 혁명을 지지하지 않았다. 사실 그는 가장 떠들썩한 반대자들 중 한 사람이었다. 그는 시민적 자유를 완전히 정지시키는 투표에 찬성표를 던졌다. 그는 "군주제 하에서 행해졌던 것보다 한층 더 커다란 열정으로" 그것이 성사되었다고 즐거운 마음으로 발표했다. 그는 독재에 대한 논의도 환영했다. 그가 20년 세월의 대부분을 그것을 경멸하는 데 바친 바로 그 체제를 보호하기 위해서 말이다. 그리고 그는 폭력, 그 폭력에 대응한 폭력, 전투, 그 모든 것을 즐겼다. 급진주의에 대항해 온건주의를 지키는 과정에서 토크빌은 온건한 목적을 위해 과격한 수단을 사용할 기회를 얻었는데, 둘 중 어느 것이 그를 더 흥분시켰는지는 분명치 않다.

나는 조심스럽게 내 가슴속 깊은 곳을 살펴본 결과, 놀랍게도 일종의 안도감, 혁명이 불러일으킨 모든 슬픔과 공포가 뒤섞인 어떤 기쁨 같은 것을 발견했다. 이 끔찍한 사건은 조국을 위해서는 매우 고통스러운 일이지만, 나 자신에게는 전혀 그렇지 않다. 오히려 나는 재앙이 닥치기 전보다 훨씬 자유롭게 숨 쉬게 된 것 같다. 나는 이제 막 파괴된 의회라는 세상에 있었을 때는, 늘 질식할 것만 같은 기분이었다. 그곳은 나 자신에게도 다른 사람들에게도 완전히 실망으로 가득한 곳이었다.

불확실하고, 미묘하고, 복잡한 것의 시인(詩人)이기를 자처했던 토크빌은 이제 양 진영으로 나뉜 세상을 이해하는 일에 열정을 불태웠다. 소심한 의회는 회색의 혼돈을 부추겼다. 반면 내전은 국가에게 흑백의 명쾌함을 수용하도록 강요했다. "불확실한 정신이 들어설 자리는 남아 있지 않다. 이쪽에는 조국을 구하는 것, 저쪽에는 그것을 파괴하는 것이 놓여 있다⋯⋯ 길은 위험해 보인다. 사실이다. 그렇지만 내 정신은 확고하기 때문에 의심보다는 위험이 덜 두렵다." 이 지배계급의 일원에게는 하층민들의 폭력에서 용솟음치는 장엄함이 부르주아의 파르나소스 산◆ 위의 숨 막힐 듯한 삶의 아름다움으로부터 탈출할 기회를 제공하는 것으로 보인다. 프랜시스 후쿠야마는 아마도 폭력에 관한 이런 보수주의자의 주장을 추구하는 현대 저자들 중 가장 사려 깊은 사람일 것이다. 그렇지만 메스트르, 토크빌, 그리고 소렐과는

◆ Parnassus, 그리스 중부에 위치한 산으로 아폴로와 뮤즈가 살았다고 해서 문예의 상징이 되었다.

달리—그들은 모두 전투가 한창인, 아직 전망이 불투명할 때 글을 썼다—후쿠야마는 승자의 느긋한 입장에서 글을 썼다. 때는 1992년이었고 자본가계급은 단기 20세기◆의 장기 내전 끝에 마침내 사회주의 적을 물리쳤다. 그것은 아름다운 광경이 아니었다. 적어도 후쿠야마에게는 그랬다. 왜냐하면 혁명가들은 20세기의 몇 안 되는 기개 있는 사람들 중 한 부류였기 때문이다. 기개 있는 사람이란 소렐의 노동자와 같은 사람들이다. 그들은 불가능한 원칙을 위해 자신의 목숨을 걸었고, 자신의 물질적 이득을 초월해 명예, 영광, 자신이 성취하기 위해 싸우는 가치들만 중요하게 여겼다. 후쿠야마는 엉뚱하게도 잠시 미국의 갱단인 블러즈(Bloods)와 크립스(Crips)를 기개 있는 사람들로 칭송하다가, 레닌, 트로츠키, 스탈린같이 확고한 목표와 권력을 지녔던 사람들을 되돌아보며, 그들은 "순수하고 고귀한 무엇인가를 위해 애쓰고" "보통 이상의 강인함, 비전, 무자비함, 지력"에 사로잡혔던 사람들이라고 평가한다. 그들은 시대의 현실에 적응하기를 거부한 덕분에 "가장 자유롭고, 그래서 가장 인간적이 될 수 있었다". 그렇지만 어떻게 된 영문인지, 그들과 그 후예들은 "경제인"의 힘과 맞닥뜨려서 불가사의하게 20세기 내전에서 패했다. 경제인은 "진정한 부르주아"다. 그런 사람은 절대로 어떤 대의, 심지어 자기 자신의 이익을 위해서도 "탱크 앞으로 걸어가거나 군대와 맞설" 의지가 없는 부류이다. 그럼에도 불구하고 경제인은 승리자이며, 그 전쟁은 그를 회복시키거나 원초적 권력으로 복귀시키기는커녕 오히려 더욱 부르주아적으로 만들

◆ the short twentieth century, 에릭 홉스봄이 정의한 용어로 1914년부터 1991년을 뜻한다. 이 시기는 제1차 세계대전으로 시작해 제2차 세계대전으로 이어지고 소련의 멸망으로 끝난다. 역시 홉스봄이 주조한 단어인 '장기 19세기'(the long 19th century, 1789~1914)와 유비된다.

어주었던 것처럼 보인다. 후쿠야마는 보수주의자이기는 하지만 경제인의 승리에는 짜증이 날 뿐이며 그가 초래한 "합리적 소비의 삶"은 "결국 **지겨운 삶**"일 뿐이다.[52]

타락한 지배계급에 대한 폭력의 실제적—기대되었거나 상상되었던 것과 대조되는 의미에서—효과에 대한 후쿠야마의 실망은 예외적이기는커녕 오히려 상징적인 것이라고 할 수 있다. 영국의 소설가 E. M. 포스터는 『인도로 가는 길』에서 "전투의 목표와 정복의 과실은 결코 같았던 적이 없다"고 적었다. "후자는 나름의 가치가 있고 성자가 아니라면 도저히 거부할 수 없겠지만, 그 불멸의 암시는 손에 쥐자마자 금세 스러져버린다."[53] 보수주의 담론의 깊은 곳에는 주체할 수 없는 급락의 요소가 도사리고 있다. 보수주의자들이 권력에서 유래된 죽음 같은 권태와 유약함을 야기하는 위축으로부터, 스스로를 또는 지배계급을 해방시키는 방법으로 폭력에 기대는 동안, 보수주의 담론에서 마주치는 거의 모든 실제 폭력은 환멸과 수축을 수반한다.

미국 자본가계급의 물질주의와 허약성을 고민하던 시어도어 루스벨트를 상기해보라. 그는 현대 미국의 어디에서 "격렬한 삶"—역경과 위험의 스릴, 진보를 위한 도전—의 예를 찾아볼 수 있을지 고심했다. 아마도 지난 세기말에 미국이 수행했던 외국과의 전쟁 및 정복에서였을 것이다. 이 지점에서 루스벨트는 한층 깊은 좌절감에 빠진다. 비록 스페인-미국전쟁에 대한 그의 보고서는 용기 있는 말과 허풍으로 가득 차 있지만, 쿠바에서 세운 그의 공훈을 신중히 읽어보면 그곳에서 그의 활동은 완전한 실패였음을 보여주고 있다. 루스벨트가 언덕을 오르내리며 이끈 유명한 돌격전은 매번 비참한 결과로 향했다. 첫 번째 고비는 두 명의 스페인 병사가 그의 부하들에 의해 쓰러진 것을 보았을 때였다. "숲속에서 본 두 명의 게릴라를 제외한다면, 내 부하들이 조준 사격해 스페인군이 실제로 쓰러지는 것을 목격한 것은 그때가 처음이었다"라고 그는 썼다. 두 번째 고비는 그가 명령을 듣지도 따르지도 않는 부대를 지휘할 때였다. 그러므로 그가 쿠바전의 군 지도부 중 한 사람, 아마도 조지프 휠러 장군이 했던 우울한 논평, "나는 남북전쟁 중 너무 격렬한 전투들을 이미 경험했기 때문에 지금의 싸움은 시시할 수밖에 없다"는 말을 되풀이했을 때, 그것은 진심이었을 것이다.[54]

그렇지만 스페인-미국전쟁에 뒤이은 유혈 정복에서 루스벨트는 그날 새벽 자신이 살아 있는 것에서 진정한 축복을 보았다고 여겼다. 루스벨트는 미국이 필리핀 등을 점령한 것은 그와 동포들이 항상 보고 싶어 하는 남북전쟁—오염되지 않은 미덕의 고귀한 성전—의 재연과 비슷한 것이라고 확신했다. 그는 1899년에 "우리 세대는 아버지 세대가 직면했던 것과 같은 과제들을 대면할 필요가 없다"고 선언했다. "그렇지만 우리가 그것을 해내지 못하면 우리에게 화가 있을진저!…… 우리는 하와이, 쿠바, 푸에르토리코, 필리핀에서 맞닥뜨린 책임을 회피할 수 없다." 그곳—카리브 해와 태평양의 섬들—이 그가 평생 동안 추구했던 목적과 피가 합류하는 지점이었다. 제국주의적 격상의 과제, "문명의 대의" 속에서 원주민을 교육시키는 과제는 미국에게 부과된 힘겹고, 폭력적이며, 거창한 임무로서 순조롭게 진행되어도 수년은 족히 걸릴 일이었다. 만약 제국의 임무가 성공한다면—심지어 실패할지라도—그것은 미국 내에서 전투로 단련되고, 더 고상하고, 카네기의 앞잡이들보다는 덜 천박한 심성의 진정한 지배계급을 만들어낼 수 있을 것이다.[55]

그것은 아름다운 꿈이었다. 그렇지만 현실의 무게를 견딜 수 없었다. 루스벨트는 필리핀을 다스릴 사람이 "그를 파견한 국가 전체를 대표해서, 그리고 그가 파견된 지역의 인민 전체의 이익을 위해서" 그 지역을 운영할 수 있는 "탁월한 능력과 인품이라는 기준에 의해 발탁되기를" 바랐다. 그렇지만 그 자신을 애초에 해외로 눈 돌리게 만들었던 바로 그 이기적인 금융가와 기업가들의 계급에서 미국의 식민지 총독이 나오지나 않을까 걱정했다. 그래서 그의 제국주의에 대한 찬가는 경고, 심지어 파멸의 찬물을 끼얹는 것으로 끝난다. "우리가 필리핀의 공공서비스를 파당 정치의 먹잇감이 되도록 허용한다면, 그리고 우리가 그것을 최고 수준으로 유지하는 데 실패한다면, 우리는 사악함뿐만 아니라 허약함과 단견적 어리석음으로 인해 유죄이며, 스페인이 쓰라린 굴욕으로 걸었던 그 길을 우리도 터벅터벅 따라 걷기 시작하게 될 것이다."[56)]

그렇지만 루스벨트는 자신의 꿈이 안 좋게 끝나더라도 최소한 자신은 늘 그것을 염려해왔었노라고 변명할 수 있었다. 그렇지만 이탈리아의 파시스트들은 경우가 달랐다. 좌파로부터 권력을 탈취했다는 자만심이 수십 년간 지속되었기 때문에 그들은 자신의 실망을 대면할 능력을 상실했던 것이다. 수년간 파시스트들은 1922년 로마로의 진격을 적에 대한 폭력적이고 영광스러운 의지의 승리로 자축해왔다. 무솔리니가 이끄는 전위활동대 검은셔츠단이 로마에 입성한 10월 28일은 국경일이 되었다. 그리고 1927년 새로운 달력이 도입되면서 그날은 '파시스트 새해 첫날'로 선포되었다. 특히 무솔리니가 전설적인 검은 셔츠를 입고 로마에 입성한 이야기는 경외감 속에 회자되었다. 그는 비토리오 에마누엘레 3세에게 "폐하, 제 복장을 용서하소서. 전장에서 막 오는 길입니다"라고 말했다고 한다. 그러나 사실 무솔리니는 밀라노에서 야간열차를 타고 왔으며, 기차 안에서 영화를 보거나 침대칸에서 편안하게 졸았다. 그가 로마에 온 이유도 왕이 이끄는 겁 많은 정부가 밀라노에 직접 전화해 그에게 새 정부를 구성해달라고 간청했기 때문이었다. 양쪽 모두에서 총성 한 번 나지 않았다.[57] 메스트르도 이보다 잘 쓰지는 못했을 것이다.

우리는 테러와의 전쟁에서도 비슷한 현상이 일어나고 있음을 볼 수 있다. 많은 사람들이 부시 행정부와 신보수주의를 정통 보수주의에서의 이탈이라고 보고 있지만—이 주제에 대한 가장 최근의 발표는 샘 태넌하우스의 『보수주의의 죽음』이다[58]—네오콘의 제국주의적 모험주의 프로젝트는 처음부터 끝까지 버크적 폭력의 궤적을 따르고 있다. 나는 이미 8장에서 네오콘들이 어떻게 9·11과 테러와의 전쟁을 클린턴 집권 시절부터 시작된, 그들이 미국 사회를 좀먹고 있다고 믿고 있는, 무기력하고 퇴폐적인 평화와 번영으로부터 탈출할 기회로 보았는지 논의한 바 있다. 미국인들—더욱 중요하게는 그들의 지도자들—은 안락에 젖어들면서 세계를 다스릴 의지, 욕구, 능력을 상실한 것으로 여겨졌다. 그리고 9·11이 터지자 갑자기 그들은 그것을 할 수 있는 것처럼 보였다.

물론 그 꿈은 이미 누더기가 됐지만, 그중 한 가지 독특한 점은 언급할 가치가 있다. 왜냐하면 그것이 보수주의의 폭력에 대한 장대한 무용담에 난제를 제시하기 때문이다. 네오콘들뿐만 아니라 많은 보수주의자들에 따르면 워런 법정 시대와 1960년대 인권혁명까지 거슬러 올라가서, 미국의 타락을 불러온 최근의 원인들 중 하나는 법의 지배에 대한 자유주의자들의 집착이라는 것이다. 이런 집착은 보수주의자들의 시각에서는 여러 가지 형태로 나타난다. 형사소송에서 정당한 절차에 대한 고집, 입법부보다 사법부 중시, 전쟁보다 외교와 국제법 강조, 사법부와 입법부의 감시를 통한 행정부 권한의 제한 등이 그것이다. 아무리 증상들이 별개의 것들로 보여도 보수주의자들은 그것들을 하나의 질병에서 유래된 것으로 본다. 규칙과 법률의 문화가 금발의 맹수, 즉 미국의 힘을 서서히 약화시키고 무력화시키는 것이다. 이것들은 니체적인 불건전성의 징후이며 9·11은 그 불가피한 결과였다.

또 다른 9·11을 방지하기 위해서는 권리와 규칙의 문화는 부정되고 뒤집어져야 한다. 시모어 허시와 제인 메이어의 보도가 분명히 보여주었듯이 테러와의 전쟁―고문, 제네바 협정 위반, 국제법 준수 거부, 불법적 감시, 범죄와 처벌이 아닌 전쟁이라는 렌즈로 테러리즘을 보는 것―은 9·11에 대해서, 그리고 또 다른 공격을 예방해야 한다는 필요에서, 이런 보수주의자들의 정서를 여실히 반영한 것이다.[59] 지금은 은퇴한 중장 제리 보이킨은 9·11을 전후해 "미국은 물러도 너무 무르다"고 말했다. 미국을 다시 강하게 만드는 방법은 단순히 힘들고 격렬한 군사작전을 수행하는 것뿐만이 아니다. 애초에 미국을 무르게 만들었던 규칙들―규칙의 문화―을 위반해야 한다. 전 NSA 국장 마이클 헤이든은 미국이 어떻게 "모험적으로 사는지" 배워야 한다고 말했다. 전 CIA 국장 조지 테닛은 "우리가 하지 않을 일, 시도하지 않을 것은 없다"고 거들었다.[60]

테러와의 전쟁의 커다란 아이러니는 전쟁이 금발의 맹수를 해방시키기는커녕 오히려 더 많은 법과 법률가들을 상상 이상으로 중요하게 만들었다는 사실이다. 메이어가 보도했듯이 고문, 행정권의 남용, 제네바 협정 위반 등은 CIA나 군에 의한 것이 아니었다. 그 추동력은 테이비드 애딩턴과 존 유 같은 백악관과 법무부의 법조인들이었다. 애딩턴과 유는 위법적 폭력에 대한 마키아벨리적인 대가의 모습과는 달리 법을 맹신했고 법을 통해 자신들의 위반을 정당화할 수 있다고 주장했다. 아닌 게 아니라 법률가들이 지속적으로 실제 고문 현장을 감독했다. 테넷이 비망록에 기록했듯이 "할리우드가 여러분에게 오도한 것에도 불구하고, 이런 상황[알카에다의 보급대장 아부 주바이다의 체포, 심문, 고문]에서는 거친 사내가 아니라 변호사를 부른다". 따귀 때리기, 복부 가격, 잡고 흔들기—그리고 더더욱 심한 것들—같은 것들은 매번 먼저 여러 정보기관의 상사들에게 승인을 얻어야 하고, 불가피하게 검사와 상의하게 될 수밖에 없다. 메이어는 고문 관행을 "Mother, May I?(엄마, 해도 돼?)" 게임에 비유한다. 한 심문관이 말하듯이 "그 사람[고문 대상자]에게 손대기 위해서는, '그가 비협조적임. X에 대한 허가 요청'이라는 전신을 날린다. '당신은 그를 손바닥으로 복부를 한 차례 가격할 수 있다'는 허가가 떨어진다."[61]

고문 금지의 해제와 제네바 협정의 유보가 그들이 원했던 대로 금발의 야수를 어슬렁거리며 사냥하도록 풀어주기보다는 오히려 그를, 또는 적어도 목줄을 잡고 있는 법률가를 더 근심하게 만들었다. 어디까지 가도 좋은가? 무엇을 해도 좋은가? 펜타곤의 두 법률가들 사이의 대화처럼 모든 폭력 행위는 로스쿨 세미나가 된다.

"빛의 박탈과 청각 자극"이 무엇을 의미했던 거지? 죄수를 완전한 암실에 가두어둘 수 있나? 만약 그렇다면 그 안에 한 달 동안 감금할 수 있나? 더 오래? 그가 눈이 멀 때까지? 당국은 정확히 어떤 공포증을 이용하도록 허락했는가? 수감자를 관에 가둘 수 있나? 개를 이용하는 것은 어떤가? 쥐는? 심문관이 이것을 어느 정도까지 밀어붙일 수 있나? 사람이 미쳐버릴 때까지?[62]

그리고 승인된 고문 기술의 조합에 관한 문제도 남는다. 심문관이 죄수에게 음식 제공을 중단하고 동시에 감방의 온도를 낮출 수 있는가? 이중 삼중으로 배가된 고통이 혹시 규정된 적이 없는 선을 넘는 것은 아닌가?[63] 조지 오웰이 가르쳤듯이 잔인성과 폭력의 가능성은 그것을 꿈꾸는 상상력만큼이나 한계가 없다. 그렇지만 오늘날의 폭력 주체인 군대와 정보기관은 거대한 관료기관들이고 거대한 관료기관에는 규칙이 요구된다. 그 규칙을 제거하는 것은 프로메테우스를 풀어주는 것이 아니다. 그것은 변호사 비용만 늘릴 뿐이다.

"어떤 양보도 없고, 어떤 애매한 말도 없으며, 이것에 대해서는 죽을 때까지 어떤 법률가의 도움도 받을 수 없을 것이다." 이것은 9·11 이후 조지 W. 부시가 한 맹세이며 테러와의 전쟁이 어떻게 전개될 것인지 묘사하는 것이었다. 부시의 다른 많은 선언들과 마찬가지로 이것도 공염불에 지나지 않았다. 그것에 대해 죽을 때까지 법률가의 도움을 받았던 것이다. 그렇지만, 그리고 이것이 중요한 대목인데, 법률가의 도움은 국가의 폭력을 최소화하기는커녕—이것이 네오콘들에게 커다란 공포였다—폭력과 완벽하게 양립할 수 있다는 사실이 입증되었다. 이미 실망감과 환멸로 가득 찬 전쟁에서 불가피하게 따르는 인식—법의 지배가 실은 폭력과 죽음의 거대한 모험을 승인할 수 있고, 때문에 그것에서 장엄함을 고갈시킨다는 것—은 결국 보수주의자들에게는 가장 큰 환멸일 수밖에 없다.

버크를 더 꼼꼼히 읽었더라면 네오콘들은—후쿠야마, 루스벨트, 소렐, 슈미트, 토크빌, 메스트르, 트라이치케 등 수많은 미국과 유럽의 우파들과 마찬가지로—그런 환멸이 다가오는 걸 볼 수 있었을 것이다. 버크는 분명히 보았다. 그는 고통과 위험의 장엄한 효과에 대해 쓰면서도, 그런 고통과 위험이 "너무 가까이 밀어붙여지거나", "너무 근접하면"—즉 그것들이 환상이라기보다는 현실이 되고, 그것들이 "인간의 실제적인 파멸에 관여하게" 되면—그 장엄성이 사라질 수도 있다고 조심스럽게 경고했다. 그것들은 "기쁘고" 원기를 회복시키기를 그치고 단순히 끔찍해져버린다.[64] 버크의 요지는 단순히 아무도 결국에는 정말로 죽고 싶지는 않는다거나, 냉대나 뼈저린 고통을 즐기지 않는다는 것 정도가 아니다. 그것은 모든 종류, 그리고 모든 원천의 장엄성은 모호함에 의존한다는 것이다. 객체이든 경험이든 너무 가까이 다가가서 그 모든 것을 보고 느끼게 되면, 그것은 신비와 아우라를 잃게 된다. 익숙해지는 것이다. 직접적인 경험으로부터 얻어지는 것과 같은 "강한 선명성"은 "모든 정열에 대해 어떤 식으로든 적이 된다."[65] "우리의 모든 경탄을 자아내고 우리의 열정을 주로 자극하는 것은 사물에 대한 우리의 무지이다. 지식과 익숙함은 가장 인상적인 원인들이 거의 작동하지 못하도록 만든다."[66] 버크는 "분명한 생각은 그래서 시시한 생각의 다른 이름이다"[67]라고 결론짓는다. 폭력도 포함해 어떤 것이든 너무 잘 알게 되면 그것은 단지 생각이었을 때 기대되던 특징들—회복, 위반, 흥분, 외경—을 상실한다.

버크는 누구보다도 먼저 폭력이 장엄함을 유지하기 위해서는, 그것이 가능성, 환상의 대상—공포영화, 비디오게임, 전쟁에 관한 에세이 등—에 머물러야 한다는 사실을 알았다. 왜냐하면 폭력의 실제성(표상과 반대로)은 장엄함의 필요조건과 어울리지 않기 때문이다. 상상이 아닌 진짜 폭력은 객체가 너무 근접하고, 몸이 너무 가까이 닿고, 살과 살이 맞부딪치는 상황으로 이어진다. 폭력은 몸체에서 베일을 벗겨냈다. 폭력은 적대자들을 예전에는 불가능했던 방식으로 서로 친밀하게 만든다. 폭력은 환상과 신비를 쫓아내고, 사물을 시시하고 따분한 것으로 만들어버린다. 그래서 버크는 『프랑스혁명에 관한 고찰』에서 혁명가들이 마리 앙투아네트를 납치한 사건을 서술할 때, 애써 그녀의 "거의 나신으로"를 강조한 후, 사건을 묘사하기 위해 손쉽게 복장의 언어들—"인생의 단정한 커튼", "도덕적 상상의 옷장", "구식 패션" 등—에 의존할 수 있었던 것이다.[68] 혁명가들의 폭력이라는 재난은 버크에게는 잔인함이 아니었다. 그것은 뜻밖의 깨달음이었다.

9·11 이후 많은 사람들이 테러와의 전쟁에서 보수주의자들—또는 그들의 계승자들—의 실패에 대해 정당하게 불평해왔다. 좌파들에게는 그 실패가 현대 미국의 계급적 불공정의 징후를 나타내는 것으로 보였다. 그렇지만 그밖에도 추가적으로 짚어야 할 것이 있다. 테러와의 전쟁이 생각에 머물렀을 때—블로그에서의 뜨거운 논제, 자극적인 특집기사, 〈24시〉의 에피소드—그것은 장엄했다. 테러와의 전쟁이 현실이 되자마자 그것은 세법 논의와 같이 맥 빠지고, 자동차관리국으로의 여행처럼 지루한 것이 되어버리고 말았다.

결론

보수주의는 지난 40년간 미국 정치를 지배해왔다. 드와이트 아이젠하워와 리처드 닉슨의 공화당 정부가 뉴딜 정책에 대한 반발력을 과시했듯이, 빌 클린턴과 버락 오바마 행정부는 레이건주의에 대한 반발력을 지녔다. 규제 없는 자본주의와 제국주의에 대한 보수주의자들의 애착은 아직도 양당을 지배하고 있다. 2010년 중간선거 이후 공화당의 가장 눈에 띄는 시도가 피고용자와 여성의 권리를 축소하는 것이었다는 사실은 사적 생활에서의 권력에 관한 이 책의 주장과 부합된다. 이런 시도에서 우파들이 아직 성공한 것은 아니지만, 공화당이 노동운동의 마지막 보루와 가족계획연맹 전체를 표적으로 삼은 것은 그들이 어디까지 왔는지 보여주는 지표라 할 수 있다. 20세기를 거스르는 우파의 긴 행진은 이제 그 종착지가 가시권에 들어오고 있다.

그렇지만 우파의 성공은 순수한 축복만은 아니다. 보수주의자들이 오랫동안 지적해왔듯이 좌파와 우파 간에는 변증법적 시너지 효과가 있었다. 좌파의 진보가 우파의 혁신을 촉발했다. 보수주의 진영 내에서 자유방임론자들과 전통주의자들의 통합을 추구하는 연합주의 전략의 지적인 설계자 프랭크 메이어는 우파에서 "지적인 수준에서의 이런 창조적인 에너지의 분출이 공교롭게도 현실정치 영역에서 자유주의의 영향력이 지속적으로 확대되고 있을 때 발생한다는 것은, 비록 역사적으로 선례가 없는 것은 아니지만 참으로 아이러니한 일이다"라고 썼다. 대서양 건너 영국 보수주의의 더 전통적인 유형인 로저 스크루턴은 "위기 시에 보수주의는 최선을 다한다"고 썼으며, 프리드리히 하이에크는 자유시장의 방어는 "그것이 가장 번성할 때 정체되고," 그것이 "수세에 몰릴 때" "진보한다"고 지적했다.[1] 사실, 이들은 이념에 관해 글을 쓰고 있는 지식인들이다. 보수주의 실천가들은 4년 이상의 시간을 몇 권의 좋은 책과 맞바꾸는 데는 그다지 흥미를 느끼지 못할 수도 있다. 그렇다고 하더라도 당의 최종 운명이 그 이념의 강도—이념의 진실성이 아니라 그 이념이 불러일으키는 반향과 적합성, 문화적 성취와 정치 지형을 통과할 수 있는 능력—와 결부되어 있다면 그 이념이 그토록 철저히 성공을 거두었다는 사실은 우파에게 걱정거리가 되어야 한다. 오래전에 버크가 경고했듯이, 승리는 단지 죽음으로 가는 중간역이기 때문이다.

최근 간행된 보수주의의 내부 성찰에 관한 여러 권의 책들을 보면 많은 우파들이 보수주의 이념의 상태에 대해 정말로 걱정하고 있음을 알 수 있다.[2] 그렇지만 이런 자기비판 시도의 대부분은 선거에서 패할지도 모른다는 단순한 공포가 동기로 작용한 것으로 보인다. 그들은 선거 주기나 특정 정책에 대한 찬반 여론에 민감할 수밖에 없기 때문에, 보수주의는 다른 정당들과 마찬가지로 선거에서 패할 수도 있지만 그럼에도 불구하고 여론을 지배할 수 있다는 사실을 보지 못한다. 더욱 중요한 것은 이 저자들은 실패가 보수주의 혁신의 원천이 될 수 있다는 사실을 이해하지 못한다는 점이다. 그들은 보수주의가 단순히 변화하는 선거구의 요구나 이론가들이 좋아하는 화제에 맞게 재창조되고 개편될 수 있다고 상상한다. 그렇지만 보수주의는 그런 식으로 작동하지 않는다. 보수주의는 패배당할 것을 요구한다. 왜냐하면 실패는 가장 강력한 영감의 원천이기 때문이다. 앤드류 설리번이 자신의 상실에 대한 찬가에서 말한 우울하고 낭만적인 정서에서의 실패가 아니라 위협적이면서도 동시에 오기를 자극하는 실패여야 한다.[3] 상실─권력, 지위, 특권, 명예의 진정한 사회적 상실─은 보수주의 혁신의 겨자씨◆이다. 오늘날 우파가 고통받는 것은 상실이 아니라 성공이며, 사회의 중요한 지배적 집단이 상실의 고통─1930년대 고용주들, 1960년대 백인우월주의자들, 또는 1970년대 남편들이 경험했던 종류─을 강요당하기 전까지는, 그것은 철학적으로 무기력한 운동으로 남을 것이다. 정치적으로는 막강하지만 지적으로는 지리멸렬하다.

이는 우익 대중주의의 가장 최근 변종인 티파티 운동의 장기적 전망에 대한 궁금증을 유발시킨다. 티파티가 보수주의에게 새로운 생명을 주었는가? 그렇지 않으면 1960년대 말, 1970년대 초의 새로운 정치와 마찬가지로 꺼져가는 촛불의 마지막 불꽃처럼, 그 자신이 일부를 이루는 더 큰 운동의 쇠퇴를 가리려는 발악적 시도인가? 아직 답

◆ 큰 발전의 원인이 되는 작은 것이라는 의미.

을 내리기는 어렵지만, 한 가지는 확실하다. 더 큰 자유와 평등을 요구하는 사회운동이 존재하는 한, 그것에 반발하는 우파도 존재할 것이라는 사실이다. 게이의 권리운동을 제외하면, 현재 좌파의 위협적인 사회운동은 거의 전무한 실정이다. 하지만 일단 그들이 일어나면, 새로운 우파도 그들과 함께 일어날 것이다. 그리고 그 우파는 오바마의 사회주의와 같이 허무맹랑한 것들을 날조해내야 하는 우파가 아니라, 진정 무찔러야 할 괴물을 맞닥뜨린 우파가 될 것이다. 그때까지 우리는 현재의 보수주의의 상태를 상상력의 실패나 과도한 울화 때문이 아니라—어떤 사람들은 그렇게 생각한다[4]—그들의 압도적인 성공 때문인 것으로 보아 넘길 수 있다.

현대 보수주의는 좌파의 거대한 사회운동을 물리치기 위해 20세기에 등장했다. 가시권 내에서 보수주의는 이미 그 목표를 달성했다. 그렇기 때문에 이제 그것은 퇴장할 수 있다. 하지만 과연 그것이 그렇게 할지, 퇴장하는 길에 얼마나 많은 것을 가지고 갈지는 좀 더 지켜봐야 할 것이다.

| 주석 |

서론

1) 20세기로 들어설 무렵 공화당 성향—그리고 반노조 성향—이 압도적으로 강했던 연방판사의 98퍼센트는 "국가의 계급과 신분질서에서 최상층" 출신들이었다. William E. Forbath, *Law and the Shaping of the American Labor Movement*(Cambridge, Mass.: Harvard University Press, 1991), 33.

2) 오늘날에도 부부 강간은 일반 강간보다 훨씬 가벼운 처벌을 받고 검사들이 기소 유지에 많은 어려움을 겪는다. 한 학자에 따르면 "많은 주에서 실질적인 형태로 부부 강간에 대한 예외 조항이 여전히 남아 있다". Jill Elaine Hasday, "Contest and Consent: A Legal History of Marital Rape," *California Law Review* 88(October 2000): 1375, 1490; Rebecca M. Ryan, "The Sex Right: A Legal History of the Marital Rape Exemption," *Law & Social Inquiry* 20(Autumn 1995): 941-942, 992-995; Nancy F. Cott, *Public Vows: A History of Marriage and the Nation* (Cambridge, Mass.: Harvard University Press, 2000), 211.

3) 부부 강간에 대한 예외 조치가 철회되기 전까지는, 성폭력은 이혼의 합당한 근거로 거의 인정받지 못했다는 점이 지적되어야 한다. Hasday, "Contest and Consent," 1397-1398, 1475-1484; Ryan, "Sex Right," 941; Cott, *Public Vows*, 195, 203.

4) Karen Orren, *Belated Feudalism: Labor, the Law, and Liberal Development in the United States*(New York: Cambridge University Press, 1991); Robert J. Steinfeld, *Coercion, Contract, and Free Labor in the Nineteenth Century*(New York: Cambridge University Press, 2001); Forbath, *Shaping of the American Labor Movement*.

5) Greg Grandin, *The Last Colonial Massacre: Latin America in the Cold War*(Chicago: University of Chicago Press, 2004), 56-57. 권력이 없는 자들 사이에서 정치적 연설들이 폭발적으로 터져 나오는 것은, 1960년대 자유주의적 상원의원 폴 더글러스에게 불만에 찬 한 민주당원이 쓴 편지에 따르면, 역시 '위대한 사회' 정책의 가장 심각한 해악이다. "나는 현재의 소요 사태에 대해 검둥이들이 나서서 자기 권리를 주장하는 데 어떤 수단을 취해도 좋다고 늘 고무해왔던 존슨 대통령의 책임이 크다고 본다." Rick Perlstein, *Nixonland: The Rise of a President and the Fracturing of*

America(New York: Scribner, 2008), 117.

6) John C. Calhoun, "Speech on the Admission of California—and the General State of the Union"(March 4, 1850), *Union and Liberty: The Political Philosophy of John C. Calhoun*, ed. Ross M. Lence(Indianapolis: Liberty Fund, 1992), 583-585.

7) Alexander Keyssar, *The Right to Vote: The Contested History of Democracy in the United States*(New York: Basic, 2000), 112.

8) Jeremy Brecher, *Strike!*(Cambridge, Mass.: South End Press, 1997), 34, 126. 또한 Kim Phillips-Fein, *Invisible Hands: The Businessmen's Crusade against the New Deal*(New York: Norton, 2009), 87-114.

9) Forbath, *Shaping of the American Labor Movement*, 65.

10) James Boswell, *Life of Johnson*, ed. R. W. Chapman and J. D. Fleeman(New York: Oxford University Press, 1998), 1017.

11) Edmund Burke, *Reflections on the Revolution in France*, ed. J. C. D. Clark(Stanford, Calif.: Stanford University Press, 2001), 205-206.

12) Ibid., 217-218.

13) Daniel T. Rodgers, *Age of Fracture*(Cambridge, Mass.: Harvard University Press, 2011), 207에서 인용.

14) Friedrich Hayek, *Law, Legislation and Liberty*, vol. 2, *The Mirage of Social Justice* (Chicago: University of Chicago Press, 1976), 84-85; Robert Nozick, *Anarchy, State, and Utopia*(New York: Basic Books, 1974), 235-238.

15) G. A. Cohen, *Self-Ownership, Freedom, and Equality*(New York: Cambridge University Press, 1995), 28-32, 53-59, 98-115, 236-238.

16) Friedrich A. Hayek, *The Constitution of Liberty*(Chicago: University of Chicago Press, 1960), 424에서 인용. 또한 16-19를 보라.

17) Elizabeth Cady Stanton, "Home Life," *The Elizabeth Cady Stanton-Susan B. Anthony Reader*, ed. Ellen Carol DuBois(Boston: Northeastern University Press, 1981, 1992), 132. 또한 Cott, *Public Vows*, 67; Amy Dru Stanley, *From Bondage to Contract: Wage Labor, Marriage, and the Market in the Age of Slave Emancipation*(New York: Cambridge University Press, 1998), 177-178.

18) 종종 표현이 그렇게 은밀하지 않을 때도 있다. 스트롬 서몬드의 주권민주당—남부 민주당 탈당파—의 1948년 강령의 4항은 공적인 것과 사적인 것을 매끈하게 하나의 전체로 엮어놓았다. "우리는 인종의 분리와 각 인종끼리의 통합을 지지한다.

그것은 자신의 교제 상대를 고르고, 정부의 간섭 없이 사적 고용을 하며, 합법적 방법으로 수입을 얻을 헌법적 권리이다. 우리는 인종분리의 폐지, 반인종혼인법의 폐기, 인권 정책이라는 미명하에 연방정부가 행하는 사적 고용에 대한 통제에 반대한다. 우리는 지역 자치, 개인의 권리에 대한 간섭의 최소화를 지지한다." *The Rise of Conservatism in America, 1945-2000: A Brief History with Documents*, ed. Ronald Story and Bruce Laurie(Boston: Bedford/St. Martin's, 2008), 39.

19) James Baldwin, "They Can't Turn Back," *The Price of the Ticket: Collected Nonfiction, 1948-1985*(New York: St. Martin's Press, 1985), 215. 나에게 이 논문을 알려준 제이슨 프랭크(Jason Frank)에게 감사한다.

20) Peter Kolchin, *American Slavery 1619-1877*(New York: Hill and Wang, 1993, 2003), 100-102, 105, 111, 115, 117.

21) *The Ideology of Slavery: Proslavery Thought in the Antebellum South, 1830-1860*, ed. Drew Gilpin Faust(Baton Rouge: Louisiana State University Press, 1981), 65, 100에 재수록된 Thomas Roderick Dew, *Abolition of Negro Slavery*, William Harper, *Memoir on Slavery*.

22) Neil R. McMillen, *Dark Journey: Black Mississippians in the Age of Jim Crow*(Urbana: University of Illinois Press, 1989), 7.

23) Kolchin, *American Slavery*, 118-120, 123-124, 126; Ira Berlin, *Many Thousands Gone: The First Two Centuries of Slavery in North America*(Cambridge, Mass.: Harvard University Press, 1998), 94-95, 112, 128-132, 149-150, 174-175, 188-189.

24) Calhoun, "Speech on the Reception of Abolition Petitions"(February 6, 1837), *Union and Liberty*, 473; 또한 Dew, "Abolition of Negro Slavery," 23-24, 27; Kolchin, *American Slavery*, 170, 181-182, 184, 189.

25) Kolchin, *American Slavery*, 198에서 인용.

26) Steven Hahn, *A Nation under Our Feet: Black Political Struggles in the Rural South from Slavery to the Great Migration*(Cambridge, Mass.: Harvard University Press, 2003), 218; McMillen, *Dark Journey*, 125.

27) Patrick Allitt, *The Conservatives: Ideas & Personalities throughout American History*(New Haven, Conn.: Yale University Press, 2009), 19.

28) Edmund Burke, "Speech on the Army Estimates"(February 9, 1790), *The Portable Edmund Burke*, ed. Isaac Kramnick(New York: Penguin, 1999), 413-414.

29) 버크가 얼 피츠윌리엄(Earl Fitzwilliam)에게 보낸 편지(1791), Daniel L. O'Neill,

The Burke-Wollstonecraft Debate: Savagery, Civilization, and Democracy(University Park: Pennsylvania State University Press, 2007), 211에서 인용.

30) Conor Cruise O'Brien, *The Great Melody: A Thematic Biography of Edmund Burke*(Chicago: University of Chicago Press, 1992), 418-419에서 인용.

31) Edmund Burke, *Letters on a Regicide Peace*(Indianapolis: Liberty Fund, 1999), 127.

32) 존 애덤스가 제임스 설리번에게 보낸 편지(May 26, 1776), *The Works of John Adams*, vol. 9, ed. Charles Francis Adams(Boston: Little Brown, 1854), 375.

33) 애비게일 애덤스가 존 애덤스에게 보낸 편지(March 31, 1776), *The Letters of John and Abigail Adams*(New York: Penguin, 2004), 148-49.

34) 존 애덤스가 애비게일 애덤스에게 보낸 편지(April 14, 1776), *Letters*, 154.

35) 존 애덤스가 제임스 설리번에게 보낸 편지(May 26, 1776), *Works*, 378.

36) *The Political Writings of John Adams*, ed. George A. Peck Jr.(Indianapolis: Hackett, [1954]2003), 148-149, 190에 재수록된 John Adams, *A Defense of the Constitutions of Government of the United States of America, and Discourses on Davila*.

37) Susan Moller Okin, *Justice, Gender, and the Family*(New York: Basic Books, 1989), 18에서 인용.

38) Keyssar, *Right to Vote*, xxi.

39) Linda K. Kerber, *No Constitutional Right to be Ladies: Women and the Obligations of Citizenship*(New York: Hill and Wang, 1998), 3-46, 124-220; Ira Berlin, Barbara J. Fields, Steven F. Miller, Joseph P. Rediy, and Leslie S. Rowland, *Slaves No More: Three Essays on Emancipation and the Civil War*(New York: Cambridge University Press, 1992), 5, 15, 20, 48, 54-59.

40) "우리 사회에서 최종적인 작동 단위는 가족이지 개인이 아니다." Milton Friedman, *Capitalism and Freedom*(Chicago: University of Chicago Press, 1962, 1982, 2002), 32; 또한 13도 보라. "법률 규칙들이 개인의 성격을 형성하는 데 지배적인 힘이라고 가정하는 것은 중대한 오류일 것이다. 가족, 학교, 교회가 훨씬 더 강력한 영향력을 지닌다. 법이 어떤 상태이건 관계없이, 그런 제도들을 운영하는 사람들은 자신들이 옳다고 믿는 관념을 발전시키기 위해 그들의 영향력을 사용할 것이다." Richard A. Epstein, "Libertarianism and Character," *Varieties of Conservatism in America*, ed. Peter Berkowitz(Stanford, Calif.: Hoover Institution Press, 2004), 76. 이전 진술은 William Graham Sumner, "The Family Monopoly," *On Liberty, Society, and Politics: The Essential Essays of William Graham Sumner*, ed. Robert C. Bannister(Indianapolis,

Liberty Fund, 1929), 136; William Graham Sumner, *What the Social Classes Owe to Each Other*(Caldwell, Idaho: Caxton Press, 2003), 63; Ludwig von Mises, *Socialism: An Economic and Sociological Analysis*(Indianapolis: Liberty Fund, 1981), 74-91. 훨씬 더 일반적인 것으로는 Okin, *Justice, Gender*, 74-88을 보라.

41) 버크가 얼 피츠윌리엄에게 보낸 편지(1791), O'Neill, *Burke-Wollstonecraft Debate*, 211.

42) James Fitzjames Stephen, *Liberty, Equality, Fraternity*, ed. Stuart D. Warner (Indianapolis: Liberty Fund, 1993), 173.

43) David Farber, *The Rise and Fall of Modern American Conservatism: A Short History* (Princeton, N.J.: Princeton University Press, 2010), 10.

44) Thomas Paine, *Rights of Man, Part I, in Political Writings*, ed. Bruce Kuklick(New York: Cambridge University Press, 2000), 130; Lionel Trilling, *The Liberal Imagination*(Garden City, N.Y.: Doubleday Anchor, 1950), 5; Robert O. Paxton, *The Anatomy of Fascism*(New York: Knopf, 2004), 42.

45) Michael Freeden, *Ideologies and Political Theory*(New York: Oxford University Press, 1996), 318.

46) Russell Kirk, "Introduction," *The Portable Conservative Reader,* ed. Russell Kirk(New York: Penguin, 1982), xxiii에서 인용.

47) Mark F. Proudman, "'The Stupid Party': Intellectual Repute as a Category of Ideological Analysis," *Journal of Political Ideologies* 10(June 2005): 201-202, 206-207.

48) George H. Nash, *The Conservative Intellectual Movement in America since 1945* (Wilmington, Del.: Intercollegiate Studies Institute), xiv; Roger Scruton, *The Meaning of Conservatism*(London: Macmillan, 1980, 1984), 11.

49) "문제: 탈진한 자가 어떻게 가치들에 관한 법들을 만들게 되었는가? 달리 말해 보자. 마지막인 자가 어떻게 권력에 이르렀는가?" Friedrich Nietzsche, *The Will to Power*, trans. Walter Kaufmann and R. J. Hollingdale(New York: Vintage, 1968), 34.

50) Kevin Mattson, *Rebels All! A Short History of the Conservative Mind in Postwar America*(Newark, N.J.: Rutgers University Press, 2008), 121-125.

51) Burke, Reflections, 243; Russell Kirk, "The Conservative Mind," *Conservatism in America since* 1930, ed. Gregory L. Schneider(New York: New York University Press, 2003), 107. 더 최근에는 하비 맨스필드가 "그렇지만 나는 보수주의를 자유주의에

대한 반발이라고 생각한다. 그것은 처음부터 갖게 되는 입장이 아니라, 마땅히 지켜져야 할 것을 빼앗아가려 하거나 해치려는 사람들에 의해 어떤 사람이 위협당하게 될 때에야 비로소 그가 갖게 되는 입장이다"라고 말했다. *The Point*(Fall 2010), http://www.thepointmag.com/archive/an-interview-with-harvey-mansfield, 2011년 4월 9일 접속.

52) Burke, *Regicide Peace*, 73.

53) John Ramsden, *An Appetite for Power: A History of the Conservative Party since 1830*(New York: Harper Collins, 1999), 5에서 인용.

54) *The Faber Book of Conservatism*, ed. Keith Baker(London: Faber and Faber, 1993), 6; 또한 Hugh Cecil, *Conservatism*(London: Thornton Butterworth, 1912), 39-44, 241, 244를 보라.

55) 로버트 필이 머천트 테일러 홀(Merchant Taylor Hall)에서 한 연설(May 13, 1838), *British Conservatism: Conservative Thought from Burke to Thatcher*, ed. Frank O'Gorman(London: Longman, 1986), 125.

56) Nash, *Conservative Intellectual Movement*, xiv.

57) Michael Oakeshott, "Rationalism in Politics" and "On Being Conservative," *Rationalism in Politics and Other Essays*(Indianapolis: Liberty Press, 1991), 31, 408, 435.

58) 오크쇼트 그 자신도 한순간 논문에서 이런 관념을 즐기다가 곧 폐기해버린다. "우리와 다른 환경들 속에서 이런 성향의 타당성은 과연 무엇일지, 정부에 대해 보수주의자가 된다는 것이 모험심이 없거나, 게으르거나, 또는 열의가 없는 사람들의 환경 속에서도 동일한 타당성을 가질지는 우리가 굳이 대답하려고 애쓸 필요가 없는 질문이다. 우리는 우리 자신에게만 관심을 가지면 되기 때문이다. 나는 어떤 환경 속에서도 그것이 중요한 위치를 차지할 것이라고 생각한다." 그는 왜 그런지에 대해서는 말하지 않았다. Oakeshott, "On Being Conservative," 435.

59) *Whigs and Whiggism: Political Writings by Benjamin Disraeli*, ed. William Hutcheon(New York: Macmillan, 1914), 126에 재수록된 Benjamin Disraeli, *The Vindication of the English Constitution*.

60) Karl Mannheim, "Conservative Thought," *Essays on Sociology and Social Psychology*, ed. Paul Kesckemeti(London: Routledge & Kegan Paul, 1953), 95, 115; 또한 Freeden, *Ideologies and Political Theory*, 335ff. 보수주의적 전통에서 이런 주장에 대한 증거는 Frank Meyer, "Freedom, Tradition, Conservatism," *In Defense of Freedom and Related*

Essays(Indianapolis: Liberty Fund, 1996), 17-20에서 볼 수 있다; Mark C. Henrie, "Understanding Traditionalist Conservatism," *Varieties of Conservatism in America*, 11; Nash, *Conservative Intellectual Movement*, 50; Scruton, *Meaning of Conservatism*, 11.

61) 따라서 어빙 크리스톨이 그의 책 『어느 신보수주의자의 회상*Reflections of a Neoconservative*』에서 신보수주의는 "미국 부르주아의 정통성을 새로운 자기의식적 지식인의 활력과 결합시키는 것을 목표하는 것이다"라고 말했을 때, 그는 보수주의의 준거를 떠난 것이 아니었다. 그는 그것을 분명히 했던 것이다. 보수주의 사회학자이자 신학자인 피터 버거는 『거룩한 하늘*The Sacred Canopy*』에서 "사회 세상이나 그것의 어떤 부분의 현실성은 도전이 없는 한 자기정통성으로 충분하다. 어떤 형태로든 도전이 출현했을 때, 그 현실성은 더 이상 당연한 것이 아니다. 사회적 질서의 정당성은 도전하는 자나 도전에 응하는 자 둘 다를 위해서 분명히 설명되어야 한다…… 도전의 심각성이 정통성에 대한 대답의 구체성 정도를 결정하게 될 것이다"라고 썼다. *Conservatism: An Anthology of Social and Political Thought from David Hume to the Present*, ed. Jerry Muller(Princeton, N.J.: Princeton University Press, 1997), 4, 360.

62) *British Conservatism*, 76에 재수록된 Quintin Hogg, *The Case for Conservatism*.

63) Boswell, *Life of Johnson*, 1018.

64) Edmund Burke, *An Appeal from the New to the Old Whigs, in Further Reflections on the Revolution in France*, ed. Daniel F. Ritchie(Indianapolis: Liberty Fund, 1992), 167.

65) Giuseppe di Lampedusa, *The Leopard*(New York: Pantheon, 2007), 28.

66) Mattson, *Rebels All!* 23, 35-36, 62.

67) Burke, *Regicide Peace*, 142.

68) Kirk, "The Conservative Mind," 109; Oakeshott, "On Being Conservative," 414-415.

69) Allitt, *Conservatives*, 242에서 인용. 또한 *The Nazi Germany Sourcebook: An Anthology of Texts*, ed. Roderick Stackelberg and Sally A. Winkle(New York: Routledge, 2002), 77-78에 재수록된 Arthur Moeller van den Bruck, *Germany's Third Empire*.

70) *On Empire, Liberty, and Reform: Speeches and Letters*, ed. David Bromwich(New Haven, Conn.: Yale University Press, 2000), 479에 재수록된 Edmund Burke, *Letter to a Noble Lord*.

71) 세실은 개혁과 혁명을 구분하는 것이 얼마나 어려운지 인정했던 몇 안 되는 보

수주의자들 중 한 사람이었다.(Cecil, *Conservatism*, 221-222). 유용한 비평은 Ted Honderich, *Conservatism: Burke, Nozick, Bush, Blair?*(London: Pluto, 2005), 6-31을 보라.

72) Peter Kolozi, "Conservatives against Capitalism: The Conservative Critique of Capitalism in American Political Thought," Ph.D. dissertation, CUNY Graduate Center, 2010, 138-172; Clinton Rossiter, *Conservatism in America: The Thankless Persuasion*(New York: Vintage, 1955, 1962), 241-242; Sam Tanenhaus, *Whittaker Chambers: A Biography*(New York: Modern Library, 1997), 165, 466, 488.

73) Nash, *Conservative Intellectual Movement*, xiv.

74) 에이브러햄 링컨이 쿠퍼 위원회(Cooper Institute)에서 한 연설(1860년 2월 27일). *The Portable Abraham Lincoln*, ed. Andrew Delbanco(New York: Penguin 1992), 178-179. 한 학자는 "개혁에 대한 전형적인 보수주의자의 비전은 그 순수한 합리성—최소한 표면적으로는—때문에 다른 정치적 이데올로기의 일부가 될 수 있다. 그것은 그 자체로서 순전히 상대적 또는 '정황적'인 것이며, 그렇기 때문에 어떤 이데올로기에 의해서도 적용되거나 들먹여질 수 있다"고 말했다. Jan-Werner Müller, "Comprehending Conservatism: A New Framework for Analysis," *Journal of Political Ideologies* 11 (October 2006): 362.

75) Ramsden, *Appetite for Power*, 28.

76) C. B. Macpherson, *Burke*(New York Hill and Wang, 1980), 22에 인용; 또한 Burke, *Regicide Peace*, 381을 보라.

77) Ramsden, *Appetite for Power*, 46, 95. 카나번은 영국 우익에서 소수파였다. 보수주의자들은 더비 백작과 디즈레일리의 지도하에 법안 통과를 주도했다. 그렇지만 그것이 우파의 뿌리 깊은 버크적 충동의 증거로 해석되어서는 안 된다. 논의 내내 디즈레일리의 방향타는 글래드스톤에 대한 반대였다. 글래드스톤이 찬성하면 디즈레일리가 반대하고, 글래드스톤이 반대하면 디즈레일리는 찬성했다. 만약 어떤 비전이 있었다고 한다면, 그것은 파당적이고 전술적인 것이었으며, 버크인 것과는 아무 상관이 없었을 것이다. 애초 자유당이 지지한 것보다 더욱 급진적인 일련의 조치들에 대한 자신의 지지 입장을 설명하면서 디즈레일리는 더비 백작에게 "굵은 선이 더욱 안전하다"(하려면 확실히 해야 한다)고 말했다. Ramsden, *Appetite for Power*, 91-99. 반대 의견을 보려면 Gertrude Himmelfarb, "Politics and Ideology: The Reform Act of 1867," *Victorian Minds*(New York: Knopf, 1968), 333-392를 참조.

78) Allitt, *Conservatives*, 48. 다른 예를 보려면 Allan Bloom, *The Closing of the American*

Mind(New York: Simon and Schuster, 1987), 101; Calhoun, "Speech on the Oregon Bill," *Union and Liberty*, 565; *Political Writings*, 190-192, 201에 재수록된 Adams, *Discourses on Davila*; *Theodore Roosevelt: An American Mind*, ed. Mario R. DiNunzio(New York: Penguin, 1994), 116, 119; Phillips-Fein, *Invisible Hands*, 82를 보라.

79) Michael J. Gerson, *Heroic Conservatism: Why Republicans Need to Embrace America's Ideals(And Why They Deserve to Fail If They Don't)*(New York: Harper Collins, 2007), 261, 264.

80) 헌팅턴이 보수주의의 입장을 "상황적" 또는 "태도적"—기성 질서에 대한 체계적 도전에 대응하는 것—이라고 강조한 것은 정확하지만, 보수주의자들이 기성 질서를 그것이 단순히 기성 질서라는 이유만으로 방어한다고 주장한 것은 잘못이다. 보수주의자들은 질서의 특정한 형태—개인적 지배의 계급적 제도—만을 방어한다. 왜냐하면 그들은 불평등이 탁월성에 필수적인 조건이라고 믿기 때문이다. 가끔씩 그들은 기성 질서가 너무 평등주의적이라고 여겨지면 그것에 대항하기도 한다. 전후 미국에서의 보수주의 운동이 바로 그런 예이다. Samuel Huntington, "Conservatism as an Ideology," *American Political Science Review* 51 (June 1957): 454-473.

81) 자유시장에 대한 방어는 "그것이 가장 맹위를 떨칠 때 정체된다". 반면, 좌파로부터의 공격에 의해 "수세적으로 될 때, 종종 그것은 진보한다."(Hayek, *Constitution of Liberty*, 7). "현실정치 영역에서 자유주의의 영향력이 꾸준히 확산되고 있을 때, (우파의) 지식인층에서 이런 창조적 에너지의 폭발이 일어난다는 것은, 역사적으로 전례가 없는 것은 아니지만, 여전히 아이러니한 일이다."(Frank Meyer, "Freedom, Tradition, Conservatism," *Defense of Freedom*, 15). "위기의 시대에 보수주의는 최선의 모습을 보여주었다."(Scruton, *Meaning of Conservatism*, 11). 최근 미국 역사에서 좌파와 우파 간의 "변증법적" 관계에 대해서는 Julian E. Zelizer, "Reflections: Rethinking the History of American Conservatism," *Reviews in American History* 38(June 2010): 388-389를 보라.

82) *Culture and Anarchy and Other Writings*, ed. Stefan Collini(New York: Cambridge University Press, 1993), 95에 재수록된 Matthew Arnold, *Culture and Anarchy*.

83) Joseph Schumpeter, "Social Classes in an Ethnically Homogenous Environment," *Conservatism: An Anthology*, 227.

84) 진정한 경제 권력을 얻고 유지하는 데는 "일상으로부터의 부단한 이탈"이 필요하

다고 슘페터는 덧붙였다. Schumpeter, "Social Classes," 227. "우리는 현상 유지나 자기만족이란 있을 수 없으며, 진보나 퇴보만이 있다는 것, 그리고 우리가 현재의 위치에 만족할 때 그것은 퇴보와 마찬가지라는 것을 명심해야 한다." Friedrich von Bernhardi, *Germany and the Next War*, trans. Allen Powles(London: Edward Arnold, 1912), 103.

85) Burke, *Reflections*, 207. 또한 Justus Möser, "No Promotion According to Merit," *Conservatism: An Anthology*, 74-77을 보라.

86) Burke, *Letter to a Noble Lord*, 484.

87) *Nazi Germany Sourcebook*, 75에 재수록된 Fritz Lens, *Psychological Differences between the Leading Races of Mankind*.

88) Muller, *Conservatism*, 26-27, 210.

89) Sumner, *What the Social Classes Owe to Each Other*, 59-60, 66-67.

90) Sumner, "Liberty," *On Liberty, Society, and Politics*, 246.

91) "모든 소유권은 점유와 폭력에서 유래한다…… 모든 권리는 폭력으로부터, 모든 소유권은 점유나 약탈로부터 유래한다고 우리는 기꺼이 인정한다." Mises, *Socialism*, 32.

92) Sumner, "The Absurd Effort to Make the World Over," *On Liberty, Society, and Politics*, 254.

93) Burke, *Letter to a Noble Lord*, 484.

94) 미국의 보수주의에 관한 책은 매달 증가하는 듯 보인다. 지난 십 년간 주목할 만한 것을 꼽자면 Rick Perlstein, *Before the Storm: Barry Goldwater and the Unmaking of the American Consensus*(New York: Hill & Wang, 2001); Lisa McGirr, *Suburban Warriors: The Origins of the New American Right*(Princeton, N.J.: Princeton University Press, 2001); Donald Critchlow, *Phyllis Schlafly and Grassroots Conservatism: A Woman's Crusade*(Princeton, N.J.: Princeton University Press, 2005); Kevin Kruse, *White Flight: Atlanta and the Making of Modern Conservatism*(Princeton, N.J.: Princeton University Press, 2005); Jason Sokol, *There Goes My Everything: White Southerners in the Age of Civil Rights, 1945-1975*(New York: Vintage, 2006); Matthew Lassiter, *The Silent Majority: Suburban Politics in the Sunbelt South*(Princeton, N.J.: Princeton University Press, 2006); Joseph Lowndes, *From the New Deal to the New Right: Race and the Southern Origins of Modern Conservatism*(New Haven, Conn.: Yale University Press, 2008); Allan J. Lichtman, *White Protestant Nation: The Rise of the*

American Conservative Movement(New York: Grove Press, 2008); Mattson, *Rebels All!*; Steven Teles, *The Rise of the Conservative Legal Movement: The Battle for Control of the Law*(Princeton, N.J.: Princeton University Press, 2008); Bethany Moreton, *To Serve God and Wal-Mart: The Making of Christian Free Enterprise*(Cambridge, Mass.: Harvard University Press, 2009); Phillips-Fein, *Invisible Hands* 등이 있다. 이런 문헌들의 최근 요약과 미래 동향에 대해서는 Zelizer, "Rethinking the History of American Conservatism," 367-392를 보라.

95) T. S. Eliot, "The Literature of Politics," *To Criticize the Critic and Other Writings*(Lincoln: University of Nebraska Press, 1965), 139.

96) "'형이상학적 파토스'는 그것이 마치 시어(詩語)처럼 그 연관을 통해, 그리고 그것이 유발하는 일종의 감정이입을 통해 철학자나 독자들에게 정서적으로 친숙한 분위기나 느낌을 불러일으킨다는 점에서, 사물의 본성에 대한 모든 묘사에서, 자신이 속한 세상의 모든 특징 묘사에서 예증되는 것이다." Arthur O. Lovejoy, *The Great Chain of Being: A Study of the History of an Idea*(New York: Harper & Brothers, 1936), 11. Joseph F. Femia, *Against the Masses: Varieties of Anti-Democratic Thought since the French Revolution*(New York: Oxford University Press, 2001), 13-14에서 인용.

97) 다음과 비교하라. Bruce Frohnen, *Virtue and the Promise of Conservatism: The Legacy of Burke and Tocqueville*(Lawrence: University of Kansas Press, 1993); Nash, *Conservative Intellectual Movement*; Allitt, *Conservatives*; Scruton, *Meaning of Conservatism*; Berkowitz, *Varieties of Conservatism*. 좀 더 도움이 되는 논의는 Robert Nisbet, *Conservatism: Dream and Reality*(Minneapolis: University of Minnesota Press, 1986); Stephen Holmes, *The Anatomy of Antiliberalism*(Cambridge, Mass.: Harvard University Press, 1993); Albert O. Hirschman, *The Rhetoric of Reaction: Perversity, Futility, Jeopardy*(Cambridge, Mass.: Harvard University Press, 1991); Mannheim, "Conservative Thought"; Muller, *Conservatism*; Femia, *Against the Masses* 등이 있다.

98) Mattson, *Rebels All!*, 3, 11-12, 42, 79. 또한 Sam Tanenhaus, *The Death of Conservatism*(New York: Random House, 2009), 16-19, 49-51을 보라.

99) Cara Camcastle, *The More Moderate Side of Joseph de Maistre: Views on Political Liberty and Political Economy*(Montreal and Kingston: McGill-Queen's University Press, 2005); Isaiah Berlin, "Joseph de Maistre on the Origins of Modern Fascism," *The Crooked Timber of Humanity: Chapters in the History of Ideas*, ed. Henry Hardy(New York: Vintage, 1992), 91-174.

100) Nash, *Conservative Intellectual Movement*, 69-70.
101) 앨런 J. 리히트먼의 『백인 프로테스탄트 국가*White Protestant Nation*』는 티파티 운동이 출현하기 이전인 2008년 6월에 출판되었지만, 그 책이 제1차 세계대전 후 부상한 보수주의와 조지 W. 부시의 보수주의를 연속선상에서 보는 분석은 현재까지도 적용된다.
102) Mattson, *Rebels All!*, 7, 15; Farber, *Rise and Fall of Modern American Conservatism*, 78; Donald T. Critchlow, *The Conservative Ascendancy: How the GOP Right Made Political History*(Cambridge, Mass.: Harvard University Press, 2007), 6-13; Tanenhaus, *Death of Conservatism*, 29, 32, 104, 109, 111, 114.
103) "우파의 정치철학, 조직 전략, 대중에 대한 호소는 자유주의에 대한 적의를 초월한다. 현대 보수주의는 그 자체의 생명, 역사, 논리를 가지고 있다." Lichtman, *White Protestant Nation*, 2. 역반발 주장에 대한 다른 견해를 보려면 Lowndes, *New Deal to the New Right*, 3-5, 92-93, 160-162를 보라.
104) Cf. Zelizer, "Rethinking the History of American Conservatism," 371-374.
105) Mattson, *Rebels All!*, 112에서 인용.
106) *Nazi Germany Sourcebook*, 36에 재수록된 *Händler und Helden. Patriotische Besinnungen*.
107) Noberto Bobbio, *Left & Right: The Significance of a Political Distinction*(Chicago: University of Chicago Press, 1996).
108) Müller, "Comprehending Conservatism," 359; Muller, *Conservatism*, 22-23; J. G. A. Pocock, introduction to Burke, *Reflections on the Revolution in France*(Indianapolis: Hackett, 1987), xlix.
109) Nash, *Conservative Intellectual Movement*, xiv-xv.

1. 보수주의와 반혁명

1) Michael Oakeshott, "On Being Conservative," *Rationalism in Politics and Other Essays*(Indianapolis: Liberty Press, 1991), 408.
2) Russell Kirk, "Introduction," *The Portable Conservative Reader*, ed. Russell Kirk(New York: Penguin, 1982), xi-xiv; Robert Nisbet, *Conservatism: Dream and Reality*(Minneapolis: University of Minnesota Press, 1986); Peter Viereck, *Conservatism: From John Adams to Churchill*(Princeton, N.J.: D. Van Nostrand, 1956), 10-17.
3) Joseph de Maistre, *Considerations on France*, trans. and ed. Richard A. Lebrun(New

York: Cambridge University Press, 1974, 1994), 10. 또한 메스트르의 유럽 구체제 비판은 다음 글을 보라. Jean-Louis Darcel, "The Roads of Exile, 1792-1817," Darcel, "Joseph de Maistre and the House of Savoy: Some Aspects of his Career," *Joseph de Maistre's Life, Thought, and Influence: Selected Studies*, ed. Richard A. Lebrun(Montreal: McGill-Queen's University Press, 2001), 16, 19-20, 52.

4) 다음과 비교하라. *On Empire, Liberty, and Reform: Speeches and Letters*, ed. David Bromwich(New Haven, Conn.: Yale University Press, 2000), 500-501에 재수록된 Edmund Burke, *Letter to a Noble Lord*; Burke, *Letters on a Regicide Peace*(Indianapolis: Liberty Fund, 1999), 69-70, 74-76, 106, 108-111, 158-160, 167, 184, 205, 218, 218, 222, 271, 304-305.

5) Edmund Burke, *Reflections on the Revolution in France*, ed. J. C. D. Clark(Stanford, Calif.: Stanford University Press, 2001), 239.

6) Edmund Burke, *A Philosophical Enquiry into the Origins of Our Ideas of the Sublime and the Beautiful*, ed. David Womersley(New York: Penguin, 1998), 177.

7) Burke, *Regicide Peace*, 75.

8) 때때로 그것은 구체제 자체이지만. 다음과 비교하라. Burke, *Regicide Peace*, 384-385.

9) Edmund Burke, "Speech on American Taxation"(April 19, 1774), *Selected Works of Edmund Burke*, vol. 1(Indianapolis: Liberty Fund, 1999), 186; 또한 Burke, *Regicide Peace*, 69-70, 154-155, 184-185, 304-306, 384-385도 참조하라. 이 비판은 귀족이 장기적인 관점을 가진 사람이라는 버크의 칭찬과 모순된다. 왜냐하면 버크는 여기서 장기적인 관점은 사람들이 당면한 문제를 보지 못하도록 한다고 주장하고 있기 때문이다. 버크의 책 『제국, 자유, 개혁에 관하여*On Empire, Liberty, and Reform*』, 466에 재수록된 『각하에게 쓴 편지*Letter to a Noble Lord*』에 대한 브롬위치의 간단한 서문도 보라.

10) *The Ideology of Slavery: Proslavery Thought in the Antebellum South, 1830-1860*, ed. Drew Gilpin Faust(Baton Rouge: Louisiana State Press, 1981), 25, 123에 재수록된 Thomas Roderick Dew, *Abolition of Negro Slavery*, William Harper, *Memoir on Slavery*. 또한 John C. Calhoun, "Speech on the Force Bill," "Speech on the Reception of Abolitionist Petitions," "Speech on the Oregon Bill," *Union and Liberty: The Political Philosophy of John C. Calhoun*, ed. Ross M. Lence(Indianapolis: Liberty Fund, 1992), 426, 465, 475, 562; Manisha Sinha, *The Counterrevolution of*

Slavery: Politics and Ideology in Antebellum South Carolina(Chapel Hill: University of North Carolina Press, 2000), 33-93.

11) Barry Goldwater, *The Conscience of a Conservative*(Princeton, N.J.: Princeton University Press, 1960, 2007), 1.

12) Calhoun, "Speech on the Reception of Abolitionist Petitions," 476.

13) Oakeshott, "On Being Conservative," 407-408.

14) Charles Loyseau, *A Treatise of Orders and Plain Dignities*, ed. Howell A. Lloyd(New York: Cambridge University Press, 1994), 75.

15) Anne Norton, *Leo Strauss and the Politics of American Empire*(New Haven, Conn.: Yale University Press, 2004), 49에서 인용.

16) Joseph de Maistre, *St. Petersburg Dialogues or Conversations on the Temporal Government of Providence*, trans. and ed. Richard A. Lebrun(Montreal and Kingston: McGill-Queen's University Press, 1993), 216.

17) Maistre, *Considerations*, 16-17. 또한 Jean-Louis Darcel, "The Apprentice Years of a Counter-Revolutionary: Joseph de Maistre in Lausanne, 1793-1797," *Joseph de Maistre's Life, Thought, and Influence*, 43-44를 보라.

18) Burke, *Sublime and the Beautiful*, 86, 96, 121, 165.

19) Burke, *Reflections*, 207, 243, 275. 또한 Burke, *Regicide Peace*, 66, 70, 107, 157, 207, 222를 보라.

20) Burke, *Regicide Peace*, 184.

21) Darrin M. McMahon, *Enemies of the Enlightenment: The French Counter-Enlightenment and the Making of Modernity*(New York: Oxford University Press, 2001), 27-28.

22) Robert Perkinson, *Texas Tough: The Rise of America's Prison Empire*(New York: Metropolitan, 2009), 297에서 인용.

23) Alexander P. Lamis, "The Two-Party South: From the 1960s to the 1990s," *Southern Politics in the 1990s*, ed. Alexander P. Lamis(Baton Rouge: Louisiana State University Press, 1990), 8에서 인용.

24) David Horowitz, "The Campus Blacklist," *FrontPage*(April 18, 2003), http://www.studentsforacademicfreedom.org/essays/blacklist.html, 2011년 3월 24일 접속.

25) Lamis, "Two-Party South," 8에서 인용.

26) Phyllis Schlafly, *The Power of the Positive Woman*(New York: Harcourt Brace

Jovanovich, 1977), 7-8.
27) *The Rise of Conservatism in America, 1945-2000: A Brief History with Documents*, ed. Ronald Story and Bruce Laurie(Boston: Bedford/St. Martin's, 2008), 104에 재수록된 "Interview with Phyllis Schlafly," *Washington Star*(January 18, 1976).
28) Susan Faludi, *Backlash: The Undeclared War against American Women*(New York: Doubleday, 1991), 251.
29) Maistre, *Considerations*, 79.
30) *The Rise of Conservatism in America*, 53에 재수록된, "Why the South Must Prevail," *National Review*(August 24, 1957).
31) Gary Wills, *Reagan's America*(New York: Penguin, 1988), 355.
32) J. C. D. Clark의 Burke, *Reflections*, 104에 대한 서문에서 인용.
33) Alexander Stephens, "The Cornerstone Speech," *Defending Slavery: Proslavery Thought in the Old South*, ed. Paul Finkelman(Boston: Bedford/St. Martin's, 2003), 91.
34) Goldwater, *Conscience of a Conservative*, 70.
35) Maistre, *Considerations*, 89.
36) Ibid., 69, 74.
37) James Oakes, *The Ruling Race: A History of American Slaveholders*(New York: Vintage, 1982), 37, 42, 141-143, 230-232.
38) Calhoun, "Speech on the Oregon Bill," 564.
39) Peter Kolchin, *American Slavery 1619-1877*(New York: Hill and Wang, 1993, 2003), 195에서 인용.
40) Dew, *Abolition of Negro Slavery*, 66-67.
41) Jacob Heilbrunn, *They Knew They Were Right: The Rise of the Neocons*(New York: Random House, 2008), 6에서 인용.
42) *Rise of Conservatism in America*, 50에 재수록된 Burke, *Reflections*, 229; William F. Buckley Jr., "Publisher's Statement on Founding National Review," *National Review*(November 19, 1955).
43) Andrew Sullivan, *The Conservative Soul: Fundamentalism, Freedom, and the Future of the Right*(New York: Harper Perennial, 2006), 9.
44) Burke, *Regicide Peace*, 138.
45) Maistre, *Considerations*, 77.

46) Corey Robin, "The Ex-Cons: Right-Wing Thinkers Go Left!" *Lingua Franca* (February 2001), 32. 이 책에서 5장으로 재수록.

2. 최초의 반혁명

1) Noel Malcolm, *Aspects of Hobbes*(New York: Oxford University Press, 2002), 15-16; Richard Tuck, *Hobbes*(New York: Oxford University Press, 1989), 24; Quentin Skinner, *Visions of Politics*, vol. 3, *Hobbes and Civil Sciences*(New York: Cambridge University Press, 2002), 8-9; A. P. Martinich, *Hobbes*(New York: Cambridge University Press, 1999), 161-162.

2) Skinner, *Visions*, 16.

3) Malcolm, *Aspects of Hobbes*, 20-21; Skinner, *Visions*, 22-23; Martinich, *Hobbes*, 209-210.

4) T. S. Eliot, "John Bramhall," *Selected Essays 1917-1932*(Nwe York: Harcourt Brace, 1932), 302.

5) Perry Anderson, "The Intransigent Right," *Spectrum: From Right to Left in the World of Ideas*(New York: Verso, 2005), 3-28.

6) Michael Oakeshott, "On Being Conservative," *Rationalism in Politics and Other Essays*(Indianapolis: Liberty Press, 1991), 435. 또한 폴 프랭코의 유용한 언급은 마이클 오크쇼트의 *Hobbes on Civil Association*(Indianapolis: Liberty Fund, 2000), v-vii에 대한 그의 서문을 보라. Paul Franco, *Michael Oakeshott: An Introduction*(New Haven, Conn.: Yale University Press, 2004), 10, 103, 106.

7) Friedrich A. Hayek, *The Constitution of Liberty*(Chicago: University of Chicago Press, 1960), 56; Carl Schmitt, *The Leviathan in the State Theory of Thomas Hobbes: Meaning and Failure of a Political Symbol*(Chicago: University of Chicago Press, 2008), 42, 68-69; Leo Strauss, *Natural Right and History*(Chicago: University of Chicago Press, 1953), 165-202; Carl Schmitt, *The Concept of the Political*(New Brunswick, N.J.: Rutgers University Press, 1967), 89에 재수록된 Leo Strauss, "Comments on Carl Schmitt's Der Begriff des Politischen".

8) Hayek, *Constitution of Liberty*, 397-411.

9) Hobbes, *Behemoth*, ed. Ferdinand Tönnies(Chicago: University of Chicago Press, 1990), 204.

10) Benjamin Constant, *The Liberty of the Ancients Compared with That of the Moderns*,

in *Political Writings*, ed. Biancamaria Fontana(New York: Cambridge University Press, 1988), 307-328; *The Marx-Engels Reader*, ed. Robert C. Tucker(New York: Norton, 1978), 595에 재수록된 Karl Marx, *The Eighteenth Brumaire of Louis Bonaparte*.
11) Hobbes, *Behemoth*, 28.
12) Quentin Skinner, *Hobbes and Republican Liberty*(New York: Cambridge University Press, 2008).
13) Skinner, *Hobbes*, xiv.
14) David Wootton, *Divine Right and Democracy*(New York: Penguin, 1986), 28.
15) Ibid., 25-26.
16) Skinner, *Hobbes*, 57ff.
17) Ibid., 27.
18) Hobbes, *Leviathan*, ed. Richard Tuck (New York: Cambridge, 1996), 149.
19) Skinner, *Hobbes*, x-xi, 25-33, 68-72.
20) Ibid., xi, 215.
21) Skinner, *Hobbes*, 211-212.
22) Hobbes, *Leviathan*, 44.
23) Ibid., 145-146.
24) Skinner, *Hobbes*, 130에서 인용.
25) Ibid., 116-123, 157, 162, 173.
26) Hobbes, *Leviathan*, 146.
27) *Man and Citizen*, ed. Bernard Gert(Indianapolis: Hackett, 1991), 216에 재수록된 Hobbes, *De Cive*; Hobbes, *Leviathan*, 148.
28) Greg Grandin, *Empire's Workshop: Latin America, the United States, and the Rise of the New Imperialism*(New York: Metropolitan Books, 2006), 173-174; Naomi Klein, *The Shock Doctrine: The Rise of Disaster Capitalism*(New York: Metropolitan Books, 2007), 80-82, 84-85.
29) Klein, *Shock Doctrine*, 117.
30) Hobbes, *Leviathan*, 148.
31) Klein, *Shock Doctrine*, 131, 138.

3. 쓰레기와 위엄

1) Anne C. Heller, *Ayn Rand and the World She Made*(New York: Knopf, 2009), xii;

http://www.randomhouse.com/modernlibrary/100bestnovels.html, 2011년 4월 8일에 접속.

2) Amy Wallace, "Farrah's Brainy Side," *The Daily Beast*(June 25, 2009), http://www.thedailybeast.com/blogs-and-stories/2009-06-25/farrahs-brainy-side, 2011년 4월 8일에 접속; Heller, *Ayn Rand*, 401.

3) Heller, *Ayn Rand*, 167.

4) Rand, *The Virtue of Selfishness*(New York: Penguin, 1961, 1964), 39에 재수록된 Ayn Rand, "The Objectivist Ethics".

5) Elizabeth Gettelman, "I'm With the Rand," *Mother Jones*(July 20, 2009), http://motherjones.com/media/2009/07/im-rand, 2011년 4월 8일에 접속.

6) Ayn Rand, *The Fountainhead*(New York: Signet, 1996), 678.

7) Heller, Ayn Rand, 155, 275, 292; Rand, *Fountainhead*, 24-25; http://en.wikipedia.org/wiki/1957_in_literature, 2011년 4월 8일에 접속; http://atlasshrugged.com/book/history.html#publication, 2010년 5월 1일에 접속.

8) Heller, *Ayn Rand*, 88, 186, 278.

9) Rand, *Fountainhead*, 675; Ayn Rand, *Atlas Shrugged*(New York: Plume, 1957, 1992), 1022.

10) Heller, *Ayn Rand*, 1-3.

11) Ibid., 5.

12) Ibid., 29; Jennifer Burns, *Goddess of the Market: Ayn Rand and the American Right*(New York: Oxford University Press, 2009), 14-15.

13) Theodor Adorno, *Prisms*(Cambridge: MIT Press, 1967), 109에서 인용.

14) Heller, *Ayn Rand*, 32, 35, 69, 159, 299, 395-396.

15) Ibid., 38-39, 44, 82-83, 114, 336, 371.

16) Ibid., 9, 11, 15.

17) Burns, *Goddess of the Market*, 3, 229, 285.

18) Ibid., 16-17, 21, 27.

19) Ayn Rand, *For the New Intellectual*(New York: Signet, 1961), 18.

20) Burns, *Goddess of the Market*, 307.

21) Julian Sanchez, "An Interview with Robert Nozick"(July 26, 2001), http://www.trinity.edu/rjensen/NozickInterview.htm, 2011년 4월 8일에 접속.

22) Sidney Hook, "Each Man for Himself," *New York Times*, April 9, 1961, BR3.

23) Rand, "The Cult of Moral Grayness," *The Virtue of Selfishness*, 92.
24) Rand, "Objectivist Ethics," 16.
25) Tara Smith, *Ayn Rand's Normative Ethics: The Virtuous Egoist*(New York: Cambridge University Press, 2006), 28-29; Rand, "Objectivist Ethics," 25.
26) Rand, "Objectivist Ethics," 28.
27) *The Nazi Germany Sourcebook*, ed. Roderick Stackelberg and Sally Winkle(London: Routledge, 2002), 302-303.
28) Ibid., 105.
29) Rand, *Capitalism: The Unknown Ideal*(New York: Signet, 1967), 2, 6, 8, 11, 24.
30) *Nazi Germany Sourcebook*, 131.
31) Ibid., 130.
32) Rand, *Capitalism*, 18.
33) *Nazi Germany Sourcebook*, 105, 131.
34) Rand, *Atlas Shrugged*, 1065.
35) Rand, *Fountainhead*, 681.
36) Burns, *Goddess of the Market*, 16, 22, 25; Heller, *Ayn Rand*, 57.
37) Burns, *Goddess of the Market*, 28, 70.
38) Ibid., 42.
39) Ibid., 177.
40) Ibid., 43.
41) Joseph de Maistre, *St. Petersburg Dialogues*, trans. and ed. Richard Lebrun(Montreal: McGill-Queen's University Press, 1993), 335. 버크는 또한 프랑스혁명을 종교개혁까지 소급해서 추적한다. Conor Cruise O'Brien, *The Great Melody: A Thematic Biography and Commented Anthology of Edmund Burke*(Chicago: University of Chicago Press, 1992), 452-453을 보라.
42) Joseph de Maistre, *Considerations on France*, ed. Richard Lebrun(New York: Cambridge University Press, 1974, 1994), 27.
43) Friedrich Nietzsche, *On the Genealogy of Morals*, trans. Walter Kaufmann(New York: Random House, 1967), 24-56.
44) Friedrich Nietzsche, *The Will to Power*, trans. Walter Kaufmann and R. J. Hollingdale(New York: Random House, 1967), 401. 또한 Nietzsche, *Genealogy*, 36, 54; Friedrich Nietzsche, *Beyond Good and Evil*(New York: Vintage, 1989), 116도 보라.

45) Burns, *Goddess of the Market*, 2, 4.
46) http://yglesias.thinkprogress.org/archives/2010/03/beck-vs-social-justice.php, 2011년 4월 8일에 접속. http://yglesias.thinkprogress.org/archives/2010/03/lds-scholars-confirm-mormon-commitment-to-social-justice.php, 2011년 4월 8일에 접속.
47) Rand, *Fountainhead*, 606.

4. 적반하장

1) 조지 윌(George Will)의 Barry Goldwater, *The Conscience of a Conservative*(Princeton, N. J.: Princeton University Press, 2007, 1960), xi에 대한 서문.
2) *The Rise of Conservatism in America, 1945-2000: A Brief History with Documents*, ed. Ronald Story and Bruce Laurie(Boston: Bedford/St. Martin's, 2008), 1.
3) *The Rise of Conservatism in America*, 51에 재수록된 William F. Buckley Jr., "Publisher's Statement on Founding National Review," *National Review*(November 19, 1955).
4) Joseph de Maistre, *Considerations on France*, trans. and ed. Richard A. Lebrun(New York: Cambridge University Press, 1974, 1994), 69, 74.
5) Judith N. Shklar, "Jean-Jacques Rousseau and Equality," *Political Thought and Political Thinkers*, ed. Stanley Hoffmann(Chicago: University of Chicago Press, 1998), 290.
6) Edmund Burke, *Reflections on the Revolution in France*, ed. J. C. D. Clark(Stanford, Calif.: Stanford University Press, 2001), 232-233.
7) Hugo Young, *One of Us: A Biography of Margaret Thatcher*(London: Pan Books, 1989, 1991).
8) Goldwater, *Conscience of a Conservative*, 1.
9) Ibid., xxiii.
10) Edmund Burke, *Letters on a Regicide Peace*(Indianapolis: Liberty Fund, 1999), 69.
11) Young, *One of Us*, 406.
12) "Speech at the Meeting of the Citizens of Charleston," *Union and Liberty: The Political Philosophy of John C. Calhoun*, ed. Ross M. Lence(Indianapolis: Liberty Fund, 1992), 536.
13) Goldwater, *Conscience of a Conservative*, 54.
14) Ibid., 2.
15) Ibid., 3-4.

16) Karl Mannheim, "Conservative Thought," *Essays on Sociology and Social Psychology*, ed. Paul Kesckemeti(London: Routledge & Kegan Paul, 1953), 106.
17) Goldwater, *Conscience of a Conservative*, 3, 78-79, 119.
18) Mannheim, "Conservative Thought," 107.
19) Goldwater, *Conscience of a Conservative*, 17-18, 25.
20) "Introduction," *Rightward Bound: Making America Conservative in the 1970s*, ed. Bruce J. Schulman and Julian E. Zelizer(Cambridge, Mass.: Harvard University Press, 2008), 4.
21) *Rightward Bound*, 14, 90-91, 93에 재수록된 Matthew D. Lassiter, "Inventing Family Values," Joseph Crespino, "Civil Rights and the Religious Right".
22) Crespino, "Civil Rights," 91, 92-93, 97, 102-103.
23) Marjorie J. Spruill, "Gender and America's Right Turn," *Rightward Bound*, 77-79.
24) *The Rise of Conservatism in America*, 104-105에 재수록된, "Interview with Phyllis Schlafly," *Washington Star*(January 18, 1976).
25) Lassiter, "Inventing Family Values," Paul Boyer, "The Evangelical Resurgence in 1970s American Protestantism," *Rightward Bound*, 19-20, 34, 37, 40-41.
26) Bethany E. Moreton, "Make Payroll, Not War," *Rightward Bound*, 53, 55-57, 65, 69.
27) Thomas J. Sugrue, John D. Skrentny, "The White Ethnic Strategy," *Rightward Bound*, 174-175, 189, 191.
28) Rick Perlstein, *Before the Storm: Barry Goldwater and the Unmaking of the American Consensus*(New York: Hill & Wang, 2001), 17.

5. 전향자들

1) *Political Writings*, ed. John Hope Mason and Robert Wokler(New York: Cambridge University Press, 1992), 202-203에 재수록된 디드로(Denis Diderot), 『두 인도의 역사*Histoire des Deux Indes*』에서 발췌. George Bernard Shaw, *Man and Superman*(New York: Penguin, 2001), 213.
2) Michael Lind, *Up from Conservatism: Why the Right Is Wrong for America*(New York: Free Press, 1997), 235, 257; Arianna Huffington, *How to Overthrow the Government*(New York: Harper Collins, 2001), 8.
3) John Gray, *False Dawn: The Delusions of Global Capitalism*(New York: New Press,

2000), 3, 141.

4) Robert Skidelsky, "What's Wrong with Global Capitalism?" *Times Literary Supplement*(March 27, 1998).

5) Michael Gordon, "Right-of-Center Defense Groups—The Pendulum Has Swung Their Way," *National Journal*(January 24, 1981): 128.

6) Edward N. Luttwak, *Turbo-Capitalism: Winners and Losers in the Global Economy*(New York: Harper Perennial, 2000), 15, 193, 195.

7) Kim Phillips-Fein, "Laissez-Faire No More," *In These Times*(July 11, 1999): 19.

8) Isaiah Berlin, "Joseph de Maistre on the Origins of Modern Fascism," *The Crooked Timber of Humanity: Chapters in the History of Ideas*, ed. Henry Hardy(New York: Vintage, 1992), 126.

9) John Gray, "After Social Democracy," *Endgames: Questions in Late Modern Political Thought*(Cambridge, U.K. : Polity, 1997), 23-24.

10) Hugo Young, *One of Us: A Biography of Margaret Thatcher*(London: Pan Books, 1989, 1991), 209.

11) John Gray, *Hayek on Liberty*(New York: Routledge, 1984, 1998), 2.

12) John Gray, *Liberalism*(Minneapolis: University of Minnesota Press, 1995), 38.

13) John Gray, "Hayek as a Conservative," *Post-Liberalism: Studies in Political Thought*(New York: Routledge, 1996), 33.

14) Gray, *Hayek on Liberty*, 37.

15) Ibid., 14, 37-38.

16) John Gray, "Limited Government: A Positive Agenda," *Beyond the New Right: Markets, Government, and the Common Environment*(New York: Routledge, 1995), 15.

17) Gray, *False Dawn*, 2, 111, 119.

18) Ibid., 2.

19) Ibid., 3, 17, 37, 35, 215.

20) Irving Kristol, *Two Cheers for Capitalism*(New York: Signet, 1979), x.

21) Mary Battiata, "Places of Honor," *Washington Post*, November 15, 1980, F1.

22) *Los Angeles Times*, July 20, 1986, 1.

23) Edward Luttwak, *The Pentagon and the Art of War*(New York: Simon and Schuster, 1985), 33-34.

24) Ibid., 134-135.

25) Ibid., 138-139; *Washington Quarterly*(Autumn 1982): 6-7.
26) Luttwak, *Pentagon and the Art of War*, 138, 140, 143-144; *Forbes*(May 26, 1980), 4.
27) Luttwak, *Turbo-Capitalism*, ix.

6. 소수자 우대 정책의 응석받이

1) Joan Biskupic, *American Original: The Life and Constitution of Supreme Court Justice Antonin Scalia*(New York: Farrar, Straus and Giroux, 2009), 340.
2) *Nixon v. Missouri Municipal League*, 541 U.S. 125, 141-142 (2004)(스칼리아, 동의).
3) *Hamdi v. Rumsfeld*, 542 U.S. 507, 576(2004)(스칼리아, 반대).
4) Biskupic, *American Original*, 282.
5) Mark Tushnet, *A Court Divided*(New York: Norton, 2005), 149에서 인용.
6) Biskupic, *American Original*, 7, 11, 14, 346.
7) Ibid., 17, 19, 21, 25.
8) Ibid., 23, 40-41, 73.
9) Ibid., 41.
10) Ibid., 66-67.
11) Antonin Scalia, *A Matter of Interpretation: Federal Courts and the Law*(Princeton, N.J.: Princeton University Press, 1997), 23, 145.
12. Ibid., 23.
13) Ibid., 46.
14) 가톨릭 대학(Catholic University)에서의 발언들(1996년 10월 18일), http://www.joink.com/homes/users/ninoville/cua10-18-96.asp, 2011년 4월 8일에 접속; Scalia, *A Matter of Interpretation*, 47, 149.
15) Scalia, *A Matter of Interpretation*, 14.
16) Robert H. Bork, *The Tempting of America*(New York: Simon and Schuster, 1990), 133, 188.
17) Biskupic, *American Original*, 25, 209, 211.
18) *PGA TOUR, Inc. v. Casey Martin*, 532 U.S. 661(2001)(스칼리아, 반대).
19) Alexis de Tocqueville, *Democracy in America*(New York: Harper, 1969), 150.
20) *Lawrence v. Texas*, 539 U.S. 568, 590(2003)(스칼리아, 반대).
21) Biskupic, *American Original*, 189.
22) *Board of County Commissioners, Wabaunsee County, Kansas v. Umbehr*, 518 U.S. 668,

711(1996)(스칼리아, 반대).
23) http://www.nytimes.com/2003/06/29/opinion/29DOWD.html?pagewanted=1, 2011년 4월 8일에 접속.
24) Biskupic, *American Original*, 362.
25) William J. Brennan, "Speech to the Text and Teaching Symposium," *Originalism: A Quarter-Century of Debate*, ed. Steven Calabresi(Washington, D.C.: Regnery, 2007), 59, 61.
26) Scalia, *A Matter of Interpretation*, 67.
27) *Citizens United v. Federal Election Commission*, 558 U.S. 201, 209, 212(2010)(스티븐스, 반대).
28) Biskupic, *American Original*, 9, 134, 196.
29) *Scalia Dissents: Writings of the Supreme Court's Wittiest, Most Outspoken Justice*, ed. Kevin A. Ring(Washington, D.C.: Regnery, 2004), 9.
30) http://www.law.yale.edu/news/5658.htm, 2011년 4월 8일에 접속.
31) Biskupic, *American Original*, 8.
32) Jeffrey Toobin, *The Nine: Inside the Secret World of the Supreme Court*(New York: Random House, 2008), 65.
33) Tara Trask and Ryan Malphurs, "'Don't Poke Scalia!' Lessons for Trial Lawyers from the Nation's Highest Court," *Jury Expert* 21(November 2009): 46.

7. 색상별 학살작전

1) Daniel Wilkinson, *Silence on the Mountain: Stories of Terror, Betrayal, and Forgetting in Guatemala*(Boston: Houghton Mifflin, 2002), 327-328.
2) Greg Grandin, *The Last Colonial Massacre: Latin America in the Cold War*(Chicago: University of Chicago Press, 2004), 5, 12, 100.
3) Ibid., 16.
4) Ibid., vi.
5) Ibid., 5, 26, 27, 32, 39.
6) Ibid., 5, 9, 47, 59, 90.
7) Wilkinson, *Silence on the Mountain,* 165; Grandin, *Last Colonial Massacre*, 54.
8) Grandin, *Last Colonial Massacre*, 57, 80, 106, 108, 120.
9) Ibid., 80.

10) Ibid., 75, 77, 189-191.
11) Ibid., 1-3, 148.
12) Ibid., 190-191.

8. 제국의 추억

1) Corey Robin, "The Ex-Cons: Right-Wing Thinkers Go Left!," *Lingua Franca* (February 2001): 32-33; 어빙 크리스톨, 저자와의 인터뷰(Washington, D.C., August 31, 2000).
2) Ron Suskind, "Faith, Certainty and the Presidency of George W. Bush," *New York Times Magazine*, October 17, 2004.
3) Frank Rich, "The Day before Tuesday," *New York Times*, September 15, 2001, A23; Maureen Dowd, "From Botox to Botulism," *New York Times*, September 26, 2001, A19; David Brooks, "The Age of Conflict: Politics and Culture after September 11," *Weekly Standard*, November 7, 2001.
4) Francis Fukuyama, "Francis Fukuyama Says Tuesday's Attack Marks the End of 'America's Exceptionalism,'" *Financial Times*, September 15, 2001, 1; Nicholas Lemann, "The Next World Order," *New Yorker*, April 1, 2002, 48; David Brooks, "Facing Up to Our Fears," *Newsweek*, October 22, 2001.
5) Andrew Sullivan, "High Impact: The Dumb Idea of September 11," *New York Times Magazine*, December 9, 2001; George Packer, "Recapturing the Flag," *New York Times Magazine*, September 30, 2001, 15-16; Brooks, "Facing Up to Our Fears"; Brooks, "The Age of Conflict."
6) Brooks, "Facing Up to Our Fears."
7) Ibid.
8) 9·11 사태 때, 정부와 복지국가에 대한 신뢰에 대해서는 다음을 보라. Jacob Weisberg, "Feds Up," *New York Times Magazine*, October 21, 2001, 21-22; Michael Kelly, "The Left's Great Divide," *Washington Post*, November 7, 2001, A29; Robert Putnam, "Bowling Together," *American Prospect*, January 23, 2002; Bernard Weinraub, "The Moods They Are a'Changing in Films," *New York Times*, October 10, 2001, E1; Nina Bernstein, "On Pier 94, a Welfare State That Works, and Possible Models for the Future," *New York Times*, September 6, 2001, B8; Michael Kazin, "The Nation: After the Attacks, Which Side Is the Left On?" *New*

York Times, October 7, 2001, section 4, 4; Katrina vanden Heuvel and Joel Rogers, "What's Left? A New Life for Progressivism," *Los Angeles Times*, November 25, 2001, M2; Michael Kelly, "A Renaissance of Liberalism," *Atlantic Monthly*, January 2002, 18-19. 9·11 사태와 문화전쟁에 대해서는 다음을 보라. Richard Posner, "Strong Fiber after All," *Atlantic Monthly*(January 2002): 22-23; Rick Lyman, "At Least for the Moment, a Cooling of the Culture Wars," *New York Times*, November 13, 2001, E1; Maureen Dowd, "Hunks and Brutes," *New York Times*, November 28, 2001, A25; Richard Posner, "Reflections on an America Transformed," *New York Times*, September 8, 2002, Week in Review, 15. 9·11 사태 때, 양당주의와 새로운 대통령 직무에 대해서는 다음을 보라. "George Bush, G.O.P. Moderate," *New York Times*, September 29, 2001, A18; Maureen Dowd, "Autumn of Fears," *New York Times*, November 23, 2001, Week in Review, 17; Richard L. Berke, "Bush 'Is My Commander,' Gore Declares in Call for Unity," *New York Times*, September 30, 2001, A29; Frank Bruni, "For President, a Mission and a Role in History," *New York Times*, September 21, 2001, A1; "Politics Is Adjourned," *New York Times*, September 20, 2001, A30; Adam Clymer, "Disaster Forges a Spirit of Cooperation in a Usually Contentious Congress," *New York Times*, September 20, 2001, B3. 이런 다양한 주제들에 대한 일반적인 진술은 다음을 보라. "In for the Long Haul," *New York Times*, September 16, 2001, Week in Review, 10.

9) Judy Keen, "Same President, Different Man in Oval Office," *USA Today*, October 29, 2001, 6A; Christopher Hitchens, "Images in a Rearview Mirror," *The Nation* (December 3, 2001): 9.

10) Lemann, "Next World Order," 44; Joseph S. Nye Jr., *The Paradox of American Power: Why the World's Only Superpower Can't Go It Alone*(New York: Oxford University Press, 2002), 168; Brooks, "The Age of Conflict."

11) George Steiner, *In Bluebeard's Castle: Some Notes toward the Redefinition of Culture*(New Haven, Conn.: Yale University Press, 1971), 11.

12) Donald Kagan and Frederick W. Kagan, *While America Sleeps: Self-Delusion, Military Weakness, and the Threat to Peace Today*(New York: St. Martin's Press, 2000), 294에 인용된 딕 체니의 말; Condoleezza Rice, "Promoting the National Interest," *Foreign Affairs*(June 2000): 45; Nye, *Paradox of American Power*, 139.

13) *The Clinton Foreign Policy Reader: Presidential Speeches with Commentary*, ed. Alvin

Z. Rubinstein, Albina Shayevich, and Boris Zlotnikov(Armonk, N.Y.: M. E. Sharpe, 2000), 9, 20, 22-23. 클린턴은 수년간 군비를 축소한 후, 두 번째 임기 때는 꾸준히 군비를 늘렸다는 점이 지적되어야 한다. 1998년에서 2000년 사이에 군비는 2,590억 달러에서 3,010억 달러로 증가했다. 이런 증가는 미국이 직면한 위험들에 대한 재평가와 시기가 맞물린다. 클린턴은 임기 말에 테러리즘과 불량 국가들의 위협에 대해 더 강도 높게 경고하기 시작했다. *Clinton Foreign Policy Reader*, 36-42; Paul-Marie de la Gorce, "Offensive New Pentagon Defence Doctrine," *Le Monde Diplomatique*, March 2002를 보라.

14) David Halberstam, *War in a Time of Peace*(New York: Scribner, 2001), 22-23, 110-113, 152-153, 160-163, 193, 242.

15) Nye, *Paradox of American Power*, 8-11, 110. 클린턴은 때때로 냉전에 그렇게 많은 돈을 쏟아 부은 것이 낭비까지는 아니더라도 국가의 중요한 자원에 불필요한 부담을 주는 것이었다고 말하기를 서슴지 않았다. 그는 1993년 아메리칸 대학에서 행한 연설에서 "냉전은 소모적인 시기였다. 우리는 수조 달러를 퍼부었는데, 그것은 우리의 많은 미래지향적 지도자들이 필요하다고 생각하는 것보다 훨씬 많은 돈이었다"고 말했다. *Clinton Foreign Policy Reader*, 9.

16) Brooks, "The Age of Conflict"; Robert D. Kaplan, *The Coming Anarchy: Shattering the Dreams of the Post Cold War*(New York: Vintage, 2000), 23-24, 89. 또한 Francis Fukuyama, *The End of History and the Last Man*(New York: Harper Collins, 1992, 2002), 304-305, 311-312을 보라.

17) Robert Putnam, *Bowling Alone: The Collapse and Revival of American Community*(New York: Simon & Schuster, 2000); Dinesh D'Souza, *The Virtue of Prosperity: Finding Values in an Age of Techno-Affluence*(New York: Simon & Schuster, 2000); John B. Judis, *The Paradox of American Democracy: Elites, Special Interests, and the Betrayal of the Public Trust*(New York: Pantheon, 2000); Kagan and Kagan, *While America Sleeps*.

18) 클린턴 행정부의 다자주의와 일방주의의 이슈에 대한 많은 선언들은 조지 W. 부시 행정부의 그것과 상당히 유사하게 들린다. 1993년 유엔 연설에서 클린턴은 "우리는 유엔과 같은 다자기구를 통해 기꺼이 다른 나라들과 협력할 것이다. 그것은 우리의 국익에도 도움이 된다. 그렇지만 우리는 우리, 또는 우리 동맹국의 핵심적 이익에 대한 위협이 있을 경우 지체 없이 독자적인 행동을 취할 것이다"라고 말했다. 그해 앤터니 레이크는 "우리는 우리 이익에 도움이 되는 곳에서는 다자간의 협

력 행위를 할 것이고, 우리의 목표를 추구하는 곳에서는 일방적 행동을 할 것이다"라고 선언했다. 1994년 클린턴은 미국이 다자간의 결정과 사업에 "영향력을 갖기"를 추구한다고 확인했다. 1995년 그는 "우리는 할 수 있을 때 다른 나라와 협력할 것이다. 그렇지만 필요할 때는 혼자 행동한다"고 선언했다. 클린턴의 국방차관보 조지프 나이는 전통적인 세력균형 이론을 옹호하는 현실론자들의 조언에 반해 미국은 평화를 위한 가장 확실한 길로서 독점적 군사력을 유지해야 한다고 주장해왔다. 현실주의자와 인도주의자, 국제주의자와 고립주의자 간의 논쟁에서 클린턴 행정부에 비판적이었던 많은 네오콘들은 사실은 클린턴 정부만큼이나 인도주의와 국제주의적 개입의 입장을 보이고 있었다. *Clinton Foreign Policy Reader*, 6, 16-17, 26, 28; Nye, *Paradox of American Power*, 15; Robert Kagan and William Kristol, "The Present Danger," *National Interest*(Spring 2000); "Paul Wolfowitz, Velociraptor," *The Economist*(February 9, 2002); Lemann, "Next World Order," 42; Robert Kagan, "Fightin' Democrats," *Washington Post*, March 10, 2002.

19) Kagan and Kagan, *While America Sleeps*, 1-2, 4; Kaplan, *Coming Anarchy*, 157, 172, 176.

20) Brooks, "Age of Conflict"; Steven Mufson, "The Way Bush Sees the World," *Washington Post*, February 17, 2002, B1: "Paul Wolfowitz, Velociraptor."

21) Lemann, "Next World Order," 43, 47-48; Seymour M. Hersh, "The Iraq Hawks," *New Yorker*(December 24 and 31, 2001), 61; Kagan, "Fightin' Democrats"; Kagan and Kagan, *While America Sleeps*, 293, 295.

22) Emily Eakin, "All Roads Lead to D.C.," *New York Times*, March 31, 2002, Week in Review, 4; Lemann, "Next World Order," 44. 또한 Alexander Stille, "What Is America's Place in the World Now?" *New York Times*, January 12, 2002, B7 을 보라; Michael Ignatieff, "The American Empire(Get Used to It)," *New York Times Magazine*, January 5, 2003, 22ff; Bill Keller, "The I-Can't-Believe-I'm-a-Hawk Club," *New York Times*, February 8, 2003, A17; Lawrence Kaplan, "Regime Change," *New Republic*(March 3, 2003).

23) Lemann, "Next World Order," 43-44; Hersh, "The Iraq Hawks," 61; George W. Bush, "State of the Union Address," *New York Times*, January 30, 2002, A22: Mufson, "Way Bush Sees the World," B1.

24) Eric Schmitt and Steve Lee Myers, "U.S. Steps Up Air Attack, While Defending Results of Campaign," *New York Times*, October 26, 2001, B1; Susan Sachs, "U.S.

Appears to Be Losing Public Relations War So Far," *New York Times*, October 28, 2001, B8; Warren Hoge, "Public Apprehension Felt in Europe over the Goals of Afghanistan Bombings," *New York Times*, November 1, 2001, B2; Dana Canedy, "Vietnam-Era G.I.'s Watch New War Warily," *New York Times*, November 12, 2001, B9.

25) Robin Wright, "Urgent Calls for Peace in Mideast Ring Hollow as Prospects Dwindle," *Los Angeles Times*, March 31, 2002.

26) Ibid.

27) David E. Rosenbaum, "Senate Deletes Higher Mileage Standard in Energy Bill," *New York Times*, March 14, 2002, A28.

28) Diana B. Henriques and David Barstow, "Victim's Fund Likely to Pay Average of $1.6 Million Each," *New York Times*, December 21, 2001, A1. 뛰어난 평론으로는 다음을 보라. Eve Weinbaum and Max Page, "Compensate All 9/11 Families Equally," *Christian Science Monitor*, January 4, 2002, 11.

29) Tim Jones, "Military Sees No Rush to Enlist," *Chicago Tribune*, March 24, 2002; David W. Chen, "Armed Forces Stress Careers, Not Current War," *New York Times*, October 20, 2001, B10.

30) Andrew Gumbel, "Pentagon Targets Latinos and Mexicans to Man the Front Lines in War on Terror," *The Independent*, September 10, 2003.

31) R. W. Apple Jr., "Nature of Foe Is Obstacle in Appealing for Sacrifice," *New York Times*, October 15, 2001, B2; Frank Rich, "War Is Heck," *New York Times*, November 10, 2001, A23; Alison Mitchell, "After Asking for Volunteers, Government Tries to Determine What They Will Do," *New York Times*, November 10, 2001, B7. 또한 다음을 보라. Michael Lipsky, "The War at Home: Wartime Used to Entail National Unity and Sacrifice," *American Prospect*, January 28, 2002, 15-16.

32) *The NewsHour*, October 29, 2001, http://www.pbs.org/newshour/bb/white_house/july-dec01/historians_10-29.html, 2011년 4월 8일에 접속.

33) Elisabeth Bumiller, "Bush Asks Volunteers to Join Fight on Terrorism," *New York Times*, January 31, 2002, A20; Mitchell, "After Asking for Volunteers," B7. 또한 David Brooks, "Love the Service Around Here," *New York Times Magazine*, November 25, 2001, 34을 보라.

34) 정부의 권력에 대한 기업의 이런 기권적 태도는 흔히 미국 기업의 강한 압력이 있

었을 것이라고 여겨지는 경우들—첫 번째 걸프전이나 북미자유무역협정—에도 적용된다. 걸프전과 북미자유무역협정은 정치 관료들, 특히 아버지 부시 대통령이 직접 나서서 소극적이었던 기업가와 군 장성들을 설득하면서 밀어붙였다는 것이 정설이다. John R. MacArthur, *The Selling of "Free Trade": NAFTA, Washington, and the Subversion of American Democracy*(Berkeley: University of California Press, 2000), 137, 170, 174-175, 194; Halberstam, *Peace in Time of War*, 69-70; Kagan and Kagan, *While America Sleeps*, 244-250.

35) Thomas Friedman, *The Lexus and the Olive Tree: Understanding Globalization*(New York: Farrar, Straus, Giroux, 1999), 373.

9. 사내답기

1) 1943년 10월 4일 포젠에서 히틀러는 고위 SS장교들에게 "우리는 도덕적 권리가 있다. 우리는 우리 국민들에 대해, 우리를 죽이려고 하는 이 사람들을 죽일 의무가 있다"라고 선언했다. *The Nazi Germany Sourcebook: An Anthology of Texts*, ed. Roderick Stackelberg and Sally A. Winkle(New York: Routledge, 2002), 370. 또한 J. Arch Getty and Oleg V. Naumov, *The Road to Terror: Stalin and the Self-Destruction of the Bolsheviks, 1932-1939*(New Haven, Conn.: Yale University Press, 1999); Christopher R. Browning, *The Origins of the Final Solution: The Evolution of Nazi Jewish Policy, September 1939-March 1942*(Lincoln: University of Nebraska Press/Jerusalem: Yad Vashem, 2004).

2) Seymour M. Hersh, *Chain of Command: The Road from 9·11 to Abu Ghraib*(New York: Harper Collins, 2004), 38-39; Jane Mayer, *The Dark Side: The Inside Story of How the War on Terror Turned into a War on American Ideals*(New York: Doubleday, 2008), 167-168.

3) Joseph S. Nye Jr., *The Paradox of American Power: Why the World's Only Super-power Can't Go It Alone*(New York: Oxford University Press, 2002), 159, 163.

4) Nye, *Paradox of American Power*, 135, 139.

5) Michael Walzer, *Arguing about War*(New Haven, Conn.: Yale University Press, 2004), 33, 43.

6) Otto Kirchheimer, *Political Justice: The Use of Legal Procedure for Political Ends*(Princeton, N.J.: Princeton University Press, 1961), 29에서 인용.

7) *United States v. Dennis et al. v. United States*, 183 F.2d 212(1950).

8) *The Works of Francis Bacon*, vol. 2(Philadelphia: A. Hart, 1850), 205에 재수록된, Francis Bacon, *Considerations Touching a War with Spain*.
9) *Nazi Germany Sourcebook*, 295에 수록된 아돌프 히틀러가 그의 1923년 맥주홀 폭동을 기념하는 연설(November 8, 1942).
10) Hersh, *Chain of Command*, 231.
11) http://frwebgate.access.gpo.gov/cgi-bin/getdoc.cgi?dbname=2003_presidential_documents&docid=pd03fe03_txt-6, 2011년 4월 8일에 접속.
12) http://www.pbs.org/wgbh/pages/frontline/shows/wmd/etc/script.html, 2011년 4월 8일에 접속.
13) Edmund Burke, *Reflections on the Revolution in France*, ed. J. C. D. Clark(Stanford, Calif.: Stanford University Press, 2001), 154.
14) Walzer, *Arguing about War*, 88, 155, 160.
15) Ibid., 53.
16) Avi Shlaim, *The Iron Wall: Israel and the Arab World*(New York: Norton, 2001), 501에서 인용.
17) Robert O. Paxton, *The Anatomy of Fascism*(New York: Knopf, 2004), 156에서 인용.
18) Thomas Carlyle, "Signs of the Times," *A Carlyle Reader*, ed. G. B. Tennyson(New York: Cambridge University Press, 1984), 34; Roger Boesche, *The Strange Liberalism of Alexis de Tocqueville*(Ithaca, N.Y.: Cornell University Press, 1987), 84에서 인용된 샤토브리앙.
19) Hersh, *Chain of Command*, 16, 209, 220, 267; David Brooks, "The Art of Intelligence," *New York Times*, April 2, 2005.
20) Hersh, *Chain of Command*, 13, 17, 62, 265, 271. 추가적인 예로는 Mayer, *Dark Side*, 36, 41-43, 69, 80, 124-125, 132, 161, 241를 보라.
21) Hersh, *Chain of Command*, 40; Christian Parenti, *The Freedom: Shadows and Hallucinations in Occupied Iraq*(New York: New Press, 2005), 141.
22) Jean Bethke Elshtain, "Reflections on the Problem of 'Dirty Hands,'" *Torture*, ed. Sanford Levinson(New York: Oxford University Press, 2004), 79.
23) Elshtain, "Reflections on the Problem," 80, 85-86; Hersh, 22; Mark Danner, *Torture and Truth: America, Abu Ghraib, and the War on Terror*(New York: New York Review Books, 2004), 4, 6, 13, 240, 248, 262, 292, 514, 538.
24) 『고문』의 편집자 샌퍼드 레빈슨은 엘시테인의 논문을 포함해 책에 수록된 모든 논

문들은 아부그라이브 사건이 밝혀지기 전에 작성된 것이라고 쓰고 있다. 그는 "많은 저자들이 주장의 일부를 다시 쓰고 싶어 할 것이 틀림없다"고 썼지만, 아무도 그렇게 하지 않았다. 그는 또한 "냉엄한 사실은 생각보다 필요한 정정이 훨씬 적을 것이다"라고 지적했다. 7년이 지난 지금, 나는 아직 엘시테인이 논문을 고쳤다거나 철회했다는 증거를 발견하지 못했다. Levinson, "Acknowledgments," *Torture*, 20.

25) Levinson, "Contemplating Torture," *Torture*, 37.

26) Elshtain, "Reflections on the Problem," 83, 86.

27) Michael Walzer, "Political Action: The Problem of Dirty Hands," *Torture*, 62-63; Walzer, *Arguing about War*, 45.

28) Isaiah Berlin, "The Counter-Enlightenment," *Against the Current: Essays in the History of Ideas*(Princeton, N.J.: Princeton University Press, 2001), 3.

29) Elshtain, "Reflections on the Problem," 83-84.

30) Isaiah Berlin, "The Apotheosis of the Romantic Will," *The Crooked Timber of Humanity*(New York: Vintage, 1992), 229.

31) Elshtain, "Reflections on the Problem," 87.

32) Levinson, "Contemplating Torture," 23, 38; Henry Shue, "Torture," *Torture*, 58; Walzer, "Political Action," 72.

33) Machiavelli, letter to Vettori(April 16, 1527), *The Letters of Machiavelli*, ed. Allan Gilbert(New York: Capricorn, 1961), 249.

10. 포토맥 피버

1) David K. Johnson, *The Lavender Scare: The Cold War Persecution of Gays and Lesbians in the Federal Government*(Chicago: University of Chicago Press, 2004), 2, 19, 55, 138.

2) Ibid., 1, 4-5, 102-103, 114.

3) Ibid., 9-10, 108-109.

4) Ibid., 16, 31-37.

5) 아론 벨킨과 나눈 사적인 대화, 2010년 12월 10일.

6) Johnson, *Lavender Scare*, 70-72.

7) Ibid., 72.

8) John Stuart Mill, *Utilitarianism*(New York: New American Library, 1974), 310. 또한 John Dunn, "Political Obligation," *The History of Political Theory and Other Essays*(New York: Cambridge University Press, 1996), 66-90을 보라; Bernard

Williams, *In the Beginning Was the Deed: Realism and Moralism in Political Argument*, ed. Geoffrey Hawthorn(Princeton, N.J.: Princeton University Press, 2005), 3. 밀은 국가나 민족의 안보라기보다는 개인들의 안녕을 말하고 있었다. 그렇지만 개인적 안녕에 관한 그의 주장은 종종 개인들의 확장판이라고 여겨지는 국가나 민족 차원으로까지 확대되었다. Michael Walzer, *Just and Unjust Wars: A Moral Argument with Historical Illustrations*(New York: Basic Books, 1992, 1977), 51-73, 74-108; Barry Buzan, *People, States and Fear: The National Security Problem in International Relations*(Chapel Hill: University of North Carolina Press, 1983), 18-35; Richard Tuck, *The Rights of War and Peace: Political Thought and the International Order from Grotius to Kant*(New York: Oxford University Press, 1999).

9) Arnold Wolfers, "National Security as an Ambiguous Symbol," *Political Science Quarterly* 67(December 1952): 481.

10) David Cole and James. X. Dempsey, *Terrorism and the Constitution: Sacrificing Civil Liberties in the Name of National Security*(New York: New Press, 2002, 2006), x, 210. 또한 Jane Mayer, *The Dark Side: The Inside Story of How the War on Terror Turned into a War on American Ideals*(New York: Doubleday, 2008), 16-17, 34-36을 보라.

11) John Solomon, "Bureaucracy Impedes Bomb Detection Work," Associated Press, August 12, 2006.

12) Cole and Dempsey, *Terrorism*, 177-178, 234. 또한 Mayer, *Dark Side*, 12-13, 105-106, 116, 119, 156, 166, 177을 보라.

13) Nancy V. Baker, *General Ashcroft: Attorney at War*(Lawrence: University Press of Kansas, 2006), 5, 8, 36, 45, 54.

14) Baker, *General Ashcroft*, 67, 82, 106, 108.

15) Mayer, *Dark Side*, 34, 41, 47, 52, 55-67.

16) Ibid., 42-56.

17) Ibid., 42-56.

18) Ibid., 55, 90.

19) Baker, *General Ashcroft*, 67.

20) Georg Lukács, *The Historical Novel*(Boston: Beacon, 1962), 22-23.

21) James Risen, *State of War: The Secret History of the CIA and the Bush Administration* (New York: Free Press, 2006), 39, 44.

22) Ibid., 50-52.

23) http://thinkprogress.org/cheney-teleconference, 2011년 4월 8일에 접속.
24) http://frwebgate.access.gpo.gov/cgi-bin/getdoc.cgi?dbname=107_cong_public_laws&docid=f:publ056.107.pdf, 2011년 4월 8일에 접속.
25) Nancy Chang, *Silencing Political Dissent: How Post-September 11 Anti-Terrorism Measures Threaten Our Civil Liberties*(New York: Seven Stories Press, 2002), 44-45.
26) http://www.leg.state.or.us/03reg/pdf/SB742.pdf, 2011년 4월 8일에 접속.
27) Randal C. Archibold, "Protesters Try to Get in Last Word before Curtain Falls," *New York Times*, September 3, 2004.
28) *American Communications Assn. v. Douds, 339* U.S. 382(1950).
29) Corey Robin, *Fear: The History of a Political Idea*(New York: Oxford University Press, 2004), 190.
30) Ibid.
31) Ralph S. Brown Jr., *Loyalty and Security: Employment Tests in the United States*(New Haven, Conn.: Yale University Press, 1958), 181; Griffin Fariello, *Red Scare: Memories of the American Inquisition*(New York: Avon, 1995), 43.
32) Gary Younge, "Between a Crisis and a Panic," *Guardian*, March 21, 2005.
33) Eric Boehlert, *Lapdogs: How the Press Rolled Over for Bush*(New York: Free Press, 2006), 17.
34) Ibid., 210-211, 268, 278-279.
35) Cole and Dempsey, *Terrorism*, 221-222.
36) David Cole, *No Equal Justice: Race and Class in the American Criminal Justice System* (New York: New Press, 1999), 7.
37) David Cole, *Enemy Aliens: Double Standards and Constitutional Freedoms in the War on Terrorism*(New York: New Press, 2003), 4-5.
38) Ibid., 6, 18.
39) Ibid., 91-101.
40) John Locke, *A Letter Concerning Toleration*, ed. James H. Tully(Indianapolis: Hackett, 1983), 46; *On Liberty and Other Writings*, ed. Stefan Collini(New York: Cambridge University Press, 1989), 13에 재수록된 J. S. Mill, *On Liberty*; *Schenck v. United States*, 249 U.S. 47(1919).
41) Patrick Devlin, *The Enforcement of Morals*(London: Oxford University Press, 1965), 3, 9, 13-14.

42) Nicola Lacey, *A Life of H. L. A. Hart: The Nightmare and the Noble Dream*(New York: Oxford University Press, 2004), 220-221.

11. 강경하기는 쉽다

1) Jim Sidanius, Michael Mitchell, Hillary Haley, and Carlos David Navarrete, "Support for Harsh Criminal Sanctions and Social Dominance Beliefs," *Social Justice Research* 19(December 2006): 440; Tom Pyszczynski, Abdolhossein Abdollahi, Sheldon Solomon, Jeff Greenberg, Florette Cohen, and David Weise, "Mortality Salience, Martyrdom, and Military Might: The Great Satan Versus the Axis of Evil," *Personality and Social Psychology Bulletin* 32(April 2006): 525-537; http://www.gallup.com/poll/101863/Sixtynine-Percent-Americans-Support-Death-Penalty.aspx, 2011년 4월 5일에 접속; http://pewforum.org/Politics-and-Elections/The-Torture-Debate-A-Closer-Look.aspx, 2011년 4월 5일에 접속; http://www.sourcewatch.org/index.php?title=McCain_Amendment_No._1977, 2011년 4월 5일에 접속; Sean Olson, "Senate Approves Abolishment of Death Penalty," *Albuquerque Journal*(March 13, 2009). 이 인용처를 제공해준 하상응 박사에게 감사한다.

2) Andrew Sullivan, *The Conservative Soul: Fundamentalism, Freedom, and the Future of the Right*(New York: Harper Perennial, 2006), 276-277.

3) Francis Fukuyama, *The End of History and the Last Man*(New York: Harper Collins, 1992), xxiii, 147, 150-151, 255-256, 318, 329.

4) 이 표현은 1962년 맥아더가 웨스트포인트에서 한 연설 중에 나온 것이며, 그는 그것이 플라톤의 말이라고 했다. 그렇지만 플라톤의 저서에서 아직 그런 표현을 발견한 학자는 없다. 그렇지만 그 표현(그리고 플라톤의 말이라고 주장하는 것)은 런던의 제국전쟁박물관 벽에 새겨져 있으며, 2001년 리들리 스콧 감독의 〈블랙호크다운〉이라는 영화에도 나온다. 가장 유력한 출처는 조지 산타야나(George Santayana)의 『영국에서의 독백*Soliloquies in England*』(New York: Scribner's, 1924), 102이다. 베르나르 쉬잔(Bernard Suzanne)의 탁월하고 빈틈없는 논의를 보라. http://plato-dialogues.org/faq/faq008.htm#note1, 2011년 4월 8일에 접속.

5) *Selections from Treitschke's Lectures on Politics*, trans. Adam L. Gowans(New York: Frederick A. Stokes, 1914), 24-25.

6) Edmund Burke, *A Philosophical Enquiry into the Origin of Our Ideas of the Sublime and the Beautiful*, ed. David Womersley(New York: Penguin, 1998, 2004), 79.

7) Ibid., 82.
8) Ibid., 88.
9) Ibid., 96.
10) Ibid., 164.
11) Ibid., 177-178.
12) Michael Oakeshott, "On Being Conservative," *Rationalism in Politics and Other Essays*(Indianapolis: Liberty Press, 1962), 408. 또한 Walter Bagehot, "Intellectual Conservatism," *The Portable Conservative Reader*, ed. Russell Kirk(New York: Penguin, 1982), 239-241을 보라; Russell Kirk, "What Is Conservatism?", *The Essential Russell Kirk*, ed. George A. Panichas(Wilmington, Del.: ISI Books, 2007), 7; Roger Scruton, *The Meaning of Conservatism*(London: Macmillan, 1980, 1984), 21-22, 40-43; Robert Nisbet, *Conservatism*(Minneapolis: University of Minnesota Press, 1986), 26-27.
13) 로널드 레이건의 첫 대통령 취임연설과 1981년 4월 28일 상하양원합동회의 전에 했던 연설, *Conservatism in America since 1930*, ed. Gregory L. Schneider(New York: New York University Press, 2003), 343, 344, 351, 352.
14) 배리 골드워터가 1964년 공화당 전당대회에서 했던 수락연설(1964년 7월 16일), *Conservatism in America*, 238-239.
15) Hugo Young, *One of Us*(London: Macmillan, 1989, 1991), 224.
16) William Manchester, *The Last Lion: Winston Spencer Churchill: Visions of Glory 1874-1932*(Boston: Little, Brown, 1982), 222-231.
17) Winston Churchill, *My Early Life: 1874-1904*(New York: Scribner, 1996), 77.
18) Burke, *Sublime and the Beautiful*, 177.
19) Ibid., 86.
20) Ibid., 101, 106, 108, 111.
21) Ibid., 96, 123.
22) Ibid., 121.
23) *Rousseau's Political Writings*, ed. Alan Ritter and Julia Conaway Bondanella(New York: Norton, 1988), 54에 재수록된, Jean-Jacques Rousseau, *Discourse on the Origin and Foundations of Inequality among Men*.
24) *The Political Writings of John Adams*(Indianapolis: Hackett, 2003), 176에 재수록된, John Adams, *Discourses on Davila*.

25) Ibid., 183-184.
26) Burke, *Sublime and the Beautiful*, 108.
27) Ibid., 109.
28) Ibid.
29) Burke, *Reflections on the Revolution in France*, ed. J. C. D. Clark(Stanford, Calif.: Stanford University Press, 2001), 207-208, 275.
30) Burke, *Letters on a Regicide Peace*, ed. E. J. Payne(Indianapolis: Liberty Fund, 1999), 157.
31) Joseph de Maistre, *Considerations on France*, trans. and ed. Richard A. Lebrun(New York: Cambridge University Press, 1974, 1994), 4, 9-10, 13-14, 16-18, 100.
32) Ibid., 17. 다른 예로는 *Joseph de Maistre's Life, Thought, and Influence: Selected Studies*, ed. Richard A. Lebrun(Montreal: McGill-Queen's University Press, 2001), 16, 19-20, 52에 수록된 Jean-Louis Darcel, "The Roads of Exile, 1792-1817"과 Darcel, "Joseph de Maistre and the House of Savoy: Some Aspects of His Career"를 보라.
33) Edmund Burke, *On Empire, Liberty, and Reform: Speeches and Letters*, ed. David Bromwich(New Haven, Conn.: Yale University Press, 2000), 10에 수록된 데이비드 브롬위치의 서문을 비교하라; Jan-Werner Müller, "Comprehending Conservatism: A New Framework for Analysis," *Journal of Political Ideologies* 11(October 2006): 360.
34) Georges Sorel, *Reflections on Violence*, ed. Jeremy Jennings(New York: Cambridge University Press, 1999), 61-63, 72, 75-76.
35) Carl Schmitt, *The Concept of the Political*, trans. George Schwab(New Brunswick, N.J.: Rutgers University Press, 1976), 22, 48, 62-63, 65, 71-72, 74, 78.
36) Schmitt, *Concept of the Political*, 63.
37) Sorel, *Reflections on Violence*, 75.
38) 루스벨트의 해군대학 연설(1897년 6월 2일), *Theodore Roosevelt: An American Mind. Selected Writings*, ed. Mario R. DiNunzio(New York: Penguin, 1994), 175-176, 179.
39) 루스벨트의 시카고 해밀턴 클럽 연설(1899년 4월 10일)과 『자서전』, *Theodore Roosevelt*, 186, 194.
40) 루스벨트의 해군대학 연설, 174.
41) John C. Calhoun, "Speech on the Reception of Abolitionist Petitions"(February 6, 1837), *Union and Liberty: The Political Philosophy of John C. Calhoun*, ed. Ross M. Lence(Indianapolis: Liberty Fund, 1992), 476.

42) Barry Goldwater, *The Conscience of a Conservative*(Princeton, N.J.: Princeton University Press, 1960, 2007), 1.

43) Fukuyama, *End of History*, 315-318, 329; 또한 8장을 보라.

44) *Complete Poems and Major Prose*, ed. Merritt Y. Hughes(New York: Macmillan, 1957), 728에 재수록된, John Milton, *Aeropagitica*.

45) Burke, *Sublime and the Beautiful*, 145.

46) Maistre, *Considerations on France*, 14, 16, 18-19. 또한 Darcel, "The Ap prentice Years of a Counter-Revolutionary: Joseph de Maistre in Lausanne, 1793-1797," *Joseph de Maistre's Life, Thought, and Influence*, 43-44.

47) Maistre, *Considerations on France*, 77.

48) Sorel, *Reflections on Violence*, 63, 160-161.

49) William Pfaff, *The Bullet's Song: Romantic Violence and Utopia*(New York: Simon and Schuster, 2004), 97에서 인용.

50) Sorel, *Reflections on Violence*, 76-78, 85.

51) 다음은 내 책 『공포: 정치 이념의 역사*Fear: The History of a Political Idea*』(New York: Oxford University Press, 2004), 88-94에 실린 논의를 축약한 것이다. 여기서 인용된 모든 글은 그 책에서 찾아볼 수 있다.

52) Fukuyama, *End of History*, 148, 180, 304-305, 312, 314, 328-329.

53) E. M. Forster, *A Passage to India*(New York: Harcourt, 1924), 289.

54) *Theodore Roosevelt*, 30-32, 37에 재수록된 Roosevelt, *The Rough Riders*. 루스벨트의 해군대학에서의 연설도 한 예로 지적될 수 있다. 그는 수천 마디의 말로 남성다움과 군대의 응전 태세를 칭송하다가 절정에 이르러서는 별로 쓸모없어 보이는 현대적 해군의 강화를 주장했다. *Theodore Roosevelt*, 178.

55) 루스벨트의 해밀턴 클럽 연설, *Theodore Roosevelt*, 185, 188.

56) 루스벨트의 1899년 2월 링컨 클럽 연설과 해밀턴 클럽 연설, ibid., 182, 189.

57) R. J. B. Bosworth, *Mussolini*(New York: Oxford University Press, 2002), 167-169; Robert O. Paxton, *The Anatomy of Fascism*(New York: Knopf, 2004), 87-91.

58) Sam Tanenhaus, *The Death of Conservatism*(New York: Random House, 2009).

59) Seymour Hersh, *Chain of Command: The Road from 9/11 to Abu Ghraib*(New York: Harper Collins, 2004); Jane Mayer, *The Dark Side: The Inside Story of How the War on Terror Turned into a War on American Ideals*(New York: Doubleday, 2008).

60) Mayer, *Dark Side*, 69, 132, 241.

61) Ibid., 55, 120, 150, 167, 231, 301.
62) Ibid., 223.
63) Ibid.
64) Burke, *Sublime and the Beautiful*, 86, 92, 165.
65) Ibid., 104.
66) Ibid., 105.
67) Ibid., 106.
68) Burke, *Reflections*, 232, 239.

결론

1) Frank Meyer, "Freedom, Tradition, Conservatism," *In Defense of Freedom and Related Essays*(Indianapolis: Liberty Fund, 1996), 15; Roger Scruton, *The Meaning of Conservatism*(London: Macmillan, 1980, 1984), 11; Friedrich A. Hayek, *The Constitution of Liberty*(Chicago: University of Chicago Press, 1960), 7.
2) David Frum, *Comeback: Conservatism That Can Win Again*(New York: Doubleday, 2008); Ross Douthat and Reihan Salam, *Grand New Party: How Republicans Can Win the Working Class and Save the American Dream*(New York: Doubleday, 2008); Mickey Edwards, *Reclaiming Conservatism: How a Great American Political Movement Got Lost—and How It Can Find Its Way Back*(New York: Oxford University Press, 2008); John J. DiIulio Jr., *Godly Republic: A Centrist Blueprint for America's Faith-Based Future*(Berkeley: University of California Press, 2007); Michael J. Gerson, *Heroic Conservatism: Why Republicans Need to Embrace America's Ideals(and Why They Deserve to Fail if They Don't)*(New York: Harper Collins, 2007); Andrew Sullivan, *The Conservative Soul: Fundamentalism, Freedom, and the Future of the Right*(New York: Harper Perennial, 2006).
3) Sullivan, *Conservative Soul*, 9.
4) George Packer, "The Fall of Conservatism," *The New Yorker*(May 26, 2008).

| 옮긴이의 말 |

"보수주의가 무엇인지 아십니까?" 다소 뜬금없는 질문이다. 도대체 보수주의를 모를 사람이 어디 있단 말인가? 정치철만 되면 "정통보수", "중도보수", 심지어 식당 이름을 본뜬 듯한 "원조보수"까지 귀가 닳도록 들으며 살아온 대한민국 국민을 너무 낮잡아보는 것이 아닌가? 보수주의는 말 그대로 기존의 것을 지키자는 것이다! 그렇다고 막무가내로 기존 질서를 옹호하는 것이 아니라 지킬 것은 지키고, 바꿀 것은 바꾸되, 점진적으로 하자는 것이다. 이건 보수주의가 온고이지신이라는 공자님 말씀 같은 것이라는 얘기처럼 들린다. 그런데 역시 궁금해지는 것은 무엇을 지키고 무엇을 바꿀 것인지, 그리고 점진적이라는 것이 십 년일지 백 년일지 하는 문제인데, 이 대답 속에는 속 시원한 해답이 없다. 즉 이런 식의 정의는 하나마나한 얘기라는 것이다.

좋다. 더 사회과학적인 용어를 동원해보자. 보수주의는 시장경제의 가치를 존중하고 자유민주주의를 수호하자는 것이다. 이건 좀 그럴듯하게 들린다. 그리고 아마 이것이 현대에 일반적으로 통용되는 보수주의의 개념일 것이다.

그런데 재미있는 것은 보수주의의 기원이 정확히 시장경제의 가치와 자유민주주의에 대한 반발이었다는 점이다. 정치사상으로서의 보수주의는 프랑스혁명에 대한 반혁명으로 형성되었다. 주지하다시피 프랑스혁명은 자본주의의 형성과 함께 부상한 신흥 상공업계층, 즉 부르주아계급이 자유, 평등, 박애의 기치하에 주도한 정치변혁으로 봉건제사회에서 근대 시민사회로의 이행을 촉발한 역사적 사건이었다. 시장경제의 주도 세력이 부르짖는 자유민주주의에 대항한 귀족 지주들의 왕정복고의 이념적 무기가 바로 보수주의의 출발이었던 셈이다.

시대와 환경이 바뀌었으니 보수주의도 바뀌는 것이 당연하다? 2천 5백 년 전 플라톤 사상이 현대에 와서 유물론이 되는 경우는 없다. 시대에 맞지 않으면 사멸할지언정 사상의 요체가 바뀔 수는 없는 일이다. 이쯤에서 항변의 목소리가 나올 법하다. 귀족들의 보수주의와 부르주아의 보수주의는 엄연히 다른 것이라고. 정확한 지적이다. 하지만 굳이 보수주의라는 말을 똑같이 써야 하는 데는 이유가 있을 것이다. 양자 사이에는 분명 공통점이 있으며, 그 공통점이 다름 아닌 보수주의의 본질이다. 저자가 이 책에서 다루고 있는 것도 바로 그것이다.

보수주의는 시대와 환경에 따라서 다양한 모습으로 나타난다. 그리고 그것은 꼭 정치 영역에만 국한된 것도 아니며, 보수주의 세력이 일

사불란한 단일 세력으로 뭉쳤던 적도 없다. 그럼에도 불구하고 보수주의라는 이름으로 특정의 이념, 특정의 세력, 특정의 경향을 지칭하는 것이 실효성을 지니기 위해서는 그 모든 차이를 뛰어넘는 공통점을 추출할 수 있어야 하며, 그것이 올바른 인식틀로 활용될 수 있어야 할 것이다. 저자는 유럽의 시민혁명부터 냉전의 종식과 9·11 사태에 이르기까지 유럽과 미국의 시대별 보수주의의 흐름과 역사적 사건들을 개관하며 그동안 우리가 몰랐거나 간과했던 보수주의의 내면을 보여준다.

보수주의는 지배계급의 이데올로기이고 본질상 반동적이라고 치부해버리는 것은 어려운 일이 아니다. 그렇지만 저자가 원하는 바는 그것이 아니다. 당위론적 비판과 조소는 학자적 태도도 아니며, 현실에서 막강한 영향력을 발휘하고 있는 보수주의에 대한 깊은 이해로 나아가는 데 방해만 될 뿐이다. 저자는 현실의 보수주의 정치와 보수주의 이념에 내재한 본질적 모순을 끊임없이 비교분석하면서, 우연적으로만 보였던 현상들 속에서 필연적인 근거들을 찾아내 독자들에게 제시한다.

대한민국에는 보수 세력은 있어도 보수주의는 없다는 말이 있다. 아마도 '~주의'라는 표현이 아깝다는 말일 게다. 하지만 아무리 천박하다 할지라도 보수주의는 보수주의다. 그리고 참여정부의 출범으로 생명력이 거의 다한 듯 보였던 그들이 5년간의 절치부심으로 권토중래의 뜻을 이룬 것을 보면 결코 천박하다는 말로 무시해도 좋을 만한 존재는 아니다. 과거 독재 대 민주라는 대립구도에 갇혀서 각각 어용과 빨갱이로 몰리며 설 자리를 잃었던 좌우파가 이제 각자의 이념으로 본격적으로 사회운동 전면에 부상할 시기가 도래한 듯하다. 따라서 그 한 축을 담당하게 될 보수주의에 대한 더 체계적인 이해가 절실하다.

이 책은 유럽과 미국의 경험을 바탕으로 한 책이다. 따라서 언급된 사건이나 인물들이 다소 생경할 수도 있겠다. 하지만 보수주의의 큰 틀을 파악하는 데는 별 어려움이 없어 보인다. 모쪼록 독자들이 책을 덮을 때쯤이면 대한민국의 보수주의에 대해서도 새로운 시각을 얻게 되기를 바란다.

| 찾아보기 |

인명

ㄱ

갈티에리, 레오폴도Galtieri, Leopoldo 103
개프니, 프랭크Gaffney, Frank 230
거슨, 마이클Gerson, Michael 44
고골, 니콜라이Gogol, Nikolai 206
고드윈, 윌리엄Godwin, William 113
고어, 앨Gore, Al 195, 228
골드먼, 엠마Goldman, Emma 113
골드워터, 배리Goldwater, Barry 51, 58, 63, 67, 78, 132, 136~140, 146, 172(각주), 291, 302, 358(미주)
골든, 해리Golden, Harry 146
괴벨스, 요제프Goebbels, Joseph 120~121
굿윈, 도리스 컨스Goodwin, Doris Kearns 239
그람시, 안토니오Gramsci, Antonio 144, 227
그랜딘, 그렉Grandin, Greg 201(각주), 204, 206, 208, 211~213
그레이, 존Gray, John 147, 149~162, 171~172
그레이엄, 빌리Graham, Billy 143
그렌빌, 조지Grenville, George 66
그린스펀, 앨런Greenspan, Alan 170
글래드스톤, 윌리엄Gladstone, William 330(미주)
긴즈버그, 루스 베이더Ginsburg, Ruth Bader 193
깅그리치 뉴트Gingrich, Newt 52, 149

ㄴ

나보코프, 블라디미르Nabokov, Vladimir 105, 108
나이, 조지프Nye, Joseph 225, 227, 245~246, 349(미주)
내시, 조지Nash, George 35, 42
노직, 로버트Nozick, Robert 116, 148, 156, 194
녹, 앨버트 제이Nock, Albert Jay 52, 115~116
니스벳, 로버트Nisbet, Robert 42
니체, 프리드리히Nietzsche, Friedrich 49, 53, 61, 88, 124~129, 189, 191, 194, 230, 314
닉슨, 리처드Nixon, Richard 53, 67, 72~73, 131, 136, 141, 143, 145, 176, 319

ㄷ

다우드, 모린Dowd, Maureen 193, 220
닥터 수스Dr. Seuss 108
대처, 마거릿Thatcher, Margaret 53, 103, 135, 137, 150, 154~155, 159(각주), 160~161, 171, 291
더글러스, 폴Douglas, Paul 323(미주)
더비 백작Derby, Earl of 330(미주)
더쇼위츠, 앨런Dershowitz, Alan 260, 262
던랩, 앨버트Dunlap, Albert 170
데밀, 세실 B. DeMille, Cecil B. 114
데블린, 페트릭Devlin, Patrick 283~284
뎀시, 제임스Dempsey, James 265(각주)

도널드슨, 샘Donaldson, Sam 278
도킨스, 리처드Dawkins, Richard 222(각주)
돕슨, 제임스Dobson, James 143
둠, 토머스 L. Dumm, Thomas L. 285(각주)
듀, 토머스Dew, Thomas 24, 66, 81
듀이, 존Dewey, John 22, 137
드워킨, 로널드Dworkin, Ronald 194
디드로, 드니Diderot, Denis 149, 343(미주)
디륵센, 에버렛Dirksen, Everett 266(각주)
디수자, 디네시D'Souza, Dinesh 41, 82
디즈레일리, 벤저민Disraeli, Benjamin 37, 51, 82, 330(미주)
디킨슨, 에밀리Dickinson, Emily Elizabeth 13
딘, 존Dean, John 63
딜레이, 톰DeLay, Tom 277

ㄹ

라도시, 로널드Radosh, Ronald 149
라신, 장-바티스트Racine, Jean-Baptiste 64
라우리, 글렌Loury, Glenn 149
라이스, 콘돌리자Rice, Condoleezza 223, 225, 232
라이슨, 제임스Risen, James 265(각주), 274
라헤이, 비벌리LaHaye, Beverly 75~76
라헤이, 팀LaHaye, Tim 75~76
람페두사, 주세페 토마스 디Lampedusa, Giuseppe Tomasi Di 40
랑, 프리츠Lang, Fritz 115
래더, 댄Rather, Dan 278
랜드, 아인Rand, Ayn 53, 58, 105~131
랭글, 찰스Rangel, Charles 238
러몬트, 네드Lamont, Ned 275

럼스펠드, 도널드Rumsfeld, Donald 177, 255~256
레닌, 블라디미르Lenin, Vladimir 160~161, 309
레러, 짐Lehrer, Jim 278
레빈슨, 샌퍼드Levinson, Sanford 243(각주), 257, 259~260, 263, 353(미주)
레예스 마즈, 에프라인Reyes Maaz, Efrain 208
레이건, 로널드Reagan, Ronald 52~53, 63, 78, 131, 150, 164~165, 171, 172(각주), 186, 201~202, 218, 232(각주), 234, 237, 241, 270, 278, 290~291, 319, 358(미주)
레이크, 앤터니Lake, Anthony 225~226, 349(미주)
로리, 브루스Laurie, Bruce 133
로버츠, 존Roberts, John 193
로베스피에르, 막시밀리앙Robespierre, Maximillien 44, 304
로스탕, 에드몽 Rostand, Edmond 111
로스토, 월트Rostow, Walt 53
로시터, 클린턴Rossiter, Clinton 42
로크, 존Locke, John 282
로티, 리처드Rorty, Richard 191, 192(각주)
롤리, 월터Raleigh, Walter 93
롤스, 존Rawls, John 108, 154, 160, 184, 194
롱, 휴이Long, Huey 135
루소, 장-자크Rousseau, Jean-Jacques 72, 100, 134, 294~295
루스벨트, 시어도어Roosevelt, Theodore 51, 53, 271, 301~302, 310~312, 317, 359~360(미주)
루스벨트, 프랭클린Roosevelt, Franklin Delano 135(각주), 137
루아조, 샤를Loyseau, Charles 69, 77
루카치, 게오르크Lukács, Georg 108, 167, 274

루터, 마르틴Luther, Martin 126
루트와크, 에드워드Luttwak, Edward 147,
　149~152, 162~173
르 카레, 존Le Carré, John 163
리버먼, 조지프Lieberman, Joseph 230, 275
리비, 루이스 '스쿠터'Libby, Lewis 'Scooter'
　220, 230
리샤, 샤를-루이Richard, Charles-Louis 72
리슐리외Richelieu 247~248
리치, 프랭크Rich, Frank 220, 239
리카도, 데이비드Ricardo, David 156
리히트먼, 앨런 J. Lichtman, Allen J. 334(미주)
린드, 마이클Lind, Michael 149
린지, 핼Lindsey, Hal 143
링컨, 에이브러햄Lincoln, Abraham 42, 330(미주)

◼

마라, 장-폴Marat, Jean-Paul 44
마르크스, 카를Marx, Karl 21, 37, 41, 90, 156,
　161, 167, 172, 194, 207~209, 299~300
마멧, 데이비드Mamet, David 129
마셜, 존Marshall, John 185, 225(각주)
마야코프스키, 블라디미르Mayakovski, Vladimir
　Vladirovich 172
마키아벨리, 니콜로Machiavelli, Niccoló 95,
　160, 263, 315
마틴, 케이시Martin, Casey 187~188
만, 토마스Mann, Thomas 112
만하임, 카를Mannheim, Karl 38, 138~139
말라테스타, 에리코Malatesta, Errico 113
매디슨, 제임스Madison, James 158, 207
매카시, 조지프McCarthy, Joseph 180, 266~
　267, 277
매케인, 존McCain, John 61, 236
맥나마라, 로버트McNamara, Robert 167
맥도널드, 드와이트Macdonald, Dwight 41
맥밀런, 해럴드Macmillan, Harold 285~286
맥아더, 더글러스MacArthur, Douglas 287,
　357(미주)
맨스필드, 하비Mansfield, Harvey 327(미주)
맷슨, 케빈Mattson, Kevin 33, 50
머독, 루퍼트Murdoch, Rupert 108
메리 스튜어트Marry Stuart 126
메스트르, 조제프 드Maistre, Joseph de 11,
　45, 51, 54, 63~65, 70, 77, 79, 81, 85, 126,
　133~134, 140, 152~153, 298~299, 303~304,
　306, 308, 313, 317, 335(미주)
메이어, 제인Mayer, Jane 314~315
메이어, 프랭크Meyer, Frank 320
멜빌, 허먼Melville, Herman 129
모레턴, 베서니Moreton, Bethany 143
모어, 토머스More, Thomas 181
몬트, 에프라인 리오스Montt, Efrain Ríos
　201~202
몽테스키외, 샤를Montesquieu, Charles 113
무솔리니, 베니토Mussolini, Benito 210, 254,
　312~313
미넬리, 라이자Minnelli, Liza 263
미드, 로렌스Mead, Lawrence 21
미어샤이머, 존Mearsheimer, John 245
미제스, 루트비히 폰Mises, Ludwig von 51, 125
밀, 존 스튜어트Mill, John Stuart 84, 136, 149,
　154, 268, 282
밀러, 제프리Miller, Geoffrey 256

밀턴, 존Milton, John 302~303

ㅂ

바이런, 조지 고든Byron, George Gordon 85, 156
바쿠닌, 미하일Bakunin, Mikhail 113
발킨, 잭Balkin, Jack 194
배관공 조(우젤바커, 새뮤얼 조지프)Joe the Plumber(Wurzelbacher, Samuel Joseph) 64
배리, 노먼Barry, Norman 155, 159, 161
배슬러, 칼린Basler, Carleen 285(각주)
밴필드, 애슐리Banfield, Ashleigh 279
버거, 워런 얼Burger, Warren Earl 184
버거, 피터Berger, Peter 329(미주)
버크, 에드먼드Burke, Edmund 11, 20~21, 26, 30, 33~34, 40~43, 47~48, 50, 53, 55, 58, 62~66, 70~72, 78, 81~82, 84, 133~134, 136, 140, 148, 152, 180, 251, 287~289, 293~294, 296~304, 306, 313, 317~318, 320, 325(미주), 327(미주), 330(미주), 335(미주), 341(미주)
버클리, 윌리엄 F. 주니어Buckley, William F. Jr. 171, 173~174
버클리, 윌리엄 F.Buckley, William F. 41, 63, 77, 82, 133, 147, 214~215, 219
번즈, 월터Berns, Walter 69
번즈, 제니퍼Berns, Jennifer 105(각주), 113~114, 116, 124~125, 128
벌린, 이사야Berlin, Isaiah 105, 152, 261~262
베른슈타인, 에두아르트Bernstein, Edward 42
베이커, 낸시Baker, Nancy 345(각주)
베이컨, 프랜시스Bacon, Francis 249

베케트, 새뮤얼Beckett, Samuel 108
벡, 글렌Beck, Glenn 129, 131
벤담, 제러미Bentham, Jeremy 158, 261
벨, 대니얼Bell, Daniel 233, 244
벨로, 솔Bellow, Saul 230
벨킨, 아론Belkin, Aaron 354(미주)
보날드, 루이 드Bonald, Louis de 28, 51
보부아르, 시몬 드Beauvoir, Simone de 108
보쉬에, 자크 베니뉴Bossuet, Jacques Bénigne 77
보이어, 폴Boyer, Paul 143
보이킨, 제리Boykin, Jerry 314
보크, 로버트Bork, Robert 185
본드, 크리스토퍼Bond, Christopher 236
볼드윈, 제임스Baldwin, James 23~24, 43
볼러트, 에릭Boehlert, Eric 265(각주), 278
볼트, 로버트Bolt, Robert 181
부시, 조지 W. Bush, George W. 44, 50, 53, 62~63, 137, 177, 195, 219, 222~223, 225, 228, 231(각주), 232~235, 240, 244, 249~251, 255~257, 260, 265(각주), 269~270, 273~274, 277, 313, 316, 334(각주), 349(미주)
부시, 조지Bush, George H. W. 172(각주), 220(각주), 223, 226, 231, 352(미주)
브랜든, 너새니얼Branden, Nathaniel 112
브럼홀, 존Bramhall, John 94~95
브레넌, 윌리엄Brennan, William 194
브레진스키, 즈비그뉴Brzezinski, Zbigniew 245
브룩스, 데이비드Brooks, David 54, 220~221, 223, 227, 229, 255
블레어, 토니Blair, Tony 151
블루멘탈, 시드니Blumenthal, Sidney 63
블룸, 앨런 Bloom, Allan 82, 230

찾아보기 369

블룸버그, 마이클Bloomberg, Michael 276
비거리, 리처드Viguerie, Richard 141
비들, 니콜라스Biddle, Nicholas 44
비렉, 피터Viereck, Peter 42
비스큐픽, 조안Biskupic, Joan 175(각주)
비켈, 알렉산더Bickel, Alexander 186
비토리오 에마누엘레 3세Vittorio Emanuele Ⅲ 312
비트겐슈타인, 루트비히Wittgenstein, Ludwig 156
빈 라덴, 오사마bin Laden, Osama 220

ㅅ

사르트르, 장 폴Sartre, Jean Paul 108, 120, 204
삭스, 제프리Sachs, Jeffrey 161
새럿, 오스틴Sarat, Austin 285(각주)
샌드버그, 칼Sandburg, Carl 290
샤미르, 이츠하크Shamir, Yitzhak 254
샤토브리앙, 프랑수아-르네 드Chateaubriand, François-René de 255, 353(미주)
서그루, 톰Sugrue, Tom 145
서몬드, 스트롬Thyrmond, Strom 142, 324(미주)
서크렌트니, 존Skrentny, John 145
서프, 베네트Cerf, Bennett 108
설리번, 앤드류Sullivan, Andrew 63, 84, 221, 285, 321
설리번, 제임스Sullivan, James 28, 326(미주)
섬너, 윌리엄 그레이엄Sumner, William Graham 48, 83
세지위크, 시어도어Sedgwick, Theodore 26
소렐, 조르주Sorel, Georges 299~301, 304~306, 308~309

소로, 헨리 데이비드Thoreau, Herry David 181
소여, 다이앤Sawyer, Diane 250
솔제니친, 알렉산드르Solzhenitsyn, Aleksandr 112
솔즈베리Salisbury, Robert Arthur Talbot Gascoyne Cecil 9, 34, 36
쇼, 조지 버나드Shaw, George Bernard 149
슈, 헨리Shue, Henry 263
슈레커, 엘런Schrecker, Ellen 214(각주)
슈미트, 칼Schmit, Carl 53, 88, 299~300, 317
슐래플리, 필리스Schlafly, Phyllis 53, 75, 142
슐만, 브루스 J. Schulman, Bruce J. 132(각주)
슘페터, 조지프Schumpeter, Jeseph 46, 332(미주)
스미스, 마거릿 체이스Smith, Margaret Chase 266
스미스, 애덤Smith, Adam 116, 133, 156
스칼리아, 안토닌Scalia, Antonin 53, 58, 82, 175~197, 345~346(미주)
스코크로프트, 브렌트Scowcroft, Brent 245
스크렌트니, 존Skrentny, John 145
스크루턴, 로저Scruton, Roger 320
스키너, 퀜틴Skinner, Quentin 86(각주), 90, 94~96
스타, 알렉스Star, Alex 147
스탈린, 이오시프Stalin, Iosif Vissarionovich Dzhugashvili 244, 267, 309
스탠턴, 엘리자베스 캐디Stanton, Elizabeth Cady 22
스토리, 도널드Story, Donald 133
스토리, 조지프Story, Joseph 185
스트라우스, 레오Strauss, Leo 51, 88, 230
스티븐스, 알렉산더Stephens, Alexander 78

스티븐스, 존 폴Stevens, John Paul 193~194
스파크, 뮤리엘Spark, Muriel 193(각주)
스펜서, 허버트Spencer, Herbert 113, 170
스펠링, 애런Spelling, Aaron 106
스폭, 벤저민Spok, Benjamin 143
스프루일, 마거릿Spruill, Margaret 142
시겔, 레바Siegel, Reva 196
실버만, 프레드Silverman, Fred 106

ㅇ

아널드, 매튜Arnold, Matthew 46
아도르노, 테오도르W. Adorno, Theodor W. 108, 111(각주)
아레발로, 후안 호세Arévalo, Juan José 206
아렌트, 한나Arendt, Hannah 51, 108
아르벤스, 하코보Árbenz, Jacobo 203, 207~210
아리스토텔레스Aristoteles 45(각주), 108, 115~120, 128~129, 294
아마르, 아킬Amar, Akhil 194
아샴, 앤터니Ascham, Anthony 87
아옌데, 살바도르Allende, Salvador 102, 212
아이슬러, 한스Eisler, Hanns 115
아이작슨, 월터Isaacson, Walter 225(각주)
아이젠하워, 드와이트D.Eisenhower, Dwight D. 16(각주), 67, 136, 319
알리토, 새뮤얼Alito, Samuel 193~194
앙투아네트, 마리Antoinette, Marie 65, 82, 134, 318
애덜먼, 케네스Adelman, Kenneth 230
애덤스, 애비게일Adams, Abigail 27, 326(각주)
애덤스, 존Adams, John 27, 29, 52~53, 294~295, 326(각주)

애딩턴, 데이비드Addington, David 315
애시크로프트, 존Ashcroft, John 265(각주), 270~271, 273
애치슨, 딘Acheson, Dean 241, 267~268
애커먼, 브루스Ackerman, Bruce 194
애트워터, 리Atwater, Lee 73~74
애플, R. W. Apple, R. W. 238
앤더슨, 페리Anderson, Perry 88
앤스콤, G. E. M. Anscombe, G. E. M. 108
앨런, 리처드Allen Richard 164~165
엘리엇, 조지Eliot, George 113, 243
엘리엇, T. S. Eliot, T. S. 14, 50, 88
엘시테인, 진 베스키Elshtain, Jean Bethke 258~260, 262, 353~354(미주)
엥겔스, 프리드리히Engels, Friedrich 37
영, 휴고Young, Hugo 135
오바마, 버락Obama, Barack 52(각주), 193, 234~235, 319, 322
오웰, 조지Orwell, George 286, 316
오코너, 샌드라 데이O'Connor, Sandra Day 195~196
오크쇼트, 마이클Oakeshott, Michael 36~37, 53, 62, 68~69, 88, 148, 286, 328(미주), 338(미주)
옴스테드, 프레더릭 로Olmsted, Frederick Law 24
와인버거, 캐스퍼Weinberger, Caspar 165
와일더, 빌리Wilder, Billy 115
왈저, 마이클Walzer, Michael 243(각주), 247, 251~253, 260~261
우드워드, C. 밴Woodward, C. Vann 25
울퍼스, 아널드Wolfers, Arnold 268

올펜덴, 존 경Wolfenden, Sir John 283
울프, 버지니아Woolf, Virginia 105, 113(각주)
워런, 얼Warren, Earl 16, 184~185, 313
워싱턴, 조지Washington, George 28
워튼, 이디스Wharton, Edith 113(각주)
월리스, 마이크Wallace, Mike 108
월리스, 조지Wallace, George 141~142
월트, 스티븐Walt, Steven 245
월포위츠, 폴Wolfowitz, Paul 230, 232, 241~242
웰링턴Wellington, Arthur Wellesley 44
웰스, 오손Welles, Orson 143
웰스, H. G. Wells, H. G. 105
웰치, 잭Welch, Jack 221
윌, 조지Will, George 132~133, 342(미주)
윌리엄스, 로저Williams, Roger 146
윌리엄슨, 존Williamson, John 159(각주)
윌킨슨, 대니얼Wilkinson, Daniel 202
윙거, 에른스트Jünger, Ernst 53, 305
유, 존Yoo, John 82, 315
이글버거, 로렌스Eagleburger, Lawrence 235
이스트먼, 맥스Eastman, Max 149
이클레, 프레드Iklé, Fred 164

ㅈ

잭슨, 앤드류Jackson, Andrew 18(각주), 44, 81
제노비스, 유진Genovese, Eugene 149
제임스 1세James I 91, 94
제임스 2세James II 190
제퍼슨, 토머스Jefferson, Thomas 26, 158
젤라이저, 줄리언 E. Zelizer, Julian E. 132(각주)
조이스, 제임스Joyce, James 105
존슨, 데이비드 K. Johnson, David K. 265(각주)

존슨, 린든 B. Johnson, Lyndon B. 52(각주), 239, 323(미주)
존슨, 새뮤얼Johnson, Samuel 20, 40
좀바르트, 베르너Sombart, Werner 54
주바이다, 아부Zubayda, Abu 315

ㅊ

찰스 1세Charles I 86, 91, 94, 126
처칠, 윈스턴Churchill, Winston 34, 53, 148~149, 247, 286, 291
체 게바라Che Guevara 203
체니, 딕Cheney, Dick 220(각주), 225, 231~232, 275, 348(미주)
체임버스, 휘태커Chambers, Whittaker 42, 149
치버, 존Cheever, John 265

ㅋ

카나번 경Carnarvon, Lord 44, 330(미주)
카뮈, 알베르Camus, Albert 108
카스트로, 세르히오 데Castro, Sergio de 102
카스트로, 피델Castro, Fidel 203
칸트, 임마누엘Kant Immanuel 112, 117~118, 261
칼라일, 토머스Carlyle, Thomas 255
칼뱅, 장Calvin, Jean 126
캐플런, 로버트 D. Kaplan, Robert D. 227, 230
캘훈, 존 C.Calhoun, John C. 17~18, 25, 51~53, 68, 80, 137, 302
커크, 러셀Kirk, Russell 9, 34, 36, 41~42, 45
커크패트릭, 진Kirkpatrick, Jeane 164
케이건, 도널드Kagan, Donald 228, 230~231, 242

케이건, 로버트Kagan, Robert 230~231
케이건, 일레이나Kagan, Elena 193
케이건, 프레드릭Kagan, Frederick 228, 230~231, 242
코펠, 테드Koppel, Ted 278
코헨, G. A. Cohen, G. A. 21
콘래드, 조셉Conrad, Joseph 212(각주)
콜, 데이비드Cole, David 265(각주), 280
콜리지, 새뮤얼 테일러Coleridge, Samuel Taylor 152
콤퍼트, 알렉산더Comfort, Alexander 76(각주)
콩스탕, 뱅자맹Constant, Benjamin 90, 113
콰인, 윌러드 밴 오먼Quine, Willard Van Orman 108
큐브릭, 스탠리Kubrick, Stanley 150(각주)
크라우트해머, 찰스Krauthammer, Charles 232
크로포트킨, 표도르 알렉세예비치Kropotkin, Pyotr Alekseevich 113
크롬웰, 올리버Cromwell, Oliver 87
크리스톨, 어빙Kristol, Irving 53, 82, 85, 147, 149, 162, 171~172, 214~216, 219, 230, 242, 329(미주), 347(미주)
클린턴, 빌Clinton, Bill 147, 151, 218, 220, 223~230, 237, 256, 270, 313, 319, 349~350(미주)
키사, 알렉산더Keyssar, Alexander 28
키신저, 헨리Kissinger, Henry 263
키태이, 제프리Kittay, Jeffrey 147(각주)

ㅌ

타구바, 안토니오 M. Taguba, Antonio M. 258, 259(각주)

태너, 오버트 클라크Tanner, Obert Clark 182
태넌하우스, 샘Tanenhaus, Sam 63, 313
탤벗, 마거릿Talbot, Margaret 178
터너, 냇Turner, Nat 66
터너, 헨리 맥닐Turner, Henry McNeal 26
테닛, 조지Tenet, George 314~315
토머스, 에반Thomas, Evan 225(각주)
토머스, 클래런스Thomas, Clarence 175, 179, 187, 228, 270
토크빌, 알렉시스 드Tocqueville, Alexis de 51, 53, 113, 192, 196, 306~308, 317
트라이브, 로렌스Tribe, Laurence 194
트라이치케 하인리히 폰Treitschke, Heinrich von 287, 317
트로츠키, 레온Trotsky, Leon 160, 309
프루동, 피에르 조제프Proudin, Pierre Joseph 113
트루먼, 해리 S. Truman, Harry S. 266, 272(각주), 281(각주)
트루보위츠, 피터Trubowitz, Peter 246
트릴링, 라이오넬Trilling, Lionel 10, 31, 136

ㅍ

파스테르나크, 보리스Pasternak, Boris 108
파인버그, 케네스Feinberg, Kenneth 236~237
팔루디, 수전Faludi, Susan 76
팔머스톤 경Palmerston, Lord 31
패커, 조지Packer, George 221
팩스턴, 로버트Paxton, Robert 31
펄, 대니얼Pearl, Daniel 259
펄, 리처드Perle, Richard 230, 232, 250~251, 255

찾아보기 373

페인, 토머스Paine, Thomas 10, 31, 78
페일린, 세라Palin, Sarah 53, 61, 63, 82
포도레츠, 노먼Podhoretz, Norman 147, 149, 169
포드, 헨리Ford, Henry 163, 167
포셋, 파라Fawcett, Farrah 106
포스터, E. M. Foster, E. M. 310
포스트, 로버트Post, Robert 196
포퍼, 칼Popper, Karl Raimund 108
프랑코, 프란시스코Franco, Francisco 210
프랭코, 폴Franco, Paul 338(미주)
프레데리크 2세Frederick II 274
프로이트, 지그문트Freud, Sigmund 156~157
프리단, 베티Friedan, Betty 75(각주)
프리드먼, 밀턴Friedman, Milton 102~103, 144, 156
프리드먼, 토머스Friedman, Thomas 241
피노체트, 아우구스토Pinochet, Augusto 102~103
플라톤Plato 45(각주), 112, 130(각주), 133, 191, 357(미주)
필, 로버트Peel, Sir Robert 9, 35, 328(미주)
핌, 존Pym, John 86

ㅎ

하버마스, 위르겐Habermas, Jürgen 167
하이데거, 마틴Heidegger, Martin 108, 152
하이에크, 프리드리히Hayek, Friedrich 42, 45, 49, 51, 53, 88, 102~104, 156~157, 159~160, 320
하트, 제프리Hart, Jeffrey 63
하트, H. L. A. Hart, H. L. A. 194, 283~284

하퍼, 윌리엄Harper, William 67
해링턴, 마이클Harrington, Michael 173
해먼드, 제임스 헨리Hammond, James Henry 81
해밀턴, 알렉산더Hamilton, Alexander 82
해치, 오린Hatch, Orrin 271
핸드, 러니드Hand, Learned 248
허시, 시모어 M. Hersh, Seymour M. 243(각주), 255, 314
허핑턴, 아리아나Huffington, Arianna 149
헌들리, 대니얼Hundley, Daniel 80
헌쇼, F. J. C. Hearnshaw, F. J. C. 32
헌팅턴, 새뮤얼Huntington, Samuel 44~45, 331(미주)
헤겔, 게오르크 빌헬름 프리드리히Hegel, Georg Wilhelm Friedrich 300
헤이든, 마이클Hayden, Michael 314
헤일, 매튜Hale, Matthew 16
헤일브런, 제이콥Heilbrunn, Jacob 132(각주)
헨리 4세Henry IV 126, 214
헨리 2세Henry II 126
헨리 8세Henry VIII 181
헬러, 앤 C. Heller, Anne C. 105(각주), 113
호그, 퀸틴(헤일셤 경)Hogg, Quintin (Hailsham, Lord) 39
호로위츠, 데이비드Horowitz, David 73
호르크하이머, 막스Horkheimer, Max 111
호메로스Homeros 134, 188
호이, 클라이드Hoey, Clyde 266
홀드먼, H. R. Haldeman, H. R. 73
홈스, 올리버 웬델Holmes, Oliver Wendell 282
홉스, 토머스Hobbes, Thomas 53~54, 58, 86~95, 97~103, 133

홉스봄, 에릭Hobsbawm, Eric 309(각주)
후버, 존 에드거Hoover, John Edgar 271
후세인, 사담Hussein, Saddam 233, 244, 250~251
후쿠야마, 프랜시스Fukuyama, Francis 53, 147(각주), 150, 308~310, 317
후크, 시드니Hook, Sidney 116
휘트먼, 월터Whitman, Walter 207
휠러, 조지프Wheeler, Joseph 311
흄, 데이비드Hume, David 133, 286
히믈러, 하인리히Himmler, Heinrich 352(미주)
히스, 에드워드Heath, Edward 155
히친스, 크리스토퍼Hitchens, Christopher 222
히틀러, 아돌프Hitler, Adolph 121~123, 244, 353(미주)
힐, 아니타Hill, Anita 228

논문, 도서 잡지 및 신문

『1945~2000년 미국에서 보수주의의 부상The Rise of Conservatism in America, 1945-2000』(스토리, 로리) 133
『1945년 이래 미국에서의 보수주의적 지식인 운동The Conservative Intellectual Movement in America since 1945』(내시) 35
「객관주의자의 윤리학(The Objectivist Ethics)」(랜드) 119
『결혼의 행위The Act of Marriage』(비벌리 라헤이, 팀 라헤이) 76
『고문Torture』(레빈슨 편집) 243(각주), 257, 261, 353(미주)

『공평한 정의는 없다No Equal Justice』(콜) 280
『국왕 살해자들과의 평화에 관한 편지들 Letters on a Regicide Peace』(버크) 297
『그들은 그들이 우파라는 것을 알고 있었다: 네오콘의 부상They Knew They Were Right: The Rise of the Neocons』(헤일브런) 132(각주)
『기쁨의 집The House of Mirth』(워튼) 113(각주)
「나는 왜 보수주의자가 아닌가(Why I Am Not a Conservative)」(하이에크) 89
『내셔널 리뷰National Review』 41, 77, 133, 172(각주)
『냉전 승리주의: 공산주의 몰락 이후의 역사 왜곡Cold War Triumphalism: The Misuse of History after the Fall of Communism』(슈레커 편집) 214(각주)
『뉴 스테이츠먼New Statesman』 150
『뉴스데이Newsday』 279
『뉴요커New Yorker』 178, 221, 223
『뉴욕 서평New York Review of Books』 8
『뉴욕 타임스New York Times』 8, 109, 116, 186(각주), 193, 219, 237, 239, 241, 274
『다니엘 데론다Daniel Deronda』(엘리엇) 243
『닥터 지바고Doctor Zhivago』(파스테르나크) 108
『대유성 지구의 종말The Late Great Planet Earth』(린지) 143
『더 가디언The Guardian』 150
『더 내셔널 인터레스트The National Interest』 147(각주), 149
『더 네이션The Nation』 57, 86(각주), 105(각주), 132(각주)
『더 뉴 리퍼블릭The New Republic』 8
『더 뉴스아워The News-Hour』 239

찾아보기 **375**

『도덕의 계보The Genealogy of Morals』(니체) 125
『등대로To the Lighthouse』(울프) 105, 113(각주)
『디스코르시Discorsi』(마키아벨리) 95
『또 하나의 미국: 미국에서의 빈곤The Other America: Poverty in the United States』(해링턴) 173(각주)
『라리탄Raritan』 61(각주)
『라벤더 공포: 냉전 시기 연방정부에서 동성애자들에 대한 박해The Lavender Scare: The Cold War Persecution of Gays and Lesbians in the Federal Government』(데이비드 K. 존슨) 265(각주)
『래벌스타인Ravelstein』(벨로) 230
『런던 서평London Review of Books』 57, 175(각주), 201(각주), 243(각주), 265(각주)
『런던 타임스London Times』 102
『레비아탄Leviathan』(홉스) 87, 101~102
『로마제국의 대전략The Grand Strategy of the Roman Empire』(루트와트) 164
『로스앤젤레스 타임스Los Angeles Times』 165
『링구아 프랑카Lingua Franca』 147, 214
『마의 산Der Zauberberg』(만) 111~112
『마지막 식민지 대학살: 냉전기의 라틴아메리카The Last Colonial Massacre: Latin America in the Cold War』(그랜딘) 201(각주), 204
『마천루The Fountainhead』(랜드) 105, 107~109, 111~112
『모자 쓴 고양이The Cat in the Hat』(닥터 수스) 108
「미국에서의 쿠데타를 위한 시나리오(A Scenario for a Military Coup d'État in the United States)」(루트와크) 164
『미국의 정통: 대법관 안토닌 스칼리아의 생애와 헌법American Original: The Life and Constitution of Supreme Court Justice Antonin Scalia』(비스큐픽) 175(각주)
『미국이 잠든 사이While America Sleeps』(도널드 케이건, 프레더릭 케이건) 229
『민주주의의 전망Democratic Vistas』(휘트먼) 207(각주)
『법의 요소The Elements of Law』(홉스) 86
『보수주의 사례The Case for Conservatism』(호그) 39
『보수주의의 죽음The Death of a Conservatism』(태넌하우스) 313
「보수주의자가 되는 것에 대하여(On Being Conservative)」(오크쇼트) 36, 68
『보수주의자의 양심The Conscience of a Conservative』(골드워터) 67, 132
『비히모스Behemoth』(홉스) 89
『사계절의 사나이A Man for All Seasons』(볼트) 181
『산속의 정적: 과테말라의 테러, 배신, 그리고 망각에 관한 이야기Silence on the Mountain: Stories of Terror, Betrayal, and Forgetting in Guatemala』(윌킨슨) 202
『서던 파르티잔Southern Partisan』 270
『선과 악을 넘어서Beyond Good and Evil』(니체) 61
『성의 기쁨The Joy of Sex』(콤퍼트) 76
『순수의 시대The Age of Innocence』(워튼) 113(각주)
『시라노 드베르주라크Cyrano de Bergerac』(로스탕) 111
『시민 단체Citizens United』(존 폴 스티븐스) 194
『시민에 대해De Cive』(홉스) 101
『시장의 여신: 아인 랜드와 미국의 우파

『Goddess of the Market: Ayn Rand and the American Right』(번즈, 제니퍼) 105(각주), 113
『신분론Traite des Ordres et simples dignites』(루아조) 77(각주)
『신은 위대하지 않다God Is Not Great: How Religion Poisons Everything』(히친스) 222(각주)
『아인 랜드와 그녀가 만든 세계Ayn Rand and the World She Made』(헬러) 105(각주), 113
『아틀라스Atlas Shrugged』(랜드) 105~109, 124~125
『애시크로프트 법무장관: 전쟁 중인 검찰General Ashcroft: Attorney at War』(베이커) 265(각주)
『애완견: 언론은 어떻게 부시에게 아양 떨었는가Lapdogs: How the Press Rolled Over for Bush』(볼러트) 265(각주)
『에스콰이어Esquire』 164
『엔드게임Endgame』(베케트) 108
『여성의 신비The Feminine Mystique』(프리단) 75
『여성의 종속The Subjection of Women』(밀) 149
『역사의 종언과 최후의 인간The End of History and the Last Man』(후쿠야마) 148(각주)
『영국 헌법의 변명Vindication of the English Constitution』(디즈레일리) 37
『예일의 신과 인간God and Man at Yale』(버클리) 41
『오른쪽으로: 1970년대 미국 보수주의의 형성Rightward Bound: Making America Conservative in the 1970s』(브루스 J. 슐만, 줄리언 E. 젤라이저 편집) 132(각주)
『우리 남부주에서의 사회관계Social Relations in Our Southern States』(헌들리) 80
『워싱턴 스타Washington Star』 75
『워싱턴 쿼터리Washington Quarterly』 166
『워싱턴 타임스Washington Times』 32
『워싱턴 포스트Washington Post』 164, 232(각주)
『월스트리트 저널Wall Street Journal』 232, 259(각주), 279
『율리시스Ulysses』(조이스) 105
『이기심의 미덕The Virtue of Selfishness』(랜드) 107
『이데올로기의 종말The End of Ideology』(벨) 244
『인 디즈 타임스In These Times』 152
『인도로 가는 길A Passage to India』(포스터) 310
『자본주의: 미지의 이상Capitalism: The Unknown Ideal』(랜드) 122
『장엄함과 아름다움에 대한 우리 이념의 기원에 대한 철학적 탐구A Philosophical Enquiry into the Origins of Our Ideas of the Sublime and the Beautiful』(버크) 65, 70, 287~288, 290, 292
『적으로서의 외국인Enemy Aliens』(콜) 280
『전쟁 상황: CIA와 부시 행정부의 비밀 역사State of War: The Secret History of the CIA and the Bush Administration』(라이슨) 265(각주)
『전쟁에 대한 논쟁Arguing about War』(왈저) 243(각주), 247, 252, 261
『정의론A Theory Of Justice』(롤스) 154
『정치의 문학The Literature of Politics』(엘리엇) 14
『제국의 패러독스The Paradox of American Power』(나이) 245
『죽은 혼Dead Souls』(고골) 206
『지휘 계통: 9·11에서 아부그라이브에 이르기까지Chain of Command: The Road from 9/11 to Abu Ghraib』(허시) 243(각주)
『진 브로디 양의 전성시대The Prime of Miss Jean

『Brodie』(스파크) 193(각주)
『차라투스트라는 이렇게 말했다Thus Spake Zarathustra』(니체) 124
『청중The Listener』(하트) 284
『코멘터리Commentary』 164, 169
『쿠데타: 정치안내서Coup d'État: A Practical Handbook』(루트와크) 163
『터보-자본주의Turbo-Capitalism』(루트와크) 169
『테러리즘과 헌법: 국가 안보의 명분하에 희생된 시민의 자유Terrorism and the Constitution: Sacrificing Civil Liberties in the Name of National Security』(콜, 뎀시) 265(각주), 280
『투명인간Invisible Man』(웰스) 105
『펜타곤과 병법The Pentagon and the Art of War』 (루트와크) 165
『포브스Forbes』 167
『폭력론Reflections on Violence』(소렐) 299
『폭력의 행사Performances of Violence』(새럿, 배슬러, 둠 편집) 285(각주)
『프닌Pnin』(나보코프) 108
『프랑스에 관한 고찰Considerantiond on France』 (메스트르) 303
『프랑스혁명에 관한 고찰Reflections on the Revolution in France』(메스트르) 64~65, 71, 77, 318
『프리즘Prism』(아도르노) 111(각주)
『하이에크의 자유에 관하여Hayek on Liberty』(그레이) 156
『헛된 기대False Dawn』(그레이) 150, 152
『현명한 사람들: 여섯 명의 친구들과 그들이 만든 세계The Wise Men: Six Friends and the World They Made』(아이작슨, 에반 토머스) 225(각주)

『홉스와 공화주의자의 자유Hobbes and Republican Liberty』(스키너) 86(각주)
『USA 투데이USA Today』 222

기타 용어

9·11 사태 11 58, 147~148, 177, 216~217, 219~224, 231~233, 236~239, 269, 271, 273, 275~276, 280~281, 313~314, 316, 318, 347~348(미주)
강제법안Force Bill 18
계몽주의Enlightenment 27, 205
공산주의Communism 16(각주), 39, 126, 148(각주), 152~153, 161~163, 168, 171, 173, 203~205, 207~208, 210, 218, 224, 233, 241(각주), 265~267, 272, 276
공화당(미국)Republican Party 26, 32, 67, 73~74, 82, 128, 136~137, 142, 145, 164, 186, 215~216, 229, 231, 236, 269, 271, 276~277, 281, 291, 302, 319, 323(미주), 358(미주)
관타나모Guantánamo 256~257
국내안전보장법Internal Security Act 281
남북전쟁Civil War 18(각주), 26, 311
네오콘Neocon → 신보수주의
노예해방abolition 14, 21, 44, 53, 66, 68, 80, 137
냉전Cold War 58, 85, 149~151, 168, 171, 202~205, 209~210, 212~213, 214(각주), 217~218, 220(각주), 223~226, 228, 241, 249, 265(각주), 266, 279, 349(미주)
노동운동labor movement 14, 18, 277, 319

뉴딜 정책New Deal 43, 62, 115, 137~138, 207, 271, 272, 291, 319
대중주의populism 10~11, 51~52, 54, 63~64, 79, 81, 321
대파업(1877년)Great Upheaval(1877) 18
동성애homosexuality 62, 184, 187, 192~193, 265~267, 272~273, 283~284
라벤더 공포Lavender Scare 265(각주), 266, 268, 271, 283~284
마르크스주의Marxim 22, 41, 167, 209, 299~300
매카시즘McCarthyism 277
미국독립혁명American Revolution 29, 43, 149
미국장애인법Americans with Disabilities Act(ADA) 187~188, 190
민주당(미국)Democratic Party 135, 145, 151, 229, 234, 236, 238, 269, 273, 275, 323(미주), 324(미주)
반계몽주의counter-Enlightenment 152~153, 157, 205, 212, 254, 261~262
반공주의anticommunism 209~210, 212
반동reaction 14, 27, 32~33, 40~41, 46, 52~53, 62~64, 70, 72, 79, 88, 140, 205, 271, 287, 306
반혁명counterrevolution 14, 31, 36, 40, 46, 53, 57, 77, 79, 85~86, 88~89, 91, 93, 134, 142, 288, 298, 304
베트남전쟁Vietnam War 153, 165~166, 186(각주), 233, 241
보복주의revanchism 51, 205, 212, 306
보수당(토리당)Conservative(Tory) Party 9, 31, 34~35, 43, 154~155, 161

볼셰비키혁명Bolshevik Revolution 22, 53, 62, 88, 112, 154, 160, 208
사적 영역private sphere 22, 27~30, 40
사회다윈주의Social Darwinism 170(각주), 186, 189
사회주의socialism 14, 39, 42, 127~128, 130, 144, 147(각주), 151, 154, 159, 173, 207~208, 227, 299, 309
소수자 우대 정책affirmative action 145, 193, 197
스페인-미국전쟁Spanish-American War 301, 310~311
시민권 운동civil rights movement 21, 23, 62, 77, 97, 141, 145, 238
시민사회civil society 154, 215, 217~218, 283, 362
신보수주의neoconservatism 51, 54, 69, 82, 137, 149, 164(각주), 171~172, 218~219, 220(각주), 228, 230~231, 233, 235, 241~242, 256~257, 313, 316, 328(미주), 329(미주), 349(미주)
아부그라이브Abu Ghraib 243(각주), 244~245, 257~258, 354(미주)
아프가니스탄전쟁Afghanistan War 233
알카에다Al Qaeda 220, 244, 271, 273, 275, 315
애국자법Patriot Act 273, 275
영국내전English Civl War 58, 86, 89
외국인규제법Alien Act 280
워싱턴 컨센서스Washington Consensus 158~159
원본주의originalism 58, 179, 182~186, 192, 194, 196
위대한 사회Great Society 52, 62, 323(미주)
이라크전쟁Iraq War 58, 62, 148, 219, 220(각주),

찾아보기 **379**

222(각주), 233, 244, 257, 278
인민전선Popular Front 143, 206
인신보호영장habeas corpus 177
자본주의capitalism 29, 47~49, 51, 56, 103, 114, 122, 128, 143, 150~151, 158~159, 162~163, 167, 169~170, 205, 207~208, 216, 218, 233, 300, 319
자유방임론libertarianism 11~12, 30, 51, 102~103, 116, 124, 138, 150, 159, 171, 320
자유시장free market 30, 42, 55, 103, 116, 145, 150~151, 153, 155~161, 171, 174, 214~216, 218~219, 223, 226~227, 228~230, 233, 235, 320, 331(미주)
전국노동권리재단National Right to Work Foundation 277
전통주의traditionalism 11~12, 30, 38, 46, 51, 56, 63, 171, 320
제국주의Imperialism 54, 170(각주), 217~219, 222(각주), 227, 234~237, 291, 311~313, 319
제네바 협정Geneva Conventions 197, 314~315
탈레반Taliban 233
테러와의 전쟁war on terror 58, 148, 239, 268, 270, 281, 313~314, 316, 318
티파티Tea Party 51~52, 79, 137, 321, 334(미주)
파시즘fascism 31, 110, 120~121, 124, 156, 170(각주), 209, 222(각주), 254
페미니즘feminism 75, 141~143, 209
평등권 수정조항Equal Rights Amendment(ERA) 75, 141~142
포스트모더니즘Postmodernism 33, 186
프랑스혁명French Revolution 9, 11, 15, 20, 26, 34, 41, 53, 57, 62~65, 69, 89, 126, 133, 140, 209, 254, 306, 341(미주)
프랑크푸르트 학파Frankfurt School 51
합리주의rationalism 37, 153, 159, 161, 212
흑백차별법Jim Crow 77, 140